抗日战争档案汇编

抗战时期江苏和南京地区人口伤亡及财产损失档案汇编 4 · 综合卷

江苏省档案馆 编

中華書局

本册目录

（七）无锡教育系统财产损失调查

五、教育业战时损失调查（续）

（四）江苏省立国学图书馆图书损失调查

江苏省立国学图书馆、江苏省教育厅等关于报送该馆善本书损失情形的往来公文（一九四六年五月三十日至七月十三日）

国学图书馆致江苏省教育厅的呈（一九四六年五月三十日）

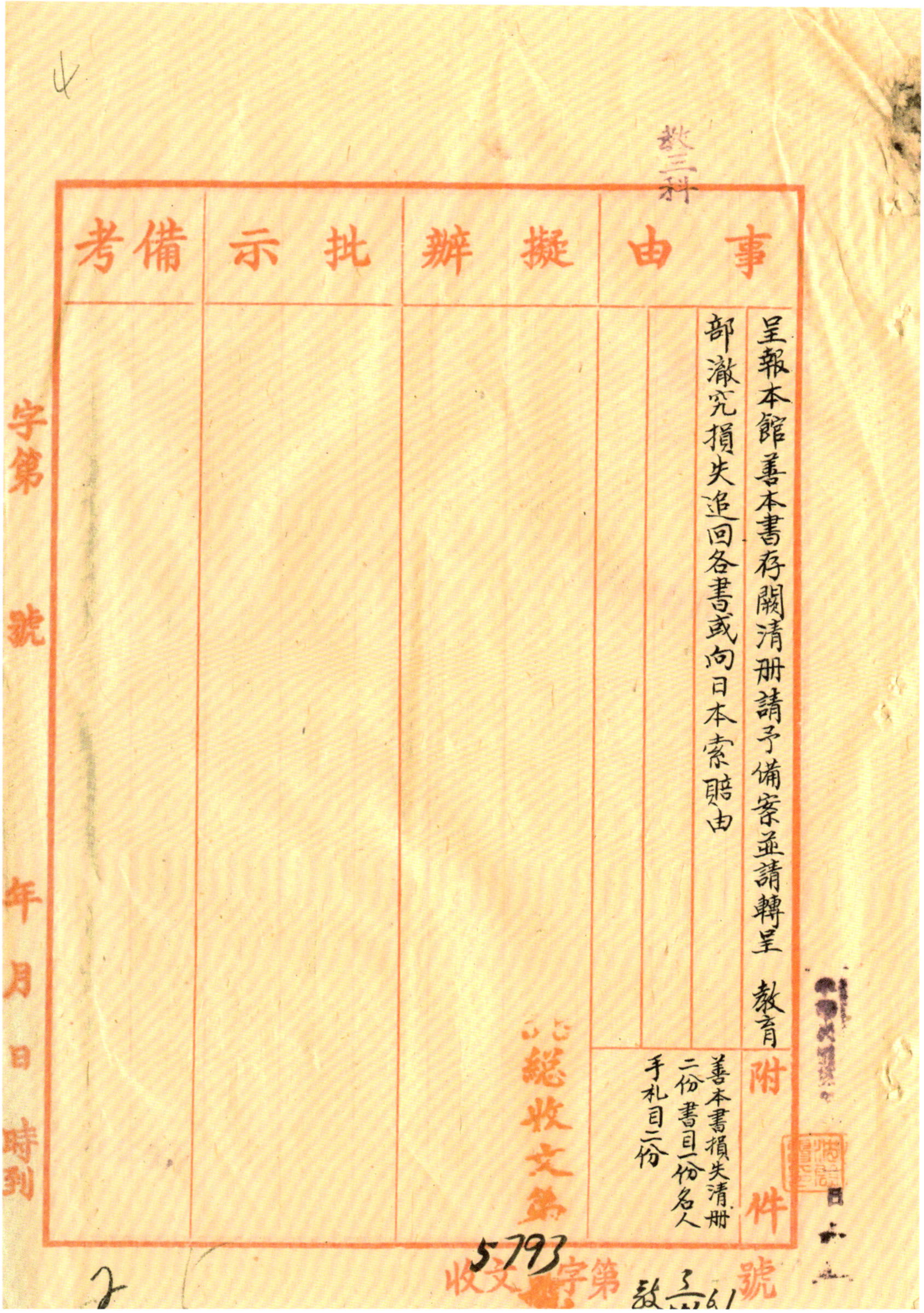

事由	擬辦	批示	備考
呈報本館善本書存闕清册請予備案並請轉呈教育部澈究損失追回各書或向日本索賠由			

附件：善本書損失清册二份　書目一份　名人手札目二份

教三科

總收文第5793號

收文　字第　號

字第　號　年　月　日　時到

竊查本館藏書分善本普通兩大類善本書又分甲乙兩類尤以善甲書爲
薄海内外所稱重杭州丁氏有善本書室藏書志其書歸館後清季印有善本
書目民國初年印有覆校善本書目 詒徵 承乏此館時印行總目註明善甲善
乙兼志藏書印記以昭慎重二十六年八月敵機襲擾京市當時倉卒移善甲
庫書箱百具又提取宋元精刊及孤本校本另裝板箱十具寄存朝天宮故宮
博物院分院地庫以避轟炸其善乙書之精本及館藏名人手札亦附裝
此一百一十箱中并經造冊呈報前 教育廳在案是年十二月首都淪陷寄存
故宮分院之書未能運出仍深錮於地庫至二十九年二月敵僞衝破地庫將館
書箱件移往竺橋僞圖書專門委員會闢專庫貯藏並印有打字目錄其
在丁氏原箱百具内者曰八千卷樓善本目在另裝大板箱内者曰八千卷樓善

本補遺目去年日軍投降　教育部派員將各偽立機關查封迄本年一月
組織清點委員會清點文物本館會同各機關派員清點次第收回館書
計自三月十八日開始清點竺橋偽圖書專門委員會迄四月二十一日始在故宮博
物院自竺橋運取各箱內收回本館寄存善本書一箱計書五十六部二百九
十八册五月初二日復自竺橋運回善本書二千二百六十二部壹萬五千九百四十四册
即前寄故宮之丁氏書箱及大板箱中之書尚有一箱至今并未發見其善乙
及普通書分批運回後不下十數萬册清理需時容後另案呈報茲爲注重
善本起見謹先將善甲書存闕清册呈請備案其已收回之書卷册繁
多不及繕寫爰就館印覆校善本目錄分别存闕呈請
鑒核是目所闕之書及善乙精本名人手札本館石章等附存百箱中現未

覆校善本書目另存

查見者繕具清單逐項開列并附梁逆鴻志前劫本館密室之書按照館目查點未得者彙案呈報其應若何澈究損失追回各書或向日本索賠伏候轉呈 教育部示遵至竺橋各書清點完畢本館藏書全部存佚確數俟竣再行呈報合併聲明謹呈

江蘇教育廳廳長陳

附呈善本書損失清冊二份覆校善本書目一份(計四冊)名人手札目二份

江蘇省立國學圖書館館長柳詒徵

柳詒徵

中華民國三十五年五月三十日

9 10

附一：陶风楼藏名人手札目

7

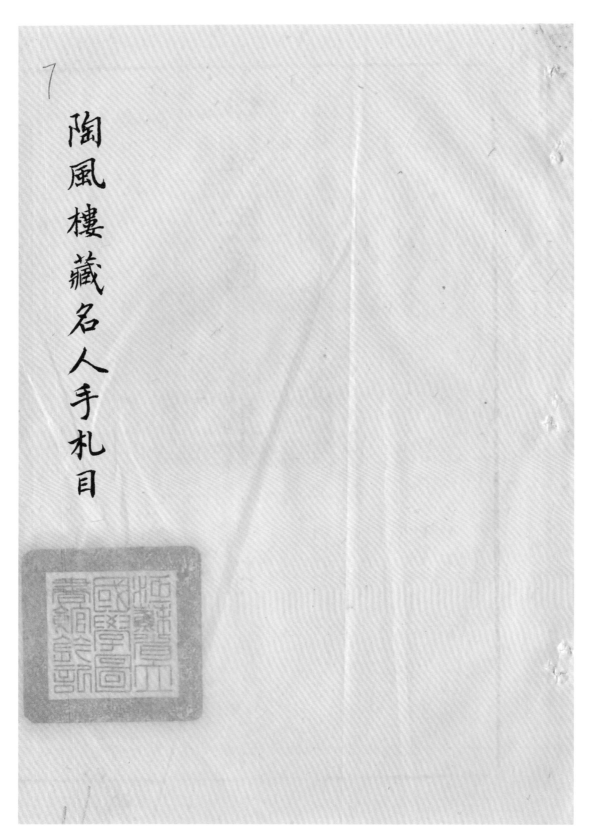

陶風樓藏名人手札目

陶風樓藏名人手札目

附註 凡無紅圈者皆闕少

丁日昌

上曾侯相書 同治 丁一〇 三葉

又 同治四年十一月十二日 丁二二 二〇葉

丁應南

上曾侍郎書 咸豐八年九月二十二日 丁二七 二葉

又 咸豐八年十一月初六日 丁二七 一葉

又 咸豐八年十一月十三日 丁二七 二葉

又 咸豐九年二月初六日 丁二七 二葉

上曾宮保書 同治元年閏八月二十八日 戊一 四葉

孔繼涑

致南元書 年月日未詳 甲二〇 一葉

又 同治 丁一〇 一葉

致范月槎書 年月日未詳 戊一 二葉

又 咸豐八年十月十四日 丁二七 二葉

又 咸豐八年十一月初九日 丁二七 二葉

又 咸豐八年十一月二十六日 丁二七 一葉

上曾尚書書 咸豐十年閏三月初六日 丁二七 二葉

12

王可陞

致梅少巖書　年二月二十一日　丁一四　四葉

王必昌

致梅少巖書　年十二月十七日　丁一六　三葉

又　年七月二十八日　丁一六　二葉

王必達

上曾尚書　咸豐　丁三　六葉

又　咸豐十一年八月二十四日　丁三　四葉

上曾宮保書　咸豐十一年九月十二日　丁三　三葉

又　咸豐十一年九月十六日　丁三　三葉

又　咸豐十一年十月初五日　丁三　三葉

又　同治元年正月十九日　丁三　三葉

又　同治元年四月十九日　丁三　五葉

又　同治元年七月二十五日　丁三　四葉

又　同治元年八月初五日　丁三　二葉

又　同治元年九月初五日　丁三　四葉

又　同治元年九月二十九日　丁三　三葉

上曾侯相書　同治三年十二月二十六日　丁三　四葉

又　同治　年八月二十八日　丁三　五葉

又　同治六年　月　日　丁三　三葉

王□□（continued entries）

上曾尚書 咸豐十一年 丁二七 四葉　又 咸豐十一年 丁二七 一葉

上曾中堂書 同治元年三月初七日 丁一三 四葉　上曾太保書 同治四年四月三十日 丁一三 四葉

王訓

致鄧厚甫書 年月日未詳 丁一七 三葉

王開化

致趙玉班書 年月初六日 丁一六 三葉

王慶奎

致梅少巖書 同治年十二月初十日 戊三 二葉

王積懋

致梅少巖書 年十一月二十六日 戊三 三葉

王錫

致梅少巖書 同治年八月初一日 戊三 二葉　又 年月日未詳 戊三 三葉

王開運

又　年月日未詳　丁二一　六葉

又　年九月初一日　丁二一　二葉

又　年月日未詳　丁二一　四葉

又　年八月初四日　丁二一　二葉

又　年七月十九日　丁二一　二葉

又　年月日未詳　丁二一　四葉

又　年月日未詳　丁二一　五葉

方恭釗

致倪豹岑書　年月日未詳　丁一九　一葉

方翊元

上曾侍郎書　咸豐八年五月十六日　丁二二　四葉

上曾尚書書　咸豐十年　丁二二　一葉

又　年正月二十九日　丁二一　五葉

又　年月日未詳　丁二一　六葉

又　年八月初一日　丁二一　五葉

又　年月日未詳　丁二一　三葉

又　年九月二十六日　丁二一　四葉

又　年正月初六日　丁二一　八葉

又　年月日未詳　丁二一　二葉

又　咸豐八年十一月初七日　丁二二　二葉

又　咸豐十年十月二十一日　丁二二　五葉

又　咸豐十一年五月初十日　丁二二　二葉

方濬頤

致倪豹岑書　年月日未詳　丁二一　二葉

文希范

上曾尚書書　咸豐十年九月初五日　丁二六　五葉

文格

致趙玉班書　年月二十日　甲二六　二葉

又　年月初九日　甲二六　一葉

又　年月二十七日　甲二六　一葉

文誠

致梅少巖書　年七月日　戊五　二葉

皮宗瀚

上曾侯相書　同治三年九月廿六日　丁十三　二葉

又　三月二十八日　甲二六　一葉

又　同治十年二月初九日　甲二六　二葉

石楷

致梅少巖書	十二日 年十一月 戊四	二葉	又	十六日 年七月 戊四	二葉
又	十七日 年二月二 戊三	三葉			

石騋

致梅少巖書	年月日未詳 戊四	四葉			

左宗植

致鄧厚甫書	六日 年六月 丁三	四葉	又	廿六日 年三月 丁三	三葉

左宗棠

致趙玉班書	初十日 年二月 乙三	三葉	又	十四日 年二月 乙三	二葉
又	初七日 年三月 乙三	二葉	又	年月日未詳 乙三	二葉
又	年月日未詳 乙三	七葉	又	同治五年五月二十九日 乙三	二葉

史致謌

致鄧厚甫書	十日 年三月初 丁一七	十葉	又	咸豐八日 年三月十 丁一七	十二葉

甘　晉

上曾宮保書　同治元年八月二十五日　丁二七　八葉

甘紹盤

與倪豹岑書　年月日未詳　戊三　二葉

田興勝

復梅少巖書　年月十五日　戊四　二葉

古隆賢

致梅少巖書　年五月初九日　戊六　二葉

世本

上曾侯相書　同治年四月二十八日　丁六　四葉

江忠源

致鄧厚甫書　年月初八日　甲一〇　一葉

又　年月初十日　甲一〇　一葉

又　年月廿三日　甲一〇　一葉

又　年月日未詳　甲一〇　二葉

又　年七月初四日　甲一〇　五葉

江忠濬

上曾宮太保書　同治三年十二月　日　甲一〇　七葉

汪廷儒

致鄧厚甫書　年月日未詳　丁一七　二葉

汪　瀔

復范月槎書　年月初十日　甲二〇　一葉

朱百遂

致范月槎書　年月日未詳　丁一六　三葉

朱品隆

致梅少巖書　年八月三十日　丁一六　四葉

又　年九月二十日　丁一六　三葉

又　年月日未詳　丁一六　一葉

致　書　年月日未詳　甲一〇　一葉

致倪豹岑書　年月三十日　戊一　一葉

又　年二月十三日　丁一六　五葉

又　年二月十五日　丁一六　三葉

致　直齋書　年月初六日　丁一六　三葉

朱南桂

致梅少巖書 年月日未詳 戊二 三葉

朱洪章

致梅少巖書 同治三年 月 日 戊六 二葉

朱孫詒

致趙玉班書 同治三年七月初七日 戊五 二葉

朱景昭

致潘豫軒書 年 月初六日 戊六 一葉

朱富春

上曾侯相書 同治 年正月十三日 丁二七 四葉

朱學勤

上曾侯相書 同治 年 月 日 丙三 四葉

又 同治 年 月 日 丙三 三葉

又 同治六年十二月廿三日 丙三 四葉

又 同治七年三月廿日 丙三 八葉

又　同治七年　月　日　丙三　八葉

又　同治　年八月十一日　丙三　六葉

又　同治　年　月　日　丙三　三葉

朱蘭

上曾宮保書　同治元年　月　日　甲一八　五葉

又　同治三年　月　日　甲一八　二葉

又　同治三年　月　日　甲一八　二葉

又　同治五年　月　日　甲二五　四葉

又　同治六年五月初四日　甲二五　八葉

又　同治六年十一月十二日　甲二五　二葉

又　年月日未詳　甲二五　一葉

又　同治　年　月　日　丙三　二葉

又　同治七年十一月十七日　丙三　三葉

上曾侯相書　同治三年　月　日　甲一八　二葉

又　同治三年　月　日　甲一八　一葉

又　同治四年閏五月初七日　甲二五　三葉

又　同治六年二月十八日　甲二五　五葉

又　同治六年　月　日　甲二五　四葉

又　年月日未詳　甲一八　二葉

又　年月日未詳　甲二五　二葉

致倪豹岑書 年月日未詳 丁二一　二葉

吳台朗

致鄧厚甫書 年月日未詳 丁一七　二葉

吳廷華

致梅少巖書 年十月十八日 丁一五　二葉　　又 年四月初六日 丁一五　二葉

又 年月日未詳 丁一五　二葉

吳昌壽

上曾中堂書 同治四年二月十日 丁一三　四葉

吳長慶

致梅少巖書 年十一月十六日 丁七　二葉　　又 年三月二十日 丁七　三葉

又 年八月十四日 丁七　二葉

吳坤修

致梅少巖書 同治四年閏月初七日 丁一五　三葉　　答梅少巖書 年月日未詳 戊四　二葉

吳家榜

致孫澥臣書　年月日未詳　丁九　三葉

吳清鵬

致　書　年月日未詳　甲二〇　一葉

吳敏樹

上曾侍郎書　咸豐九年　月　日　甲二一　六葉

上曾尙書書　咸豐十年七月初三日　甲二一　五葉

吳紱棻

上曾尙書書　咸豐十一年八月十四日　丁二六　三葉

吳棠

致　書　年九月初四日　丁五　一葉

吳嘉賓

上曾侍郎書　咸豐九年十月十五日　丁二六　三葉

吳嘉淦

上曾中堂書 年月日未詳 丁一三 四葉　又 同治元年二月六日 戊五 二葉
又 同治三年正月日 戊五 五葉

吳鳳笙

致倪豹岑書 同治元年閏八月初十日 戊五 四葉

吳贊誠

致倪豹岑書 年月日未詳 戊一 三葉

李士棻

上曾宮保書 同治元年 丁二四 一七葉　又 同治元年六月二十二日 丁一三 七葉

李元度

上曾侍郎書 咸豐八年 月十二日 甲二六 二葉　致趙玉班書 年 月十三日 甲二六 二葉
又 年 月十三日 甲二六 四葉　又 同治五年十二月初十日 丙一 四葉

李如崑

上曾侯相書 同治 年七月十八日 丁六 八葉　又 年月日未詳 丁六 三葉

李星沅

致鄧厚甫書	年八月初五日	丁八	三葉				

李振鈫

致倪豹岑書	年五月初四日	戊三	四葉	又	年九月初一日	戊三	三葉
又	年月日未詳	戊三	三葉				

李桓

上曾侍郎書	咸豐八年月日	丙五	七葉	又	咸豐八年月日	丙五	二葉
又	咸豐八年月日	丁二三	四葉	又	咸豐八年月日	丙五	二葉
又	咸豐八年月日	丁二三	三葉	又	咸豐八年月日	丁二三	三葉
又	咸豐九年月日	丁二三	三葉	又	咸豐九年月日	丁二三	三葉
又	咸豐九年月日	丁二三	四葉	又	咸豐九年月日	丁二三	四葉

李寅清

上曾宮保書	同治元年月日	丙五	十葉	又	同治元年月日	丁二三	十一葉

致梅少巖書 年月日未詳 丁一五 三葉

李福厚

致梅少巖書 同治四年七月初九日 戊二 二葉

李新莊

致趙玉班書 年三月十六日 丁六 三葉

李隆蕚

致趙玉班書 年八月廿三日 丁二 三葉　又 同治四年十二月小除日 丁二 三葉

又 年月日未詳 丁二 二葉

李概

致趙玉班書 年十月廿七日 丙三 三葉　又 年九月廿四日 丙三 三葉

又 同治九年八月初五日 丙三 三葉　又 年六月廿四日 丙三 二葉

李興鋭

致梅少巖書 咸豐十一年二月初八日 丁五 三葉　又 年七月十二日 丁五 二葉

30

又　二十日　年十月　丁丑　三葉

又　十二日　年十一月　丁丑　一葉

又　同治五年十二月　初六日　丁丑　一葉

又　十四日　年十月　丁丑　三葉

又　十二日　年　月二　丁丑　二葉

又　廿八日　年七月　丁丑　一葉

又　廿六日　年　月　丁丑　一葉

又　廿三日　年六月　丁丑　四葉

又　廿一日　年十一月　丁丑　二葉

又　初四日　年七月　丁丑　一葉

又　初五日　年　月　丁丑　一葉

又　廿五日　年十二月　丁丑　一葉

又　初十日　年八月　丁丑　三葉

又　十一日　年五月二　丁丑　二葉

又　同治七年閏四月　廿六日　丁丑　三葉

又　初七日　年八月　丁丑　六葉

又　十四日　年九月　丁丑　三葉

又　廿六日　年　月　丁丑　一葉

又　十八日　年　月　丁丑　二葉

又　十四日　年　月　丁丑　三葉

又　初六日　年四月　丁丑　一葉

又　初五日　年　月　丁丑　一葉

又　廿八日　年五月　丁丑　四葉

又　初十日　年八月　丁丑　四葉

31

又 年九月十八日 丁五 二葉

又 年十月初八日 丁五 一葉

又 年月二十日 丁五 一葉

又 年四月廿四日 丁五 三葉

李榕

上曾尚書書 咸豐十年五月十一日 丁二三 五葉

又 咸豐年月初八日 丁二三 二葉

上曾宮保書 同治二年三月初四日 丙四 四葉

又 同治二年三月廿三日 丙四 三葉

又 同治二年四月初四日 丙四 三葉

又 同治二年四月廿四日 丙四 二葉

又 同治二年五月廿四日 丙四 四葉

又 年月日未詳 丁五 一葉

又 年八月初二日 丁五 二葉

又 年六月初二日 丁五 二葉

致西翁書 年四月初五日 丁五 二葉

又 咸豐十一年二月十三日 丙四 二葉

又 咸豐年月十五日 丙四 二葉

又 同治二年三月初七日 丙四 四葉

又 同治二年三月廿九日 丙四 三葉

又 同治二年四月二十日 丙四 五葉

又 同治二年五月初二日 丙四 五葉

又 同治二年六月十一日 丙四 三葉

又　同治二年六月十二日　丙四　四葉
又　同治二年七月十七日　丙四　二葉
又　同治二年八月初二日　丙四　三葉
又　同治二年八月初五日　丙四　一葉
又　同治二年八月初六日　丙四　三葉
又　同治二年八月初八日　丙四　三葉
上曾侯相書　同治五年九月十一日　丙四　六葉
李鳳章
復梅少巖書　年月日未詳　戊四　二葉
李鴻章
上　書　年八月二十日　甲一三　一葉
致　小曙書　年月日未詳　戊二　二葉
李鴻裔
致梅少巖書　年月日未詳　戊二　二葉
李鴻藻
致倪豹岑書　年月二十日　甲一九　二葉
又　年十一月廿八日　甲一三　二葉

33

李續賓

上曾侍郎書　咸豐七年月日　甲一五　九葉

李續宜

致　翁書　年月廿一日　戊二　二葉

李鶴年

上曾侯相書　同治五年月日　丁六　四葉

又　同治五年月日　丁六　四葉

又　同治六年月日　丁六　三葉

何有志

致　藜生書　同治十一年二月十七日　戊五　二葉

何秋濤

致鄧厚甫書　年月日未詳　丁一七　五葉

又　年月八日　丁一八　六葉

又　咸豐年月日　甲一五　四葉

又　同治五年月日　丁六　三葉

又　同治五年月日　丁六　四葉

致倪豹岑書　年月初九日　丁六　二葉

又　年月日未詳　丁一七　五葉

又　年月日未詳　丁一八　五葉

35

致鄧厚甫書 年月日未詳 戊六　四葉

何璟

上曾侯相書 同治四年月日 丁四　七葉

又 同治五年月日 丁四　十一葉

又 年月日未詳 丁四　一葉

又 年月日未詳 丁四　三葉

又 年月日未詳 丁四　一葉

余允圻

致梅少巖書 年八月廿四日 戊三　四葉

余宣

上曾侯相書 同治三年月日 丁二七　四葉

呂賢舉

致梅少巖書 年月日未詳 戊三　三葉

又 同治四年月日 丁四　三葉

又 同治七年月日 丁四　七葉

致梅少巖書 年月日未詳 丁四　四葉

又 年月日未詳 丁四　一葉

致張幼樵書 年月三十日 丁四　六葉

又 年六月二十日 戊五　四葉

呂耀斗

致梅少巖書 年八月十六日 丁一五 二葉

汪廷樞

致倪豹岑書 年十月二十二日 戊四 二葉

宋貽壽

致倪豹岑書 光緒五年閏三月二十日 戊六 四葉

宋國永

致梅少巖書 年月二十二日 丁一五 三葉 又 年月日未詳 丁一五 四葉

又 年月日未詳 戊二 三葉

沈嗣綬

致 雲卿書 年十月二十六日 戊二 一葉

沈敬蘭

致范月槎書 年月日未詳 丁一六 三葉

沈瑜慶

致孫萊山書　年月日未詳　丁二一　三葉

沈葆楨

上曾侍郎書　咸豐九年二月十二日　甲一〇　二葉

又　咸豐九年二月二十六日　甲一〇　二葉

又　咸豐九年三月二十三日　甲一〇　二葉

又　咸豐九年四月二十八日　甲一〇　二葉

又　咸豐　年　月十三日　甲一一　二葉

又　同治元年三月九日　甲一一　六葉

又　同治元年四月二十六日　甲一二　十三葉

又　同治元年五月十六日　甲一〇　五葉

又　同治元年六月七日　甲一一　十葉

致李雨亭書　年十月廿四日　甲一二　三葉

又　咸豐　年二月十七日　甲一〇　四葉

又　咸豐　年　月十一日　甲一一　二葉

又　咸豐九年四月初八日　甲一〇　二葉

又　咸豐　年　月　日　甲一　一葉

上曾宮保書　同治元年三月二日　甲一一　二葉

又　同治元年三月二十五日　甲一二　九葉

又　同治元年五月二十四日　甲一二　七葉

又　同治元年五月二十九日　甲一〇　五葉

致王雨軒書　年月日未詳　甲一一　一葉

成定康

致趙玉班書 年月日未詳 甲二六 二葉　又 年月日未詳 甲二六 三葉

又 年月初七日 甲二六 二葉

杜學禮

致鄧厚甫書 年月日未詳 丁一七 三葉

汝珣

致倪豹岑書 年月廿八日 丁二一 二葉

祁嶲藻

復鄧厚甫書 年十二月廿三日 丁五 三葉

官文

上曾侯相書 同治六年月日 甲一六 三葉　又 同治六年月日 甲一六 四葉

致松溪書 年月初一日 戊二 二葉

金國均

致曾宮保書 同治二年二月二十一日 丁一三　七葉

金國琛

上曾尚書書 咸豐十年正月二十日 丁一一　六葉

又 咸豐十年正月二十四日 丁一一　五葉

又 咸豐十年　月　日 丁二三　四葉

上曾侯相書一 同治三年三月二十四日 丁一一　三葉

致　少霞書　年　月二十七日 丁一一　二葉

金樹棨

上曾侍郎書 咸豐八年　月　日 丁二　七葉

又 咸豐八年五月廿九日 丁二　二葉

又 咸豐九年四月廿五日 丁二六　四葉

上曾宮保書 同治二年正月初八日 丁二　九葉

又 同治二年四月初五日 丁二　四葉

又 咸豐十年正月二十二日 丁二三　六葉

又 咸豐十年正月二十六日 丁二三　四葉

又 咸豐十年二月初三日 丁二三　八葉

又 同治三年六月二十六日 丁一一　五葉

又 咸豐八年五月初七日 丁二　五葉

又 咸豐九年三月廿八日 丁二　四葉

上曾尚書書 咸豐十一年　月　日 丁二　一葉

又 同治二年二月廿一日 丁二　六葉

又 同治二年　月　日 丁二　三葉

41

上曾侍郎書 咸豐九年六月十五日 丁一三 八葉

上曾尙書書 咸豐十年 月 日 丁一三 三葉

又 咸豐十年十二月十九日 丁一二 三葉

上曾宮保書 同治元年三月十一日 丁一三 六葉

又 同治元年六月十五日 丁一二 四葉

又 同治元年閏八月十五日 丁一三 六葉

又 同治元年九月二十八日 丁一二 二葉

又 同治元年九月二十八日亥刻 丁一二 三葉

又 同治二年三月三十日 丁一二 六葉

周騰虎

上曾宮保書 咸豐十一年十二月十三日 丙一 四葉

又 咸豐十一年十二月廿二日 丙一 三葉

周馥

致倪豹岑書 年六月二十三日 丁二〇 三葉

邵懿辰

上曾尙書書 咸豐十年七月二十五日 甲一五 四葉

易潤壇

上曾侯相書 同治六年四月廿二日 丁一四 六葉

致趙玉班書 年 月十五日 丁一四 一葉

致梅少巖書　年月日未詳　丁一四　三葉　又　年三月初一日　丁一四　四葉

又　年月日未詳　丁一四　二葉　又　年六月廿三日　丁一四　四葉

又　年七月十五日　丁一四　三葉

易開俊

致梅少巖書　年月廿九日　丁一　三葉　又　年月十九日　丁一　三葉

又　年月廿一日　丁一五　四葉

林述訓

致　省齋書　年月日未詳　丁八　三葉

林耀龍

致梅少巖書　年月日未詳　戊三　二葉

長　善

致倪豹岑詩　年月日未詳　丁二〇　五葉

姚□韓

致倪豹岑書 同治五年八月十五日 戊一 四葉

姚體備

上曾尚書書 咸豐 年月初七日 丁一〇 六葉

又 咸豐 年月十三日 丁一〇 四葉

又 咸豐十一年三月初三日 丁一〇 五葉

又 咸豐十一年三月廿四日 丁一一 三葉

又 咸豐十一年四月十九日 丁一〇 四葉

又 咸豐十一年四月二十七日 丁一一 三葉

又 咸豐十一年五月十二日 丁一一 五葉

又 咸豐十一年五月十四日 丁一一 三葉

又 咸豐十一年五月二十日 丁一一 五葉

上曾宮保書 咸豐十一年六月十六日 丁一一 四葉

又 同治元年正月廿九日 丁一〇 二葉

又 同治元年六月初六日 丁一〇 二葉

恒安

致納敏主人書 年九月二十七日 甲二〇 四葉

胡大任

上曾侯相書 同治四年十二月十三日 丁一四 六葉

致倪豹岑書 年月日未詳 戊四 八葉

胡心庠

又	年四月二十二日	甲三	一葉
又	年五月十二日	甲三	一葉
又	年五月十六日	甲三	一葉
又	年五月二十四日	甲三	一葉
又	年月日未詳	甲三	二葉
又	年三月十六日	甲三	一葉
致丁伯冕孫澍人書	年月日未詳	甲二	二葉
胡淖			
致鄧厚甫書	年三月二十三日	丁七	三葉
胡暉堂			
致梅少巖書	年月日未詳	丁一五	三葉
胡興仁			
上曾宮保書	同治二年五月十二日	丁二七	四葉
又	年五月初十日	甲三	二葉
又	年五月十四日	甲三	一葉
又	年五月二十日	甲三	一葉
又	年五月二十九日	甲三	一葉
又	年月日未詳	甲二	四葉
又	年三月十九日	甲三	二葉
致魁蔭庭書	年三月十九日	甲三	三葉
又	年二月十日	丁七	三葉
又	年月日未詳	戊四	二葉

洪　熙

致梅肖巖書　十六日　年月　戊四　二葉

洪汝奎

致梅少巖書　十二日　年四月二　戊四　四葉

施　山

致倪豹岑書　十三日　年正月　戊一　三葉　　又　十五日　年九月二　戊一　三葉

又　廿八日　年月　戊一　一葉　　又　十一日　年月　戊一　一葉

又　年月日未詳　戊一　一葉　　又　三十日　年月　戊一　一葉

范施卿

致范月槎書　八日　年四月十　丁一六　四葉

俞　樾

致　屺堂書　年月日未詳　甲二〇　二葉

倪文蔚

致叔方書　年月日未詳　丁九　二葉

致周縵雲書　年六月廿九日　丁九　一葉

致梅肖巖書　年三月初一日　丁九　二葉

又　年六月廿九日　丁九　二葉

致子中書　年八月十九日　丁九　二葉

馬恩溥

上曾侯相書　同治三年十月十五日　丁一八　三葉

又　同治五年十月初三日　丁一八　三葉

致卓峯書　年十月二日　丁一八　四葉

致森卿書　年九月十九日　丁一八　三葉

又　年十月廿九日　丁一八　三葉

又　年五月十六日　丁一八　五葉

又　年九月初一日　丁一八　四葉

致蓀浦書　年月廿八日　丁九　一葉

致梅少巖書　年月日未詳　戊三　三葉

致筱望書　年六月廿日　丁九　二葉

致曼伯書　年三月六日　丁九　一葉

諭觀保兒書　年八月七日　丁九　二葉

又　同治五年六月初七日　丁一八　三葉

又　同治七年月日　丁一八　二葉

又　年八月廿七日　丁一八　三葉

又　年五月廿日　丁一八　二葉

又　年月廿六日　丁一八　四葉

又　年月日未詳　丁一八　二葉

又　年八月十六日　丁一八　二葉

致梅少巖書　年月日未詳　戊六　二葉

唐訓方

上曾侍郎書　咸豐八年　月　日　丁二四　二葉
又　咸豐八年九月十四日　丁二四　三葉

上曾宮保書　同治元年二月十二日　丁二四　四葉
又　同治元年　月　日　丁一三　三葉

唐景皐

上曾尚書書　咸豐十年八月初十日　丁二四　二葉
又　咸豐十一年四月十六日　丁二四　四葉

上曾宮保書　咸豐十一年十二月十二日　丁二四　五葉
又　同治元年　月　日　丁一二　二葉

又　同治元年　月　日　丁二四　二葉
又　同治元年　月　日　丁一二　一葉

又　同治元年八月初九日　丁一二　三葉
又　同治元年閏八月二十三日　丁一二　三葉

又　同治元年十一月初五日　丁一三　六葉
又　同治二年二月二十一日　丁一二　四葉

又　同治二年　月　日　丁一二　二葉
又　同治二年　月　日　丁一二　七葉

又　同治二年　月　日　丁一二　四葉
又　同治二年九月二十七日　丁一二　四葉

上曾侯相書　同治三年　月　日　丁一二　九葉
又　同治　年　月　日　丁一二　四葉

孫衣言

致范月槎書　年月日未詳　戊六　二葉

孫雲錦

致力久徵書　年月日未詳　戊二　四葉　又　年　月十三日　戊二　三葉

孫家穀

致倪豹岑書　年　月十九日　丁一九　四葉　又　年　月初八日　丁一九　二葉

又　年　月初七日　丁一九　二葉　又　年　月初八日　丁一九　五葉

又　年　月初九日　丁一九　二葉　又　年　月十五日　丁一九　四葉

又　年　月十九日　丁一九　一葉　又　年　月十一日　丁一九　二葉

又　年月日未詳　丁一九　四葉　又　年　月初四日　丁一九　五葉

又　年　月廿四日　丁一九　五葉　又　年月日未詳　丁一九　二葉

又　年　月十六日　丁一九　二葉　又　年　月廿二日　丁一九　二葉

又　年七月十三日　丁一九　二葉　又　年　月十八日　丁一九　二葉

又　年月十二日丁一九　三葉

又　年六月十二日丁一九　四葉

又　年七月廿二日丁一九　四葉

又　年月廿日六丁一九　三葉

又　年九月八日丁一九　二葉

孫家鼐　致倪豹岑書　年月日未詳丁九　三葉

孫家穆　致倪豹岑書　年月日未詳丁一九　二葉

又　年月日未詳丁一九　三葉

孫鼎臣　致鄧厚甫書　年正月二十二日丁三　六葉

翁同龢和

又　年月初二日丁一九　二葉

又　年月十六日丁一九　三葉

又　年月二十日丁一九　三葉

又　年月十六日丁一九　三葉

又　年月初五日丁一九　二葉

又　年六月廿八日丁一九　三葉

又　年月日未詳戊一　二葉

致魏溫雲書年月日未詳 甲二〇　三葉

徐士穀

上曾尚書書咸豐 年 月 日 丁二六　二葉

上曾侯相書同治三年十一月十五日 丁一四　四葉

徐子苓

上曾中堂書同治四年十二月十八日 甲二二　八葉

徐文達

致梅少巖書同治九年六月 日 戊二　二葉

徐銘傳

上曾侯相書同治 年 月十二日 丁一三　五葉

徐樹銘

致鄧厚甫書年月日未詳 丁七　三葉

秦際唐

致張幼樵書年月日未詳 丁二一　一葉

又 年月日未詳 丁二一　一葉

又 年月日未詳 丁二一 一葉

又 年月日未詳 丁二一 二葉

晏端書

致范月槎書 年十月十六日 丁一六 二葉

畢道遠

致范月槎書 年九月十五日 丁八 二葉

韋長貴

致梅少巖書 年三月十一日 丁一五 二葉

又 年四月初七日 丁一五 三葉

敖册賢

上曾宮保書 同治二年七月十五日 丁二七 四葉

又 年正月廿四日 丁二〇 二葉

又 年七月十一日 丁二〇 四葉

又 年月日未詳 丁二一 一葉

又 年十月十五日 丁一五 二葉

致倪豹岑書 年月日未詳 丁二〇 六葉

又 年十月廿四日 丁二〇 二葉

又 年月日未詳 丁二〇 三葉

桂超萬

上曾宮保書 同治　年十二月十四日　丁一三　四葉

者齡

上曾侍郎書 咸豐　年　月　日　丁七　四葉

又 咸豐　年　月　日　丁七　三葉

又 咸豐八年　月　日　丁七　三葉

又 咸豐八年　月　日　丁七　二葉

又 咸豐九年　月　日　丁二六　三葉

致鄧厚甫書 年月日未詳　丁七　三葉

張之洞

致倪豹岑書 年月日未詳　甲一九　二葉

又 年月日未詳　甲一九　二葉

又 年　月初二日　甲一九　四葉

又 年　月二十日　甲一九　一葉

又 年月日未詳　甲一九　一葉

張之萬

上曾宮保書 同治六年　月初六日　甲二六　二葉

致范月槎書 同治六年　月　日　甲二六　二葉

又 年月日未詳　甲二六　二葉

張之淵

致吳少村書 年月日未詳 丁一八　一葉

張沄

上曾宮保書 咸豐十一年月日 丁六　四葉　　又 同治三年月日 丁六　四葉

又 同治三年月日 丁六　二葉　　又 同治三年六月初四日 丁六　三葉

致曾侯相書 同治四年二月二十三日 丁六　六葉

張志榮

致森卿書 年月日未詳 戊一　三葉

張佩綸

致　書 年六月廿四日 丁二一　五葉　　致　書 年八月初四日 丁二一　九葉

張芾

上曾侍郎書 咸豐八年十二月十六日 丙七　三葉　　上曾尚書書 咸豐十年二月十七日 丙七　六葉

又 咸豐十年三月十一日 丙七　四葉　　又 咸豐十年三月廿七日 丙七　二葉

又 咸豐十年閏三月初三日 丙七 四葉

又 咸豐十年閏三月十八日 丙七 四葉

又 咸豐十年閏三月廿三日 丁二七 四葉

又 咸豐十年七月十二日 丙七 三葉

又 咸豐十年七月廿九日 丙七 三葉

又 咸豐十年八月初十日 丙七 一葉

又 咸豐十年八月十五日 丙七 二葉

又 咸豐十年 月 日 丙七 一葉

上曾宮保書 咸豐十一年 月 日 丙七 五葉

又 同治元年二月十二日 丙七 二葉

張秉鈞

致梅少岩書 年 月廿八日 戊三 二葉

張金鏞

上曾侍郎書 咸豐八年九月初八日 丁二六 四葉

張師劬

致曾 書 年月日未詳 丁一三 四葉

張 桐

致范月槎書 年月日未詳 丁七 二葉

58

張家駒

上曾侍郎書 咸豐七年十月廿五日 丁一〇 四葉
又 咸豐八年六月十五日 丁一〇 四葉
又 咸豐九年　月　日 丁二六 五葉
又 咸豐十年八月廿八日 丁二六 四葉

張振璜

致范月槎書 年月日未詳 戊一 三葉

張問陶

贈花谿先生詩 戊二 三葉

張裕釗

上曾侍郎書 咸豐九年　月　日 甲二三 二葉
又 咸豐九年九月十六日 甲二三 二葉
上曾尚書書 咸豐十年二月二十七日 甲二三 四葉
又 咸豐十年六月二十日 甲二三 三葉
上曾宮保書 同治二年十月二十九日 甲二二 三葉
上曾侯相書 同治三年十一月十五日 甲二二 四葉

張詩日

致李眉翁書 　年　月初六日 丁二六 一葉

張銘堅

致梅少巖書年月日未詳戊四　二葉

張樹聲

致倪豹岑書十七日年月二丁九　一葉　又七日年月二十丁九　六葉

又七日年二月初丁九　四葉

張曜

致助吾書八日年一月廿甲一九　四葉　又日年九月九甲一九　五葉

又日年五月九甲一九　二葉　又年月日未詳甲一九　一葉

又三日年九月十甲一九　二葉　又二日年月十甲二　二葉

張鑄

致梅少巖書年月日未詳戊四　三葉　又七日年三月廿戊四　二葉

張觀鈞

致倪豹岑書戊五　二葉

陳本欽

致鄧厚甫書 年十二月廿七日 丁一七 二葉　又 年六月二十一日 丁一七 四葉

又 年十一月三十日 丁一七 二葉　又 年十一月初七日 丁一七 五葉

陳廷經

上曾尚書書 咸豐十年五月二十五日 丁九 五葉　上曾宮保書 同治二年 月 日 丁九 三葉

上曾侯相書 同治三年 月 日 丁九 八葉

陳艾

致倪豹岑書 年月日未詳 戊六 三葉

陳自明

致梅少巖書 年月日未詳 戊三 一葉

陳孚恩

致鄧厚甫書 年二月十日 丁八 五葉　又 年十二月二十四日 丁八 一葉

致　書 年月日未詳 丁八 一葉　致　書 年 月十一日 丁八 二葉

又　年五月廿二日　丁二　五葉

又　年九月初三日　丁二一　五葉

又　年十一月十四日　丁二一　一葉

又　年四月初五日　丁二一　三葉

陳祖襄

致梅少巖書　同治四年閏五月十七日　丁一五　二葉

陳啓邁

致鄧厚甫書　年十一月十九日　丁一七　四葉

陳景曾

致鄧厚甫書　年月日未詳　丁一七　四葉

陳國瑞

上曾中堂書　同治四年五月日　戊二　三葉

陳源豫

又　年八月初三日　丁二一　七葉

又　年五月廿五日　丁二一　二葉

又　年月日未詳　丁二一　二葉

致貞甫書　年月十四日　丁二一　一葉

上曾侍郎書咸豐七年十二月初八日 丁二　五葉
又咸豐九年　月　日 丁二五　四葉
上曾尚書書咸豐十年三月二十五日 丁二　五葉
又咸豐十年八月八日 丁二　五葉
又咸豐十年十二月十六日 丁二七　五葉
上曾宮保書同治元年八月十日 丁二五　七葉
上曾侯相書同治四年三月廿五日 丁二五　九葉

陳　鼐

上曾宮保書同治二年六月十九日 丁三　三葉
致梅少巖書年月日未詳 丁三　三葉
又年月日未詳 丁一四　二葉

陳　壇

致鄧厚甫書年月日未詳 丁一七　四葉

陳鴻翊

致曾侯相書同治　年四月十五日 丁六　三葉

陳　濬

致梅少巖書年月日未詳 丁一五　二葉

64

曹文煥
致鏡爽翁書　年月日未詳　丁一九　四葉
致倪豹岑書　年月二日　丁一九　五葉
曹宗瀚
致蘊奇書　年月日未詳　戊一　二葉
又　年月日未詳　戊一　二葉
又　年月日未詳　戊一　二葉
曹鴻勛
致方久徵書　年月日未詳　戊二　二葉
梅三錫
致梅少巖書　年月初一日　戊三　二葉
梅啓熙
致倪豹岑書　同治元年五月初六日　丁八　三葉
又　年月日未詳　丁八　四葉
又　年六月廿二日　丁八　三葉
又　年九月廿日　丁八　二葉
又　年七月初三日　丁八　三葉
又　年四月十六日　丁八　三葉

65

梅錦源

致梅少巖書　年八月十五日　丁一五　三葉　　又　年七月初五日　丁一五　三葉

又　年月初六日　丁一五　三葉　　又　年月初四日　丁一五　三葉

又　年月廿四日　丁一五　三葉　　又　年三月晦日　丁一五　二葉

陸元鼎

致星府書　年月日未詳　甲二〇　二葉

陸費森

致孫海岑書　年月日未詳　戊六　四葉

許乃釗

上曾宮保書　同治二年正月十九日　丁一四　二葉

許振礽

致　書　年月日未詳　戊五　二葉

許振禕

67

68

	致范月槎書	年月日未詳	戊一	一葉
郭家鏞	上曾侯相書	同治三年七月　日	丁二	二葉
郭崑燾	上曾侍郎書	咸豐　年十月二十三日	乙一二	三葉
	又	咸豐八年二月十六日	乙八	四葉
	又	咸豐　年　月　日	乙八	四葉
	又	咸豐九年正月二十五日	乙一二	三葉
	又	咸豐九年三月初七日	乙一三	三葉
	又	咸豐九年三月二十一日	乙一二	二葉
	又	咸豐九年八月二十七日	乙一四	七葉
	又	咸豐九年十一月十四日	乙一二	四葉
	上曾尚書書	咸豐十年閏三月十九日	乙一四	九葉
	又	咸豐　年三月　日	乙一三	二葉
	又	咸豐　年三月廿四日	乙一三	二葉
	又	咸豐九年正月初二日	乙一二	十一葉
	又	咸豐九年三月初二日	乙一四	五葉
	又	咸豐　年三月十一日	乙一一	二葉
	又	咸豐九年八月初五日	乙一二	三葉
	又	咸豐九年九月十五日	乙七	五葉
	又	咸豐　年　月　日	乙七	一葉
	又	咸豐十年四月二十四日	乙一三	三葉

又 同治四年　月　日 乙九 四葉

又 同治　年三月十七日 乙一〇 二葉

又 同治六年　月　日 乙一〇 二葉

又 同治　年　月　日 乙一六 一葉

又 年月日未詳 乙八 六葉

又 年月日未詳 乙八 二葉

又 年　月二日 乙九 一葉

又 年八月廿七日 乙一〇 四葉

又 年　月初八日 乙一〇 一葉

又 年　月初十日 乙一〇 一葉

又 年　月十六日 乙一〇 一葉

又 年　月廿八日 乙一〇 一葉

又 年　月初五日 乙一五 一葉

又 同治　年　月　日 乙一五 六葉

又 同治　年　月　日 乙一〇 五葉

又 同治　年　月二十二日 乙九 八葉

又 同治十二年　月　日 乙一〇 四葉

又 年　月二十日 乙八 二葉

又 年月日未詳 乙八 二葉

又 年月日未詳 乙一〇 二葉

又 年　月初七日 乙一〇 一葉

又 年　月初八日 乙一〇 一葉

又 年　月十三日 乙一〇 一葉

又 年　月廿五日 乙一〇 一葉

又 年　月初二日 乙一五 一葉

又 年　月初六日 乙一五 一葉

上曾侯相書　同治　年五月十八日　乙六　八葉　又　同治　年九月二十二日　乙四　八葉

又　同治七年正月十七日　乙五　七葉　又　同治　年　月　日　乙四　三葉

又　同治　年　月　日　乙四　一葉　又　年二月十八日　乙五　一葉

致沈幼丹書　光緒　年三月二十日　乙四　二葉　又　年月日未詳　乙五　一葉

致趙葉班書　七年九月初十日　乙六　三葉　又　年九月初十日　乙六　二葉

郭慶藩

致　慎旃書　年閏月廿二日　丁一九　二葉　又　年　月廿六日　丁一九　一葉

又　年正月廿九日　丁一九　一葉

崔國英

致趙玉班書　年月日未詳　丁一六　二葉　又　咸豐　年　月　日　戊五　二葉

莊肇麟

上曾侍郎書　咸豐八年十二月十八日　丁二六　二葉

婁雲慶

致梅少巖書 年七月初六日 丁一〇　二葉

紹誠

致倪豹岑書 年月日未詳 甲一九　五葉

勒方錡

致胡蔚之書 年月冬至日 丁九　二葉　又 年月日未詳 丁九　一葉

梁悅馨

致孫海岑書 年月日未詳 戊六　二葉

陶日昇

致梅少巖書 年月日未詳 戊三　三葉　又 年六月初六日 〇六　三葉

章鋆

致倪豹岑書 年月二十四日 戊六　二葉

黃爵滋

致 凝叔書 年月日未詳 甲二〇　二葉

74

曾國藩

致鄧厚甫書　年月初四日　甲一　二葉

又　年月日未詳　甲一　二葉

又　年月初五日　甲一　二葉

又　年月廿四日　甲一　六葉

致秋翁書　年月廿五日　甲一　二葉

曾國荃

致趙玉班書　咸豐年四月初九日　乙二　三葉

又　咸豐年六月廿五日　乙一　二葉

又　咸豐年八月初五日　乙一　三葉

又　咸豐年十二月初七日　乙二　二葉

又　同治元年閏八月廿一日　乙一　三葉

又　同治年九月初三日　乙一　五葉

又　年月初五日　甲一　二葉

又　年月初二日　甲一　二葉

又　年月廿七日　甲一　二葉

又　年月廿六日　甲一　四葉

又　咸豐年六月十四日　乙一　三葉

又　咸豐年七月初二日　乙二　二葉

又　咸豐年十一月廿六日　乙一　三葉

又　同治元年閏八月初七日　乙一　七葉

又　同治元年閏八月廿五日　乙二　四葉

又　同治年九月初六日　乙一　四葉

又　同治　年十二月初八日　乙二　四葉

又　同治　年七月初七日　乙二　五葉

致趙玉班書　同治　年十月初九日　乙二　四葉

致田蓀書　年月日未詳　乙二　二葉

曾國潢

致趙玉班書　年八月十二日　甲一三　二葉

曾貞榦

致　書　年七月初六日　甲一三　三葉

曾紀澤

致魏溫雲書　年二月二十三日　甲一三　二葉

又　年　月二十一日　甲一三　一葉

又　年三月六日　甲一三　二葉

又　同治　年正月初四日　乙二　四葉

致魏溫雲書　同治　年十二月初六日　乙二　三葉

致倪豹岑書　年月日未詳　乙二　三葉

又　年八月十四日　甲一三　二葉

又　年　月十六日　甲一三　一葉

致倪豹岑書　年　月廿七日　甲一三　一葉

又　年十月十六日　甲一三　三葉

76

又	年月日未詳	甲一三	一葉

彭久餘

致范月槎書	年月日未詳	戊一	二葉

彭玉麐

上曾侍郎書	咸豐八年九月十六日	甲四	一葉
又	咸豐十一年三月二十五日	甲四	八葉
又	咸豐十一年四月初五日	甲四	三葉
又	咸豐十一年六月十一日	甲四	四葉
又	咸豐　年　月二十三日	甲五	四葉
上曾宮保書	咸豐十一年九月初九日	甲五	三葉
又	咸豐十一年十二月初八日	甲五	一葉
又	同治元年正月十七日	甲五	三葉
又	同治元年正月二十二日	甲五	一葉
上曾尚書書	咸豐十一年二月二十三日	甲四	七葉
又	咸豐十一年四月初三日	甲四	六葉
又	咸豐十一年四月十六日	甲四	三葉
又	咸豐十一年七月初九日	甲四	四葉
又	咸豐十一年八月二十四日	甲四	三葉
又	咸豐十一年九月十九日	甲五	三葉
又	咸豐十一年十二月二十三日	甲五	一葉
又	同治元年正月二十日	甲五	一葉
又	同治元年五月初三日	甲五	四葉

又　同治元年五月初四日　甲五　一葉
又　同治元年五月十二日　甲五　五葉
又　同治元年六月十一日　甲六　十一葉
又　同治元年六日廿八日　甲六　六葉
又　同治元年七月十三日　甲六　二葉
又　同治元年八月二十日　甲六　二葉
又　同治元年閏八月廿一日　甲七　五葉
又　同治元年九月初四日　甲七　三葉
又　同治元年九月廿六日　甲七　五葉
又　同治元年十月初六日　甲七　六葉
又　同治元年十月　日　甲八　八葉
又　同治元年十日二十七日　甲八　二葉
又　同治元年十一月初二日　甲八　五葉

又　同治元年五月初五日　甲五　五葉
又　同治元年六月初八日　甲五　八葉
又　同治元年六月廿一日　甲六　五葉
又　同治元年七月初三日　甲六　五葉
又　同治元年八月初二日　甲六　二葉
又　同治元年閏八月十九日　甲六　六葉
又　同治元年八月廿四日　甲七　七葉
又　同治元年九月初七日　甲七　四葉
又　同治元年九月廿七日　甲七　五葉
又　同治元年十月十七日　甲七　三葉
又　同治元年十月二十三日　甲八　三葉
又　同治元年十月二十八日　甲八　四葉
又　同治元年十一月初四日　甲八　三葉

78

又	同治元年十一月初八日	甲八	四葉
又	同治元年十一月十五日	甲八	四葉
又	同治元年十一月二十七日	甲九	四葉
又	同治元年十二月十三日	甲九	六葉
上曾侯相書	同治三年　月二十二日	甲九	四葉
又	同治三年十月二十一日	甲九	一葉
又	同治三年十二月二十五日	甲九	二葉
又	同治四年正月二十三日	甲九	三葉
又	同治四年二月初四日	甲九	四葉
又	年六月初五日	甲九	二葉
又	年月日未詳	甲五	二葉
喬松年上曾尚書書	咸豐十年　月　日	丁二七	四葉
又	同治元年十一月初九日	甲八	二葉
又	同治元年十一月廿三日	甲九	二葉
又	同治元年十二月初九日	甲九	四葉
又	同治元年十二月十六日	甲九	四葉
又	同治三年三月十五日	甲九	二葉
又	年十月二十五日	甲九	二葉
又	同治四年正月十八日	甲九	三葉
又	同治四年正月二十四日	甲九	二葉
又	同治四年二月十四日	甲九	三葉
致曾　書	年月日未詳	甲四	一葉
又	年月日未詳	甲六	一葉
上曾中堂書	同治三年五月十三日	丁一六	三葉

又　同治三年　月　日　丁一六　一葉
又　同治三年六月二十二日　丁一六　二葉
又　同治三年六月二十二日　丁一六　二葉
又　同治三年六月二十五日　丁一六　三葉
又　同治三年八月廿八日　丁一六　三葉
又　同治三年十一月初四日　丁一六　二葉
又　同治四年二月十二日　丁一六　五葉
又　同治四年三月初十日　丁一六　四葉
又　同治四年四月十三日　丁一六　三葉
又　同治四年四月十九日　甲一七　二葉
又　同治四年四月二十九日　甲一六　二葉
又　同治四年七月二十日　甲一六　四葉
又　同治四年九月初一日　甲一七　四葉
又　同治四年九月二十四日　甲一七　五葉
又　同治四年　月十三日　甲一七　四葉
又　同治四年十二月　日　甲一七　一葉
又　同治…年八月十八日　甲一七　三葉
又　同治五年九月初二日　甲一七　四葉

彭瑞毓

致倪豹岑書　年四月十五日　丁九　三葉
又　年月日未詳　丁九　一葉
又　年十月廿一日　丁九　一葉
又　年十月初二日　丁九　三葉
又　年　月十二日　丁九　一葉
又　年六月十九日　丁九　二葉

又 年十月十八日 丁九 六葉

彭維祥

致梅少巖書 年十二月初六日 戊四 二葉

程以輔

致倪豹岑書 年五月二十五日 戊一 三葉

程桓生

上曾侯相書 同治四年六月初八日 丁二五 五葉

又 同治五年二月廿九日 丁二五 五葉

又 同治五年五月廿二日 丁四 四葉

又 同治五年八月十五日 丁四 五葉

又 同治六年八月初二日 丁四 三葉

又 同治六年九月初二日 丁四 五葉

又 同治六年十二月廿二日 丁四 四葉

又 同治四年十二月十三日 丁二五 二葉

又 同治五年四月廿四日 丁二五 三葉

又 同治五年七月十六日 丁四 五葉

又 同治五年九月十九日 丁四 二葉

又 同治六年八月十二日 丁四 五葉

又 同治六年九月廿二日 丁四 五葉

又 同治 年三月廿一日 丁四 四葉

81

又 同治七年四月初六日 丁四 四葉　又 同治七年四月十一日 丁四 一葉
又 同法七年五月初四日 丁四 四葉　又 同治七年七月二十八日 丁四 二葉
致梅少巖書 年 月初八日 丁四 三葉
程鴻詔
上曾侯相書 同治五年十二月初八日 戊二 六葉
程 煥
致梅少巖書 年五月初八日 丁一五 二葉
黃兆麟
致鄧厚甫書 年月日未詳 丁三 三葉　又 年八月初七日 丁三 三葉
又 年六月十七日 丁三 六葉
黃祖絡
致梅少巖書 年月日未詳 戊四 三葉
黃啓愚

82

上曾侯相書 年 月初三日 丁一四　六葉

黃淳熙

致趙玉班書 年十一月初七日 丁一六　二葉

黃彭年

上曾中堂書 年月日未詳 丁一四　二葉

黃際昌

致梅少巖書 年八月初一日 丁九　二葉

黃樂之

致鄧厚甫書 年月日未詳 丁七　二葉

黃濟

致趙玉班書 年十一月初七日 丁六　七葉

馮卓懷

上曾侍郎書 咸豐七年六月廿四日 丙二　四葉　又 咸豐九年七月十九日 丙二　十七葉

又 咸豐九年十一月廿四日 丙一 廿六葉

又 同治三年十一月二十二日 丙二 十二葉

又 同治八年十一月廿八日 丙二 十葉

致曾澄侯書 年月日未詳 丙一 三葉

馮啓蓁

致蘊奇書 年六月初一日 甲二〇 二葉

馮譽驥

上曾宮保書 年十二月十八日 丁二六 四葉

喻吉三

致梅少崖書 年正月初八日 丁一五 三葉

又 年九月初一日 丁一五 四葉

又 年三月初五日 丁一五 四葉

又 年九月初十日 丁一五 三葉

又 年九月初八日 丁一五 三葉

又 年月日未詳 丁一五 一葉

喻賢能

致梅少巖書 年月日未詳 丁一五 三葉

童□

致梅少巖書 同治 年十月廿二日 戊三　五葉

童華
致范月槎書 年十二月三十日 丁八　二葉

惲世臨
上曾侯相書 同治 年 月 日 丁一三　四葉
致趙玉班書 年正月二十七日 丁一三　三葉

惲光宸
致 書 年月日未詳 丁五　一葉

惲光業
致 少翁書 年月日未詳 丁九　二葉

勝保
上曾宮保書 同治元年 月 日 甲二六　三葉

盛宣懷
致倪豹岑書 年 月二十四日 丁九　二葉

裕庚

致潘豫軒書 年月日未詳 丁九 一葉

裕祿

致潘豫軒書 年 月初三日 丁九 一葉

賀壽慈

上曾中堂書 同治三年 月 日 丁六 一葉

舒卓元

致倪豹岑書 年月日未詳 戊四 六葉

湯濂

致梅少巖書 年 月初六日 戊五 四葉 又 年月日未詳 戊五 八葉

勞乃宣

致張幼樵書 年四月廿四日 丁九 四葉

普承堯

86

致梅少巖書	年月十四日　丁一五	二葉	又	年月日未詳　戊六	二葉
單懋謙					
致范月槎書	年月日未詳　丁一六	二葉	又	年月日未詳　丁一六	二葉
又	年閏五月十五日　丁一六	二葉	又	年月日未詳　丁一六	一葉
楊克勤					
致梅少巖書	年月日未詳　戊四	二葉			
楊岳斌					
致曾侍郎書	咸豐九年二月日　丁二二	三葉	致曾尚書書	咸豐十年二月日　丁二二	五葉
又	咸豐十年二月日　丁二二	十葉	又	咸豐十年十一月廿一日　丁二二	二葉
上曾宮保書	同治元年閏八月初七日　丁一一	三葉	又	同治元年十一月十二日　丁一一	四葉
又	同治二年一月日　丁一一	二葉	上曾侯相書	同治三年八月廿二日　丁一一	五葉
楊守敬					
致倪豹岑書	年六月六日　甲二三	五葉	又	年五月初六日　甲二三	二葉

致　書　年五月二十六日　丁一五　一葉

雷以誠

上曾侯相書　同治三年三月日　丙　一葉

葛先晉

上曾侯相書　同治年七月二十九日　丁二七　三葉

廖秩璋

致倪豹岑書　年正月初五日　丁二一　二葉

廖壽山

致范月槎書　年月日未詳　丁七　二葉　又　年月日未詳　丁七　三葉

又　年七月初六日　丁七　一葉　又　年十一月廿八日　丁七　二葉

又　年七月廿五日　丁七　三葉　又　年月廿八日　丁七　二葉

又　年月日未詳　丁七　四葉

廖壽同

劉于淳							
上曾侍郎書	咸豐八年十一月廿六日 丁二四	四葉		又	咸豐九年正月十四日 丁二四	三葉
又	咸豐九年　月　日 丁二四	三葉		又	咸豐九年二月廿六日 丁二四	三葉
又	咸豐九年　月　日 丁二四	三葉		又	咸豐九年五月十六日 丁二四	四葉
上曾尚書書	咸豐十年二月初四日 丁二四	四葉		又	年九月十九日 丁一七	三葉
劉方蕙							
致梅少巖書	年月日未詳 丁一五	二葉		李勉林致梅少巖書	同治　年　月　日 戊五	二葉
劉世墀							
致梅少巖書	年月日未詳 丁一四	三葉				
劉良駒							
上曾侍郎書	咸豐九年六月十六日 丁二六	六葉				
劉長佑							
上曾宮保書	同治二年　月　日 甲一四	三葉		又	同治二年　月　日 甲一四	二葉

上曾侯相書　同治四年一月日　甲一四　四葉
又　同治六年一月日　甲一四　四葉

致趙玉班書　年一月廿一日　甲一四　二葉
又　年月日未詳　甲一四　三葉

又　年一月初一日　甲一四　二葉
又　年十一月十九日　甲一四　二葉

又　年月日未詳　甲一四　二葉

劉連捷

致梅少巖書　年月日未詳　丁一四　三葉
又　年一月初四日　丁一四　四葉

又　年月日未詳　丁一四　四葉
又　年月日未詳　丁一四　六葉

又　年一月十三日　丁一四　四葉

劉秉璋

致梅少巖書　年月初九日　戊四　一葉

劉崐

上曾侯相書　同治四年元旦　丁五　二葉
又　同治四年一月日　丁五　四葉

又　同治五年五月七日　丁五　一葉
又　同治五年十月十日　丁五　四葉

劉曾撰

致梅少巖書 年五月十八日 丁一四 三葉

又 年月廿三日 丁一四 二葉

又 年七月三日 丁一四 三葉

又 年四月廿九日 丁一四 一葉

又 年十二月廿九日 丁一四 一葉

又 年七月廿四日 丁一四 三葉

又 年七月初二日 丁一四 二葉

劉傳祺

致孫海岑書 年月十三日 丁九 四葉

劉松山

致梅少巖書 同治年月十六日 丁一 三葉

又 同治年月十二五日 丁一 七葉

又 同治年月十九日 丁一 四葉

又 同治年月初六日 丁一 三葉

又 同治年月初十日 丁二 三葉

又 同治年月初四日 丁二 二葉

又 同治年二月廿日 丁一 三葉

又 同治年月初三日 丁一 三葉

又 同治年七月十四日 丁一 四葉

又 同治年月日 丁一 三葉

93

又　同治　年　月十二日　丁二　三葉
又　同治　年八月初三日　丁一　三葉

又　同治　年十月初五日　丁一　四葉
又　同治　年十月二十八日　丁一　七葉

又　同治　年　月　日　丁一　三葉
又　同治　年十月十五日　丁一　三葉

又　同治　年　月二十日　丁一　二葉
又　同治　年十一月二十三日　丁二　四葉

劉錦棠

致梅少巖書　年月日未詳　丁一　五葉
又　年月日未詳　丁一　五葉

又　年月日未詳　丁一　二葉
又　年月日未詳　丁一　三葉

附咨文　年月日未詳　丁一　六葉

劉德儀

致景周書　年十一月二十日　戊六　四葉

劉藻

致梅少巖書　同治　年　月　日　戊二　二葉
又　同治　年　月　日　戊二　一葉

又　年七月六日　戊二　一葉
又　同治八年　月　日　戊二　四葉

潘祖蔭

致　書 年月日未詳 戊二 一葉

潘晟

呈曾相國詩 同治二年 戊三 四葉

潘煥龍

上曾侍郎書 咸豐九年　月　日 丁二七 二葉

上曾尙書書 咸豐十年七月廿七日 丁二七 二葉

上曾宮保書 同治元年閏八月十五日 丁一三 四葉

又 同治二年四月十一日 丁一三 三葉

又 同治二年　月　日 丁二七 三葉

又 同治二年　月　日 丁二七 三葉

又 同治　年　月　日 丁二七 一葉

又 同治三年　月　日 丁二七 二葉

又 同治三年　月　日 丁二七 二葉

潘鴻燾

致梅少巖書 　年七月廿九日 丙六 三葉

又 　年十一月初十日 丙六 二葉

又 年月日未詳 丙六 二葉

又 　年　月初一日 丙六 六葉

蔡廷本

致森卿書 年八月初三日 戊一 二葉

蔡忠葆

致梅少巖書 年月日未詳 丁一六 一葉

蔡嵩年

致梅少巖書 年月日未詳 戊四 三葉

又 年月日未詳 戊六 四葉

蔣家棫

致倪豹岑書 年三月二十九日 丁九 三葉

又 年月日未詳 丁九 三葉

蔣益澧

上曾侯相書 同治六年七月日 甲一 五葉

又 同治六年七月日 甲一 四葉

致趙玉班書 年月日未詳 丁六 六葉

又 年月日未詳 甲七 二葉

蔣銘勳

致倪豹岑書 年月十九日 丁一九 五葉

86

樊恭煦
致張幼樵書　年九月初三日　丁四　三葉

歐陽兆熊
致曾侯相書　同治四年八月廿八日　丁一〇　二葉　又　同治五年月日　丁一〇　十六葉
又　年八月廿四日　丁一〇　六葉

黎庶昌
致梅少巖書　同治年十月初七日　丁七　一葉

魯世福
致倪豹岑書　年月日未詳　丁二一　二葉　又　年三月十七日　丁二一　二葉

鄧汪瓊
致曾　書　年月日未詳　丁二六　二葉　致曾　書　年月日未詳　丁二六　二葉
致曾　書　年月日未詳　丁二六　五葉

鄧　瑤

致鄧厚甫書 同治元年八月二十五日 甲二一 六葉

上曾宮保書 同治二年十二月二十三日 甲二一 六葉

鄧湘傑

上曾尚書書 咸豐十年六月日 丁二六 四葉

滕嗣林

致孫海岑書 年月日未詳 戊六 二葉

錢鼎銘

致梅少巖書 年月日未詳 丁一五 二葉

錢錫麟

致　書 年月日未詳 丁二〇 五葉

錢應溥

致孫海岑書 年月日未詳 甲一九 二葉

鮑源深

致　書 年月日未詳 甲一九 四葉

鮑瑞駿

致倪豹岑書 年月日未詳 戊二 三葉

謝寶鏐

致趙玉班書 年十一月二十日 丁一六 二葉

薛書常

致范月槎書 年月日未詳 戊一 一葉

薛福成

上曾侯相書 同治 年六月十八日 丁七 六葉　又 同治 年 月 日 丁七 四葉

薛福辰

上曾侯相書 年月日未詳 丁二六 三葉

龐際雲

致曾宮保書 同治二年五月十六日 丁二五 七葉　又 同治二年六月十三日 丁二五 四葉

致曾侯相書 同治三年八月十六日 丁二五 三葉　又 同治四年六月十八日 丁二五 四葉

又 同治四年　月　日 丁二五 四葉

又 同治五年九月十三日 丁二五 六葉

又 同治五年十二月廿六日 丁二五 三葉

又 同治六年正月十九日 丁二五 四葉

又 同治　年　月廿四日 丁二五 四葉

又 同治　年二月廿八日 丁二五 六葉

致孫海岑書 　年　月初八日 丁二五 四葉

龐鍾璐

上曾宮保書 同治三年三月十五日 丁六 一二葉

羅忠祜

上曾侍郎書 咸豐九年十一月廿三日 丁二四 五葉

又 咸豐十年　月　日 丁二四 一葉

又 咸豐十一年六月廿三日 丁二四 三葉

又 同治五年四月十七日 丁二五 四葉

又 同治五年十一月廿一日 丁二 五葉

又 同治　年　月　日 丁二 二葉

又 同治六年二月初一日 丁二五 五葉

又 同治　年十二月七日 丁二 六葉

又 同治　年　月十三日 丁二 四葉

上曾尚書書 咸豐十年三月廿一日 丁二四 一葉

又 咸豐十年閏三月卅日 丁二四 一葉

上曾宮保書 咸豐　年　月十九日 丁二四 二葉

又　同治元年　月日　丁二四　六葉

又　年　月廿二日　丁九　二葉

又　年　月十五日　丁九　一葉

譚鍾麟

致趙玉班書　光緒三年七月二十六日　丁六　二葉

嚴正基

上曾宮保書　同治元年三月七日　甲一八　二十葉

嚴樹森

上曾宮保書　同治二年二月二十七日　丁二七　七葉

又　同治三年四月初九日　丁一三　三葉

濮肇登

致施子山書　年七月初八日　戊一　四葉

韓弼元

致倪豹岑書　年　月十八日　丁九　二葉

又　年四月廿四日　丁九　六葉

又　年　月十八日　丁九　一葉

又　同治二年　月日　丁二七　三葉

又　同治三年四月二十六日　丁一三　四葉

101

致倪豹岑書　年三月十五日　丁九　三葉

寶珣

致倪豹岑書　年十二月初五日　丁一八　五葉

又　年月日未詳　丁一八　三葉

又　年正月初五日　丁一八　三葉

又　年三月初九日　丁一八　三葉

又　年正月十五日　丁一八　五葉

又　年八月初九日　丁一八　五葉

又　年四月初七日　丁一八　五葉

寶垿

上曾中堂書同治三年五月初三日　丁四　二葉

又　同治四年六月初六日　丁四　三葉

□一桂

上曾尚書書咸豐十年月日　丁二六　一葉

□同禮

致　和齋書　年七月二十二日　丁一　三葉

□兆琛

致趙玉班書 年月日未詳 戊五 二葉

□延齡

致梅少巖書 年月十八日 戊三 三葉

□炳元

致梅少巖書 年六月初六日 戊二 三葉 又 年十一月二十五日 戊五 二葉

□英啓

致倪豹岑書 年月日未詳 戊三 二葉

□　倬

致鄧厚甫書 年二月廿二日 丁一七 三葉 又 年三月初二日 丁一七 三葉

又 年十二月廿一日 丁一 三葉

張□□

致范月槎書 年月日未詳 戊一 四葉

張□□

致倪豹岑書年月日未詳 戊一　二葉

彭□中

致　書咸豐年月十五日 戊二　二葉

□開祁

致潘海翁書年月初四日 戊一　四葉　又年月初五日 戊一　二葉

□景

致潘豫軒書年月日未詳 戊六　三葉

□浮

致曾宮保書同治元年月日 戊五　一葉

□嘉玉

致梅少厓書同治年正月廿一日 戊三　三葉　又年五月十六日 戊三　三葉

又同治七年閏四月廿一日 戊四　二葉

□莫

104

□壽鏞
上曾侍郎書 咸豐九年十一月初五日 丁二六　五葉
致　書 年　月二十二日 丁二一　三葉

□緒
致梅少巖書 年五月二十二日 戊三　二葉

□豫山
致許滇生書 年月日未詳 戊六　二葉

□翰
上曾侯相書 同治五年　月　日 丁五　二葉

□凝
致潘豫軒書 年十一月初六日 戊六　二葉

□寶鏞
致倪豹岑書 年十一月三十日 丁二一　五葉

□麟

致鄧厚甫書 年八月廿日 戊六

闕名舊題勞崇光

致曾書 年月日未詳 丁六　四葉

致曾書 年月日未詳 丁六　二葉

致曾書 年月日未詳 丁六　一葉

闕名

致曾宮保書 同治元年月日 丁六　三葉

闕名

上曾侍郎書 咸豐八年正月廿五日 丁八　四葉

又 年十二月四日 丁八　三葉

致范月槎書 年月日未詳 丁八　二葉

闕名

上曾侯相書 同治四年月日 丁一四　三葉

闕名

致曾書 年月日未詳 丁六　二葉

致曾書 年月日未詳 丁六　三葉

致曾書 年月日未詳 丁六　三葉

上曾侯相書 同治年月日 丁八　八葉

又 年月日未詳 丁八　四葉

附華商置船章程 丁八　六葉

致　　書 年月日未詳 丁一七 二葉

致　　書 年三月十八月 丁一七 六葉

闕名

致　　書 年月日未詳 丁一八 三葉

又 年月日未詳 丁二一 四葉

闕名

致　　書 年月日未詳 戊二 一葉

致　　書 年月日未詳 戊二 一葉

致　　書 年月日未詳 戊四 二葉

致梅少翁書 年月日未詳 戊五 一葉

上曾宮保書 同治元年 月 日 戊五 二葉

陶風樓藏名人手札目終

致　　書 年月日未詳 丁一七 三葉

致倪豹岑書 年月日未詳 丁二一 一葉

上曾尚書書 咸豐十年十二月廿七日 丁二六 三葉

致　　書 年月日未詳 戊二 一葉

致　　書 年月日未詳 戊二 一葉

致　　書 年月日未詳 戊四 一葉

又 年月日未詳 戊五 二葉

江蘇省立國學圖書館善本書損失清册

江蘇省立國學圖書館善本書損失清冊

善本甲庫書具在原箱寄存故宮地庫而經敵偽劫去不見於偽國書專門委員會所編印之打字目者

詩說解頤四十卷 明刊本	六冊
春秋公羊傳二十卷 明刊本	二
左概六卷 明刊本	六
重刊埤雅二十卷 明刊本	四
義烏人物志二卷 明刊本	一
紀年類編四卷 明刊本	二
小兒衛生總微論方二十卷 明刊本	四
皇宋事實類苑七十八卷 日本翻宋本	一五
石屋和尚語錄偈頌 元刊本	二
岑嘉州詩四卷 明刊本	一
白沙全集二十卷 明刊本	六
楊忠愍集三卷 明刊本	二
石門洪覺範天廚禁臠三卷 明刊本	一
太平經國之書十一卷 明嘉靖本	四
春秋穀梁傳十二卷 明刊本	二
四書通義大成八卷 元刊本	七
宋季三朝政要六卷 周耕約鈔本	一
金陵瑣事八卷 明刊本	八
銀海精微二卷 明刊本	二
堪輿仙傳四秘五卷 明刊本	一
效顰集三卷 明刊本	一
離騷集傳一卷 影宋本	一
李忠簡文溪存稿五卷 明刊本	二
鄧二泉全集六十六卷 明刊本	六
河汾諸老詩集八卷 舊鈔本	一

以上元刊本二部九冊 明刊本一九部六十一冊 鈔本二部二冊 影宋本二部十六冊 共

計二十五部 八十八冊

甲庫書載在偽圖書專門委員會善本打字目錄而闕佚不見于寫本目者

按此封存時留日人梅田潔等駐守當時梅田潔等不知曾否交出打字善本目至清点時梅田潔等祗持寫本善本目及打字本善本補遺目交與清点會據以查点然打字目因在該處書庫中也

周易本義附錄纂註 元刊本	二	周易本義通釋 明嘉靖刊本	四
學易枝言 明刊本	四	尚書集傳 元刊本	三
書傳敷言 明刊本	四	呂氏家塾讀詩記 明嘉靖本	一二
儀禮圖 殘本 元刊本	五	春秋集傳 明嘉靖本	四
春秋左氏傳補註 元刊本	六	春秋師說 元刊本	二
大學中庸章句 論語孟子集註 元刊本	一四	新刊爾雅 明刊本	八
新刊爾雅 明刊本	八	漢隸分韻 殘本 元刊本	八
續資治通鑑 元刊本	四	世穆兩朝編年信史 明刊本	一〇
國語 明刊本	一〇	松漠紀聞 元刊本	二
明良集 明嘉靖本	四	陸宣公奏議 元至正本	四
晏子春秋 元刊本	四	吳越春秋 元刊本	四
海嶽潄水志 舊鈔本	八	嘉靖金陵古今圖考 明刊本	八
嘉靖嘉興府圖記 明嘉靖本	一〇	萬曆錢塘縣志 明萬曆本	一四

10

萬曆續處州府志	明刊本	八
皇明異典述	明刊本	八
中說	元刊本	二
北溪字義	明刊本	二
傷寒百問歌	元刊本	二
淮南鴻烈解	明刊本	六
丹鉛續錄	明嘉靖本	六
風俗通義	元大德本	一
排印增廣事類氏族大全	明刊本	一〇
禪宗永嘉集	明刊本	八
纂圖互注南華真經	元刊本	四
王摩詰詩集	元刊本	五
和靖先生詩集	明正德刊本	三
李直講文集	明正德刊本	六
淮海集	明刊本	一二
韋齋集	明弘治本	八
羅豫章文集	元至正本	四
東西洋考	明刊本	四
揚子法言	元刊本（梅田潔等所交寫本目於此書下原注元刊本不知何故以墨筆抹去字注明刊本三字）	四
中說	元刊本	四
三墨直解	明刊本	八
圖繪寶鑑	元至正本	二
淮南鴻烈解	清刊本	四
楊子卮言	明嘉靖本	六
古今源流至論	元大德本	二〇
詩學集成押韻淵海	元至元本	六〇
沖虛至德真經	元刊本	八
駱賓王文集	元刊本	二
李文饒文集	明袁州本	八
趙清獻文集	明成化本	二
王荊文公詩注	元刊本	六
栟櫚文集	明正德刊本	四
屏山集	明初刊本	四
范睛良文集	元至順本	六

蛟峰批点止齋論祖 明成化本	四	瓊琯白玉蟾上清集 元刊本	二
文山集杜詩 明成化本	一	胡梅巖文集 明嘉靖本	二
松雪齋文集 元刊本	六	范德機詩集 元至元本	二
滄居稿 元至正本	二	傅與礪詩集 明洪武本	三
梧溪集 明洪武本	三	海桑集 明刊本	四
西淮擬古樂府 明萬曆本	二	青溪漫稿 明正德本	六
一峯文集 明嘉靖本	四	龍皋文集 明嘉靖本	三
見素詩集 明嘉靖本	四	溟詞 明刊本	六
徐天目集 明萬曆本	一〇	陸桴亭詩集 舊鈔本	四
國秀集 明刊本	一	古文苑 元刊本	一二
唐詩鼓吹 元刊本	五	古樂府 元至正本	四
荆南唱和詩 明刊本	二		

以上元刊本三十四部一百六十三冊 明刊本四十六部二百十六冊 清刊本一部四冊 鈔本二部五冊 共計八十三部三百八十八冊

寄存故宫地庫之書整箱未見及貯在偽圖書專門委員會有同名之残本而非本館原書者

原貯第二箱 北平圖書館寄書箱

全唐文坿序表職名凡例姓氏韻編及目録 嘉慶勅編 另匣 三八〇

原貯第三箱 叢書集成前三期木箱

全唐文（與第二箱合成一部 計五〇五册） 一二五

坿註：查訂字本善本補遺目有全唐文殘存二百四十卷一百二十五册

但敵館印並非本館原書後為故宫博物院取去

以上共計清刊本一部五〇五册

善本乙庫書貯在丁氏書籍寄存故宫地庫經敵偽刼去不見于偽圖書專門委員會所編印寫之目録者

王端毅公集九卷 嘉靖壬子刊本	四八	篁墩文粹二十五卷 明刊本	八
鄭山齋集二十四卷 萬曆壬辰刊本	六	何文簡公集十八卷 萬曆丁亥補刊本	八
白齋詩集九卷 正德刊本	四	凌谿集十八卷 嘉靖甲寅刊本	一八
浚川內臺集三卷詩文集七卷奏議十卷 嘉靖刊本			一二
何大復集三十八卷坿録九篇 嘉靖刊本	八	魏莊渠遺書十六卷 嘉靖刊本	一〇
真廬稿十卷 嘉靖刊本	四	髙鼠山人集四卷 嘉靖刊本	二
雅宜山人集十卷殘存詩八卷 嘉靖戊戌刊本	二	二山愧瘖集二十一卷 嘉靖刊本	七
崔東洲集二十卷續集十卷 嘉靖刊本	一〇	張凈峰公文集二十卷 清修補明萬曆本	六
張旲山遺稿三卷 萬曆刊本	三	正氣堂集二十九卷 隆慶刊本	一二
皇甫少玄外集十卷 鈔本	六	楊斛山遺稿五卷 天啟刊本	五

113

唐伯虎集二卷 明吳郡刊本 一
丘隅集十九卷 嘉靖刊本 六
宮臺遺稿一卷 隆慶刊本 一
白雪樓詩集十二卷 隆慶刊本 六
宗方城文集十二卷 萬曆己亥鄭氏刊本 四
江山人集七卷 嘉慶刊本 二
來陽伯集二十卷 天啟刊本 八
鄧定宇集六卷 萬曆刊本 二
墨池初稿四卷 殘存舊鈔本 一
無類生詩選不分卷 明鈔本 一
桐溪存稿四卷 嘉靖刊本 四
二酉園文集十四卷 萬曆十二年刊本 一二
駢枝別集二十卷 明大來堂刊本 四
吳忠節遺集四卷附年譜一卷 鈔本 三
東江別集五卷 清初刊本 一
詞林摘艷十卷 明嘉靖吳江張氏校刊本 一〇
勸善金針二十卷 五彩殿本 二〇
曲目表一卷 黑格鈔本 一

以上明刊本二十八部一百六十五冊 清刊本三部二十三冊 清修補明本一部六冊 鈔本
五部十二冊 共計三十七部 二百〇六冊

善乙之書載在偽國書專門委員會寫本目而清点時未見者

春秋識小錄 清刊本 三
五代春秋 鈔本 一
項氏家譜 鈔本 一
讀書記 明刊本 八
靈樞經 明刊本 二
子華子 清刊本 一
封氏聞見記 清刊本 一

以上明刊本二部十冊 清刊本三部五冊 鈔本二部二冊 共計七部十七冊

119

12

梁逆鴻志劫去本館密室之書貯在偽立法院後樓當時有寫本目録現據是目在國民政府後樓點查而未見者

三異人集評	明刊本	一
明太祖高皇帝實録	鈔本	二四
明仁宗昭皇帝實録	鈔本	二
明英宗睿皇帝實録	鈔本	七七
明孝宗敬皇帝實録	鈔本	一三
明世宗肅皇帝實録	鈔本	四七
明神宗顯皇帝實録	鈔本	九三
御製文集	明刊本	一二
西馬滕雜詠	鈔本	一
江山集	鈔本	二
帶經堂集	清初刊本	四
四六話	明刊本	一
元人十集	汲古閣刊本	一六
乾隆杭州府志文苑傳	鈔本	一
明成祖文皇帝實録	鈔本	一九
明宣宗章皇帝實録	鈔本	六〇
明憲宗純皇帝實録	鈔本	二七
明武宗毅皇帝實録	鈔本	二〇
明穆宗莊皇帝實録	鈔本	一四
明莊烈愍皇帝實録	鈔本	六
南村詩集	汲古閣本	二
甲申集	鈔本	二
貞白齋詩集	清初刊本	一
梅坪詩鈔	清初刊本	四
古檀詩話	鈔本	一

以上明刊本二部一四冊 汲古閣本二部一八冊 清刊本三部九冊 鈔本一七部三六九冊

共計二十五部四百十冊

114

打字目寫本目均有而今未查見者

大廣益會玉篇三十卷 澤存堂本 三　　程史十六卷 明刊本 四

傳與礪詩集八卷 明刊本 三

以上明刊本二部七冊 澤存堂本一部三冊 共計三部十冊

有書而殘闕者

遼史 元刊本（三十二冊） 缺前五冊　　大德重校聖濟總錄 日本刊本（一百三十冊） 缺十三冊

草窗梅花集句 明弘治本 缺一冊

以上闕元刊本一部五冊 明刊本一部一冊 日本刊本一部十三冊 共計三部十九冊

總計所闕元刊本三十七部一百七十七冊 明刊本一百〇一部四百七十四冊 汲古閣本二部十八冊 清修補明本一部六冊 清刊本十一部五百四十六冊 澤存堂本一部三冊 影宋本二部十六冊 鈔本二十八部三百九十冊 日本刊本一部十三冊

合計一百八十四部一千六百四十三冊

外本館石章二方 清查亦未見有

附三：梁鸿志所劫江苏省立国学图书馆书籍字画寄存伪立法院损失清册

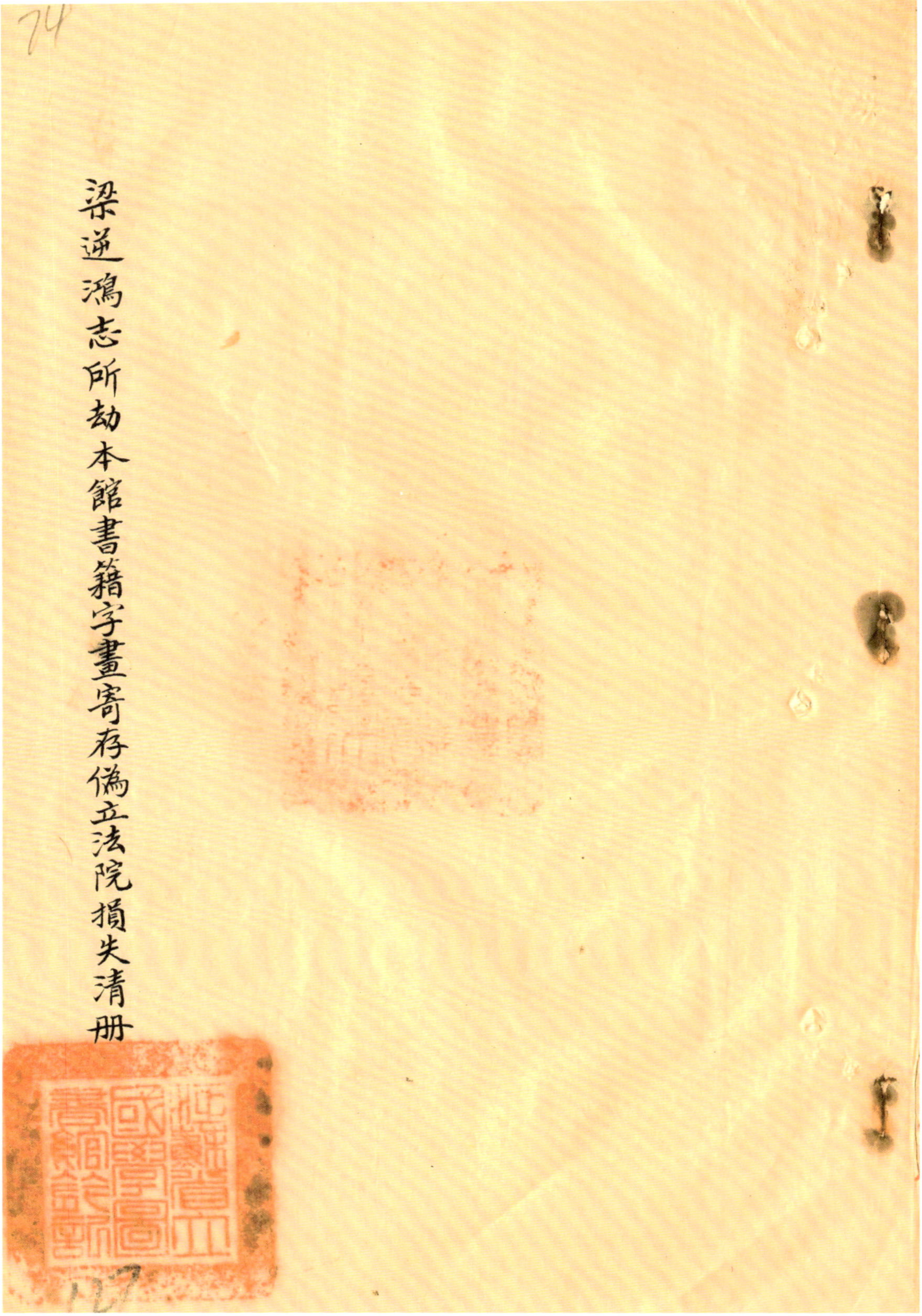
梁逆鴻志所劫本館書籍字畫寄存偽立法院損失清册

75

梁逆鴻志所劫本館書籍字畫寄存偽立法院損失清冊

明太祖高皇帝實錄 二四冊
明成祖文皇帝實錄 一九冊
明仁宗昭皇帝實錄 二冊
明宣宗章皇帝實錄 二〇冊
明英宗睿皇帝實錄 本館自行備價收回（卷293—320）五六冊
明憲宗純皇帝實錄 二七冊
明孝宗敬皇帝實錄 二〇冊
明武宗毅皇帝實錄 二〇冊
明世宗肅皇帝實錄 二二冊
明穆宗莊皇帝實錄 一四冊
明神宗顯皇帝實錄 一三三冊
明莊烈愍皇帝實錄 六冊
梅坪詩鈔 四冊
古檀詩話 一冊
三異人集評 一冊
四六話 一冊
甲申集 二冊
江山集 二冊

128

貞白齋詩集	一冊	潘蓮巢畫唐秋谷聽水怡情手卷	一件
帶經堂集	四冊	張澤端清明上河圖手卷	一件
御製文集 明太祖	三冊	劉敕漁家樂畫手卷	一件
南材詩集	二冊	文衡山千字文草書手卷	一件
西馬塍雜詠	一冊	潘思牧花鳥手卷	一件
乾隆杭州府志文苑傳	一冊	趙文敏小楷真蹟手卷	一件
元人十集	一函	楊龍友墨蘭真蹟手卷	一件
字畫		文衡山西園雅集圖手卷	一件
金天惪梅花卷	一件	改琦畫河東君小影手卷	一件
宋石門漁樂圖手卷	一件	董文敏山水真蹟手卷	一件

128

76

仇十洲畫伯樂相馬圖手卷　一件
文徵明畫青錄山水手卷　一件
王雅宜草書手卷　一件
趙左溪山無盡圖手卷　一件
宋吳武順王小像手卷　一件
王清痴秋江烟雨圖手卷　一件
漢杜伯度草書墨寶真蹟手卷　一件
王虛舟臨蘭亭帖墨蹟手卷　一件
名人書畫合璧手卷　一件
沈石田夜山圖手卷　一件

清湘老人真蹟手卷　一件
祝枝山行書手卷　一件
宣和殿御製耄耋圖手卷　一件
王麓台雲山消暑圖手卷　一件
鬼子母圖手卷　一件
趙子昂行書手卷　一件
沈石田山水手卷　一件
城西茅舍第二圖手卷梅岑尖　一件
查士標行書立軸　一件
劉文清公大楹聯　一匣

130

一院桐陰護讀書立軸	一件	惲壽平花卉冊頁	二件
項黄合璧立軸	一件	曹可伯翎毛花卉冊頁	一件
曹聽山枯木竹石立軸	一件	仇十洲仕女冊頁	一件
范寬山水立軸	一件	金冬心墨筆花果冊頁	一件
清聖祖書唐句立軸	一件	錢塘諸春岩畫冊頁	一件
笪江上行書立軸	一件	蔡雲邨西湖十景冊頁	一件
董其昌行書立軸	一件	陸包山花鳥冊頁	一件
金冬心佛像立軸	一件	張純意花卉冊頁	一件
袁江山水立軸	一件	浙西三家畫冊頁	一件
王石谷清綠山水中堂	一件	董其昌金寫靈飛經	一件

131

鄒小山花卉翎蟲冊頁　一件

王承夢山水冊頁　一件

新羅山人花卉冊頁　一件

汪巢林墨梅冊頁　一件

惲壽平花卉冊頁　一冊

名人書畫便面冊頁　一件

虛舟先生草書冊頁　一件

許江門花卉冊頁　一件

張瓠谷山水冊頁　一件

吳子羽題丁南羽墨梅冊頁　一件

趙文敏草書手札冊　一件

名人合錦書畫冊　一件

名人集錦書畫冊　一件

舊拓曹娥碑小冊　一件

來仙蜨堂詩畫冊　一件

計

書四百玖拾冊（内明實錄四百十二冊）

畫陸拾捌件

78

附徽爛損毀書目

沙河逸老小稿	三冊	卜硯山房詩鈔	一冊
山陰葉氏詩緒	四冊	西湖秋師詞	一冊
東郊草堂集	一冊	唫笙館詩存	一冊
小迂詩話	一冊	居鄴詩徵	三冊
漁洋詩話	一冊	遺民詩	八冊
西磧山房詩錄	二冊	崔顥集	一冊
玉台新詠	二冊	廣東詩萃	二冊
也園草	四冊	婁水文徵（原書二函件）	四冊
宋文選	三二冊	唐音癸籤	四冊

李蓉山詩稿 一冊　半關集 一冊

蒨山擬存 一冊　李寶幢詩鈔 一冊

香草堂詩鈔 一冊　棣亭文鈔詩鈔 四冊

西林詩鈔 一冊　皇清文選 六冊

國朝松林詩徵 六冊　槐塘詩話 一冊

爛書 書名莫辨 一三冊

計壹百拾壹冊

江苏省教育厅致教育部的呈及致国学图书馆的指令（一九四六年六月十七日归档）

江蘇省教育廳稿

來文教字第五七九三號　文別：一、呈 二、指令

送達機關：教育部 國學圖書館

事由：一、據省立國學圖書館呈報該館善本書損失情形 二、所檢同附件呈請核示由 呈報指令該館呈存書損失情形指令知照由

附件

廳長 [簽名]　主任秘書　秘書　科長　第二科　科員　主任 [簽名]　擬稿

呈　教三字第　號

據省立國學圖書館館長柳詒徵呈報略稱：本館藏書分善本、普通兩大類，善本書又分甲乙兩類，尤以善本甲類書為菁華，海內外所稱重。二十六年八月敵機襲擾京市時，倉卒移善本甲庫書箱百具，又提取宋元精刊及孤本、校本、手稿裝板箱十具，寄存朝天宮故宮博物院分院地庫。其善本乙類書之精本及館藏名人手札、與圖裝一百一十箱。中二十九年二月敵偽衝破地庫，將館書箱件移至偽圖書館書门

中華民國三十五年六月十七日　發文教字第03253號

社4

委員會關於書庫所藏去年日軍投降 教育部派員將各
偽立機關查封本年有組織清點接收封存文物委員會
本館參加清點次第收回館書十數萬冊内有善本書
二三一八部一六二四二冊此外計缺少善本書一八四部一六四三冊
謹先將所闕甲書（粗具書目）以籍繕具清冊連同名人手札目各二
份報請鑒核在案俟查究追回或向日本索賠之處伏候
轉呈 教育部示遵等情附呈善本書損失清冊名人手
札目各二份據此查該館所陳各節均屬實情理合檢
同該館善本書損失清冊及名人手札目各一份呈請
鑒核指示祇遵
謹呈
教育部部長朱

附呈江蘇省立國學圖書館善本書損失清冊暨陶風樓藏書人手札目錄各一份

全衔　廳長　陳○○

指令　教三字第　　號

令省立國學圖書館

三十五年五月卅日呈一件　為呈報本館善本書存毀清冊請予備查並轉呈教育部徵究追回各書或向日本索賠由

呈件均悉已據情轉呈教育部核示矣　仰即知照

此令　件存

廳長　陳○○

03253

03253

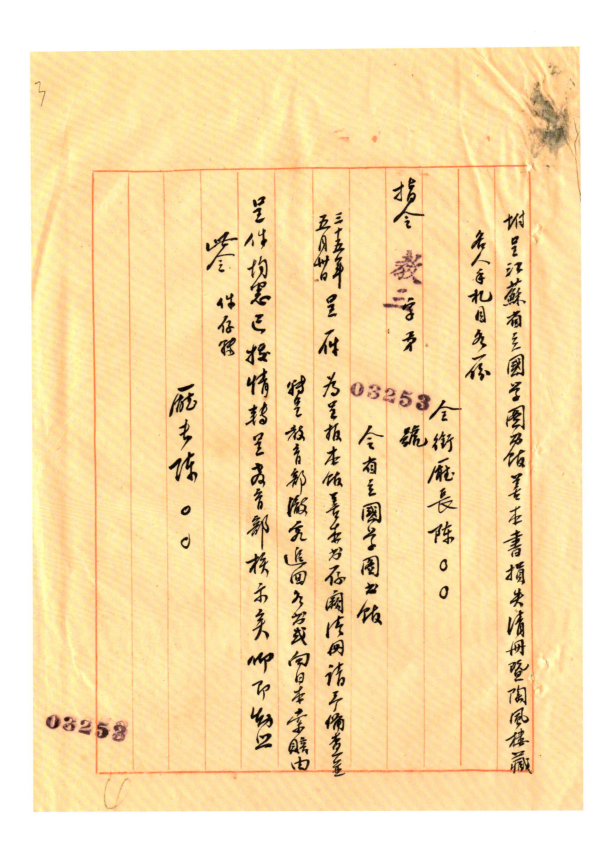

教育部致江苏省教育厅的代电（一九四六年七月五日）

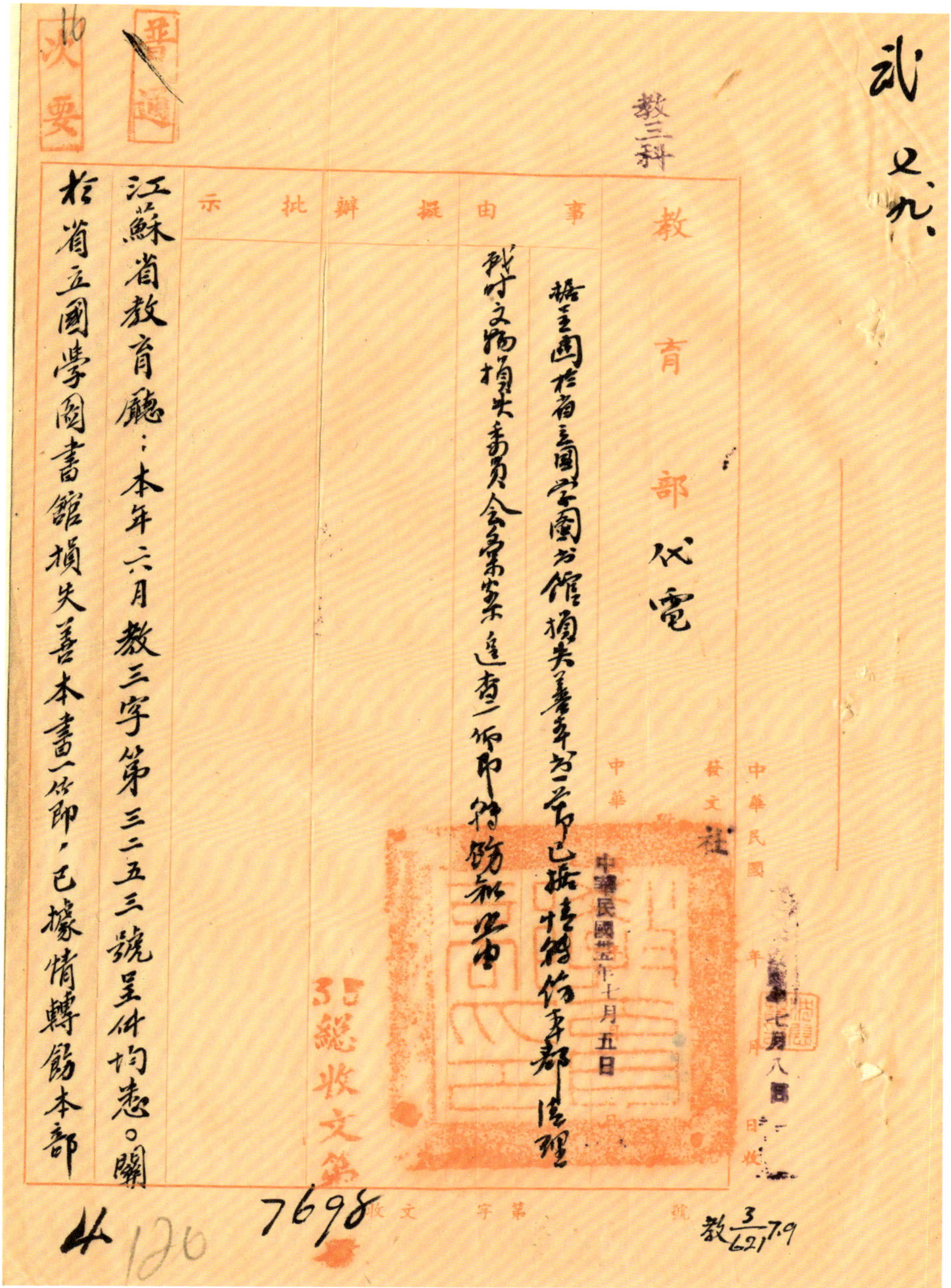
教三科

教育部代電

事由：據呈關於省立國學圖書館損失善本書一節已據情轉飭本部清理戰時文物損失委員會查案追查一節即轉飭知照由

江蘇省教育廳：本年六月教三字第三二五三號呈件均悉。關於省立國學圖書館損失善本書一節，即已據情轉飭本部

中華民國卅五年七月五日

總收文第7698

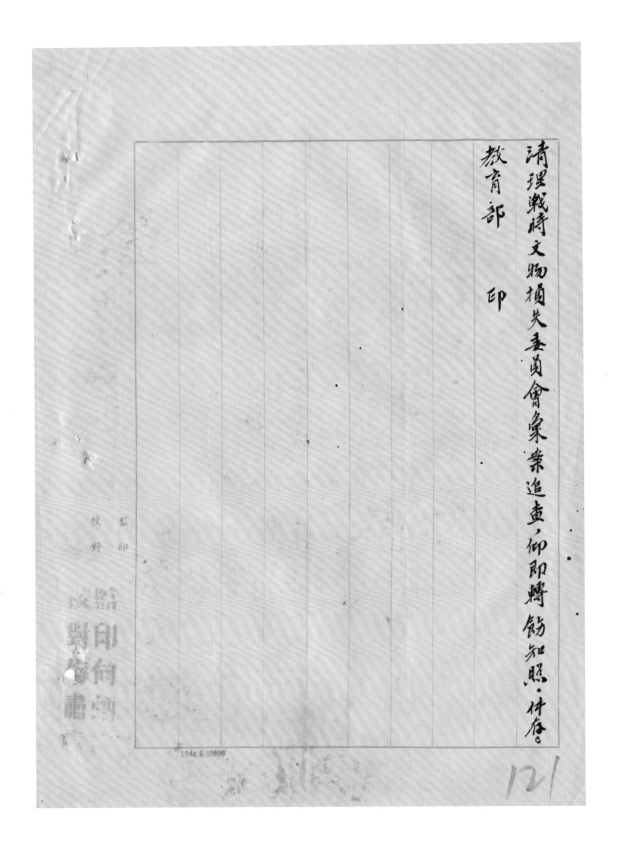

清理戰時文物損失委員會彙案追查，仰即轉飭知照。此令。

教育部 印

監印
校對

監印何炳[illegible]
校對[illegible]肅

1946.5.10000

121

江苏省教育厅致国学图书馆的训令（一九四六年七月十三日）

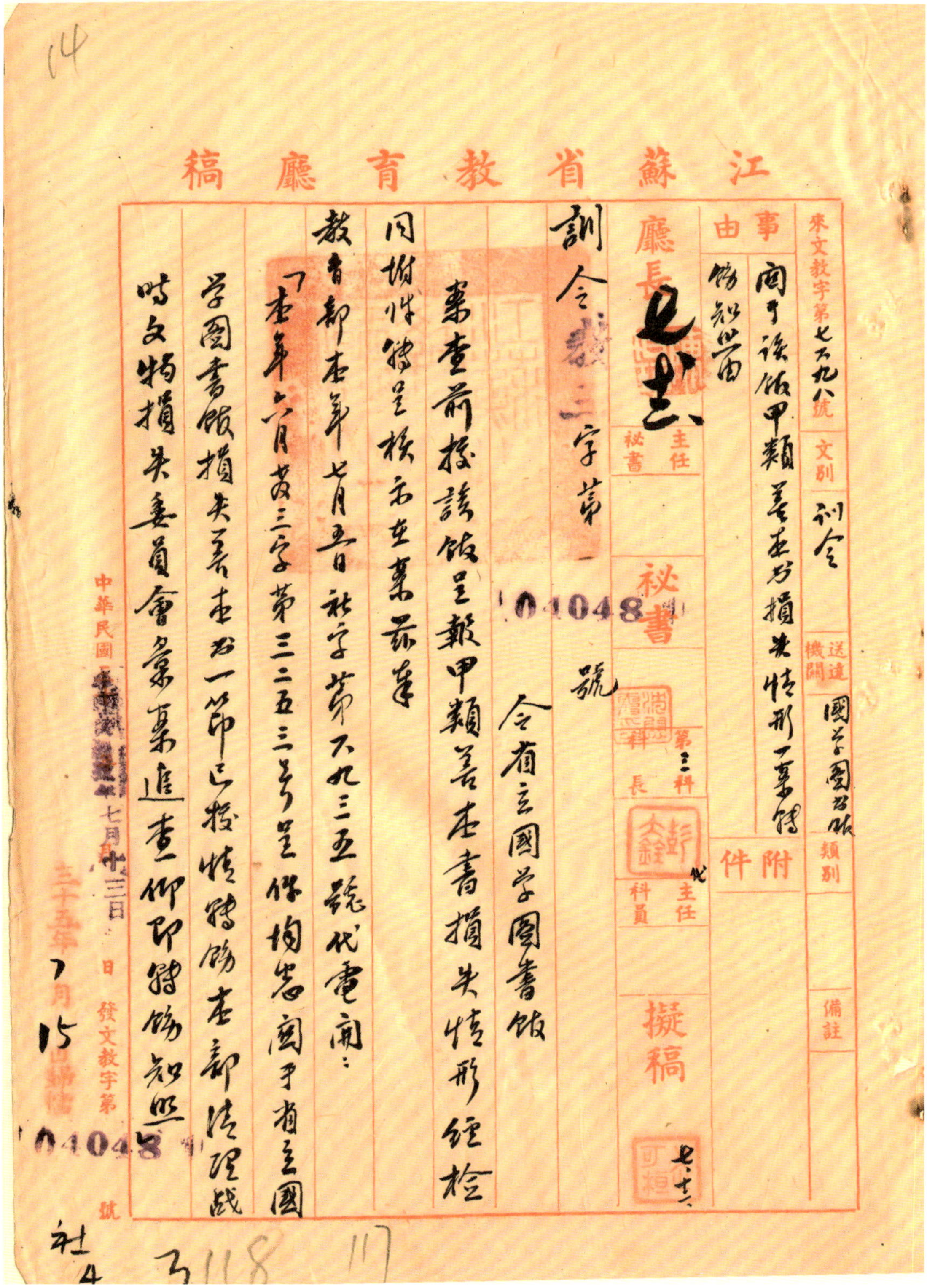

14

江蘇省教育廳稿

來文教字第七六九八號

文別：訓令

送達機關：國學圖書館

事由：關于該館甲類善本書損失情形一案轉飭知照由

附件

廳長

主任秘書

秘書

第三科科長

主任科員

擬稿

七、十二

訓令 教三字第 04048 號

令省立國學圖書館

案查前據該館呈報甲類善本書損失情形，經檢同附件轉呈核示在案。茲奉

教育部本年七月五日社字第六九三五號代電開：

「本年六月發三字第三二五三號呈件均悉。關于省立國學圖書館損失善本書一節，已據情轉飭本部清理戰時文物損失委員會彙案追查，仰即轉飭知照

中華民國三十五年七月十三日

發文教字第 04048 號

三十五年七月十五日歸檔

社 4 3118 117

15

籌備合作金庫總行

此令

處長陳○○

118

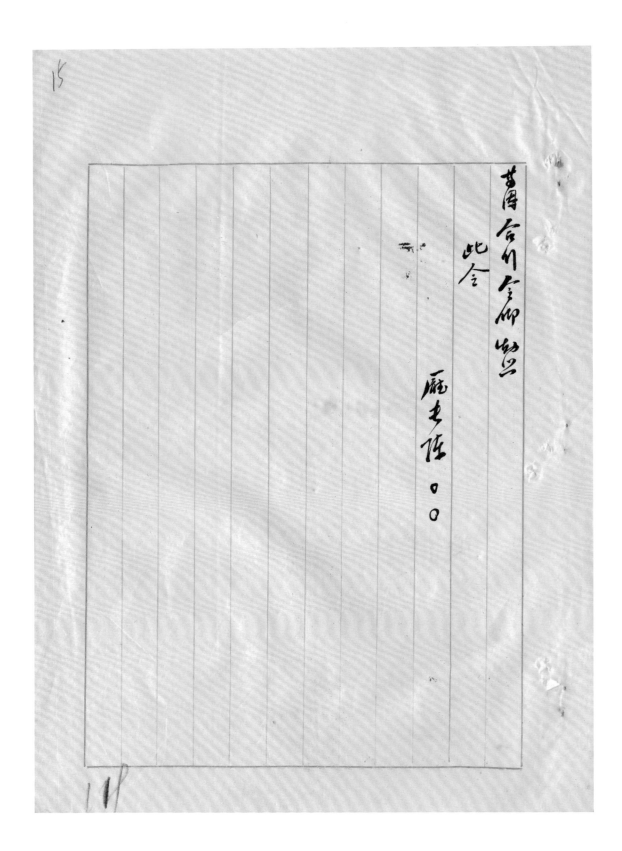

（五）江苏省教育人员战时财产损失调查

江苏省教育人员战时财产损失报告单（一九四六年六月至一九四七年七月）

財產損失報告單

填送日期 三十六年 六 月 日

損失年月日	事件地點	損失項目	購置年月	單位	數量	價值（國幣元）		證件
						購置時價值	損失時價值	
廿八年縣城失陷被燬	溧水南門外	瓦樓房及平房		间	14	82500	165000	
卅二年五月被敵掃蕩燬	溧水大東鎮	草平房（老家住宅）		间	20	6000	24300	
卅二年三月被敵燬	溧水南門外	鐵床木床桌椅等		件	12	220	3300	
仝上	同上	板門廚門櫃台机櫈		件	24	1500	20500	
卅二年五月被敵燬	溧水大東鎮	棉衣夾衣皮衣等		件	21	540	10800	
仝上	同上	櫥櫃家具雜件		件	150	20000	300000	
仝上	同上	榨油器具		套	2	1000	15000	
仝上	同上	科學醫學辭典辭源		部	5	30	420	
仝上	同上	教育科學叢書		冊	95	245	4275	
仝上	同上	經史文學數		冊	150	345	6900	
合計							550495	

直轄機關學校團体或事業 名稱 印信

受損失者 江君石

填報者 江君石

姓名 江君石 服務處所與所任職務 江蘇教育廳 與受損失者之關係 [illegible] 通信地址 鎮江教育廳 蓋章

說明

1、"損失年月日"指事件發生之日期，如某年某月某日或某年某月某日至某年某月某日。

2、"事件"指發生損失之事件，如日機之轟炸、日軍之進攻等。

3、"地點"指事件發生之地點，如某市某縣某鄉某鎮某村等。

4、"損失項目"指一切動產（如衣服、什物、財帛、舟車、證券等）及不動產（如房屋、田園、礦產等）所有損失，逐一填明。

5、"價值"如係當地幣制，除折成國幣填列外，並附填原幣名稱及數額。

6、如有證件，應將名稱與件數填入"證件"欄內。

7、受損失者如係私人，填其姓名；如係機關學校團体或事業，填其名稱。

8、私人之損失由本人填報，或由代報者填報；機關學校團体或事業之損失，由各該主管人填報。

9、表格紙幅一律長28公分，寬20.5公分。

財産損失報告単

填送日期　三十六　年　七　月　日

損失年月日	事件地點	損失項目	購置年月	单位	數量	價值（國幣元）購置時價值	價值（國幣元）損失時價值	證件
二十六年十一月	江蘇省松江縣北門外倒一團敵軍進攻時全部焚毀	平房	祖遺	間	陸間		肆百捌拾元	契據壹件
二十七年一月	江蘇松江西門外潤街被敵拆除移建他處	樓房	祖遺	間	陸間		柒百五拾元	契據弍件
仝上	仝上	門窗樓板裝修	仝上	間	拾柒間		壹千零弍拾元	仝上
仝上	仝上地點被敵劫取	書籍	仝上	冊	四千餘冊		壹千元	
仝上	仝上	畫	仝上	幀	弍百餘幀		五百元	
仝上	仝上	床、桌、椅、櫈、衣服、雜物	祖遺及購置	件	弍百餘件		壹千元	
總計	——	——	——	——	——	——	四仟七百五十元	

直轄機關學校團体或事業　　受損失者　秦坤誠

名称　　印信　　填報者

姓名	服務處所与所任職務	与受損失者之關係	通信地址	蓋章
秦坤誠	江蘇省教育廳科員		江蘇松江西門外小倉橋四十一号	

說明

1. 「損失年月日」指事件發生之日期如某年某月某日或某年某月某日至某年某月某日
2. 「事件」指發生損失之事件如日机之轟炸日軍之進攻等
3. 「地點」指事件發生之地點如某市某縣某鄉某鎮某村等
4. 「損失項目」指一切動產（如衣服什物財帛舟車證券等）及不動產（如房屋田園礦產等）所有損失逐項填明
5. 「價值」如係當地幣制除折成國幣填列外並附填原幣名称及數額
6. 如有証件應將名称与件數填入証件欄内
7. 受損失者如係私人填其姓名如係机關學校團体或事業填其名称
8. 私人損失由本人填報或由代報者填列机関学校團体或事業之損失由各該主管人填報
9. 表格紙幅一律長28公分寬20.5公分

財產損失報告單

填送日期 三十六 年 七 月 日

損失年月日	事件地點	損失項目	購置年月	單位	數量	價值（國幣元）購置時價值	價值（國幣元）損失時價值	證件
26,12,24	杭州淪陷	皮箱 板箱 書箱 書籍 衣服 行李	25,3 24,5 23,4	箱 箱,本 件	四箱 三箱 300本 242件	380元 5410元 18000元	一万二千元 九万元 19万五千元	
30,4,15	日機轟炸 西天目山	書籍 衣服 行李	28,1 28,1 28,1	箱,本 件 件	二箱 180本 32件 二卷	28万元 48万元 80万元	21万元 480万元 130万元	师范学校毕业试验检定证书及各年服务证件11件
31,5,21	鎮江淪陷	鐵床 木床 家具 桌椅	30,1 30,7	張 件	四張 42件	60万元 100万元	150万元 410万元	
33,9,	鎮江淪陷	木床 桌椅 家具 用物	31,10 31,10	張 件	五張 40件	75万元 100万元	100万元 160万元	

直轄機關學校團體或事業 名稱 印信：江蘇省教育廳督学

受損失者 填報者：李從之（印）

姓名：李從之　服務處所與所任職務：江苏省教育廳督学　與受損失者之關係：　通信地址：鎮江教育廳　蓋章：（印）

說明

1. "損失年月日"指事件發生之日期，如某年某月某日或某年某月某日至某年某月某日。
2. "事件"指發生損失之事件，如日機之轟炸、日軍之進攻等。
3. "地點"指事件發生之地點，如某市某縣某鄉某鎮某村等。
4. "損失項目"指一切動產（如衣服、什物、財帛、舟車、證券等）及不動產（如房屋、田園、礦產等）所有損失，逐項填明。
5. "價值"如係當地幣制，除折成國幣填列外，並附填原幣名稱及數額。
6. 如有證件，應將名稱與件數填入"證件"欄内。
7. 受損失者如係私人，填其姓名；如係機關學校團體或事業，填其名稱。
8. 私人之損失由本人簽報或由代報者填報；機關學校團體或事業之損失由各該主管人填報。
9. 表格紙幅一律長28公分寬20.5公分。

江蘇省阜寧縣教育機關抗戰損失財產報告統計表

項目	樓房間數	平房間數	學桌數	辦公桌數	黑板數	圖書數	儀器數	大桌數	鐘數	鋪板數	凳數
各項合計數	203	2955	16750	568	345	79970	3446	610	257	1629	4687
單位價值	2600萬元	1300萬元	5萬元	10萬元	10萬元	5千元	5千元	5萬元	15萬元	3萬元	5千元
每項合計價值	527800萬元	3841500萬元	83750万元	5680万元	3450万元	39985万元	1223万元	3050万元	3855万元	4887萬元	23435萬元
總計價值	5257615萬元										
備註											
統計者	阜寧縣教育科科長劉古漢										

江蘇省阜寧縣抗戰教育機關失報告統計單

機關名稱	損失項目											損失年月日	事件地點	填報者	備註
	樓房間數	平房間數	學桌數	辦公桌數	黑板	圖書	儀器	大桌	鐘	鋪板	凳子				
教育局	16			15				12	1	25	70	27年—34年	日軍進攻本城		
東坎小學			280	15	6	4500	210	21	2	8	200	仝	——東坎		
篆河小學			200	10	4	800	250	13	1	8	200	仝	——上古夫		
八灘女子		60	180	8	3	800	180	11	1	15	50	仝	——八灘		
通洋小學		45	160	9	4	500	130	12	1	20	40	仝	——通洋		
陳橋小學		35	180	9	4	350	150	10	1	21	50	仝	——西陳橋		
私立合德小學	18	40	200	14	4	380	150	20	2	40	100	仝	——合興鎮		
通洋民教館		20		10	2	2000	250	8	1	10	300	仝	——通洋		
城區民教館		25		8	2	1000		6	1	8	20	仝	——本城		
圖書館	6	23		8		25000		6	1	8	20	仝	——本城		
體育場		13		3		100		5	1	4	20	仝	——本城		
孔司農教館		35		6	2	1000		8	1	8	25	仝	——孔司		
天賜場小學		52	200	9	4	300	20	15	1	15	30	仝	——天賜場		
溝墩小學	82	43	300	21	8	3000	200	35	2	200	500	仝	——溝墩		
城中小學	3	61	450	18	9	4000	500	20	2	100	300	仝	——本城		
城南小學	2	15	150	6	3	500	30	5	1	5	20	仝	——本城		
城西小學		16	150	6	3	500	30	5	1	5	21	仝	——本城		
縣立中學	35	60	300	20	6	8000	300	50	2	250	600	仝	——本城		
私立射陽中學	26	54	250	18	5	3000	250	40	2	200	500	仝	——本城		
縣立職中		45	100	6	2	200	30	10	1	40	100	仝	——[illegible]城		
八灘小學		56	240	15	6	500	35	15	2	60	150	仝	——八灘		
北沙小學	12	52	200	8	4	800	80	18	1	20	90	仝	——北沙		
永興小學		15	12[illegible]	[illegible]	5	300	20	6	1	10	50	仝	——永興集		
羊寨小學		50	280	11	5	3[illegible]	25	10	1	11	40	仝	——羊寨		
蒲船小學		8	150	8	5	300	25	8	1	10	40	仝	——蒲船		
東溝小學	33	61	300	15	6	500	49	25	2	80	150	仝	——東溝		
益林小學		62	300	15	6	500	37	24	2	60	130	仝	——益林		
鳳谷村小學		45	200	9	4	1500	80	25	2	60	15	仝	——鳳谷村		
大許庄小學		38	180	8	4	180	70	20	2	20	50	仝	——大許庄		
北陳庄小學		48	200	8	2	200	20	25	1	30	80	仝	——北陳庄		
岭庄小學		9	100	3	2	200	20	5	1	20	12	仝	——路[illegible]庄		
大劉庄小學		12	100	3	2	500	30	6	1	4	12	仝	——大劉庄		
六套小學		35	150	5	3	1000	40	25	1	20	50	仝	——六套		
夾河小學		38	150	5	3	2000	40	28	1	25	80	仝	——夾河		
喻口小學		15	100	3	2	1500	20	5	1	4	14	仝	——喻口		
孫庄小學		15	100	3	2	300	20	4	1	4	14	仝	——大孫庄		
鄧灶小學		20	100	3	2	300	30	4	1	4	15	仝	——[illegible]家灶		
董灘小學		8	50	1	1	300	30	4	1	2	8	仝	——董家灘		
楊尉舍小學		8	100	3	2	400	50	4	1	2	12	仝	——楊尉舍		
戴莊小學		15	100	3	2	500	50	5	1	4	12	仝	——戴庄		
坎集小學		8	50	1	1	300	30	4	1	1	6	仝	——南坎		
二截唐小學		20	100	3	2	400	30	4	1	4	12	仝	——二截唐		
沙趺小學		25	150	5	3	500	60	8	1	6	18	仝	——沙趺口		
三灶小學		45	200	8	4	2500	70	20	2	9	25	仝	——三灶		
二壩小學		8	50	1	1	100	20	2	1	2	6	仝	——二灣		
初小二百校		1600	10000	200	200	2000	200	280	200	280	4500	仝	——各鄉鎮		

6

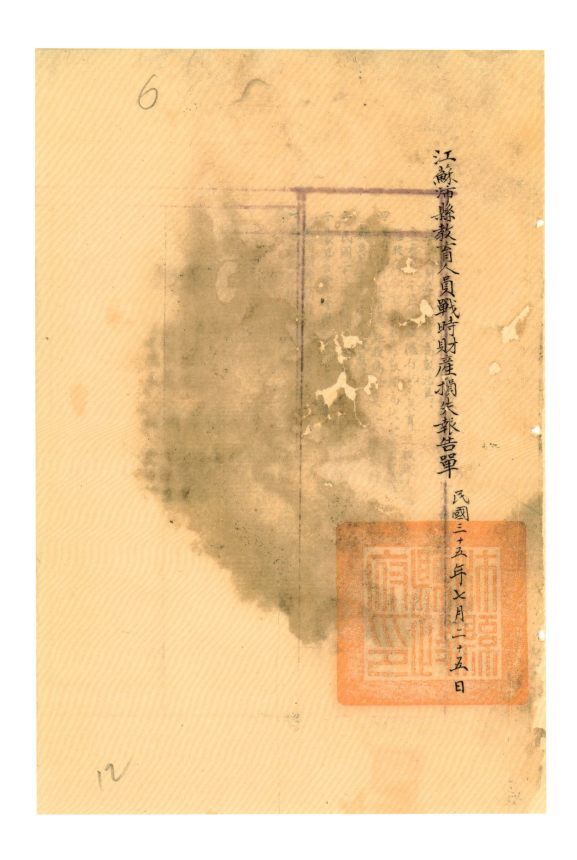

江蘇沛縣教育人員戰時財產損失報告單

民國三十五年七月二十五日

12

13

江蘇沛縣教育人員財產損失報告單

損失項目	單位	數量	價值（同國幣填寫角分不計）（所填係一年之價值）	損失情形 損失時期（年月日）	地點	事件
總計			77163元			
房屋類小計	間	9	12042元			
草屋	間	9	12042元	32年2月17日	沛二區三官廟	敵偽摧殘學校，捕余未獲，怒燒房屋
器具類小計	件	76	10950元			
皮及皮面衣箱	件	5	45元	27年5月20日	沛二區三官廟	敵偽軍由沛城進徐州，被其運輸隊劫去
牌大飛輪脚踏車	件	1	75元	27年5月20日	沛二區三官廟	敵偽軍由沛城進徐州，被其運輸隊劫去
方桌椅長桌凳短桌子案板	件	27	8710元	32年2月17日	沛二區三官廟	敵偽摧殘學校，捕余未獲，燒屋累及
小鍋瓷盆及釉盆等	件	43	2120元	32年2月17日	沛二區三官廟	敵偽摧殘學校，捕余未獲，燒屋累及
現款類小計	元	3次	43300元			
現洋及法幣	元	43300	1. 2400元 2. 12400元 3. 28500元	27.5.20. 32.2.17. 33.1.10.	沛二區三官廟	被敵偽軍搜索
衣裝類小計	件	52	457元			
布大褂及被褥	件	6	75元	27年5月20日	沛二區三官廟	滕城陷後二日，敵偽軍由沛進徐，道經三官廟搜索財物
學生裝及綢褲褂	件	6	30元	27年5月20日	沛二區三官廟	滕城陷後二日，敵偽軍由沛進徐，道經三官廟搜索財物
絨衣及線織衛生衣	件	6	22元	27年5月20日	沛二區三官廟	滕城陷後二日，敵偽軍由沛進徐，道經三官廟搜索財物
被套及棉袄單衣	件	34	330元	27年5月20日	沛二區三官廟	滕城陷後二日，敵偽軍由沛進徐，道經三官廟搜索財物
書籍類小計	部	66	238元			
種辭源	部	1	5元	27年5月20日	沛二區三官廟	仝
州續微	部	1	5元	27年5月20日	沛二區三官廟	仝
交際實用大全	部	1	2元	27年5月20日	沛二區三官廟	仝
文學類	部	15	45元	27年5月20日	沛二區三官廟	仝
教育類	部	35	45元	27年5月20日	沛二區三官廟	仝
1. 中華分省一覽圖及圖畫	幅	6	102元	33年1月10日	沛二區三官廟	駐張寨敵偽捕余時劫去
3. 飲冰室全集及參攷書	部	7	34元	33年1月10日	沛二區三官廟	駐張寨敵偽捕余時劫去
其他類小計	件	12	10176元			
1. 馬	匹	3	150元	27年5月20日	沛二區三官廟	由沛進徐之敵偽軍劫去
1. 初光平光眼鏡及自來水筆	件	3	10元	27年5月20日	沛二區三官廟	由沛進徐之敵偽軍劫去
1. 鞋及帽	件	5	16元	27年5月20日	沛二區三官廟	由沛進徐之敵偽軍劫去
3. 牛	頭	1	10000元	33年1月10日	銅三區馬井坡	避敵捕逃途被偽軍劫去

備註

一、每類各節標以「1」「2」及「3」者，係代表第一次、第二次及第三次之損失，其損失物件，悉照買時原價計記。（亦作損失時價）

二、農具及零碎與忘名物件之損失，均未列入，敵偽征用粮柴款物，亦在外。

三、民國二十八年前，士奇戎任沛縣第二學區教育委員，三十四年前，士奇奉縣令調充縣立第二中心小學校長。

四、士奇佚村「三官廟」，距敵偽之大張寨約三里，於奉令長二中小時，一般人多患恐敵病，欲暫借民房數間，為校舍，終不可得，乃在住宅空基，建築校舍，招生教學，並負導全區學校，厲行抗戰教育，迭被敵偽偵悉，力加摧殘，士奇雖幸脫其逮捕，其私人財產，損失，為數浩巨！

五、廿七年五月，本縣麥粮每斤價洋叁角叁分，卅二年二月，每斤價洋壹元拾，卅三年一月，每斤價洋壹元拾

此件自存

填報日期三十六年六月二十六日　受損失者沛縣第二中心小學校長張士奇　主管人沛縣縣長張開嶽簽名蓋章

教育人員財産損失報告單

損失項目	單位	數量	價值（國幣填寫時分不計）（此項係卅五年之價值）	損失情形 損失年月日時期	損失情形 地點	損失情形 事件	備註
總計			129050元				1、各項財産價值較戰前約增高卅倍
房屋類小計	間	5	2500元				2、各項財産之值係平均估計數
草屋	間	5	2500元	30年7月12日	沛土區張庄	駐龍堌集之敵偽軍于卅年七月十二日約百餘名附汽車两輛至本村見本人家藏有書籍及字图等物甚夥一時怒發遂將房屋焚燒廿間書籍等件焚燬衣物等件搶劫一空損失之鉅空前未有	3、表内所填損失是最重者至沛縣被敵攻陷時之損失及其他較小損失未計
器具類小計	件	29	2400元				
桌 長凳 椅 床	件	20	1200元				
廚 箱 櫃 油 厨 桌	件	9	1200元				
現款類小計	元	2种	250元				
硬幣 法幣	元	50 200	250元				
服裝類小計	件	47	7710元				
衣	件	15	1350元				
衣	件	18	2700元				
衣	件	2	900元				
褥	件	12	2760元				
書籍類小計	冊	1728	109590元				
典類	冊	9	2700元				
育類	冊	550	33000元				
入學類	冊	250	15000元				
經史類	冊	219	13140元				
子集類	冊	250	15000元				
雜刊類	冊	425	21750元				
字画類	冊	25	9000元				
其他類小計	件	4	6600元				
牛 驢	頭	3	3600元				
車	輛	1	3000元				

填報日期 三十五年六月二十六日　受損失者 沛縣縣政府縣督學 張廣曙（蓋章）　主管人 沛縣縣長 張開嶽 簽名蓋章

教育人員財產損失報告單

損失項目	單位	數量	價值（國幣填寫角分不計）（所填係卅五年之價值）	損失情形：損失時期	損失情形：地點	損失情形：事件	備考
總計			6130元	28年四月三十日	沛四區鹿樓	二十八年四月廿九日我第五戰區游擊司令總指揮部偵悉敵寇步騎百餘名附汽車兩輛砲二門輕重机槍六挺駐豐縣張五樓于卅日晨赴沛即派兩大隊兵力于卅日拂曉預伏于鹿樓穴壁待患是日七時許寇敵到達鹿樓街東我伏兵齊鳴槍轟擊斃敵甚多距敵偽大批增援將鹿樓重重包圍激戰竟日全村三百餘家所有房屋牲畜衣物器具等悉被焚燬損失之鉅為吾沛抗戰以來所未有	1. 各項財產之值係平均估計數 2. 表內所填財產損失是最重要者其他零星物件未計 3. 填報時物價比損失時物價增高三千倍強
房屋類小計	間	24	4000元				
瓦屋	間	3	1000元				
草屋	間	21	3000元				
器具類小計	件	38	600元				
大小方桌	件	6	160元				
皮箱木箱手提箱	件	10	60元				
椅条几桌	件	4	200元				
抽屜桌櫃	件	6	80元				
高站廚桌	件	4	60元				
長短櫈	件	8	40元				
現款類小計	元	2種	70元				
硬幣法幣	元	10.60	70元				
服裝類小計	件	56	740元				
單衣	件	25	200元				
棉衣	件	20	300元				
皮衣	件	1	40元				
被褥	件	10	200元				
書籍類小計	部	6部76冊	280元				
辭源	部	1	10元				
康熙字典	部	1	25元				
綱鑑	部	1	20元				
宋明儒學叢書	部	1	30元				
十子全書	部	1	20元				
四書味根錄	部	1	15元				
教育類章畫類	冊	76	160元				
其他類小計		5	440元				
馬	匹	2	160元				
驢	頭	2	80元				
車	輛	1	200元				

填報日期 卅五年八月卅日　受損失者 沛縣第四學區鹿樓新莊初小校長 鹿德潤 簽名蓋章　主管人 沛縣縣長張聞嶽 簽名蓋章

江蘇沛縣教育人員財產損失報告單

損失項目	單位	數量	價值（用國幣填寫角分不計）（所填係35年之價值）	損失情形：損失年月日	損失情形：地點	損失情形：事件	備註
總計			775000元	民國二十八年九十日	江蘇沛縣城內十里馮家樓	日軍協同漢奸韓繼堯等將損失項內所填搶掠一空	
房屋類小計							
器具類小計			100000元				
皮箱	個	2	100000元				
現款類小計			75000元				
銀元	元		75000元				
服裝類小計			380000元				
單衣	件	30	80000元				
棉衣	件	10	100000元				
皮衣	件	[illegible]	200000元				
書籍類小計			220000元				
辭源	部	1	20000元				
六經等書	册	80	50000元				
教育用書	册	30	150000元				
其他類小計							

填報日期三十五年六月二十二日　受損失者第一中心小學區馮樓初校校長 張開沛　主管人縣長張開藏

江蘇沛縣教育人員財產損失報告單

項目	單位	數量	價值（用國幣填寫角分不計）	損失情形：損失時間（年月日）	損失情形：地點	損失情形：事件	備註
[illegible]計			（所填係35年之價值）1160000元	民國三十一年四月十日	沛縣六區孫庄小學	敵僞掃蕩被焚燬	所填財產損失較戰前增高三千倍
[illegible]小計			600000元				
[illegible]房	間	3	600000元				
器具類小計			150000元				
桌櫈	件	6					
床	張	2					
椅	把	4					
現款類小計			300元				
法幣	元						
服裝類小計			190000元				
褲褂	件						
被褥	條	15					
書籍類小計			70000元				
教員及學生用書	册	120					
其他類小計			150000元				
門窗茶飯具床椅鈴鐘教育用圖表册	件	40					

填報日期三十五年六月二十七日　受損失者沛縣六區孫莊初小校長孫文起　主管人縣長張開嶽

12

江蘇沛縣教育人員財產損失報告單

損失項目	單位	數量	價值（用國幣填寫內分表計）（所填係35年之價值）	損失情形：損失年月日	損失情形：地點	損失情形：事件	備考
總計			4426000元				一、損失時本人任沛縣第二區中心小學四部教員 二、各項價值均按損失時原價折成現時所值價目約高一千倍
房屋類小計			850000元	28年11月20日	江蘇沛縣一區光明鄉馮樓	民國二十八年十一月二十日日軍率寺道興科匪部進犯沛南至我村將上項房屋焚燒器具掠去	
瓦房	間	4	200000元				
草房	間	5	650000元				
器具類小計			630000元	仝上	仝		
大車	輛	1	400000元				
皮套	件	14	80000元				
犁耙	件	2	100000元				
鍘鋤	件	2	50000元				
現款類小計							
服裝類小計			1360000元	29年8月5日		民國二十九年八月五日日軍率敵偽以汽車四輛圍困我宅將家人捕去次日又以汽車六輛復來我家將所有盡行掠去後將家人贖回	
綢料夾衣	件	6	240000元	仝			
綢料長衫	件	2	70000元				
毛料夾衣	件	2	50000元				
棉被	件	5	200000元				
布衣	件	19	800000元				
書籍類小計			386000元				
本國史學類	册	150	120000元				
辭典類	册	5	100000元				
本國文學類	册	95	90000元				
外國文學類	册	19	20000元				
數學類	册	21	56000元				
其他類小計			1600000元				
牛	頭	1	300000元				
馬	頭	2	300000元				
小麥	市石	400	1000000元	上	上		

填報日期 35年6月20日　受損失者 張蔭魯　主管人校長 張士奇

25

江蘇沛縣教育人員財產損失報告單

損失項目	單位	數量	價值（用國幣填寫角分求計）（所填係35年之價值）	損失情形：損失年月日時期	損失情形：地點	損失情形：事件	備註
總計			1460000元				損失時任沛五區張双樓初小校長 比損失時之價值高一千倍計
房屋類小計							
器具類小計			480000元	28年12月14日	沛五區張双樓	籍匪任張双樓搶取	
大車	輛	1	400000元				
農具	件	12	20000元				
皮套	件	3	60000元				
現款類小計							
服裝類小計			320000元	29年4月3日	仝	七堡戰役損失	
棉被 線毯 夾衣	件	125	320000元				
書籍類小計			150000元				
辭典 文史 小說 史地	册	142	150000元				
其他類小計			510000元	28年12月3日	上	籍匪的趙团拉去	
騾馬	匹	3	450000元				
小麥	斤	400	60000元				

填報日期 35 年6月21日 受損失者張遵道 主管人縣長張闿嶽

江蘇沛縣教育人員財産損失報告單

損失項目	單位	數量	價值（用國幣填寫角分不計）（所填係35年之價值）	損失情形：損失年月日時間	損失情形：地點	損失情形：事件	備註
總計			4130000元	于民國三十一年六月七日	江蘇沛縣第一區光明鄉第七保劉莊	因担任沛縣立初級中學教員致遭敵偽妒忌大肆向個人家人嚴行捕拿未能獲得將財産掠去	一、財産損失時本人任沛縣縣立初級中學教員 二、現任沛縣立簡易師範教員 三、價值照現在物價折算較損失時高一千倍計算
房屋類小計			1600000元				
瓦房	間	5	1000000元				
草房	間	4	600000元				
器具類小計			460000元				
大車	輛	1	400000元				
繩套	件	2	20000元				
皮套	件	2	40000元				
現款類小計							
服裝類小計			380000元				
[illegible]鞋	双	2	40000元				
[illegible]長衫	件	2	100000元				
[illegible]襖	件	4	240000元				
[illegible]類小計			440000元				
社會科類	部	5	50000元				
辭典類	部	4	100000元				
文藝類	册	100	120000元				
畫譜類	册	40	170000元				
其他類小計			1250000元				
牛	頭	4	1250000元				

填報日期 35年6月20日 受損失者 孫壽山 主管人 縣中校長 心

江蘇沛縣教育人員財產損失報告單

損失項目	單位	數量	價值（用國幣填寫角分不計）（所填係35年之價值）	損失情形：損失年月日	損失情形：地點	損失情形：事件	備註
總計			1375000元	民國二十七年十一月十九日	沛縣第二區胡樓	日寇協同漢奸耤與科前往本村掃蕩逗留一日將以上財物器具及食粮搶刦一空	二、現任沛縣啟南鄉第一二三保國民學校教員 一、敵偽盤據胡寨每年徵收食粮小麥約三〇〇〇斤襍粮約二五〇〇斤
房屋類小計							
器具類小計			240000元				
皮箱	個	2	40000元				
腳踏車	輛	1	150000元				
坐鐘	架	1	50000元				
現款類小計							
服裝類小計			470000元				
被	條	9	200000元				
毛衣	件	2	120000元				
棉衣	件	5	100000元				
單衣	件	8	50000元				
書籍類小計			65000元				
中華康熙字典	部	1	20000元				
三國誌	部	1	10000元				
紅樓夢	部	1	20000元				
近代小說	部	5	15000元				
其他類小計			600000元				
牛	頭	3	600000元				

填報日期　三十五年六月二十二日　受損失者殷延明　主管人校長朱惠坡

江蘇沛縣教育人員財產損失報告單

損失項目	單位	數量	價值（用國幣填寫角分不計）	損失情形 損失時期（年月日）	損失情形 地點	損失情形 事件	備註
總計			（所填係35年之價值） 1040000元	民國二十八年十二月二十日	江蘇沛縣第四區永安鄉小孟集	日軍協同漢奸籍與科來本村掃蕩將損失項內所填諸物搶刦一空	二、任沛縣敵南鄉第一二三保國民學校教員 一、敵僞盤據鹿樓每年徵收食物小麥約一六○○斤雜糧一五○○斤
房屋類小計							
器具類小計			550000元				
脚踏車	輛	1	150000元				
太平車	輛	1	400000元				
現款類小計							
服裝類小計			220000元				
棉被	條	5	100000元				
衣服	件	6	100000元				
粗白布	疋	3	20000元				
書籍類小計			70000元				
辭源	部	1	30000元				
中山全書	部	1	40000元				
其他類小計			200000元				
牛	頭	2	200000元				

填報日期 三十五年六月二十五日　受損失者 孟昭諫　主管人 校長 朱惠坡

江蘇沛縣教育人員財產損失報告單

損失項目	單位	數量	價值（用國幣填寫角分不計）	損失情形			備註
				損失時期（年月日）	地點	事件	
總計			（所填係35年之價值）1240000元	民國廿八年十二月	沛縣第五區魏小樓葦子園	籍匪與科部佔據魏小樓時遭搶奪	[illegible]時任沛五區葦子園初小校長；比損失時價值高一千倍計算
房屋類小計							
器具類小計			790000元				
大車	輛	1					
農具器物	件	56					
現款類小計							
服裝類小計			150000元	民國二十九年三月	魏小樓戰役		
棉衣單衣夾衣被褥	件	25					
書籍類小計			300000元				
辭源史學類文學常識類小說類其他	冊	121		民國三十年八月	西集築據点		
其他類小計							

填報日期三十五年六月二十四日　受損失者王文蔚　主管人縣長張開嶽

江蘇沛縣教育人員財產損失報告單

損失項目	單位	數量	價值（用國幣填寫角分不計）（所填係35年之價值）	損失情形：損失時間 年月日	損失情形：地點	損失情形：事件	備註
總計			2144000元	民國三十四年六月十五日	沛縣第七區蔡園小學	日軍與我游擊隊作戰後被日軍放火燒毀	
房屋類小計			1350000元				
草屋	間	9					
器具類小計			82000元				
桌	張	2	30000元				
椅	把	4	40000元				
凳	個	6	12000元				
床	張	2	10000元				
現款類小計							
服裝類小計			540000元				
棉衣	件	9	180000元				
被褥	件	9	360000元				
書籍類小計			162000元				
教科書	冊	230	150000元				
參考書	冊	200	12000元				
其他類小計							

填報日期 三十五年六月二十五日　受損失者 沛縣第七區蔡園初小校長宋光淮　主管人 縣長張開嶽

19

江蘇沛縣教育人員財產損失報告單

損失項目	單位	數量	價值（用國幣填寫角分不計）（所填係33年之價值）	損失情形 損失年月日時期	地點	事件	備註
總計			71620元				一、表列損失物價係按當時時價計算 二、三十三年三月 縣麥糧每斤市價一〇元 三、被帶之兩生在徐州敵營羈押約六十餘日待營救得出約各費十數萬元 四、本縣第二中心小學校計分六部其第二部設在張窪村
房屋類小計							
器具類小計			2200元	33年3月一日	沛二區張窪村（第二中心小學校第二部）	駐銅三區五段四區敬安集之敵偽作有計劃之掃蕩至學校時天色未[illegible]劫掠衣物等件並[illegible]六年學生張聞斌張永琳三人	
熱水壺	只	1	900元				
宜興磁壺	只	1	500元				
宜興磁盅	只	4	600元				
玻璃盃	只	2	200元				
現款類小計 法幣	元		320元				
服裝類小計			29400元				
絨春棉袍	件	1	6000元				
被褥	件	4	10000元				
綢綿單衣	件	13	3800元				
棉夾衣	件	4	3600元				
書籍類小計			37700元				
教育參考書	冊	36	21600元				
中華分省圖	冊	1	600元				
文學類書	冊	20	12000元				
史學類書	冊	12	1800元				
地理類	冊	11	1700元				
其他類小計			2000元				
鐵皮衣箱	只	1	2000元				

填報日期 三十五年六月三十日 受損失者 沛縣第二中心小學校第二部委員 李德蘭（印） 主管人 校長張士奇（印）

38

38

江蘇沛縣教育人員財產損失報告單

損失項目	單位	數量	價值（用國幣填寫角分不計）（所填係33年之價值）	損失情形 損失時期（年月日）	地點	事件	備註
總計			2600000元				
房屋類小計			1200000元	三十年一月十三日	沛四區桥西	汗奸盤扰本庄被烧毁	
瓦屋	間	6					
器具類小計			800000元	二十八年十二月一日	仝上	稽匪盤扰	
桌椅	件	4					
大車	輛	1					
園車	輛	1					
腳踏車	輛	1					
鋼絲床	張	1					
現款類小計							
服裝類小計			400000元	三十三年三月十八日	仝上	漢奸在朱寨盤扰	
駝絨大衣	件	2					
制服	套	4					
防[illegible]大掛	件	2					
[illegible]被	床	2					
[illegible]衣	套	8					
書籍類小計			200000元	三十四年十月二十二日	仝上	燕集戰役	
沛縣志	部	1					
辭源	部	1					
白香山集	部	1					
百科全書	冊	1					
診斷學	冊	1					
法醫學	冊	1					
內科學	冊	1					
大澤解剖學	部	1					
法律顧問	冊	1					
法律辭海	冊	1					
其他類小計							

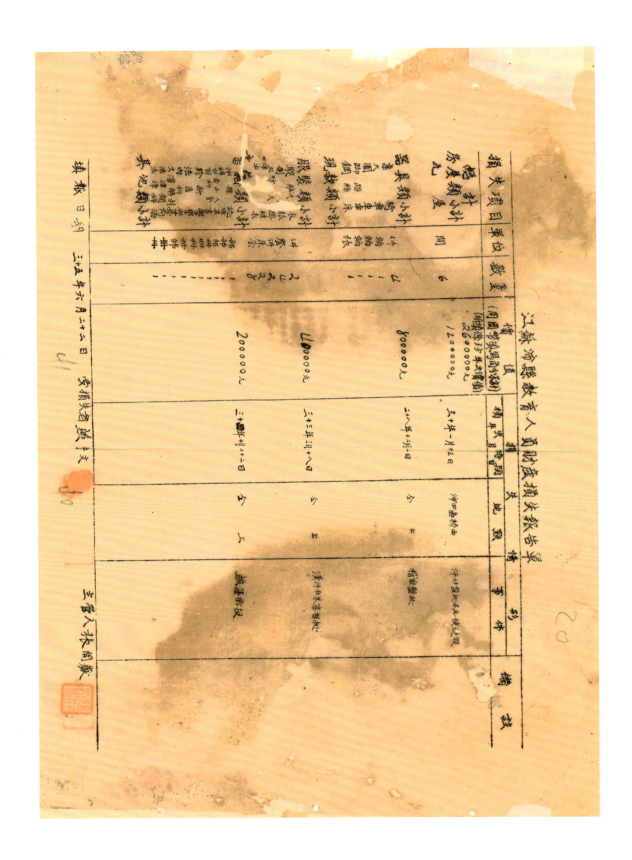

填報日期　三十五年六月二十二日　受損失者　燕[illegible]文　主管人　張閣嶽

江蘇沛縣教育人員財產損失報告單

損失項目	單位	數量	價值（用國幣填寫角分不計）（所填係35年之價值）	損失情形：損失年月日時期	損失情形：地點	損失情形：事件	備註
總計			1049000元				上比損失時高一千倍計算 損失時任師馬庄初小校長
房屋類小計							
器具類小計	56	56	350000元	三十一年十月五日	沛五區師馬庄	豐沛魚邊境劉寨戰役	
農具	件	24	150000				
炊具	件	8	80000				
木器	件	24	120000				
現款類小計							
服裝類小計		19	107000元	仝上	仝上	仝上	
棉衣	件	6	36000				
夾衣	件	6	24000				
單衣	件	4	12000				
被褥	件	3	35000				
書籍類小計		242	242000	仝上	仝上	仝上	
辭源	冊	4					
字典	冊	10					
文學	冊	68					
史地	冊	32					
英文	冊	65					
數理	冊	32					
雜誌	冊	31					
其他類小計							
馬	匹	2	350000元	仝上	仝上	仝上	

填報日期　三五年六月二十日　受損失者師性愕　主管人張開嶽

222

江蘇沛縣教育人員財產損失報告單

損失項目	單位	數量	價值（用國幣填寫角分不計）（所填係35年之價值）	損失情形：損失年月日時期	損失情形：地點	損失情形：事件	備註
總計			389340元	三十年十一月十日	六區歡口初級小學	敵偽掃蕩被焚失	所填財產損失較戰前增高四千倍
房屋類小計							
器具類小計							
現款類小計							
法幣	元	340	340元				
服裝類小計			200000元				
褲褂 被褥	件	20					
書籍類小計			69000				
書籍	冊	111					
其他類小計							
桌椅床 鍾 飯具	件	28	120000	仝上	仝上	仝上	

填報日期 三十五年六月十九日 受損失者 王亮鑫 主管人 馮德堯

45 44

江蘇沛縣教育人員財產損失報告單

損失項目	單位	數量	價值（用國幣填寫角分不計）（所填係27年之價值）	損失情形：損失年月日時期	損失情形：地點	損失情形：事件	備註
總計			4932元	（以下均為）民國三十年十月七日	沛縣第五區泗亭鄉韓莊（以下均同）	民國三十年十月七日侵沛城之敵偽軍向沛北掃犯與我抗戰部隊在本村接觸致將房屋及家庭所有一切悉被焚燬	1.當時任沛縣第四中心小學校長現任徐州師範教員 2.所填財產損失數目較戰前增高三倍
房屋類小計							
樓房	間	2	300元				
草房	間	21	1200元				
器具類小計							
廚桌椅	張	42	300元				
長短櫈	張	12	12元				
床	張	9	150元				
農具	件	200	600元				
現款類小計							
法幣（食糧折價）	元	[illegible]	1000元				
服裝類小計							
皮衣	件	3	100元				
布衣	件	300	350元				
被	床	30	150元				
書籍類小計							
教育類	冊	200	150元				
文學類	冊	100	120元				
史地類	冊	100	180元				
社會科學類	冊	80	100元				
各種雜誌	冊	50	60元				
辭典	冊	5	40元				
其他類小計							
馬	匹	2	120元	民國二十七年十二月三日		民國二十七年十二月三日敵偽（藉典料）向北掃犯時失去	

填報日期 三十五年六月十九日　受損失者 孫次仁　主管人 張聞嶽

江蘇沛縣教育人員財產損失報告單

損失項目	單位	數量	價值（用國幣填寫角分不計）（所填係35年之價值）	損失情形 損失年月時日期	損失情形 地點	損失情形 事件	備註
總計			2450500元	30年9月21日	沛縣六區大屯	30年9月21日敵寇配合偽軍掃蕩在大屯（學校所在地）與游擊隊接觸激戰竟日敵偽傷亡頗重致將村付之一炬本校一切盡成灰燼	本單總計欄內所列數目除現款類所登五〇〇元因係當時法幣未便變更餘均係按照報告時各種物價小計
房屋類小計			2100000元				
瓦房	間	6	1200000元				
草房	間	6	900000元				
器具類小計							
現款類小計			500元				
		500元	500元				
服裝類小計			190000元				
制服	套	2	40000元				
被褥	床	6	150000元				
書籍類小計			80000元				
詞典	部	3	50000元				
兒童文庫	部	8	30000元				
其他類小計			80000元				
鐘	個	1	80000元				

填報日期 33 年6月20日 受損失者 唐玉琢 主管人縣長 張開嶽

江蘇沛縣教育人員財產損失報告單

損失項目	單位	數量	價值(用國幣填寫角分不計)	損失情形 損失年月時日期	地點	事件	備註
總計			(所填係35年之價值) 3405000元	31年4月5日	沛縣六區豐樂村	敵偽掃蕩	
房屋類小計			3000000元				
瓦房	間	9	1200000元				
草房	間	12	1800000元				
器具類小計							
現款類小計							
服裝類小計			115000元				
褲褂	套	3	15000元				
被褥	床	4	100000元				
書籍類小計			210000元				
教育用書	冊	210	210000元				
其他類小計			80000元				
掛鐘	個	1	80000元				

填報日期35年6月20日　受損失者沛縣第六區中心小學第三分部主任胡德仕　主管人沛縣第六區中心小學校長馮德美

26

江蘇沛縣教育人員財產損失報告單

損失項目	單位	數量	價值（用國幣填寫爲計）	損失情形 損失年月日時期	地點	事件	備註
總計			（所填係35年之價值）1480000元				所填價值係民國三十五年物價較戰前約增高四千倍
房屋類小計			900000元	27年11月26日	沛縣六區孔莊	敵僞掃蕩	
草房	間	6	900000元				
器具類小計			160000元				
方桌	張	2	60000元				
櫈子	條	6	20000元				
掛鐘	個	1	80000元				
現款類小計							
服裝類小計			180000元				
褲褂	套	4	40000元				
被褥	條	5	140000元				
書籍類小計			240000元				
古書	冊	121	240000元				
其他類小計							

填報日期35年6月20日　受損失者沛縣六區中心小學校長馮德堯　主管人縣長張開嶽

153　152

江蘇沛縣教育人員財產損失報告單

損失項目	單位	數量	價值（用國幣填寫角分爲計）（所填係35年之價值）	損失情形			備註
				損失年月日時期	地點	事件	
總計			1405000元				
房屋類小計			1000000元	29年1月1日	沛縣第七區中心小學	敵僞佔據遭受損失	
瓦房	間	5					
器具類小計			250000元	仝	仝	仝	
桌櫈	件	25					
現款類小計							
服裝類小計							
書籍類小計			100000元				
教職員及學生用書	册	250					
其他類小計			55000元	上	上	上	
茶飯具門窗桌椅鐘鈴等	件	40					

填報日期35年6月26日　受損失者沛縣第七區中心小學校長孫文超　主管人縣長張開獄

江蘇沛縣教育人員財產損失報告單

損失項目	單位	數量	價值（用國幣並偽角分計）（所填係35年之價值）	損失情形 損失年月日時期	損失情形 地點	損失情形 事件	備註
總計			1159000元				
房屋類小計			600000元	30年4月18日	沛縣第七區周村初級小學校	敵偽與游擊隊作戰被損失	
草房	間	1[illegible]		仝	仝	仝	
器具類小計			100000元				
桌櫈	件	6					
現款類小計						上	
服裝類小計			160000元	上			
[illegible]袍 [illegible]掛 [illegible]掛	件	15				敵偽掃蕩焚燒	
書籍類小計			89000元	31年6月10日 仝		仝	
教育用書及學生用書	冊	180					
其他類小計			210000元	上	上	上	
床椅鐘	件	6					

填報日期三五年六月二六日　受損失者沛縣第七區周村小學校長朱孟杰　主管人縣長張開嶽

江蘇沛縣教育人員財產損失報告單

損失項目	單位	數量	價值（用國幣填寫角分不計）（所填係35年之價值）	損失情形：損失年月日時期	損失情形：地點	損失情形：事件
總計			1160000元			
房屋類小計			300000元	27年5月10日	沛縣城內縣府後街	被敵偽[illegible]
草房	間	2				
器具類小計			160000元	仝	仝	仝
桌椅						
條櫈	件	5				
木床						
現款類小計						
服裝類小計			500000元	28年11月5日	仝	被敵偽劫掠
被 [illegible] 袍						
皮 [illegible] 衣	件	10				
單 [illegible] 衣						
[illegible]小計			200000元	27年9月10日	仝	被敵焚燬[illegible]
教育用書	冊	200				
其他類小計						

主管人 張

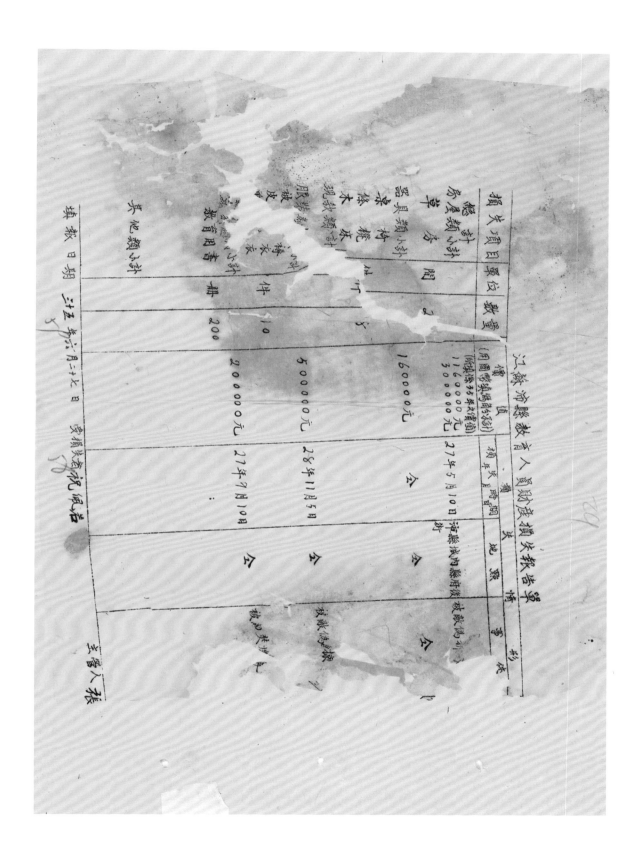

填報日期 三十五年六月二十七日 受損失者 祝佩若

江蘇沛縣教育人員財產損失報告單

損失項目	單位	數量	價值（用國幣填寫角分不計）（所填係35年之價值）	損失情形 損失時期 年 月 日	損失情形 地點	損失情形 事由	備註
總計			1956000元				一、財產[illegible]失時[illegible]教育委員[illegible] 二、價值照損失時高千倍計算
房屋類小計							
器具類小計			2596000元	28年1月9日	江蘇沛縣第四區康樂鄉鍾集	沛縣淪陷後李逆與[illegible]率日軍萬餘五路犯[illegible]所有衣物財粮被劫一空	
大車	輛	1	400000元				
繩套	件	3	60000元				
布袋	條	10	36000元				
脚踏車	輛	1	100000元				
[illegible]類							
[illegible]類小計			560000元	28年1月13日	仝	下午偽軍將我鄉趙爲軍司令部慘遭毒刑錢允用款贖出	
帛被	床	4	100000元				
皮色	件	2	200000元				
綢料長衫	件	4	160000元				
緞料長袍	件	2	100000元				
書籍類小計			480000元				
辞典	部	4	80000元				
圖書	冊	500	400000元				
其他類小計			320000元				
黄㹀牛	頭	1	120000元				
大青驢	頭	2	200000元				

填報日期 35 年 6 月 23 日　受損失者 郝賜慶　主管人縣長張開嶽

61　60　307

江蘇沛縣教育人員財產損失報告單

損失項目	單位	數量	價值（用國幣填寫角分不計）（所填係35年之價值）	損失情形：損失年月日時期	損失情形：地點	損失情形：事件	備註
總計			1490000元	民國二十八年十二月二十日	江蘇沛縣第四區千秋鄉七保盧樓	日軍協同漢奸籍典料韓縱堯等屢次來本村掃蕩將損失項內所具諸物搶掠一空	
房屋類小計			140000元				
瓦房	間	6					
器具類小計			340000元				
皮箱	件	4	200000元				
脚踏車	輛	1	100000元				
坐鐘	個	1	40000元				
現款類小計							
服裝類小計			620000元				
棉被	條	8	300000元				
衣服	件	40	300000元				
皮鞋	雙	1	20000元				
書籍類小計			500000元				
辭源	部	1	20000元				
康熙字典	部	1	10000元				
資治通鑑	部	1	10000元				
其他類小計							
牛驢	頭	3	800000元				

填報日期三十五年六月二十二日　受損失者現任沛縣啟南鄉第二三保國民學校教員朱本鑑　主管人校長朱惠坡

江蘇沛縣教育人員財產損失報告單

損失項目	單位	數量	價值（用國幣填寫角分為計）	損失情形 損失年月日時期	損失情形 地點	損失情形 事件	備註
總計			（所填係35年之價值）〤〤7000元	民國二十八年十月十九日	江蘇省沛縣第三區崇寞鄉姜廟村	日軍侵入沛境協同奸匪韓繼堯部將財物搶刼一空	損失時本人任趙樓完小教員
房屋類小計							
器具類小計			92000元				
鍋	口	2	20000元				
沙缸	個	2	8000元				
茶壺	把	2	4000元				
皮箱	個	〤	4000元				
現款類小計							
服裝類小計			170000元				
單衣	件	30	90000元				
棉被	件	12	80000元				
書籍類小計			185000元				
四史	部	1	30000元				
辭源	部	1	25000元				
説文	部	1	10000元				
六經	部	1	20000元				
字畫	軸	〤	100000元				
其他類小計							

填報日期三十五年六月二十日　受損失者朱居廣　主管人校長張開廣

65　64

江蘇沛縣教育人員財產損失報告單

損失項目	單位	數量	價值（用國幣填寫角分不計）	損失情形：損失年月日時間	損失情形：地點	損失情形：事件	備註
總計			（所填係35年之價值）2730000元	民國三十年六月十二日	沛縣六區龍堌集	敵僞佔據與游擊隊遭遇戰	
房屋類小計			1050000元				
瓦房	間	3	600000元				
草房	間	3	450000元				
器具類小計			30000元				
櫈子	條	5	10000元				
床	張	2	20000元				
現款類小計			375000元				
國幣	元		375000元				
服裝類小計			840000元				
褲褂	套	10	800000元				
被褥	床	8	40000元				
書籍類小計			375000元				
參考書	種	35	350000元				
掛圖	幅	5	25000元				
其他類小計			60000元				
座鐘	個	1	60000元				

填報日期三十五年六月二十日　受損失者龍堌集第二分部主任魏玉麟　主管人沛縣六區中心小學校長馮德堯

江蘇沛縣教育人員財產損失報告單

損失項目	單位	數量	價值（用國幣填寫角分免計）（所填係35年之價值）	損失情形 損失年月日時期	地點	事件	備註
總計			1000000元	民國二十九年四月十八日 民國二十八年九月十八日	沛縣城内及插山市姜庙村	日軍協同漢奸韓桂亮等將所填各物搶掠	一、敵偽軍盤據封新莊每年徵收食糧及現金經八年之久故徵收如是之多 二、現任沛縣啟南鄉第一二三保國民學校校長
房屋類小計			450000元				
草房	間	3	450000元				
器具類小計			100000元				
椅	件	2	40000元				
皮箱	個	2	60000元				
現款類小計							
服裝類小計			420000元				
單衣	件	8	40000元				
棉衣	件	4	80000元				
皮衣	件	2	200000元				
書籍類小計			110000元				
辭源	部	1	30000元				
六經	部	6	800000元				
其他類小計							

填報日期 三十五年六月二十四日　受損失者 朱惠坡　主管人 縣長張開嶽

34

69 68

江蘇沛縣教育人員財產損失報告單

損失項目	單位	數量	價值（用國幣填寫折合計）（所填係33年之價值）	損失時期（年月日）	地點	事件	備註
總計			57700元	33年3月1日	沛二區閆虎店莊（沛縣第二中心小學校）	民國三十三年三月一日拂曉駐銅三區五段及[illegible]匯敵安集之敵偽侵入閆虎店恣意屠戮槍殺五年級學生朱茂富（咨之胞弟）共用衣褡等費數字見現款欄	一、本校第一部原設在三官廟莊以駐大張莊之敵偽計圖摧殘教育於三十二年十二月三日化裝冀捕本部員生未獲為避[illegible]陷乃暫遷閆虎店繼續教學詎至來春三月一日遭逢敵偽侵害之不幸事件當槍殺學生朱茂富及彈傷同事張成軍面頰及彈穿五年級生周正諶額項幸經醫治及時未致殞命 二、表列損失衣物書款均係當時時價 三、三十三年三月本縣麥粮每斤價洋二〇元
房屋類小計							
器具類小計							
現款類小計			22900元				
法幣	元		22900元				
服裝類小計			12100元				
棉衣	件	5	4500元				
單衣	件	6	2600元				
被褥	件	2	5000元				
書籍類小計			22700元				
辭源	部	1	2500元				
教育參考書	册	12	7000元				
文學類	册	10	5600元				
史地類	册	15	7600元				
其他類小計							

填報日期 三十五年六月三十日　受損失者 沛縣第二中心小學校第一部教員朱茂咨（印）　主管人 校長張士奇（印）

江蘇沛縣教育人員財產損失報告單

損失項目	單位	數量	價值（用國幣填寫角分不計）（所填係35年之價值）	損失情形：損失時期（年月日）	損失情形：地點	損失情形：事件	備註
總計			1052450元				
房屋類小計			650000元	民國二十五年四月一日	沛五區許南村	趙樓战役（我游[illegible]隊[illegible]）	各項價目均以現在時價計算較战前損失時約高千倍
樓房	間	3	450000				
草房	間	8	200000				
器具類小計			247000元				[illegible]損失時本人任沛縣[illegible]五中心[illegible]區蔡庄初[illegible]校長
條几	件	1	75000				
方桌	件	2	80000				
書柜	件	1	28000				
站橱	件	2	64000				
現款類小計			450元	民國二十七年十二月七日		偽匪紀與科北沛[illegible]	
法幣	元		450				
服裝類小計			106000元	民國三十二年三月二十四日		鬼子春季大掃蕩	
棉被	床	2	45000				
制服	套	2	15000				
長衫	件	2	46000				
書籍類小計			49000元				
辭源（兩种）	部	1	25000				
英漢辭彙	本	1	6000				
溫德華氏幾何	本	1	3000				
溫德華氏代數	本	1	3000				
世界人名大辭典	部	1	12000				
其他類小計							

填報日期 卅五年六月二十四日　受損失者 樊士誠　主管人 張閣嶽

江蘇沛縣教育人員財產損失報告單

損失項目	單位	數量	價值（用國幣填寫角分不計）（所填係35年之價值）	損失情形 損失年月日	損失情形 地點	損失情形 事件	備註
總計			2635000元				
房屋類小計							
器具類小計			240000元	二十八年三月十五日	沛五區民治鄉朱宅子	沛城淪陷後日軍[illegible]科進犯沛北時至我村將上項器具掠去	一、各項物品均以現在時價計算較損失時約高一千倍 二、損失時本人任沛縣第五區中心小學校長
皮　套	件	4	240000元				
			375000元	二十九年八月二十七日	仝上	龍固集敵偽將我家人四名[illegible]去強令勤[illegible]用款如上數	
現款類小計							
法幣	元	250	375000元				
服裝類小計			1120000元	二十八年三月十五日	仝上	沛城淪陷後日軍[illegible]科進犯沛北時至我村將上項服裝搶去	
綢料長袍	件	8	340000				
綢料長衫	件	6	180000				
棉被	件	14	520000				
皮鞋	双	3	80000				
書籍類小計			900000元	三十年三月十五日	仝上	與敵偽會戰於區莊朱宅子一帶被敵偽焚燒	
本國文學類	冊	105	115000				
本國史學類	冊	82	200000				
辭典類	部	4	150000				
外國文學類	冊	18	230000				
理化類	冊	12	105000				
數學類	冊	15	100000				
其他類小計							

填報日期　三十五年六月二十日　受損失者 朱廣田　主管人 張閒嶽

江蘇沛縣教育人員財產損失報告單

損失項目	單位	數量	價值（用國幣填寫單位元計）（所填係卅五年之價值）	損失情形：損失年月日期	損失情形：地點	損失情形：事件	備註
總計			890000元				
房屋類小計			600000元	二十九年九月十八日	銅山縣第四區敬集	鬼子折毀建造雕堡	
瓦房	間	3					
器具類小計			80000元	二十七年五月十九日	仝上	鬼子盤據敬安鎮損失	
桌椅	套	2					
大車	輛	1					
大鍋	口	1					
錫鍋	口	1					
現款類小計							
服裝類小計			150000元		沛縣第三區徐庄		
單衣	套	3					
棉衣	套	4					
被	床	3					
書籍類小計			60000元		仝上	仝上	
辭源	部	1					
英華合解	部	1					
百科全書	部	1					
沛縣誌	部	1					
其他類小計							

填報日期 三五年六月二十二日　受損失者 張孟三　主管人 張開嶽

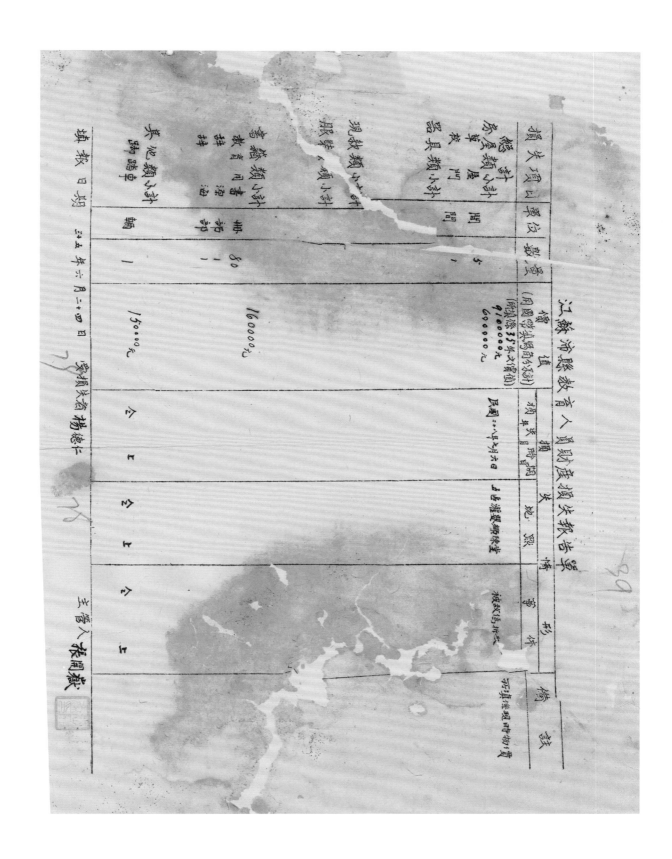

江蘇沛縣教育人員財產損失報告單

損失項目	單位	數量	價值（用國幣填寫角分不計）（所填係35年之價值）	損失情形 損失年月日時期	損失情形 地點	損失情形 事件	備註
總計			9100000元	民國二十八年七月六日	五區灌嬰鄉陳堂	被敵偽拆去	所填係現時物價
房屋類小計			600000元				
草屋	間	5					
校門	間	1					
器具類小計							
現款類小計							
服裝類小計							
書籍類小計			160000元				
教育用書	册	80					
辞源	部	1					
辞海	部	1					
其他類小計							
脚踏車	輛	1	150000元	仝上	仝上	仝上	

填報日期 三十五年六月二十四日　受損失者 楊德仁　主管人 張開嶽

教育人員財產損失報告單

損失項目	單位	數量	價值（國幣元）	損失年月日	地點	事件	備註
總計			10105元				一、本表所填物價全係[illegible]價
房屋小計	間	3[illegible]	2850				二、本表中之「小麥」每斗合市斤三十[illegible]，「大麥」每斗合市斤二十八斤，「高粱」每斗合市斤三十斤
瓦房	間	1[illegible]	1950元	27年5月20日	沛縣城	日軍轟炸佔領沛城	
草房	間	1[illegible]	900元				
器具小計	件	42[illegible]	825				
木瓷皮箱點[illegible]	件	[illegible]6	420元				
瓷器錫銅器	件	[illegible]1	405元	仝上	仝上	仝上	
款類小計		2次	2604				
①②現洋及法幣	元	2604	①654元②1950元	①27.5.20②27.12.25	①沛縣城②沛[illegible]	日軍沛[illegible]	
衣服小計	件	198	1217				
皮衣[illegible]袍鞋襪	件	135	905元	27年5月20日	沛縣城	日軍佔領沛城	
夾襖[illegible]單[illegible]褲襪	件	63	312元				
[illegible]小計	册盒架	628	1856				
古新[illegible]書籍	册	624	1624元				
照[illegible]机	架	1	78元				
[illegible]	盒	1	78元				
[illegible]三灯机		1	38元				
三灯交流机		1	18元	仝上	仝上	仝上	
其他類小計	斗	1650	753				
小麥	斗	520	312元	27年7月25日	沛[illegible]區[illegible]	日軍[illegible]沛經過	
大麥	斗	960	384元				
大豆	斗	60	24元				
高粱	斗	110	33元	仝上	仝上	仝上	

填報日期 三十五年六月廿三日　受損失者 沛中校長[illegible]（印）

報告人 沛中校長[illegible]（印）

[illegible]人員財產損失報告單

損失項目	單位	數量	價值（用國幣填寫角分不計）（所填係＿＿年之價值）	損失年月日	地點	事件
總計			3397元			
房屋類小計	間	11	200			
①草屋	間	[illegible]	125元	27年4月14日	沛二區孫瓦屋	日軍徐[illegible]經過本村時，燒去。
②瓦屋	間	[illegible]	75元			
器具類小計	件	9[illegible]	649			
①方桌、椅、條桌、長凳	件	2[illegible]4	83元	27年12月10日	仝上	偽軍[illegible]經過本村受其劫掠。
②案板、桌子、[illegible]	件	[illegible]8	285元			
③缸瓷器、銅錫器、鐵器	件	2[illegible]4	281元			
現款類小計	元	[illegible]	800			
①現洋 ②法幣	元	8[illegible]00	①300元 ②500元	①27.4.17 ②27.12.10	仝上	被敵偽搶去
服裝類小計	件	73	727			
①皮袍、大褂、夾衣	件	35	380元	27年12月10日	仝上	偽軍[illegible]經過本村受其劫掠。
②棉袍、被褥[illegible]	件	23	133元			
③[illegible]鞋襪包袱	件	15	214元			
書籍類小計	部	[illegible]0	142			
①辭海、[illegible]	部	2	22元	仝上	仝上	仝上
②[illegible]古書、世界全圖	部	78	120元			
其他類小計	斗	[illegible]99	859			
①馬		5	400元	27年12月10日		偽軍[illegible]經過本村時將牲畜食糧一併劫去
②小麥	斗	242	226元			
③黃豆	斗	185	145元			
④高粱	斗	167	88元	仝上	仝上	仝上

一、每類各部標以①②[illegible]者係代表第一次第二次之損失。其損失之物件[illegible]損失時之價[illegible]
二、本表所填之小麥每斗合市斤三十斤，黃豆每斗合市斤三十斤，高粱每斗合市斤二十八斤。

填報日期　三十五年六月廿五日　受損失者　沛中教員[illegible]（簽章）　主管人　沛中校長[illegible]

教育人员财产损失报告单

损失项目	单位	数量	价值（用国币填写角分不计）（所填係27年之价值）	损失时期	地点	事件	备注
总计			2845元				1.本表所填物价係损失时之实价 2.本麦豆每斗合市斤三十二斤
房屋类小计	间	9	160				
瓦屋	间	3	100元	27年5月20日	沛二区张新庄	敌沿湖用炮轰火[illegible]	
草屋	门	6	60元			仝上	
器具类小计	件	19	244	27年2月8日		被五段敌伪抢去	
桌椅箱床	件	8	110元				
磁盆	件	2	3元				
三飞脚踏车	件	1	88元				
玉器	件	8	43元				
现款类小计	元	1400	1400				
法币现洋	元	1400	1400元				
服装类小计	件	132	340				
寿衣	件	3	70元				
皮衣	件	4	120元				
便衣	件	127	150元	仝上	仝上	仝上	
书籍类小计	部	[illegible]	26[illegible]	27年12月20日	仝上	被伪军籍典科部掠去	
古本半版康熙字典	部	1	150元	仝上	仝上	仝上	
二十四史	部	1	115元				
世界全图	部	1	2元				
其他类小计	斗、匹	251斗 2匹	434	20年9月14日	沛县城内	余为本村初小校长为公安局往捕未获将部人[illegible]去勒罚钞1500元始释放	
小麦	斗	187	226元				
黄豆	斗	64	64元				
黄牛	匹	1	90元	27年12月21日	沛一区郭楼	被伪军籍典科部掠去	
黑驴	匹	1	54元	仝上		仝上	

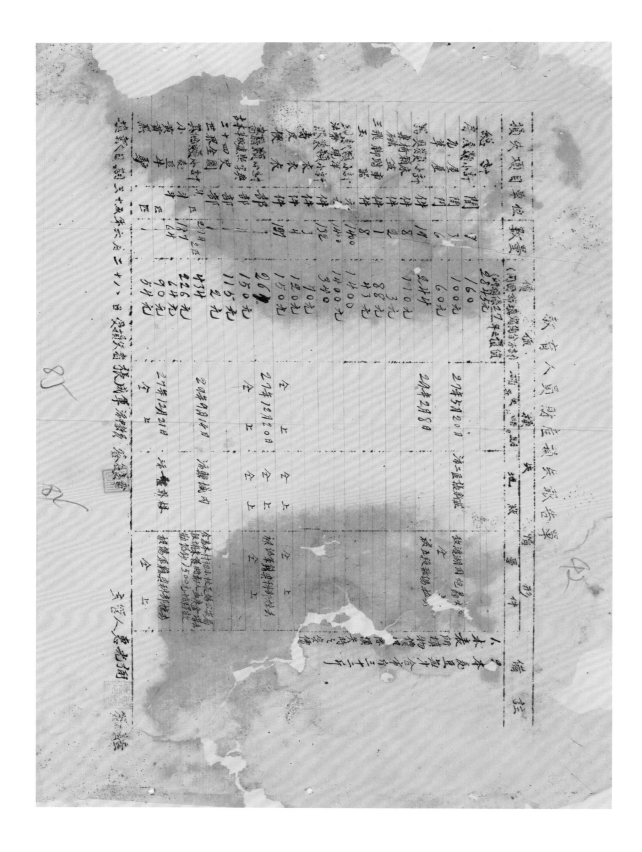

填报日期三十五年六月二十八日　受损失者张成军　沛中教员　签名盖章　　主管人惠光衡　签名盖章

43

教育人員財產損失報告單

損失項目	單位	數量	價值（同國幣爲單位分本計）（時價至廿五年六月價值）	損失年月日	地點	事件	備註
總計			4810元				
房屋類小計	間	9	560				
草房	間	3	170元	二十六年古曆四月十三日	沛城東關	敵機轟炸	
瓦房		6	390元				
器具類小計	件	31	155				
木器		16	85元	二十七年古曆四月十九日	沛二區沽頭村	敵人陷沛由微湖西岸進犯徐州道經本村被燬	
瓷器	件	15	70元				
現款類小計	元	1次	1525				
現洋及法幣	元	1525	1525元	仝上	仝上	敵人經過本村時失去	
服裝類小計	件	21	235				
棉被皮衣、棉衣	件	8	155元	二十七年古曆十二月初三日	仝上	偽軍[illegible]時被搶	
夾衣、單衣	件	13	80元				
書籍類小計	部	115	85				
漢書史記、珍版佳書	部	30	30元	二十七年古曆四月十九日	沛縣城內	敵軍陷沛時被毀	
子書及歷代名人著述	部	85	55元				
牲畜類小計	頭斤匹		2250				
肉豬	斤	700	650元	二十八年古曆四月二十二日	仝上	[illegible]	
小麥	斤	6900	1450元	二十八年古曆五月八日	沛二區沽頭村	[illegible]	
牛	頭	1	70元	二十七年古曆四月十九日	仝上	[illegible]	
馬	匹	1	80元				

報告日期 民國三十五年六月廿五日　受損失者 張廷儉 沛中教員 簽名蓋章　主管人 惠光弼 簽名蓋章

87　36

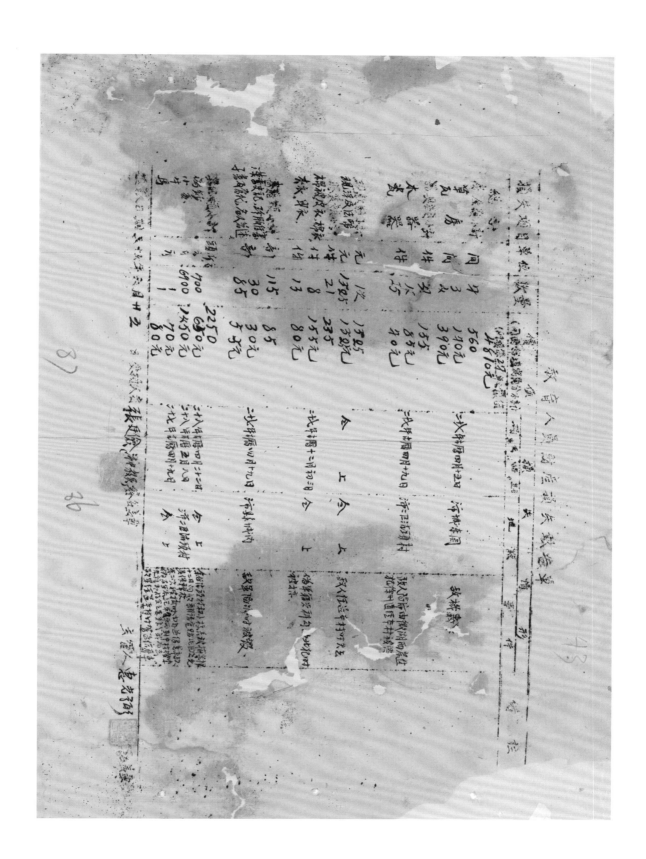

教育人員財產損失報告單

損失項目	單位	數量	價值（用國幣填寫角分不計）（此項係27年之價值）	損失年月日	地點	事件	備註
總計			52975元				乙、麦豆每斗合卅一市斤 1、本表所填物價係損失時之實價
房屋類小計	間	9	175	27年5月7日	沛二区朱莊	被日飛炸毁	
瓦屋	間	3	105元				
草屋	間	6	70元				
器具類小計	件	32	176	27年5月29日	仝上	被偽軍竄與村部搶去	
桌椅箱廚	件	13	104元				
磁器	件	8	12元				
教學儀器	件	1合	10元				
錫銅器	件	10	50元				
現款類小計	元	3400	3400				
法幣現洋	元	3400	3400元	仝上	仝上		
[illegible]類小計	件	37	334				
[illegible]	件	8	40元				
[illegible]	件	2	60元				
[illegible]	件	7	50元				
[illegible]	件	8	60元				
[illegible]衣	[illegible]	120	[illegible]4元				
書籍類小計	部	12	275元	仝上	仝上	被偽軍部[illegible]	
辭源（和）	部	1	25元				
廿四史（全）	部	1	120元				
數學大辭典	部	1	20元				
英文書籍	部	9	70元	30年9月二十三日	沛縣城內	予[illegible]被偽軍[illegible] [illegible] [illegible]釋放	
糧食類小計	斤 匹 口	450斤 3匹 2口	975				
小麥	斤	350	525元	28年8月9日	沛二区朱莊	被偽軍竄與村部搶去	
黃豆	斤	100	100元				
馬	匹	2	180元				
牛	匹	1	100元				
猪	口	2	70元				

填報日期三十五年六月二十八日　受損失者朱衍祥（沛中教員）　簽名蓋章　[illegible]人惠[illegible]　[illegible]

教育人員財產損失報告單

損失項目	單位	數量	價值（國幣元）	損失情形 損失日期	地點	事件	備註
總計			10291元				
房屋類小計	间	5	300	28年3月25日	沛五区黄圩子	豐縣駐軍王寨呂團[illegible]鬼子掃蕩[illegible]圍部並在三河尖[illegible]據占住六個月	
草房	间	5	300元				
器具類小計	件	14	206				
鍋、缸	件	11	136元				
床、木器	件	3	70元				
現款類小計	元	次	2470				
現洋及法幣	元	2470	2470元				
服著類小計	件	153	1185				
單衣、夾衣	件	100	305元				
棉衣、皮衣	件	53	880元				
書籍類小計	種	500	3000				
舊書	種	200	2000元				
新書	種	300	1000元				
其他類小計	頭輛斤	3,1,14000	3130				
牛、驢	頭	3	580元				
太平車	輛	1	1500元				
小麥	斤	5000	500元				
雜糧	斤	9000	550元	仝上	仝上	仝上	

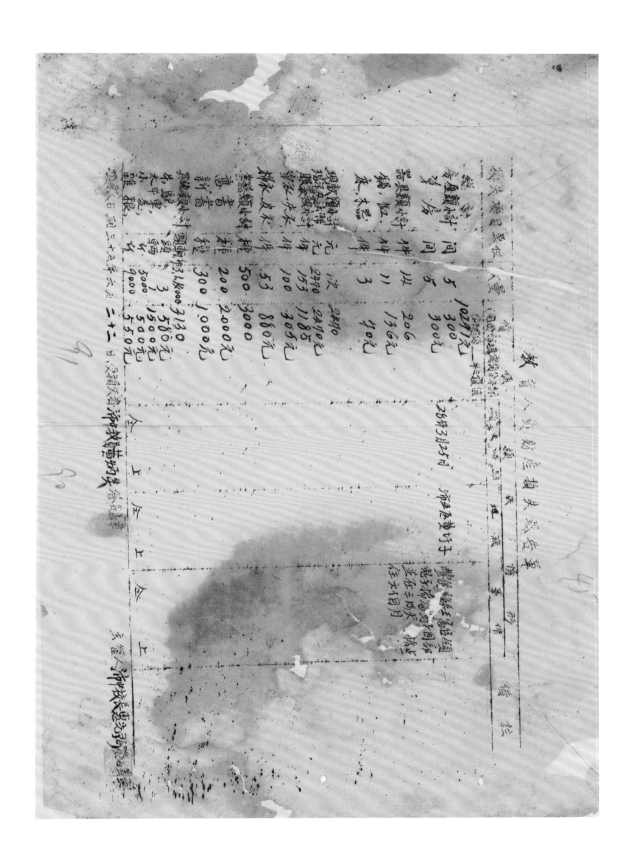

填報日期 三十五年六月二十二日 受損失者 沛中教員黃炳炎 簽名蓋章　　主管人 沛中校長惠光弼 簽名蓋章

46

教育人員財產損失報告單

損失項目及單位		數量	價值（國幣元）（按照27年之價值）	損失時期	地點	事件	備註
總計			6760元				
房屋類小計	間	16	2000	33年6月8日	沛一區金溝	磚瓦椽板被敵拉去	
樓房	間		500元				
草房	間	15	150元		仝上	被日軍運輸拉	
器具類小計	輛件	1　30	370	27年6月10日			
太平車	輛	1	120元				
鐵器	件	10	150元				
木器	件	20	100元	27年6月20日	沛一區趙圈	被偽軍劫去	
現款類小計	元	220	220	27年5月20日	沛一區金溝	仝上	
法幣現洋	元	220	220元				
衣服類小計	件	57	200				
棉衣	件	15	75元				
夾衣	件	25	75元			被日軍焚燒	
單衣	件	17	50元	仝上	仝上		
書籍類小計	本幅件		3120				
本裝洋裝	本	50	120元				
畫表	幅	50	1000元				
儀器	件	25	2000元				
其他類小計	斗　頭	700斗　1頭	850	仝上	仝上	日軍餵馬	
小麥	斗	200	300元				
黃豆	斗	300	300元			日軍糧食	
高粱	斗	200	100元	仝上	仝上		
公牛	頭	1	150元				

填報日期　三十五年六月二十八日　受損失者　張季含（沛中教員）簽名蓋章　主管人　惠光衡　簽名蓋章

93　92

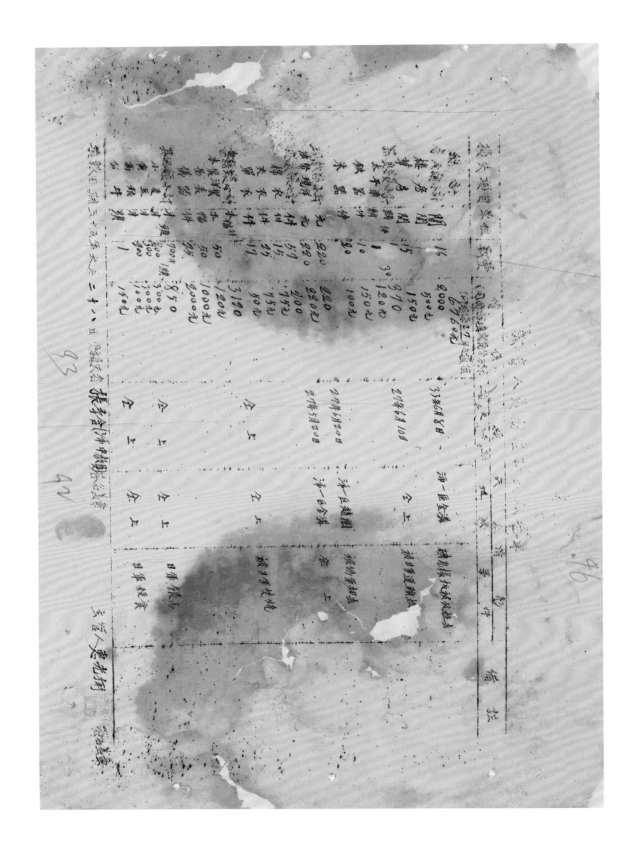

教育人員財產損失報告單

損失項目	單位	數量	價值（同國幣填寫，角分不計）（所填係35年之價值）	損失情形 損失年月日	地點	事件	備註
總計			8,900,000元				
房屋類小計							
器具類小計							
現款類小計							
服裝類小計	件	三十四件	600,000元	民國二十八年十一月十二日	江蘇沛縣第二區鄭莊	於該時籍部陳日寇大舉侵犯沛縣	
書籍類小計	册	四百五十册	4,000,000元	仝	仝	仝	
其他類小計		馬五匹	1,900,000元	仝	仝	仝	
		小麥壹萬斤	1,500,000元	仝	仝	仝	
		黃豆伍仟斤	900,000元	仝	仝	仝	

報告日期 三十五年六月二十日　受損失者 高文輔（簽名蓋章）　主管人 惠光衍（簽名蓋章）

95

48

教育人員財產損失報告單

損失項目	單位	數量	價值（以國幣填寫角分不計）	損失情形 損失時期（年 月 日）	損失情形 地點	損失情形 事件	備註
總計			（每項係__年之價值）2830,000元（總計欄係將兩次損失按卅五年價值合計）				
房屋類小計							
器具類小計							
現款類小計	元	(一)二千二百元 (二)八萬元	按民國卅年十月麥價估值洋二千二百元 按當時地價及麥價估值洋八萬元	民國三十年十月二十日 民國三十二年六月二十九日	沛縣日寇憲兵隊 沛縣偽軍大隊部（郭繼堯任大隊長）	(一)奉令於民國三[illegible]二日視導本區五里屯小學被日寇憲兵隊密探捕去羈押多日各方託人營救雖得脱險而營救費頗巨 (二)三十二年五月十九日因族弟孰兆樸由偽軍攜槍率隊投誠我方故偽拘捕族人勒令賠償偽軍入我家搶去衣物多件並捕去余長子在位強迫勒贖	斯時余任一中小校長除蒙縣政府發給救濟費一千元外尚損失（變價）小麥百二十二斗 田地十畝小麥百二十斗被面子兩件、嗶嘰長衫一件、嗶嘰裌襖褲一套男女單褲褂四套
服裝類小計	件	十三件	按當時物價估值洋四千三百元				
書籍類小計							
其他類小計							

填報日期 三十五年六月　　受損失者 甄宜堂 簽名蓋章　　主管人 惠光驹 簽名蓋章

97　96

教育人員財產損失報告單

損失項目	單位	數量	價值（國幣填寫角分不計）	損失時期（年月日）	地點	事件	備註
總計			（所填係一年之價值）36,000,000元（總計數係將兩年損失按卅五年價計）				
房屋類小計							
器具類小計							
現款類小計	元	(一)一千元 (二)六千元	按民國廿八年麥價估值一千元 按廿九年地價麥價折六千元	民國廿八年十二月三日 民國廿九年五月四日	(一)沛縣一區光明鄉馮樓 (二)沛縣日寇憲兵隊	(一)廿八年十二月三[illegible]偽軍捕去拘押十七日[illegible]迫勒贖經多人營救損失千元始脫險	(一)當時小麥變價約一千五[illegible]市斤
服裝類小計	件	三十二件	當時價三千元	民國廿九年五月四日			
書籍類小計	冊	五十冊	當時價五百元	民國廿九年五月四日		(二)廿九年五月四日沛日寇憲兵隊拘十名于夜間捕去老母及妹並連全家衣物器具食糧搶掠一空羈押卅餘日勒迫服務母女二人自殺多次均未得逞由各方營救終獲脫險營救費共六千元	(二)當時變價賣地卅五畝 皮袍五件袷衣四件棉衣十六件 書籍當時焚燒 小麥用汽車運入沛城
其他類小計	斗	小麥四百五十市斗	當時價一千四百元	民國廿九年五月四日			

填報日期三十五年六月　日　受損失者張懋桂（簽名蓋章）　主管人[illegible]（簽名蓋章）

70

教育人員財産損失報告單

損失項目	單位	數量	價值（用國幣填寫約分以計）（所填係一年之價值）	損失情形：損失時期（年月日）	損失情形：地點	損失情形：事件	備註
總計			2480元				一、所填均係損失時之價目 二、所填均係最低估值 三、所填均係個人損失至大者 四、所填價目較現在低三千至四千倍
房屋類小計	間	14	2080元	27年6月25日	沛城西門口	被敵偽軍焚燒	
①瓦屋	〃	5	1000元				
②草屋	〃	9	1080元				
器具類小計							
現款類小計							
服裝類小計							
書籍類小計							
其他類小計			400元				
①馬	匹	3	200元	28年10月9日	沛四区小朱集	敵偽掃蕩	
②小麥	斤	6200	200元	28年5月7日	沛一区三堡劉樓	敵偽強徵食糧	

填送日期 三十五年六月二十日　受損失者 劉成信 簽名蓋章　主管人 董克弼 簽名蓋章

101　102

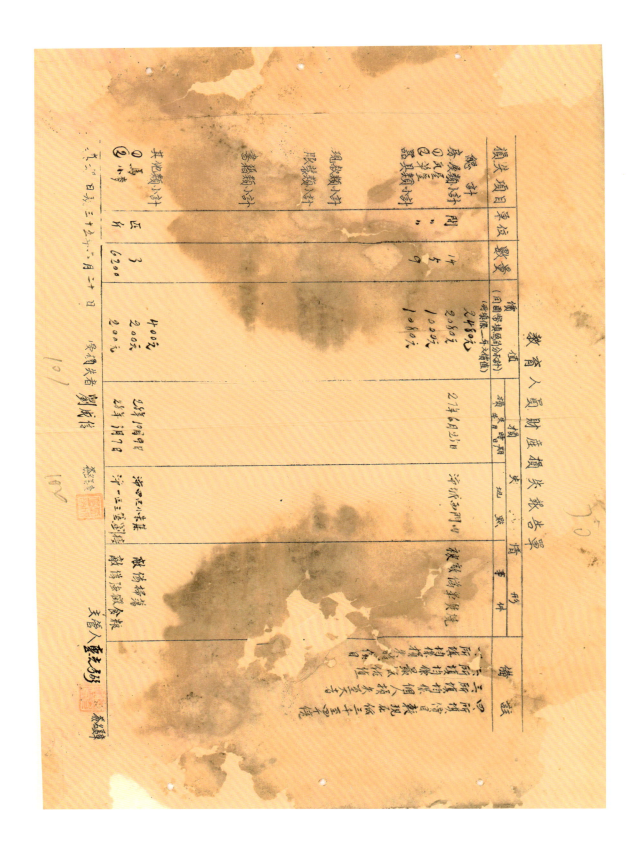

51

教育人員財產損失報告單

損失項目	單位	數量	價值（用國幣填寫角分不計）（所填係35年之價值）	損失情形			備註
				損失年月日時期	地點	事件	
總計			15230000元				因當［illegible］人任沛四區區長致被［illegible］多人嚴行抄查
房屋類小計							
器具類小計 大車	輛	1	500000元	31年11月5日	沛四區東樂鄉孫庄		四輪牛車
現款類小計 法幣	元	58000	5800000元	仝上	仝上		因當時係變賣小麥價款
服裝類小計	件	94	5750000元	仝上	仝上		［illegible］件單衣25件秋衣22件［illegible］20件
書籍類小計	部	13	1000000元	仝上	仝上		辭源［illegible］部其他書籍12部
其他類小計 馬槍	支	1	80000元	仝上	仝上		捷克式步槍
小麥	斤	15000	2100000元	仝上	仝上		小麥

填報日期 35年6月23日　受損失者 孫敦樂（印）簽章　主管人 ［illegible］（印）簽名蓋章

103　102

教育人員財產損失報告單

估價壹百伍十式萬元

損失項目	單位	數量	價值（用國幣填寫並分別註明係何年之價值）	損失情形 損失時期（年月日）	地點	事件	備註
總計							
房屋類小計							
器具類小計							
現款類小計							
服裝類小計	件	五件	伍千肆百元	民國三十一年十月八日	江蘇沛縣三區王樓	僞軍衝犯三區	[illegible]綢大褂一件紡綢褲褂一套 [illegible]皮袍一件棉被一件
書籍類小計	冊	壹百冊	式百伍十元	民國二十八年十二月十二日	沛縣三區張廟	敵僞衝犯三區	乙種辭源人名大辭典地名大辭典 辭海其餘雜書約百冊
其他類小計	頭	馬兩匹 驢兩頭	叁百元 壹百元	民國二十七年五月十日 仝上	仝上 仝上	仝上 仝上	

填送日期三十五年六月二十三日　受損失者張聞廣（簽名蓋章）　主管人惠光珩（簽名蓋章）

5,900,000元

13

教育人員財産損失報告單

損失項目	單位	數量	價值（用國幣填寫如分不計）（所填係某年之價值）	損失情形 損失年月時期	損失情形 地點	損失情形 事件	備註
總計			5,900,000元				
房屋類小計							
器具類小計							
現款類小計	元		1700000元	民國二十八年五月十九日	沛一区友圈	偽首領[illegible]據友圈時……當被……人將金及……元第八十餘口抓至[illegible]	截首郭繼堯於馬青島駐桑庄小[illegible]係團長李錫龍（係本族兄爺）偽所以此藉口罰……如左數
服裝類小計	件	156件	1200000元	民國二十七年五月廿八日、二十七年十一月十七日、二十八年五月十九日	沛三区武庄、沛一区邱圈、仝	1、敵于我四十[illegible]……西完全遺失、武 2、偽首[illegible]駐[illegible] 3、偽首郭繼堯駐友圈	1、被子……条[illegible]被單各四条夾衣單衣四十[illegible]皮衣三件棉衣十八件。2、[illegible]被子四条棉衣六件 3、單[illegible]被子四条夾衣五件
棉衣	件	20					
皮衣	件	6					
單衣	件	130					
書籍類小計							
脚踏車	輛	脚踏車一輛	100000元	民國二十八年五月十九日	沛一区邱圈	偽軍駐我村截於馬時	
其他類小計							
麥	斤	麥2500斤	1400000元	民國二十八年五月十九日	仝上	仝上	
木		米4000斤					
豆		豆4500斤					
照像机	架	照像机一架	1500000元	仝上	仝上	仝上	

填報日期三十五年六月廿三日　受損失者李昌怡（印）簽名蓋章　主管人惠光衍（印）簽名蓋章

107

106

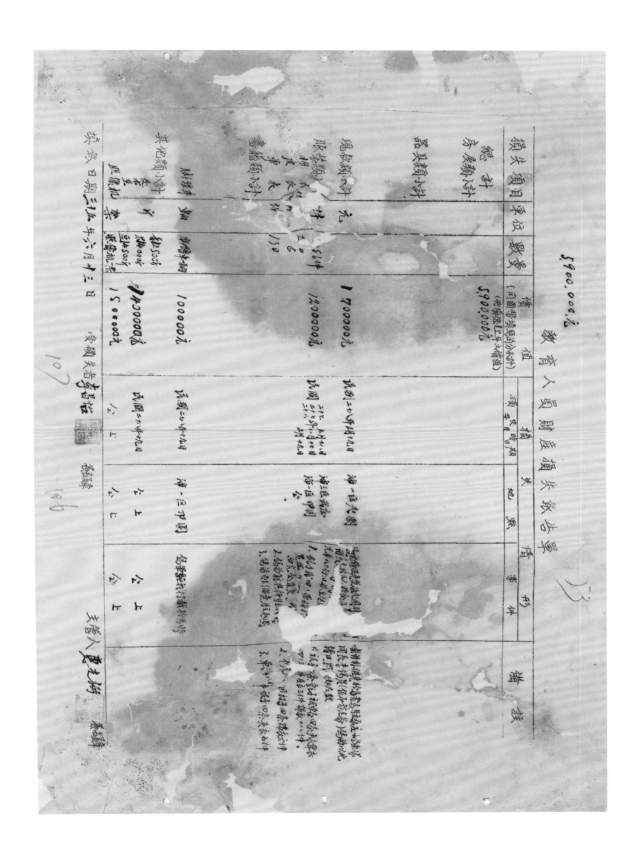

54 54

教育人員財產損失報告單

損失項目	單位	數量	價值（同國幣填爲百分不計）（所填係三十五年六月價值）	損失時期（年月日）	損失地點	
總計			3837500元			
房屋類小計	間	十間	2800000元	民國二十七年六月二十五日	江蘇沛縣城外[illegible]道街路本宅	焉縣 [illegible]
器具類小計	件	二十九件	180000元	仝上	仝上	
現款類小計						
服裝類小〔計〕	件	十八件	580000元	仝上	仝	
書籍類小計	册	十四册	31500元	仝上	仝	
其他類小計	斗	八十二斗	246000元	仝上	仝上	

填報日期 三十五年六月二十一日　受損失者王蕙菴　簽章　主[illegible]

105

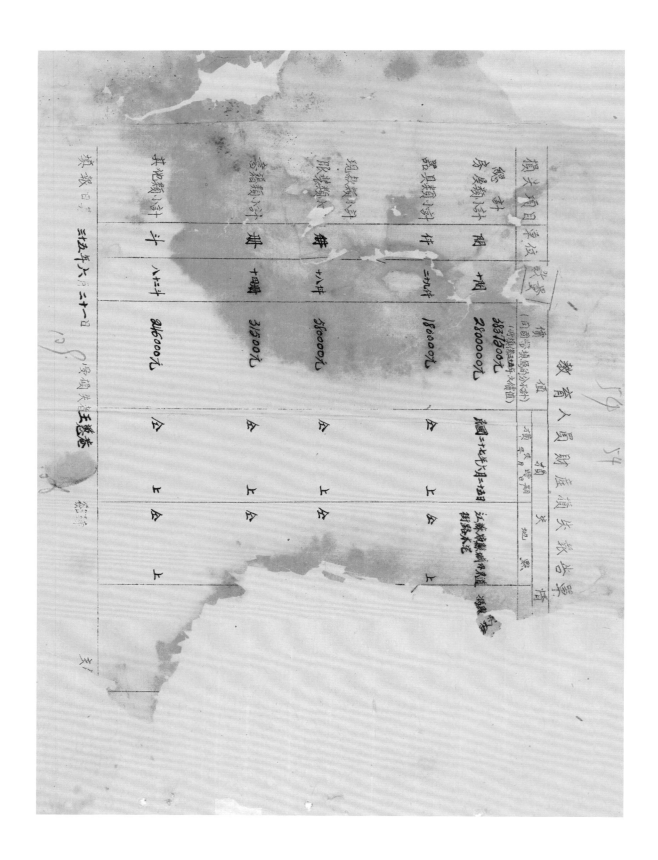

117

教育人員財產損失報告單

損失項目	單位	數量	價值（按照國幣填寫 [illegible]）（價值以損失時之價值為準）	損失情形 日期（年月日）	地點	[illegible]
總計			壹仟伍百元			
[illegible]小計						
[illegible]小計						
木器	件	六	叁百元	民國廿八年二月	沛一區黑[illegible]鄉林樓	籍[illegible]豐縣
瓷器	件	八	壹百元			
搪瓷器	件	六	伍拾元			
鍋器	件	拾	陸拾元		仝	仝
[illegible]小計	元		壹百叁拾元	仝上		
[illegible]小計				仝上		
單衣	件	貳拾	叁拾元			
棉衣	件	拾	[illegible]拾元			
夾衣	件	拾伍	廿拾元			
棉被	件	伍	捌拾元			
[illegible]小計				仝上		
康熙字典	部	一	壹百元			
史記	部	一	叁拾元			
漢書	部	一	叁拾元			
左傳	部	一	陸拾元			
[illegible]小計			壹百貳拾元	廿八年四月		
小麥	斗	伍拾				
黃豆	斗	貳拾	叁拾元			
黑驢	匹	壹	伍拾元			

填報日期 [illegible]廿八年[illegible]月 二十八日 受損失者沛中教員韓大鈞 簽

110

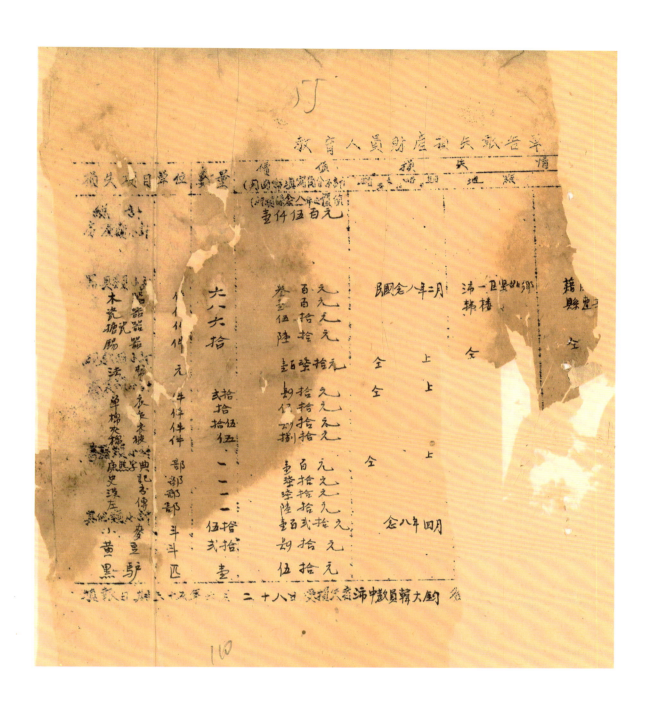

56

……教育人員財產損失……

損失項目	單位	數量	價值（國幣元）（[illegible]）	損失年月日
總計			27700	
房屋小計	间	7	500	
樓房	间	[illegible]	300	3?年2月
草屋	间	4	200	2?年3月
器具小計	件	40	400	
農具	件	40	400	27年11月27日
現款小計	元	21000	21000	
[illegible]	元	13000	13000	32年7月9日
[illegible]幣票	元	8000	8000	31年12月5日
衣服小計	件	108	2500	
被褥	件	20	2500	27年11月27日
單衣	件	30		
夾衣	件	25		
棉衣	件	28		
皮衣	件	5		
書籍小計	部	50	500	
新書 舊書	部	50	500	仝上
糧食小計	市斤 匹	6200 6	2800	仝上
小麥	斤	5000	800	仝上
秋糧	斤	1200	1200	仝上
馬	匹	4	600	仝上
馬駒	匹	2	200	仝上

填報日期 三十五年六月 日　受損失者 沛中教員 謝俊卿 簽

財產損失報告單

填送日期　36年　6月　2日

損失年月日	事件地點	損失項目	購置年月	單位	數量	價值（國幣元）		證件
						購置時價值	損失時價值	
二十六年十一月	鎮江[illegible]飛機轟炸	府學大成殿		大间	5	200,000	210,000	
		兩廂		间	20	240,000	252,000	
		廂房		〃	10	150,000	157,500	
		前殿		大间	5	200,000	210,000	
		殿亭		间	10	160,000	168,000	
		後殿		大间	3	150,000	157,500	
		樓房		间	6	180,000	189,000	

直轄機關學校團体或事業名稱　江蘇省教育廳　印信　受損失者

填報者　姓名　服務處所與所任職務　與受損失者之關係　通信地址　蓋章

說明

1. 「損失年月日」指事件發生之日期如某年某月某日或某年某月某日至某年某月某日
2. 「事件」指發生損失之事件如日機之轟炸日軍之進攻等
3. 「地點」指事件發生之地點如某市某縣某鄉某鎮某村等
4. 「損失項目」指一切動產（如衣服什物財帛舟車證券等）及不動產（如房屋田園礦產等）所有損失逐項填明
5. 「價值」如係当地幣制除折成國幣填列外並附填原幣名稱及數額
6. 如有證件應將名稱与件數填入證件欄内
7. 受損失者如係私人填其姓名如係机關學校團体或事業填其名称
8. 私人損失由本人填報或由代報者填列机関学校團体或事業之損失由各該主管人填報
9. 表格紙幅一律長28公分寬21.5公分

6

江苏省教育厅

財產損失報告单

填送日期 36年 6月 12日

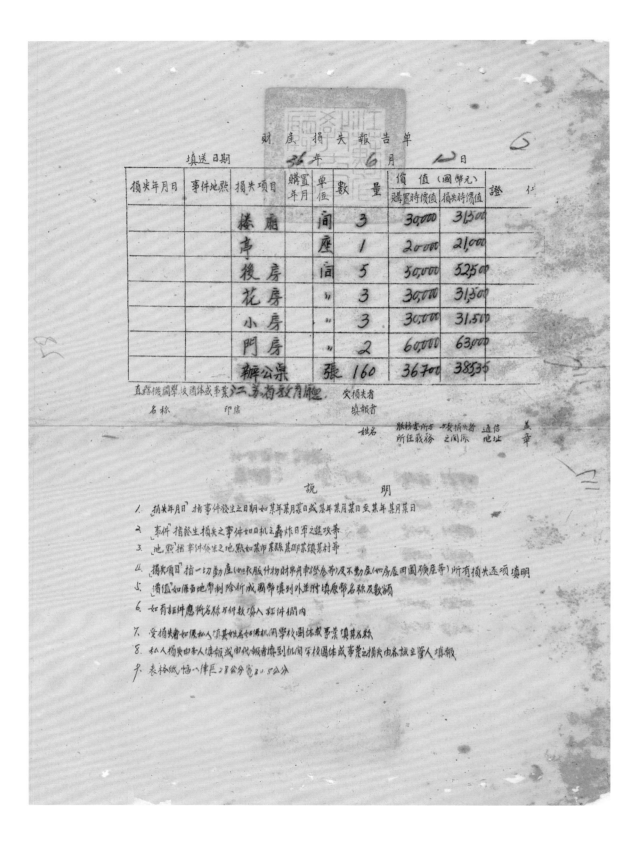

損失年月日	事件地點	損失項目	購置年月	单位	數量	價值（國幣元）購置時價值	價值（國幣元）損失時價值	證件
		樓廳		间	3	30,000	31,500	
		亭		座	1	20000	21,000	
		後房		间	5	50,000	52,500	
		花房		"	3	30,000	31,500	
		小房		"	3	30,000	31,500	
		門房		"	2	60,000	63,000	
		辦公桌		張	160	36700	38535	

直轄機關學校團体或事業名称 江苏省教育廳 印信

受損失者填報者 姓名 服務處所与所任職務 与受損失者之関係 通信地址 蓋章

說明

1. 「損失年月日」指事件發生之日期如某年某月某日或某年某月某日至某年某月某日
2. 「事件」指發生損失之事件如日机之轟炸日軍之進攻等
3. 「地點」指事件發生之地點如某市某縣某鄉某鎮某村等
4. 「損失項目」指一切動產（如衣服什物財帛舟車證卷等）及不動產（如房屋田園礦産等）所有損失逐項填明
5. 「價值」如係當地幣制除折成國幣填列外並附填原幣名称及數額
6. 如有証件應將名称与件数填入証件欄内
7. 受損失者如係私人填其姓名如係机関學校團体或事業填其名称
8. 私人損失由本人填報或由代報者填報机関学校團体或事業之損失由各該主管人填報
9. 表格纸幅八開長28公分寬31.5公分

③

財產損失報告单

填送日期 36年 6月 2日

損失年月日	事件地點	損失項目	購置年月	单位	數量	價值(國幣元)		證件
						購置時價值	損失時價值	
		椅		張	200	40,000	42,000	
		橙		〃	60	12,000	12,600	
		大桌		〃	10	30,000	31,500	
		沙發		〃	6	3,600	3,780	
		浴盆		只	2	1,000	1,050	
		書架		張	20	12,000	12,600	
		書厨		〃	20	12,000	12,600	

直轄機關學校團体或事業名称 江苏省教育厅 印信

受損失者 填報者

姓名 服務處所与所任職務 與受損失者之關係 通信地址 盖章

說 明

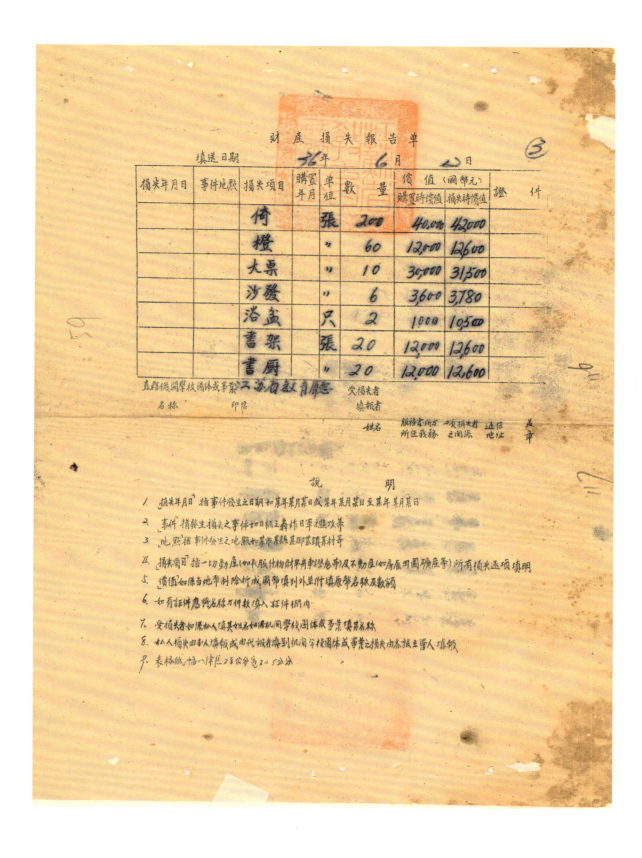

1. 「損失年月日」指事件發生之日期如某年某月某日或某年某月某日至某年某月某日
2. 「事件」指發生損失之事件如日机之轟炸日軍之進攻等
3. 「地點」指事件發生之地點如某市某縣某鄉某鎮某村等
4. 「損失項目」指一切動產(如衣服什物財帛舟車證卷等)及不動產(如房屋田園礦產等)所有損失逐項填明
5. 「價值」如係當地幣制除折成國幣填列外並附填原幣名称及數額
6. 如有証件應將名称與件數填入証件欄內
7. 受損失者如係私人填其姓名如係机關學校團体或事業填其名称
8. 私人損失由本人填報或由代報者填列机關學校團体或事業之損失由各該主管人填報
9. 表格紙幅以縱長28公分寬20.5公分

2

財產損失報告單

填送日期 36年 6月 12日

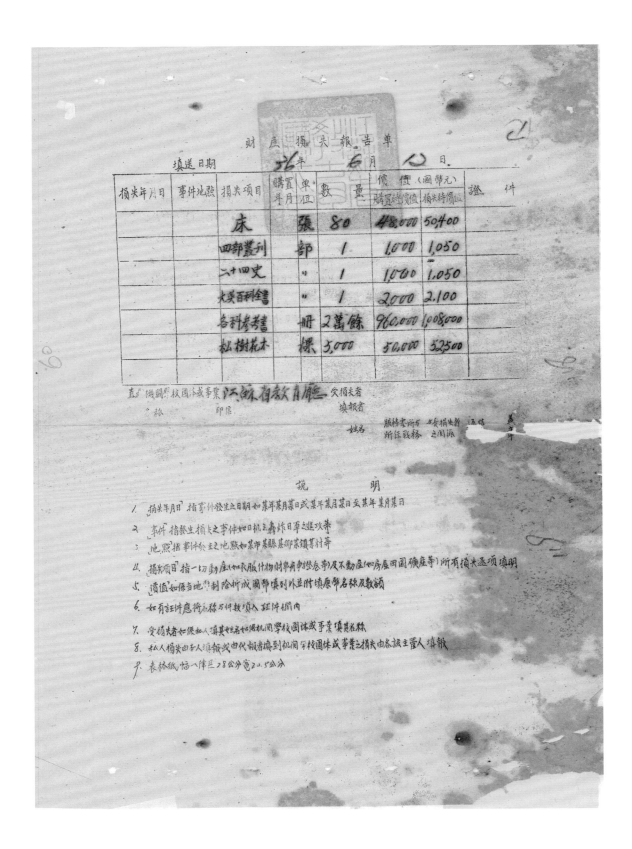

損失年月日	事件地點	損失項目	購置年月	单位	數量	價值（國幣元）購置時價值	價值（國幣元）損失時價值	證件
		床		張	80	48,000	50,400	
		四部叢刊		部	1	1,000	1,050	
		二十四史		"	1	1,000	1,050	
		大英百科全書		"	1	2,000	2,100	
		各科參考書		册	2萬餘	960,000	1,008,000	
		松樹花木		棵	5,000	50,000	52,500	

直屬機關學校團体或事業名称 江蘇省教育廳 印信 受損失者 填報者

姓名　服務處所与受損失者之關系　所任職務　通信處　盖章

說　明

1. 「損失年月日」指事件發生之日期如某年某月某日或某年某月某日至某年某月某日
2. 「事件」指發生損失之事件如日机之轟炸日軍之進攻等
3. 「地點」指事件發生之地點如某市某縣某鄉某鎮某村等
4. 「損失項目」指一切動產（如衣服什物財帛舟車證卷等）及不動產（如房屋田園礦產等）所有損失逐項填明
5. 「價值」如係当地幣制除折成國幣填列外並附填原幣名称及數額
6. 如有証件應將名称与件數填入証件欄内
7. 受損失者如係私人填其姓名如係机関學校團体或事業填其名称
8. 私人損失由本人填報或由代報者填到机関学校團体或事業之損失由各該主管人填報
9. 表格紙幅一律長28公分寬20.5公分

財產損失報告單

填送日期　民國三十六年三月　日

損失年月日	事件地點	損失項目	購置年月	單位	數量	價值(國幣元) 購置時價值	價值(國幣元) 損失時價值	證件
民國二十六年十二月	日軍攻佔江陰被焚燬或搶劫	(甲)房屋類	民國十二年冬落成	間	共32	13,600	16,800	全宅被燬證件遺失
(以下同)	(以下同)	(1)正屋	〃	〃	24	10,800	13,200	(以下同)
		(2)廂房、川堂、背街門間披屋等	〃	〃	8	2800	3,600	
		(乙)器具類	民國元年至二十六年冬	件	共4,108	賬冊被焚燬原價失考	19,600	
		(1)梠木紅木床及鐵床	(以下同)	〃	27	(以下同)	2,700	
		(2)梠木天然几及長枱		〃	7		560	
		(3)梠木紅木大餐桌圓桌方桌等		〃	21		1,2[illegible]	
		(4)又沙發靠椅方櫈櫈杌藤椅		〃	125		1,[illegible]	
		(5)又鏡枱寫字枱等		〃	14		1,0[illegible]	
		(6)梠木衣橱		〃	9		6[illegible]	
		(7)梠木樟木書橱書箱等		〃	188		3,76[illegible]	
		(8)保險箱		〃	2		200	
		(9)各色盆桶		〃	130		390	
		(10)皮箱、大英皮包等		〃	85		2[illegible]	
		(11)銅錫器物		〃	150			
		(12)五彩磁花瓶掛屏人像等		〃	250			
		(13)又文具杯盤碗盞等		〃	2,500			
		(14)雜物		〃	600			
		(丙)衣服類	民國十年至二十六年冬	件	共857	賬冊被[illegible]失考	10,21[illegible]	
		(1)綿被	(以下同)	〃	85	(以下同)	85[illegible]	
		(2)皮衣(裘類)		〃	82		5,000	
		(3)綿衣		〃	120		1,200	
		(4)單夾衣		〃	350		2,500	
		(5)其他		〃	220		660	
		(丁)書籍類	清光緒十年至民國二十六年冬	冊	共43,002	賬冊被焚燬原價失考	25,890	
		(1)四部叢刊正續編	(以下同)	〃	2,612	(以下同)	1,300	
		(2)四部備要		〃	2,500		1,200	
		(3)古今圖書集成		〃	1,628		820	
		(4)知不足齋叢書		〃	210		180	
		(5)海山仙館叢書		〃	100		50	
		(6)四庫全書珍本		〃	1,960		1,180	
		(7)昭代叢書		〃	172		100	
		(8)粵雅堂叢書		〃	240		120	
		(9)平津閣叢書		〃	80		48	
		(10)宛委別藏		〃	150		75	
		(11)津逮秘書		〃	200		120	

(附註)
一、損失時價值係照民國二十六年
二、損失地點在江陰城中街

(12) 江陰叢書	〃	20	12
(13) 常州先哲遺書	〃	64	32
(14) 美術叢書	〃	136	60
(15) 藝術叢書	〃	32	16
(16) 皇清經解	〃	320	120
(17) 續皇清經解	〃	320	120
(18) 嶺南遺書	〃	80	40
(19) 玉海	〃	160	80
(20) 稗海	〃	80	40
(21) 明崇禎版十三經注疏	〃	80	160
(22) 又同文版石印一部	〃	64	50
(23) 同文版欽定二十四史	〃	710	350
(24) 百衲本二十四史	〃	820	420
(25) 局刻資治通鑑	〃	120	72
(26) 明版通鑑紀事本末	〃	42	65
(27) 讀史方輿紀要	〃	60	30
(28) 天下郡國利病書	〃	50	30
(29) 江南安徽江西福建等省通志	〃	約共1,200	5[illegible]
(30) 江陰無錫武進宜興等縣志	〃	〃1,300	[illegible]
(31) 通典通考通志等	〃	〃400	[illegible]
(32) 大清會典	〃	160	10[illegible]
(33) 宋會要稿	〃	200	10[illegible]
(34) 法學叢書	〃	60	[illegible]
(35) 太平御覽	〃	120	80
(36) 同文版淵鑑類函	〃	48	30
(37) 又佩文韻府	〃	115	60
(38) 局刻百子全書	〃	100	[illegible]0
(39) 二十二子全書	〃	85	45
(40) 明刻文選	〃	32	45
(41) 漢魏六朝百三家集	〃	100	50
(42) 涵芬樓古今文鈔	〃	100	50
(43) 明版元白長慶集	〃	32	64
(44) 宋六十名家詞	〃	32	25
(45) 五彩套印版古文淵鑑	〃	20	40
(46) 明版古文奇賞	〃	200	300
(47) 汲古閣版劍南詩稿	〃	80	120
(48) 明版朱子大全	〃	32	50
(49) 隨園三十種	〃	80	50
(50) 曾文正公全集	〃	128	64
(51) 李文忠公全集	〃	10[illegible]	60

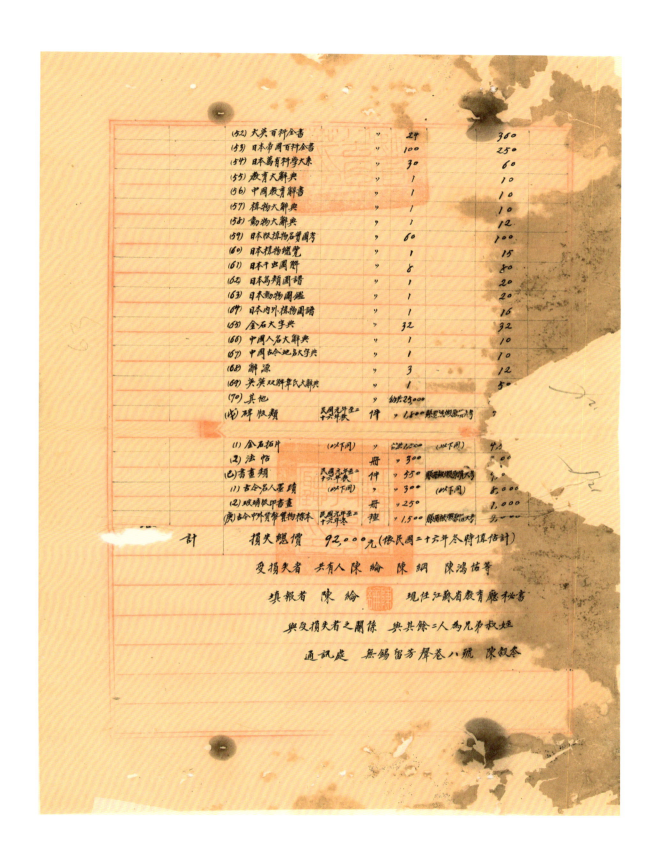

		(52) 大英百科全書		〃	24		360
		(53) 日本帝國百科全書		〃	100		250
		(54) 日本萬有科學大系		〃	30		60
		(55) 教育大辭典		〃	1		10
		(56) 中國教育辭書		〃	1		10
		(57) 植物大辭典		〃	1		10
		(58) 動物大辭典		〃	1		12
		(59) 日本版植物名實圖考		〃	60		100
		(60) 日本植物總覽		〃	1		15
		(61) 日本千虫圖解		〃	8		80
		(62) 日本鳥類圖譜		〃	1		20
		(63) 日本動物圖鑑		〃	1		20
		(64) 日本内外植物圖譜		〃	1		16
		(65) 金石大字典		〃	32		32
		(66) 中國人名大辭典		〃	1		10
		(67) 中國古今地名大字典		〃	1		10
		(68) 辭源		〃	3		12
		(69) 英漢双解韋氏大辭典		〃	1		50
		(70) 其他		〃	約共25,000		[illegible]
		(戊) 碑版類	民國元年至二十六年秋	件	〃1,800	[illegible]	[illegible]
		(1) 金石拓片	(以下同)	〃	約共1,500	(以下同)	4,[illegible]
		(2) 法帖		冊	〃300		[illegible]00
		(己) 書畫類	民國元年至二十六年秋	件	〃550	[illegible]	[illegible]
		(1) 古今名人墨蹟	(以下同)	〃	〃300	(以下同)	8,000
		(2) 玻璃版印書畫		冊	〃250		1,000
		(庚) 古今中外貨幣實物標本	民國元年至二十六年冬	種	〃1,500	[illegible]	[illegible]
	計	損失總價 92,000元(依民國二十六年冬時值估計)					

受損失者 共有人 陳綸 陳綱 陳鴻祐等

填報者 陳綸 現任江蘇省教育廳秘書

與受損失者之關係 與其餘二人為兄弟叔姪

通訊處 無錫留芳聲巷八號 陳叡(?)

財產損失報告單

填送日期　36年　5月　日

損失年月日	事件	地點	損失項目	購置年月	單位	數量	價值（國幣元） 購置時價值	損失時價值	證件
28年12月	日軍大掃蕩焚毀	江陰第七區柏花鄉第卅保	房屋			5間		$13,600.	
			器具			136件		$5,400.	
			衣服			125件		$2,440.	
			書籍			53冊		$445.	
			其他					$4,350.	

直轄機關學校團體或事業名稱　江蘇省教育厅　印信

受損失者

填報者　高希榮　姓名　服務處所與所任職務　與受損失者之關係　本人　通信……

說明

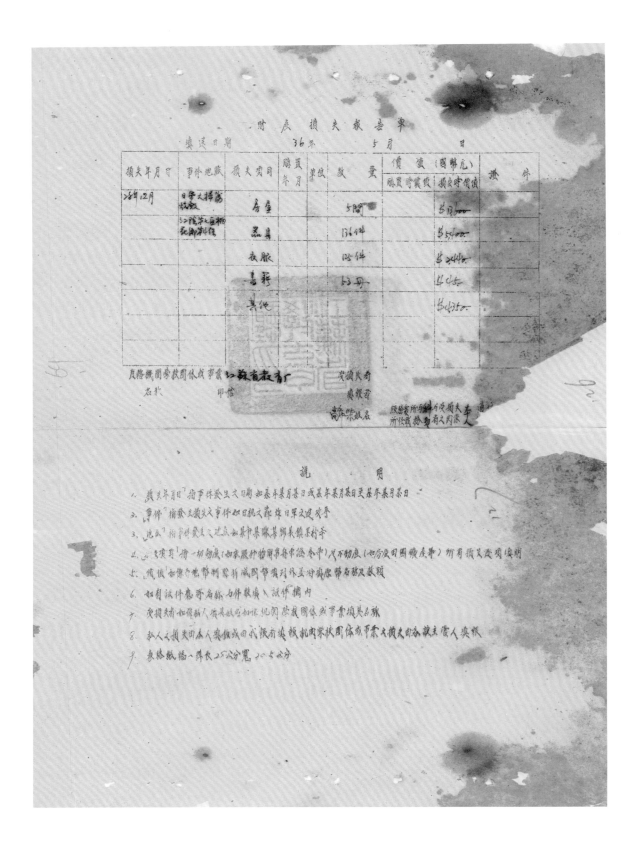

1. "損失年月日"指事件發生之日期，如某年某月某日或某年某月某日至某年某月某日
2. "事件"指發生損失之事件，如日機之轟炸、日軍之進攻等
3. "地點"指事件發生之地點，如某市某縣某鄉某鎮某村等
4. "損失項目"指一切動產（如衣服、什物、財帛、舟車、證券等）及不動產（如房屋、田園、礦產等）所有損失，逐項填明
5. "價值"如係當地幣制，除折成國幣填列外，並附填原幣名稱及數額
6. 如有證件，應將名稱與件數填入證件欄內
7. 受損失者如係個人，填其姓名；如係機關、學校、團體或事業，填其名稱
8. 私人之損失，由本人簽報，或由代報者填報；機關、學校、團體或事業之損失，由各該主管人簽報
9. 表格紙幅：長25公分，寬20.5公分

財產損失報告單

填送日期 36 年 6 月 21 日

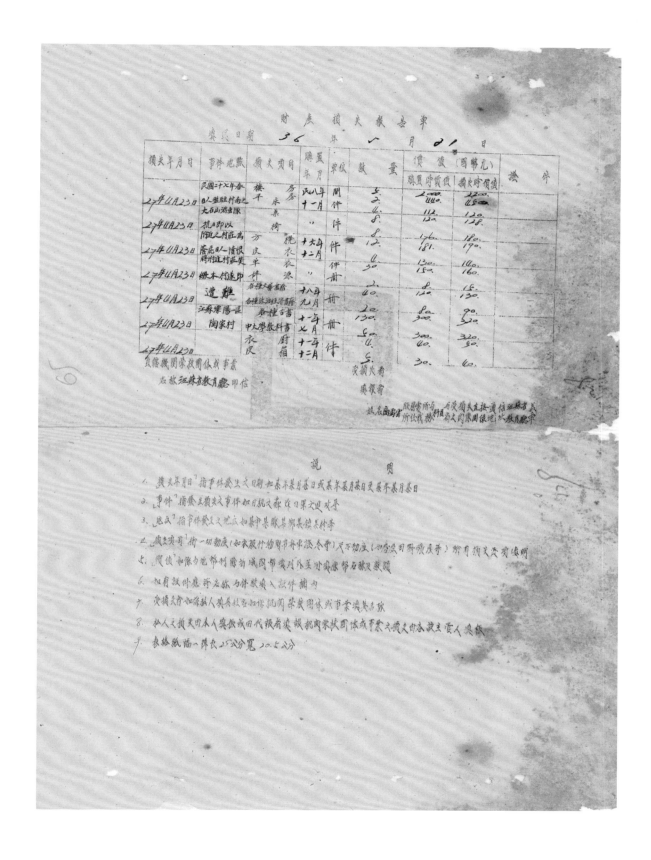

損失年月日	事件地點	損失項目	購置年月	單位	數量	價值（國幣元）購置時價值	價值（國幣元）損失時價值	證件
27年4月23日	民國二十七年春日人盤駐村南之	樓房 平房 床	民八年十一月	間 件	5. 2. 4.	2000. 440. 112.	2200. 450. 120.	
27年4月23日	大石山游击隊抗日即以	桌 椅	〃	件	8. 8.	120. 176.	128. 180.	
27年4月23日	附近之村莊為落底日人憤恨	方桄 皮衣	十六年十二月	件	12. 4.	181. 130.	190. 160.	
27年4月23日	將附近村莊焚燬本村遂即	单衣 辭源	〃	件 冊	30. 2.	150. 8.	160. 15.	
27年4月23日	遭難	各種文藝書籍 各種政治經濟書籍	十八年九月	冊	40. 20.	120. 80.	130. 90.	
27年4月23日	江蘇溧陽區陶家村	各種古書 中大學教科書	十一年七月	冊	130. 50.	300. 300.	320. 320.	
27年4月23日		衣廚 皮箱	十一年十二月	件	4. 5.	40. 30.	50. 60.	

負擔機關學校團體或事業名稱 江蘇省教育廳 印信

受損失者

填報者

姓名 陶壽書　服務處所與所任職務 科員　與受損失者之關係 直接　通信地址 江蘇省教育廳

說　明

1. 「損失年月日」指事件發生之日期，如某年某月某日或某年某月某日至某年某月某日
2. 「事件」指發生損失之事件，如日機之轟炸、日軍之進攻等
3. 「地點」指事件發生之地點，如某市某縣某鄉某鎮某村等
4. 「損失項目」指一切動產（如衣服、什物、財帛、舟車、證券等）及不動產（如房屋、田園、礦產等）所有損失之項目，應分別填明
5. 「價值」如係當地幣制，除折成國幣填列外，並附填原幣名稱及數額
6. 如有證件，應將名稱與件數填入證件欄內
7. 受損失者如係私人，填其姓名；如係機關、學校、團體或事業，填其名稱
8. 私人之損失由本人填報或由代報者填報，機關、學校、團體或事業之損失由各該主管人填報
9. 表格紙幅一律長25公分、寬20.5公分

（一）

財產損失報告單

填送日期 三十六 年 五 月 二十七 日

損失年月日	事件地點	損失項目	購置年月	單位	數量	價值（國幣元）購置時價值	損失時價值	證件
26年12月間	鎮江城	銅床	26年4月	張	兩具	120元	140元	
〃	〃	大衣厨	〃	〃	叁具	80元	90元	
〃	〃	沙發	26年8月	〃	兩具	60元	60元	
〃	〃	皮衣	26年1月	服着	叁件	160元	180元	
〃	〃	棉衣	25年10月	〃	捌件	80元	100元	
〃	〃	夹衣	25年8月	〃	陸件	42元	50元	
〃	〃	淵鑑類函	20年5月	書籍	16冊	34元	60元	
							總計680元	

直轄機關學校團體或事業 名稱 印信

受損失者 于彦勝（印：于彦勝印）

填報者 自填報

姓名

服務處所與所任職務 教育廳輔導員

與受損失者之關係

通信地址

蓋章

說　明

1. 「損失年月日」指事件發生之日期，如某年某月某日或某年某月某日至某年某月某日
2. 「事件」指發生損失之事件，如日機之轟炸、日軍之進攻等
3. 「地點」指事件發生之地點，如某市某縣某鄉某鎮某村等
4. 「損失項目」指一切動產（如衣服、什物、舟車、證券等）及不動產（如房屋、田園、礦產等）所有損失之項目填明
5. 「價值」如係當地幣制，除折成國幣填列外，並附填原幣名稱及數額
6. 如有證件，應將名稱與件數填入證件欄內
7. 受損失者如係私人，填其姓名；如係機關、學校、團體或事業，填其名稱
8. 私人之損失由本人填報，或由代報者填報；機關、學校、團體或事業之損失由各該主管人填報
9. 表格紙幅一律長25公分，寬20.5公分

(二)

財產損失報告單

填送日期 三十六 年 五 月 二十七 日

損失年月日	事件 地點	損失項目	購置年月	單位	數量	價值（國幣元）		證件
						購置時價值	損失時價值	
26年12月間	鎮江失守	方桌	25年8月	隻	兩張	10元	16元	
〃	〃	大辦公桌	〃	〃	壹張	14元	22元	
〃	〃	書架	〃	〃	陸張	18元	30元	
〃	〃	木床	〃	〃	兩張	14元	18元	
〃	〃	收音機	〃	〃	壹具	30元	45元	
〃	〃	盆浴	〃	〃	兩具	8元	12元	
〃	〃	時鐘	〃	〃	壹座	14元	20元	
							小計 163	

直轄機關學校團體或事業 名稱 印信 教育廳 輔導員

受損失者 填報者 姓名 于彥勝 [印：于彥勝印]

服務處所與所任職務 與受損失者之關係 通信地址 義寧

說明

1. "損失年月日"指事件發生之日期，如某年某月某日或某年某月某日至某年某月某日
2. "事件"指發生損失之事件，如日機之轟炸、日軍之進攻等
3. "地點"指事件發生之地點，如某市某縣某鄉某鎮某村等
4. "損失項目"指一切動產（如衣服、什物、財帛、舟車、證券等）及不動產（如房屋、田園、礦產等）所有損失之項目填明
5. "價值"如係當地幣制，除折成國幣填列外，並附填原幣名稱及數額
6. 如有證件，應將名稱與件數填入證件欄內
7. 受損失者如係私人，填其姓名；如係機關學校團體或事業，填其名稱
8. 私人之損失由本人填報或由代報者填報；機關學校團體或事業之損失由各該主管人填報
9. 表格紙幅，一律長28公分寬20.5公分

（三）

財產損失報告單

填送日期 三十六 年 四 月 二十七 日

損失年月日	事件地點	損失項目	購置年月	單位	數量	價值（國幣元）購置時價值	價值（國幣元）損失時價值	證件
26年12月間	鎮江失守	大衣	26年10月	服着	壹件	23元	28元	
〃	〃	雨衣	〃	〃	两件	32元	40元	
〃	〃	毛衣	25年8月	〃	伍件	16元	22元	
〃	〃	單衣	24年4月	〃	17件	18元	20元	
〃	〃	教育大辞典	25年2月	書籍	两册	8元	8元	
〃	〃	銅器	24年6月	銅錫器	15件	30元	40元	
〃	〃	瓷器	〃	瓷瓦器	80件	45元	50元	
							小计 208元	

直轄機關學校團體或事業 名稱 印信 教育廳 輔導員

受損失者 填報者 于彦勝 〔印：于彦勝印〕

姓名 服務處所與所任職務 與受損失者之關係 通信地址 蓋章

說明

1. "損失年月日"指事件發生之日期，如某年某月某日或某年某月某日至某年某月某日
2. "事件"指發生損失之事件，如日機之轟炸、日軍之進攻等
3. "地點"指事件發生之地點，如某市某縣某鄉某鎮某村等
4. "損失項目"指一切動產（如衣服、什物、財產、舟車、證券等）及不動產（如房屋、田園、礦產等）所有損失，逐項填明
5. "價值"如係當地幣制，除折成國幣填列外，並附填原幣名稱及數額
6. 如有證件，應將名稱與件數填入證件欄內
7. 受損失者如係私人，填其姓名；如係機關、學校、團體或事業，填其名稱
8. 私人之損失，由本人填報或由代報者填報；機關、學校、團體或事業之損失，由各該主管人填報
9. 表格紙幅一律長25公分、寬20.5公分

財產損失報告單

填送日期 36年 5月 19日

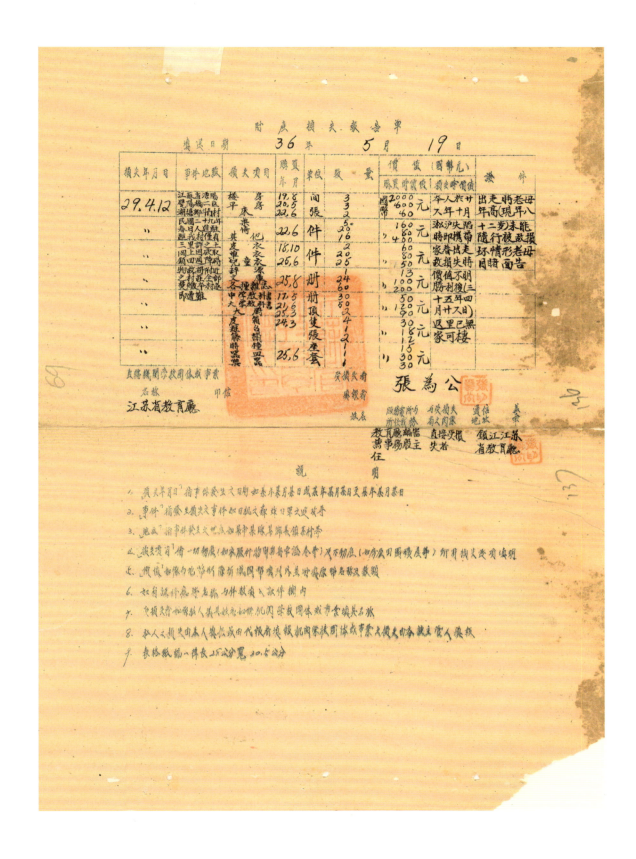

損失年月日	事件地點	損失項目	購置年月	單位	數量	價值（國幣元）購置時價值	價值（國幣元）損失時價值	證件
29.4.12	江蘇省溧陽 壁陽橋二區 湖塘鄉洲村	樓房 平房 床	19,8 20,5 22,6	間 張	3 3 2	國幣 2000 600 60 元	本人於廿 六年十月	出走時老母 年高（現年八
〃	民國二十九年 春日人進駐 距我村僅有	桌椅 其他	22,6	件	50 20 16	〃 160 80 400 元	淞沪失陷 時即攜帶	十二岁）未能 隨行被敵損
〃	三里許之土 岡上因欲取 銷四週障碍	皮衣 單衣 兒童衣	18,10 26,6	件	2 20 25	〃 60 80 50 元	家眷出走 故損失時	坏情形老母 目睹面告
〃	物故將附近 之村莊全部 焚燬本村遂	辭源 文庫 各種雜志	25,8	冊	1 24 60	〃 13 100 200 元	價值不明 勝利後（三	
〃	即遭難	中学教科書 大学教科書 大廚	17,5 21,6 25,3	冊 頂	300 50 2	〃 50 120 90 元	十五年四 月廿六日）	
〃		皮箱 籐台 籐櫥	24,3	隻 張	4 1 2	〃 30 18 12 元	返里已無 家可棲	
〃		時鐘 器皿 樂器	25,6	座 套	1 1 1	〃 15 30 30 元		

直轄機關學校團体或事業

名称 江苏省教育廳 印信

受損失者
填報者 張為公

姓名	服務處所與所任職務	與受損失者之關係	通信地址	蓋章
	教育廳編審兼事務股主任	直接受損失者	鎮江江蘇省教育廳

說明

1. 「損失年月日」指事件發生之日期，如某年某月某日或某年某月某日至某年某月某日
2. 「事件」指發生損失之事件，如日機之轟炸、日軍之進攻等
3. 「地點」指事件發生之地點，如某市某縣某鄉某鎮某村等
4. 「損失項目」指一切動產（如衣服、什物、財帛、舟車、證券等）及不動產（如房屋、田園、礦產等）所有損失，逐項填明
5. 「價值」如係當地幣制，除折成國幣填列外，並附填原幣名稱及數額
6. 如有證件，應將名稱與件數填入證件欄內
7. 受損失者如係私人，填其姓名；如係機關、學校、團体或事業，填其名称
8. 私人之損失由本人填報，或由代報者填報；機關、學校、團体或事業之損失，由各該主管人填報
9. 表格紙幅一律長28公分，寬20.5公分

財產損失報告單

填送日期 35年 8月 12日

損失年月日	事件地點	損失項目	購置年月	單位	數量	價值（國幣元）		證件
						購置時價值	損失時價值	
二十八年二月十一日	連雲市閭襄鄉 日人由灌河口登陸直撲連雲港經過閭襄鄉住宅被燬什物損失一空	房屋	宣統二年	間	10間	800元	8.000元	
		現金	-	元	1.500元		1.500元	
		櫃櫥箱籠桌椅床鋪等件		件	65件	1.000元	15.000元	
		皮棉單夾衣服帳被等件		件	90件		12.000元	
		書籍字畫碑帖等件		冊 件	15.00冊 56件		5.000元	
		雜品		件	90件		1.000元	
							合計 42.500元	

直轄機關學校團體或事業名稱 江苏省教育廳　印信

受損失者 武可桓

填報者 武可桓（姓名）　江蘇教育廳科員（服務處所與所任職務）　與受損失者之關係　鎮江中正路四箴里三号（通信地址）　蓋章

說明

1. 「損失年月日」指事件發生之日期如某年某月某日或某年某月某日至某年某月某日。
2. 「事件」指發生損失之事件如日機之轟炸日軍之進攻等。
3. 「地點」指事件發生之地點如某市某縣某鄉某鎮某村等。
4. 「損失項目」指一切動產（如衣服什物財產舟車證券等）及不動產（如房屋田園礦產等）所有損失逐一填明。
5. 「價值」如係當地幣制除折成國幣填列外並附填原幣名稱及數額。
6. 如有證件應將名稱與件數填入「證件」欄內。
7. 受損失者如係私人填其姓名如係機關學校團體或事業填其名稱。
8. 私人之損失由本人填報或由代報者填報機關學校團體或事業之損失由各該主管人填報。
9. 表格紙幅一律長28公分寬20.5公分。

財產損失報告單

填送日期 卅六年 五月 卅日

損失年月日	事件	地點	損失項目	購置年月	單位	數量	價值（國幣元）購置時價值	價值（國幣元）損失時價值	證件
廿六年十二月	日軍佔據	蘇州	傢具	廿三年	件	十二件	三百元	三百元	
〃	〃	〃	衣服	[illegible]	〃	五十件	五百元	五百元	
〃	〃	〃	皮衣	〃	〃	六件	五百五十元	五百五十元	
〃	〃	〃	什物	〃	〃	二百件	一千元	一千元	

共計二三五〇元

直轄機關學校團體或事業 江蘇省教育廳（印）

名稱 江蘇省教育廳 印信

受損失者 填報者 姓名 周霖

服務處所與所任職務 江蘇省教育廳[illegible]

與受損失者之關係 本人

通信地址 [illegible]斛井巷四十六號

（印）

說明

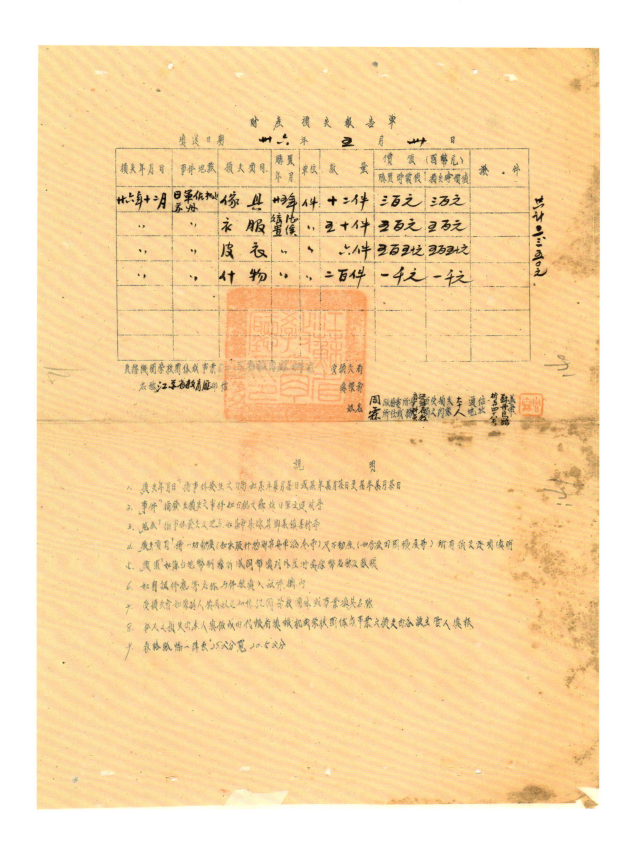

1. "損失年月日"指事件發生之日期，如某年某月某日或某年某月某日至某年某月某日
2. "事件"指發生損失之事件，如日機之轟炸、日軍之進攻等
3. "地點"指事件發生之地點，如某市某縣某鄉某鎮某村等
4. "損失項目"指一切動產（如衣服、什物、財帛、舟車、證券等）及不動產（如房屋、田園、礦產等）所有損失之項目填明
5. "價值"如係當地幣制，應折成國幣填列，外幣應註明外幣名稱及數額
6. 如有證件，應將名稱與件數填入證件欄內
7. 受損失者如係個人，填其姓名；如係機關、學校、團體或事業，填其名稱
8. 私人之損失由本人填報，或由代報者填報；機關、學校、團體或事業之損失由各該主管人填報
9. 表格紙幅一律長25公分，寬20.5公分

(一)

財產損失報告單

填送日期　　年　　月　　日

損失年月日	事件地點	損失項目	購置年月	單位	數量	價值（國幣元）		證件
						購置時價值	損失時價值	
30年4月	武進湟里鎮之役	平房	20年	間	8	2400元	7200元	
同上	同上	草屋	22年	間	4	400元	800元	
同上	同上	床	陸續購置	張	5		250元	
同上	同上	桌	同上	張	8		240元	
同上	同上	椅櫈	同上	張	40		480元	
同上	同上	皮衣	同上	件	6		240元	
同上	同上	棉夾單衣	同上	件	200		4000元	

直轄機關學校團體或事業
名稱 江蘇省教育廳 印信

受損失者
填報者

姓名 史峯　服務處所與所任職務 ［illegible］　與受損失者之關係 直接　通信地址 江蘇省教育廳

說明

1. 「損失年月日」指事件發生之日期，如某年某月某日或某年某月某日至某年某月某日
2. 「事件」指發生損失之事件，如日機之轟炸、日軍之進攻等
3. 「地點」指事件發生之地點，如某市某縣某鄉某鎮某村等
4. 「損失項目」指一切動產（如衣服、什物、財帛、舟車、證券等）及不動產（如房屋、田園、礦產等）所有損失，逐項填明
5. 「價值」如係當地幣制，除折成國幣填列外，並附填原幣名稱及數額
6. 如有證件，應將名稱與件數填入證件欄內
7. 受損失者如係私人，填其姓名；如係機關、學校、團體或事業，填其名稱
8. 私人之損失由本人填報，或由代報者填報；機關、學校、團體或事業之損失由各該主管人填報
9. 表格紙幅一律長28公分，寬20.5公分

(二)

財產損失報告單

填送日期　　年　　月　　日

損失年月日	事件地點	損失項目	購置年月	單位	數量	價值（國幣元） 購置時價值	損失時價值	證件
30年4月	武進隍里鎮之役	中國往來分集字畫字帖詞源	陸續購置	冊	1500		4500	
同上	同上	銅錫器皿	同上	件	50		400	
同上	同上	稻		石	80		32,000	
同上	同上	米		石	30		27,000	
同上	同上	牛	26年	隻	2	280	8,000	
31年10月	安徽廣德事變	衣服	陸續購置	件	50		1,000	
同上	同上	行李	同上	件	6		1,000	

元

直轄機關學校團體或事業
名稱 江蘇省教育廳 印信

受損失者

填報者

姓名 史筆　服務處所與所任職務 科員　與受損失者之關係 直接　通信地址 江蘇省教育廳

說　明

1. 「損失年月日」指事件發生之日期如某年某月某日或某年某月某日至某年某月某日
2. 「事件」指發生損失之事件如日機之轟炸日軍之進攻等
3. 「地點」指事件發生之地點如某市某縣某鄉某鎮某村等
4. 「損失項目」指一切動產（如衣服什物財帛舟車證券等）及不動產（如房屋田園礦產等）所有損失逐項填明
5. 「價值」如係當地幣制除折成國幣填列外並另註明該幣名稱及數額
6. 如有證件應將名稱與件數填入證件欄內
7. 受損失者如係私人填其姓名如係機關學校團體或事業填其名稱
8. 私人之損失由本人填報或由代報者填報機關學校團體或事業之損失由各該主管人填報
9. 表格紙幅一律長28公分寬20.5公分

財產損失報告單

填送日期 三十六 年 五 月 二十八 日

損失年月日	事件地點	損失項目	購置年月	單位	數量	價值(國幣元)		證件
						購置時價值	損失時價值	
三十二年十二月	江蘇淮安雇望鎮	房屋	五十年前	間	三十間	九十元	三十萬元	
三十二年二月	〃	木器	逐年購置	件	四十六件	四百六十元	五萬元	
〃	〃	衣服	〃	件	七十件	七百元	三萬元	
〃	〃	書籍	〃	册	三百册	一千元	二十萬元	
〃	〃	銅錫器	〃	件	三十件	六十元	三萬元	
〃	〃	古瓷器	〃	件	一百五十件	三百二十元	一萬元	
〃	〃	字画	〃	件	四十件	四百元	一萬元	

直轄機關學校團體或事業名稱　　印信　　受損失者填報者　王光泰

姓名 王光泰　服務處所與所任職務 江蘇省教育廳科員　與受損失者之關係　通信地址 鎮江中正路益壽四箴里五號

說　明

1. 「損失年月日」指事件發生之日期如某年某月某日或某年某月某日至某年某月某日。
2. 「事件」指發生損失之事件如日機之轟炸日軍之進攻等。
3. 「地點」指事件發生之地點如某市某縣某鄉某鎮某村等。
4. 「損失項目」指一切動產(如衣服什物財帛舟車証券等)及不動產(如房屋田園礦產等)所有損失逐項填明。
5. 「價值」如係當地幣制除折成國幣填列外並附填原幣名称及數額。
6. 如有証件應將名称與件數填入「證件」欄内。
7. 受損失者如係私人填其姓名如係机關學校團体或事業填其名称。
8. 私人之損失由本人填報或由代報者填報机關學校團体或事業之損失由各該主管人填報。
9. 表格紙幅一律長28公分寬20.5公分。

財産損失報告單

填送日期 36年 4月 日

損失年月日	事件地點	損失項目	購置年月	單位	數量	價值(國幣元) 購置時價值	價值(國幣元) 損失時價值	證件
二十七年農曆十二月二十日夜	盐城南[illegible]	書籍	陸續購置	册	684		501元	被敌纵火全部焚燬
〃	〃	皮箱,木箱	〃	隻	6		72	〃
〃	〃	瓷器	〃	件	210		188	〃
〃	〃	铜器,铁器	〃	件	83		144	〃
〃	〃	木板及其他木器	〃	件	91		173	〃
						總計	8084元	(二十七年十二月二十日損失时之价值)

直隸機關學校團体或事業名稱 印信

受損失者 任荣華

填報者

姓名 服務處所與所任職務 與受損失者之關係 通信地址 蓋章

說明

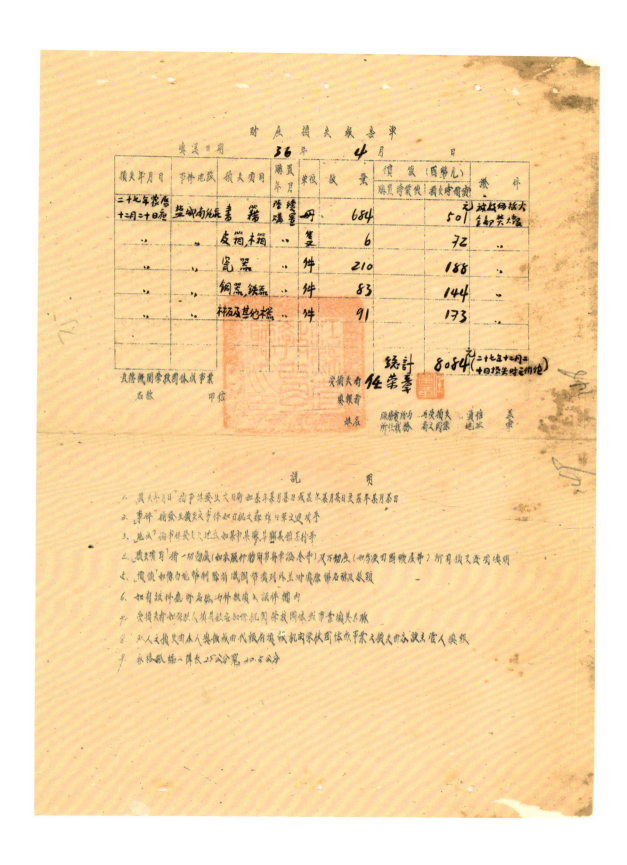

1. 「損失年月日」指事件發生之日期如某年某月某日或某年某月某日至某年某月某日
2. 「事件」指發生損失之事件如日機之轟炸日軍之進攻等
3. 「地點」指事件發生之地点如某市某縣某鄉某鎮某村等
4. 「損失項目」指一切動產(如衣服什物財帛舟車證券等)及不動產(如房屋田園礦產等)所有損失逐項填明
5. 「價值」如係當地幣制除折成國幣填列外並附填原幣名稱及數額
6. 如有證件應將名稱與件數填入證件欄內
7. 受損失者如係私人填其姓名如係機關學校團体或事業填其名称
8. 私人之損失由本人填報或由代報者填報機關學校團体或事業之損失由各該主管人填報
9. 表格紙幅一律長25公分寬40.5公分

財產損失報告單

填送日期 36年 4月 日

損失年月日	事件地點	損失項目	購置年月	單位	數量	價值（國幣元）		證件
						購置時價值	損失時價值	
二十七年農曆十二月二十日夜	鹽城南北莊	房屋	祖遺	間	8		2680元	被敵偽放火全部焚毀
〃	〃	床	陸續購置	張	4		285	〃
〃	〃	桌、椅	〃	件	29		174	〃
〃	〃	皮衣	二十年間	件	3	95元	188	〃
〃	〃	棉衣、被	陸續購置	件	57		675	〃
〃	〃	夾衣、單衣	〃	件	121		904	〃
〃	〃	法幣		元	2100		2100	〃

直轄機關學校團體或事業 名稱 印信

受損失者 任榮華

填報者 姓名 服務處所與所任職務 與受損失者之關係 通信地址 蓋章

說明

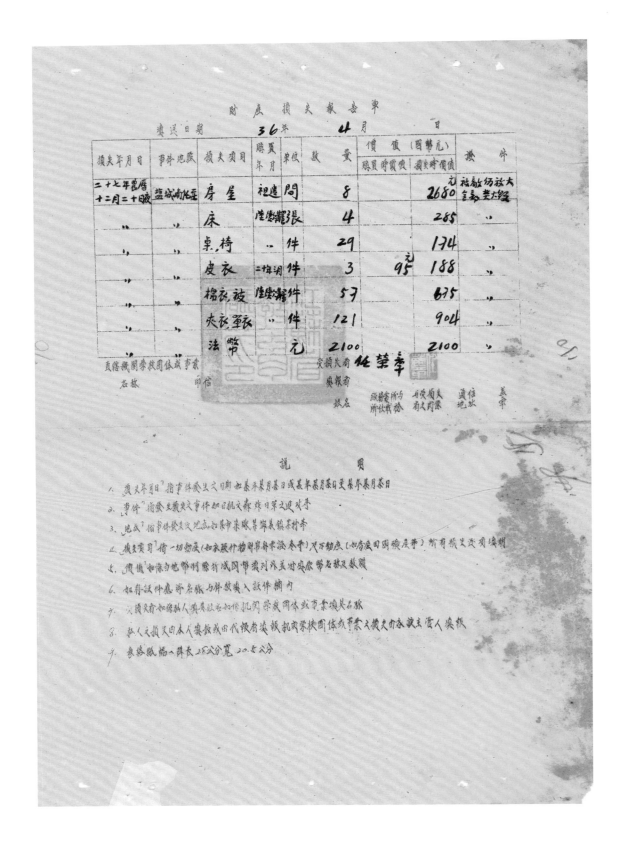

1、「損失年月日」指事件發生之日期，如某年某月某日或某年某月某日至某年某月某日
2、「事件」指發生損失之事件，如日機之轟炸、日軍之進攻等
3、「地點」指事件發生之地點，如某市某縣某鄉某鎮某村等
4、「損失項目」指一切動產（如衣服、什物、財帛、舟車、牲畜等）及不動產（如房屋、田園、礦產等）所有損失，逐項填明
5、「價值」如係當地幣制，除折成國幣填列外，並附註原幣名稱及數額
6、如有證件，應將名稱與件數填入證件欄內
7、受損失者如係私人，填其姓名；如係機關、學校、團體或事業，填其名稱
8、私人之損失由本人填報，或由代報者填報；機關、學校、團體或事業之損失，由各該主管人填報
9、表格紙幅，長28公分，寬20.5公分

財產損失報告單

填送日期　36 年 5 月 26 日

損失年月日	事件地點	損失項目	購置年月	單位	數量	價值（國幣元）		證件
						購置時價值	損失時價值	
27年3月5日	金壇社頭鎮	房屋		間	9間		27000元	
仝　上	仝　上	牀桌椅凳几等		件	80件		15000元	
仝　上	仝　上	蚊帳被服布匹等		件	250件		13500元	
仝　上	仝　上	稻		担	300担		3000元	
仝　上	仝　上	首飾及現金		元	25000元		25000元	
仝　上	仝　上	書籍		冊	1000冊		5000元	
仝　上	仝　上	其他雜件					15000元	

直轄機關學校團體或事業名稱　　印信　　受損失者 彭溥泉　填報者 彭鍾玉

姓名 彭鍾玉　服務處所與所任職務 教育廳秘書(?)　與受損失者之關係 父子關係　通信地址 金壇社頭鎮　蓋章

說明

1. "損失年月日"指事件發生之日期，如某年某月某日或某年某月某日至某年某月某日。
2. "事件"指發生損失之事件，如日機之轟炸，日軍之進攻等。
3. "地點"指事件發生之地點，如某市某縣某鄉某鎮某村等。
4. "損失項目"指一切動產（如衣服什物財帛舟車證券等）及不動產（如房屋田園礦產等）所有損失逐項填明。
5. "價值"如係當地幣制，除折成國幣填列外，並附填原幣名稱及數額。
6. 如有證件應將名稱與件數填入"證件"欄內。
7. 受損失者如係私人，填其姓名；如係機關學校團體或事業，填其名稱。
8. 私人之損失由本人填報或由代報者填報；機關學校團體或事業之損失由各該主管人填送。
9. 表格紙幅一律長28公分寬20.5公分。

財產損失報告單

填送日期　三十五年　七　月三十一日

損失年月日	事件地點	損失項目	購置年月	單位	數量	價值（國幣元）購置時價值	價值（國幣元）損失時價值	證件
貳拾陸年拾壹月柒日	日軍進攻鎮江縣東鄉埤城鎮時被縱火焚燬	樓房 平房		間 間	三間 十八間		3996元 11988元	鄉鎮保甲長均可作証人
〃	〃	牀櫥桌椅箱籠傢具等		件	二百四十五件		6370元	〃
〃	〃	衣服蚊帳被褥什物等		件	一百五十五件		4185元	〃
〃	〃	大中小學用書及經史子集字畫等		册	七千九百八十餘册		6384元	〃
〃	〃	喨輪古玩樂器爐台時計鍋釜等		件	一百八十六件		8928元	〃
〃	〃	私稻大小麥黃豆芝蔴雜糧等		擔	五十八擔		1392元	〃
〃	日軍進攻鎮江縣東鄉埤城鎮時被其竊取	現金手飾等					4000元	〃

直轄機關學校團體或事業名稱　江蘇省教育廳　印信

受損失者　邵震樓

填報者

姓名　邵震樓　服務處所與所任職務　江蘇省教育廳科員　與受損失者之關係　通信地址　江蘇省教育廳　蓋章

說　明

1. 「損失年月日」指事件發生之日期如某年某月某日或某年某月某日至某年某月某日。
2. 「事件」指發生損失之事件如日機之轟炸日軍之進攻等。
3. 「地點」指事件發生之地點如某市某縣某鄉某鎮某村等。
4. 「損失項目」指一切動產（如衣服什物財帛舟車證券等）及不動產（如房屋田園礦產等）所有損失逐一填明。
5. 「價值」如係當地幣制除折成國幣填列外並附填原幣名稱及數額。
6. 如有證件應將名稱與件數填入「證件」欄內。
7. 受損失者如係私人填其姓名如係機關學校團體或事業填其名稱。
8. 私人之損失由本人填報或由代報者填報機關學校團體或事業之損失由各該主管人填報。
9. 表格紙幅一律長28公分寬20.5公分。

財產損失報告單

填送日期 36 年 5 月 25 日

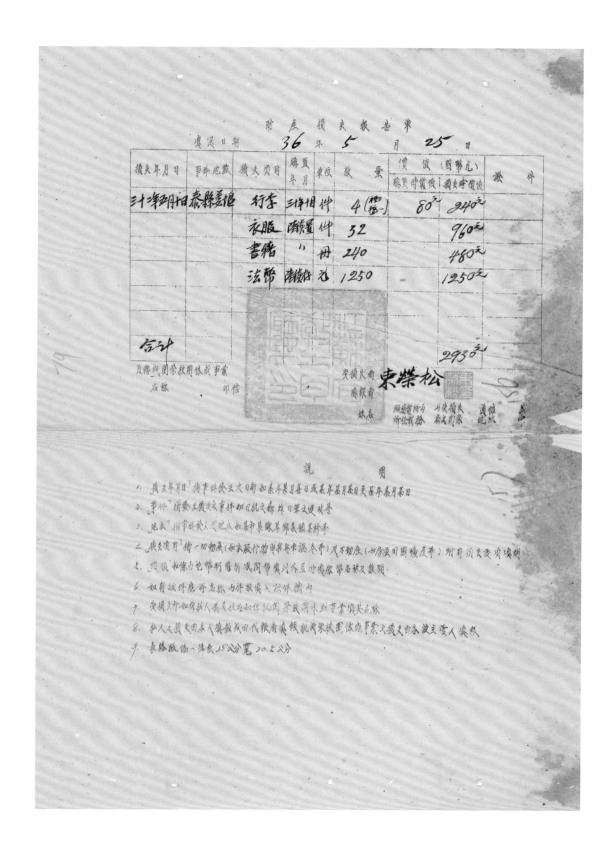

損失年月日	事件地點	損失項目	購置年月	單位	數量	價值（國幣元） 購置時價值	價值（國幣元） 損失時價值	證件
三十二年五月十日	泰縣姜堰	行李	三十年十月	件	4（箱三包一）	80元	240元	
		衣服	陸續置	件	32		960元	
		書籍	〃	冊	240		480元	
		法幣	陸續存	元	1250		1250元	
合計							2930元	

直轄機關學校團體或事業 名稱 印信

受損失者 東榮松

填報者 姓名 服務處所與所任職務 與受損失者之關係 通信地址

說明

1. 「損失年月日」指事件發生之日期，如某年某月某日或某年某月某日至某年某月某日
2. 「事件」指發生損失之事件，如日機之轟炸、日軍之進攻等
3. 「地點」指事件發生之地點，如某市某縣某鄉某鎮某村等
4. 「損失項目」指一切動產（如衣服、什物、財帛、舟車、證券等）及不動產（如房屋、田園、礦產等）所有損失，逐項填明
5. 「價值」如係當地幣制，除折成國幣填列外，並附註原幣名稱及數額
6. 如有證件，應將名稱與件數填入證件欄內
7. 受損失者如係個人，填其姓名；如係機關、學校、團體或事業，填其名稱
8. 私人之損失由本人填報，或由代報者填報；機關、學校、團體或事業之損失，由各該主管人填報
9. 表格紙幅一律長25公分，寬20.5公分

財產損失報告單

填送日期 35 年 12 月 20 日

損失年月日	事件地點	損失項目	購置年月	單位	數量	價值(國幣元)		證件
						購置時價值	損失時價值	
29年4月	阜寧八灘	房屋	祖遺	間	49		19000元	日軍佔領時縱火焚燬
〃 〃	〃 〃	器具	21.12 26.9	件	60	3000元	5000〃	
〃 〃	〃 〃	服裝	22.12 26.5	件	85	3500〃	3000〃	
〃 〃	〃 〃	書籍	10.12 26.9	冊	2100	5000〃	6000〃	
〃 〃	〃 〃	現款	29.4	圓	5000	5000〃	5000〃	
〃 〃	〃 〃	食糧	29.3	石	120	1500〃	1800〃	
〃 〃	〃 〃	字畫古董	10.12 26.9	件	160	3000〃	2800〃	

直轄機關學校團體或事業 名稱　印信

受損失者 填報者 張嘉琳

姓名 張嘉琳　服務處所與所任職務 江蘇教育廳 編審　與受損失者之關係　通信地址 鎮江教育廳

說明

1. 「損失年月日」指事件發生之日期，如某年某月某日或某年某月某日至某年某月某日。
2. 「事件」指發生損失之事件，如日機之轟炸、日軍之進攻等。
3. 「地點」指事件發生之地點，如某市某縣某鄉某鎮某村等。
4. 「損失項目」指一切動產（如衣服、什物、財帛、舟車、證券等）及不動產（如房屋、田園、礦產等）所有損失，逐項填寫。
5. 「價值」如係當地幣制，除折成國幣填列外，並附填原幣名稱及數額。
6. 如有證件，應將名稱與件數填入「證件」欄內。
7. 受損失者如係私人，填其姓名；如係機關學校團體或事業，填其名稱。
8. 私人之損失由本人填報或由代報者填報，機關學校團體或事業之損失由各該主管人填報。
9. 表格紙幅一律長28公分，寬20.5公分。

財產損失報告單

填送日期 35 年 12 月 19 日

損失年月日	事件地點	損失項目	購置年月	單位	數量	價值（國幣元）		證件
						購置時價值	損失時價值	
26年11月底	日軍陷城 鎮江	平房裝修	25.2	间	10	4000	3000	
27年6月中	同上 鹽城上岡	草房	祖遺	间	8	2000	1600	
26年11月底	同上 鎮江	器具	23.5至26.5	件	50	2000	1500	
26年11月底	同上 鎮江	服裝	21.1至26.9	件	67	1500	900	
26年11月底	同上 鎮江	書籍	10.1至26.9	册	2120	4000	3400	
26年11月底	同上 鎮江	字畫古董	10.1至26.9	件	165	3000	2800	

直轄機關學校團體或事業名稱　　印信　　受損失者填報者 劉景韶

姓名 劉景韶　服務處所與所任職務 江蘇教育廳督學　與受損失者之關係　通信地址 鎮江教育廳　蓋章

說　明

1. 「損失年月日」指事件發生之日期如某年某月某日或某年某月某日至某年某月某日。
2. 「事件」指發生損失之事件如日機之轟炸日軍之進攻等。
3. 「地點」指事件發生之地點如某市某縣某鄉某鎮某村等。
4. 「損失項目」指一切動產（如衣服什物財帛舟車證券等）及不動產（如房屋田園礦產等）所有損失逐一填明。
5. 「價值」如係當地幣制除折成國幣填列外並附填原幣名稱及數額。
6. 如有證件應將名稱與件數填入「證件」欄內。
7. 受損失者如係私人填其姓名如係機關學校團體或事業填其名稱。
8. 私人之損失由本人填報或由代報者填報機關學校團體或事業之損失由各該主管人填報。
9. 表格紙幅一律長28公分寬20.5公分。

財產損失報告單

填送日期 三十五 年 十二 月 十五 日

損失年月日	事件地點	損失項目	購置年月	單位	數量	價值（國幣元）		證件
						購置時價值	損失時價值	
二十六年十一月	江蘇鎮江鎮江高資	平房		間	六間	1600元	2000元	
〃	〃	床	二十四年		二張	120元	160元	
〃	〃	桌	〃		五張	80元	80元	
〃	〃	椅	〃		八張	40元	40元	
〃	〃	櫥	〃		四張	100元	100元	
〃	〃	皮衣	二十五年		三件		200元	
〃	〃	單衣	〃		二十件		50元	

直轄機關學校團體或事業 名稱 印信

受損失者 吳稣

填報者 仝上

姓名	服務處所與所任職務	與受損失者之關係	通信地址	蓋章
	江蘇省教育廳督學		江蘇省教育廳	[印]

說明

1. 「損失年月日」指事件發生之日期，如某年某月某日或某年某月某日至某年某月某日
2. 「事件」指發生損失之事件，如日機之轟炸、日軍之進攻等
3. 「地點」指事件發生之地點，如某市某縣某鄉某鎮某村等
4. 「損失項目」指一切動產（如家具、服飾、衣物、財帛、舟車、醫藥等）及不動產（如房屋、田園、礦產等）所有損失，逐項填明
5. 「價值」如係當地幣制，除折成國幣填列外，並附填原幣名稱及數額
6. 如有證件，應將名稱與件數填入證件欄內
7. 受損失者如係私人，填其姓名；如係機關學校團體或事業，填其名稱
8. 私人之損失，由本人簽報，或由代報者填報；機關學校團體或事業之損失，由各該主管人填報
9. 表格紙幅一律長28公分，寬20.5公分

財產損失報告單

填送日期 三十五 年 十二 月 十五 日

損失年月日	事件地點	損失項目	購買年月	單位	數量	價值（國幣元）		證件
						購置時價值	損失時價值	
二十七年十一月	江蘇鎮江鎮江偏路	被褥			五條	—	60元	
〃	〃	辭源			三冊	20元	20元	
〃	〃	教育書籍			五百冊	300元	300元	
〃	〃	小學書籍			四百冊	200元	200元	
〃	〃	英譯原本			三十冊	70元	70元	
〃	〃	二十四史			一部	160元	160元	
〃	〃	五燈收音機			一架	50元	50元	

直轄機關學校團體或事業 名稱 印信

受損失者 吳錄

填報者

姓名	服務處所與所任職務	與受損失者之關係	通信地址	蓋章
	江蘇省教育廳督學		江蘇省教育廳	

83

161

說明

1. "損失年月日"指事件發生之日期，如某年某月某日或某年某月某日至某年某月某日
2. "事件"指發生損失之事件，如日機之轟炸、日軍之進攻等
3. "地點"指事件發生之地點，如某市某縣某鄉某鎮某村等
4. "損失項目"指一切動產（如衣服、什物、財帛、舟車、證券等）及不動產（如房屋、田園、礦產等）所有損失之項目填明
5. "價值"如係當地幣制，應折成國幣列外，並附註原幣名稱及數額
6. 如有證件，應將名稱與件數填入證件欄內
7. 受損失者如係機關、學校、團體或事業，填其名稱
8. 私人之損失由本人填報或由代報者填報，機關學校團體或事業之損失由各該主管人填報
9. 表格紙幅：長25公分，寬20.5公分

財產損失報告單

填送日期 三十五年十二月十五日

損失年月日	事件地點	損失項目	購置年月	單位	數量	價值（國幣元） 購置時價值	價值（國幣元） 損失時價值	證件
二十九年二月廿八日	[illegible]淪陷	現款			500元		500元	
〃	〃	單衣			十五件	200元	200元	
〃	〃	被褥			六件	200元	200元	
〃	〃	書籍			二百本	300元	500元	
〃	〃	皮箱			一只	60元	60元	
〃	〃	棉夾衣			三件	250元	250元	

直轄機關學校團體或事業名稱　　印信

受損失者 吴[illegible]

填報者 〃

姓名	服務處所與所任職務	與受損失者之關係	通信地址	蓋章
	江蘇省[illegible] 學生		[illegible]	

說明

1. 「損失年月日」指事件發生之日期，如某年某月某日或某年某月某日至某年某月某日
2. 「事件」指發生損失之事件，如日機之轟炸、日軍之進攻等
3. 「地點」指事件發生之地點，如某市某縣某鄉某鎮某村等
4. 「損失項目」指一切動產（如衣服、什物、財帛、舟車、證券等）及不動產（如房屋、田園、礦產等）所有損失，逐項填明
5. 「價值」如係當地幣制，應折成國幣，填列並附註當地幣制名稱及數額
6. 如有證件，應將名稱與件數填入證件欄內
7. 受損失者如係個人，填其姓名；如係機關、學校、團體或事業，填其名稱
8. 私人之損失由本人填報，或由代報者填報；機關、學校、團體或事業之損失由各該主管人填報
9. 表格紙幅：長25公分，寬20.5公分

財產損失報告單

填送日期 三十五 年 十二 月 十五 日

損失年月日	事件地點	損失項目	購置年月	單位	數量	價值（國幣元）購置時價值	價值（國幣元）損失時價值	證件
三十二年十月	江蘇宜興張渚鎮淪陷	床			二件	400元	400元	
〃	〃	桌			二件	150元	150元	
〃	〃	椅			四件	100元	120元	
〃	〃	現款			十萬元	十萬元	十萬元	
〃	〃	單衣			二十件	2000元	2000元	
〃	〃	棉夾衣			六件	1400元	1400元	
〃	〃	被褥			四件	1400元	1400元	

直轄機關學校團體或事業名稱　印信

受損失者 吳錄

填報者 〃

姓名　服務處所與所任職務 江蘇[illegible]　與受損失者之關係　通信地址 [illegible]　蓋章

說明

1. "損失年月日"指事件發生之日期，如某年某月某日或某年某月某日至某年某月某日
2. "事件"指發生損失之事件，如日機之轟炸、日軍之進攻等
3. "地點"指事件發生之地點，如某市某縣某鄉某鎮某村等
4. "損失項目"指一切動產（如衣服、什物、財帛、舟車、證券等）及不動產（如房屋、田園、礦產等）所有損失之項目，填明
5. "價值"如係當地幣制，除折成國幣填列外，並附註原幣名稱及數額
6. 如有證件，應將名稱與件數填入證件欄內
7. 受損失者如係私人，填其姓名；如係機關、學校、團體或事業，填其名稱
8. 私人之損失由本人填報或由代報者填報；機關、學校、團體或事業之損失，由各該主管人填報
9. 表格紙幅：長28公分，寬20.5公分

財產損失報告單

填送日期　　年　　月　　日

損失年月日	事件地點	損失項目	購置年月	單位	數量	價值（國幣元）		證件
						購置時價值	損失時價值	
廿六年十月	江蘇省鎮江[illegible]	照相机			一架	30元	30元	
〃	〃	鐘			二只		24元	
〃	〃	字畫			二十件		36元	
〃	〃	皮箱			三只		50元	
〃	〃	其他家具			三十件		200元	

直轄機關學校團体或事業　名称　印信

受損失者　吴[illegible]

填報者　〃

姓名　服務處所與所任職務　與受損失者之關係　通信地址　蓋章

江蘇省[illegible]書記　　鎮江[illegible]

說明

1. "損失年月日"指事件發生之日期，如某年某月某日或某年某月某日至某年某月某日
2. "事件"指發生損失之事件，如日机之轟炸、日軍之進攻等
3. "地点"指事件發生之地点，如某市某縣某鄉某鎮某村等
4. "損失項目"指一切動產（如衣服、什物、財帛、舟車、證券等）及不動產（如房屋、田園、礦產等）所有損失，逐項填明
5. "價值"如係當地幣制，除折成國幣填列外，並附註原幣名称及數額
6. 如有證件，應將名称與件數填入證件欄内
7. 受損失者如係私人，填其姓名；如係机關、學校、團体或事業，填其名称
8. 私人之損失由本人填報，或由代報者填報；机關、學校、團体或事業之損失由各該主管人填報
9. 表格紙幅一律長28公分、寬20.5公分

財產損失報告單

填送日期 36 年 5 月 14 日

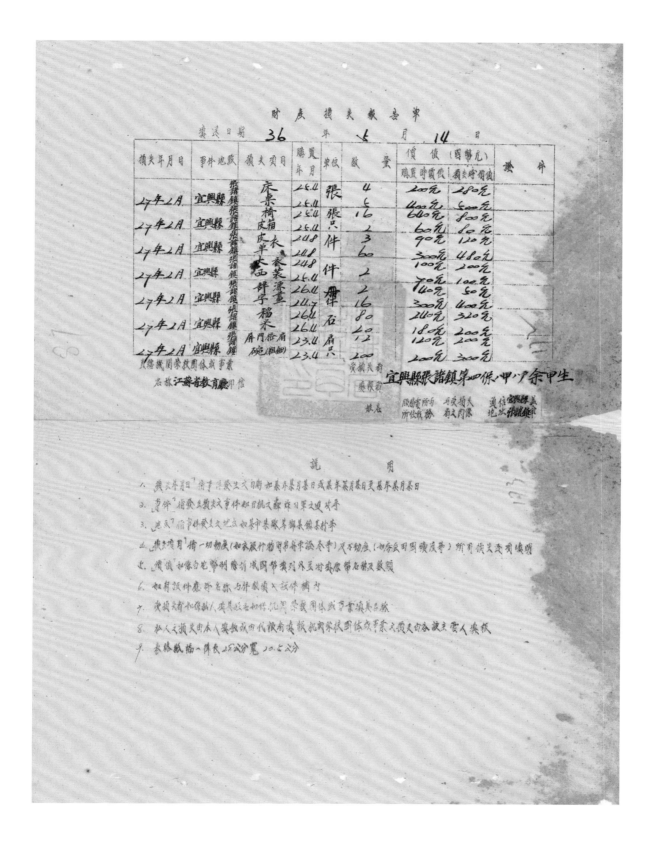

損失年月日	事件	地點	損失項目	購置年月	單位	數量	價值（國幣元）購置時價值	價值（國幣元）損失時價值	證件
27年2月		宜興縣張渚鎮	床	25.4	張	4	200元	280元	
			桌	25.4		6	400元	500元	
27年2月		宜興縣張渚鎮	椅	25.4	張	16	640元	800元	
			皮箱	25.4	只	2	60元	80元	
27年2月		宜興縣張渚鎮	皮衣	24.8	件	3	90元	120元	
			单衣	24.8		60	300元	480元	
27年2月		宜興縣張渚鎮	大衣	24.8	件	2	100元	200元	
			西装	25.4			70元	100元	
27年2月		宜興縣張渚鎮	辞源	26.4	册	2	140元	50元	
			字畫	24.7	件	16	300元	400元	
27年2月		宜興縣張渚鎮	稻	26.4	石	80	240元	320元	
			米	26.4		40	180元	200元	
27年2月		宜興縣張渚鎮	屏門格扇	23.4	扇	12	120元	200元	
			碗（粗細）	23.4	只	200	200元	300元	

直屬機關學校團体或事業名称 江蘇省教育廳 印信

受損失者 宜興縣張渚鎮第四保八甲八戶余甲生

填報者 姓名　服務處所与所任職務　与受損失者之關係　通信地址 宜興縣張渚鎮義官

說　明

1. 「損失年月日」指事件發生之日期 如某年某月某日或某年某月某日至某年某月某日
2. 「事件」指發生損失之事件如日機之轟炸日軍之進攻等
3. 「地點」指事件發生之地点如某市某縣某鄉某鎮某村等
4. 「損失項目」指一切動產（如衣服什物財帛舟車證券等）及不動產（如房屋田園礦產等）所有損失逐項填明
5. 「價值」如係當地幣制除折成國幣填列外並附填原幣名稱及數額
6. 如有證件應將名称与件數填入證件欄内
7. 受損失者如係個人填其姓名如係機關學校團体或事業填其名称
8. 私人之損失由本人填報或由代報者填報機關學校團体或事業之損失由各該主管人填報
9. 表格紙幅一律長28公分寬20.5公分

财产损失报告单

填送日期 36 年 5 月 日

損失年月日	事件地點	損失項目	購置年月	单位	數量	價值（國幣元）		證件
						購置時價值	損失時價值	
廿八年七月廿六日	東台大轟炸	平房	民國二年		六間		3000元	
〃 〃	〃 〃	皮衣	十六年		四件		500元	
〃 〃	〃 〃	辭源	〃		二冊		20元	
〃 〃	〃 〃	照相機	〃		1架		80元	
〃	〃 〃	古董字畫	〃		卅件		20000元	

直轄機關學校團体或事業 名称 印信

受損失者 王慎庵

填報者

姓名 王慎庵 服務處所 教育 所任職務 教師 與受損失者之關係 本人 通信地址 東台……

說明

1. 「損失年月日」指事件發生之日期如某年某月某日或某年某月某日至某年某月某日
2. 「事件」指發生損失之事件如日机之轟炸日軍之進攻等
3. 「地點」指事件發生之地點如某市某縣某鄉某鎮某村等
4. 「損失項目」指一切動產（如衣服什物財帛舟車證卷等）及不動產（如房屋田園礦産等）所有損失逐項填明
5. 「價值」如係当地幣制除折成國幣填列外並附填原幣名称及數額
6. 如有証件應將名称与件數填入証件欄内
7. 受損失者如係私人填其姓名如係机關學校團体或事業填其名称
8. 私人損失由本人填報或由代報者填報机関学校團体或事業之損失由各該主管人填報
9. 表格紙幅八開長28公分寬20.5公分

財產損失報告單

填送日期 36 年 5 月 16 日

損失年月日	事件地點	損失項目	購置年月	單位	數量	價值（國幣元）		證件
						購置時價值	損失時價值	
26年10月底	日机轟炸 鎮江南門大街	床桌櫈樹箱籠 衣物書籍					890元	
27年4月13日	日軍進犯 灌雲板浦	衣物書籍箱籠 小麦40石 黃豆22石					2500元	
32年5月13日	抵禦日軍春季清鄉戰 泰縣九區東灣	衣被什物書籍					11000元	前書系蘇皖邊區游擊指揮部一縱二支隊支隊長大作戰陣亡即此戰役
32年10月	遭受日軍襲擊 泰縣六區胡家舍	衣物 駁殼槍1支（自備）					26000元	此年江蘇省政府公開軍政聯席會議前江蘇省特種行政區公署有案可查
33年7月6日	遭受偽軍襲擊 泰縣十區南曹莊	衣被 手槍1支（自備）					16000元	先父溱洲時任該區區長殉職即役報由中央核卹有案
34年5月28日	遭受日軍圍擊 泰縣一區唐家甸	衣物					100000元	李明揚先生被俘即此戰役
合		計					156390元	

直轄機關學校團體或事業名稱 江蘇省教育廳印信

受損失者填報者 毛鈞（印）

姓名 毛鈞　服務處所與所任職務 江蘇省教育廳書記　與受損失者之關係　通信地址 江蘇省教育廳 益亭（印）

說明

1. 「損失年月日」指事件發生之日期，如某年某月某日或某年某月某日至某年某月某日。
2. 「事件」指發生損失之事件，如日機之轟炸、日軍之進攻等。
3. 「地點」指事件發生之地點，如某市某縣某鄉某鎮某村等。
4. 「損失項目」指一切動產（如衣服、什物、財帛、舟車、證券等）及不動產（如房屋、田園、礦產等），所有損失，逐項填明。
5. 「價值」如係當地幣制，除折成國幣填列外，並附填原幣名稱及數額。
6. 如有證件，應將名稱與件數填入「證件」欄內。
7. 受損失者如係私人，填其姓名；如係機關、學校、團體或事業，填其名稱。
8. 私人之損失，由本人填報，或由代報者填報；機關、學校、團體或事業之損失，由各該主管人填報。
9. 表格紙幅一律長28公分，寬20.5公分。

財產損失報告單

填送日期 民國三十六年 五 月 二十 日

損失年月日	事件地點	損失項目	購置年月	單位	數量	價值（國幣元）		證件
						購置時價值	損失時價值	
民國26年12月29日	金壇西門外沈賓橋	平房	清宣統元年	不動產	三間	900元	9800元	
〃	〃	桌子	民6年	動產	四張	40元	260元	
〃	〃	椅子	〃	〃	八張	16元	48元	
〃	〃	皮襖	十六年	〃	二件	62元	256元	
〃	〃	夾衣	〃	〃	十九件	145元	760元	
〃	〃	單衣	〃	〃	一百廿件	496元	2500元	
〃	〃	書籍	民國13年	〃	約伍十部	435元	196元	

直轄機關學校團體或事業 名稱 印信

受損失者 填報者 江蘇金壇西門外沈賓橋鄒鳴芳

教育廳服務（雜事務）

姓名 服務處所與所任職務 與受損失者之關係 通信地址 蓋章

說明

1、"損失年月日"指事件發生之日期如某年某月某日或某年某月某日至某年某月某日。

2、"事件"指發生損失之事件如日機之轟炸日軍之進攻等。

3、"地點"指事件發生之地點如某市某縣某鄉某鎮某村等。

4、"損失項目"指一切動產（如衣服什物財帛舟車證券等）及不動產（如房屋田園礦產等）所有損失逐項填明。

5、"價值"如係當地幣制除折成國幣填列外並附填原幣名稱及數額。

6、如有證件應將名稱與件數填入"證件"欄內。

7、"受損失者"如係私人填其姓名如係機關學校團體或事業填其名稱。

8、私人之損失由本人填報或由代報者填報機關學校團體或事業之損失由各該主管人填報。

9、表格紙幅一律長28公分寬20.5公分。

財產損失報告單

填送日期　35年12月17日

損失年月日	事件地點	損失項目	購置年月	單位	數量	價值(國幣元)		證件
						購置時價值	損失時價值	
卅一年三月十四日(農曆)	日軍進攻東台縣第七區四倉鄉時被焚燬	秈稻		石	25石		250元	
〃	〃	木料		根	20根		2000元	
〃	〃	平房		间	3间		2000元	
〃	〃	什物					1000元	
〃	日軍進攻東台四倉鄉時被搶取	現金					200元	

直轄機關學校團体或事業名稱　江蘇省教育廳　印信

受損失者　潘以和

填報者　潘以和

姓名　潘以和　服務處所與所任職務　江蘇省教育廳科员　與受損失者之關係　[illegible]　通信地址　江蘇省教育廳孟亭

說　　明

1. 「損失年月日」指事件發生之日期如某年某月某日或某年某月某日至某年某月某日。
2. 「事件」指發生損失之事件如日机之轟炸日軍之進攻等。
3. 「地點」指事件發生之地點如某市某縣某鄉某鎮某村等。
4. 「損失項目」指一切動產（如衣服什物財帛舟車証券等）及不動產（如房屋田園礦產等）所有損失逐項填明。
5. 「價值」如係當地幣制除折成國幣填列外並附填原幣名称及數額。
6. 如有証件應將名称與件数填入「證件」欄內。
7. 受損失者如系私人填其姓名如係机関學校團体或事業填其名称。
8. 私人之損失由本人填報或由代報者填報机関學校團体或事業之損失由各該主管人填報。
9. 表格紙幅一律長28公分寬20.5公分。

财產損失報告單

填送日期 卅六年 三月 日

損失年月日	事件地點	損失項目	購買年月	單位	數量	價值（國幣元）		證件
						購買時價值	損失時價值	
26年11月	日軍進攻蘇州	房屋	民紀元前12年	平屋	8间	2800元	3200元	
〃〃〃〃	仝上		仝上	樓房	6间	2010元	2700元	
〃〃〃〃	仝上	古玩	民紀元前廿餘年	漢器	2件	1001元	1500元	
〃〃〃〃	仝上		仝上	字画	15件	1500元	2500元	
〃〃〃〃	仝上		祖遺	漢玉	20件	320元	400元	
〃〃〃〃	仝上	書籍碑帖	12年	木版	250册	250元	400元	
〃〃〃〃	仝上		仝上	鋅版	200册	100元	180元	

直轄機關學校團體或事業 名稱 江蘇省教育廳 印信

受損失者 填報者 王星馳（印）

姓名 王星馳 服務處所與所任職務 科員 與受損失者之關係 直接 通信地址 蘇州十梓義[illegible]九號

說明

1. 「損失年月日」指事件發生之日期，如某年某月某日或某年某月某日至某年某月某日
2. 「事件」指發生損失之事件，如日機之轟炸、日軍之進攻等
3. 「地點」指事件發生之地點，如某市某縣某鄉某鎮某村等
4. 「損失項目」指一切動產（如衣服、什物、財帛、舟車、證券等）及不動產（如房屋、田園、礦產等）所有損失之項目填明
5. 「價值」如係當地幣制，除折成國幣填列外，並附填原幣名稱及數額
6. 如有證件，應將名稱與件數填入證件欄內
7. 受損失者如係私人，填其姓名；如係機關、學校、團體或事業，填其名稱
8. 私人之損失由本人填報或由代報者填報，機關學校團體或事業之損失由各該主管人填報
9. 表格紙幅一律長28公分，寬20.5公分

93

财產損失報告單

填送日期　廿八年　三月　日

損失年月日	事件地點	損失項目	購置年月	單位	數量	價值（國幣元）購置時價值	價值（國幣元）損失時價值	證件
26年11月	日軍進攻蘇州	碑帖	10年	石印	102册	60元	75元	
〃〃〃〃	仝上	衣着	20年	皮衣	14件	2801元	3400元	
〃〃〃〃	仝上		24年	棉衣	12件	200元	230元	
〃〃〃〃	仝上		24年	夏布	36件	240元	265元	
〃〃〃〃	仝上		25年	西装	2件	70元	75元	
〃〃〃〃	仝上		仝上	学生装	2套	28元	30元	
〃〃〃〃	仝上	器具	17年	衣櫥	1個	200元	250元	

直轄機關學校團体或事業名称　江蘇省教育厅　印信

受損失者填報者

姓名　王星驹　服務處所與所任職務　村員　與受損失者之關係　直接　通信地址　蘇州十梓義巷街卅九號

説　明

1. 「損失年月日」指事件發生之日期如某年某月某日或某年某月某日至某年某月某日
2. 「事件」指發生損失之事件如日机之轟炸日軍之進攻等
3. 「地点」指事件發生之地点如某市某縣某鄉某鎮某村等
4. 「損失項目」指一切動產（如衣服什物舟車股券等）及不動產（如房屋田園礦產等）所有損失逐項填明
5. 「價值」如係當地幣制應折成國幣填列外並附填原幣名稱及數額
6. 如有證件應將名称與件數填入證件欄内
7. 受損失者如係私人填其姓名如係机関學校團体或事業填其名称
8. 私人之損失由本人填報或由代報者填報机関學校團体或事業之損失由各該主管人填報
9. 表格紙幅一律長25公分寬20.5公分

財產損失報告單

填送日期 卅八年 三 月 日

損失年月日	事件地點	損失項目	購置年月	單位	數量	價值（國幣元） 購置時價值	價值（國幣元） 損失時價值	證件
26年11月	日軍進攻蘇州	器具	17年	書桌	1套	320元	400元	
〃〃〃〃	仝上		仝上	書櫥	1個	40元	50元	
〃〃〃〃	仝上		15年	椐椅	4張	40元	52元	
〃〃〃〃	仝上		仝上	茶几	2張	16元	22元	
〃〃〃〃	仝上		14年	長枱	1張	200元	220元	
〃〃〃〃	仝上		仝上	貢桌	1張	120元	150元	
〃〃〃〃	仝上		17年	鐘	1個	7元	10元	

直轄機關學校團體或事業 名稱 江蘇省教育廳 印信

受損失者

填報者

姓名 王星馳 服務處所與所任職務 科員 與受損失者之關係 直接 通信地址 蘇州十梓街卅九號

說明

1. 「損失年月日」指事件發生之日期，如某年某月某日或某年某月某日至某年某月某日
2. 「事件」指發生損失之事件，如日機之轟炸、日軍之進攻等
3. 「地點」指事件發生之地點，如某市某縣某鄉某鎮某村等
4. 「損失項目」指一切動產（如衣服、什物、財帛、舟車、證券等）及不動產（如房屋、田園、礦產等）所有損失，逐項填明
5. 「價值」如係當地幣制，除折成國幣填列外，並附填原幣名稱及數額
6. 如有證件，應將名稱與件數填入證件欄內
7. 受損失者如係私人，填其姓名；如係機關、學校、團體或事業，填其名稱
8. 私人之損失，由本人填報或由代報者填報；機關、學校、團體或事業之損失，由各該主管人填報
9. 表格紙幅一律長25公分，寬20.5公分

財產損失報告單

填送日期 卅七年 三 月 日

損失年月日	事件地點	損失項目	購置年月	單位	數量	價值（國幣元）購置時價值	價值（國幣元）損失時價值	證件
26年11月	日軍進攻蘇州	器具	17年	箱	2套	240元	280元	
〃〃〃〃	仝上	雜件	23年	帳	3頂	15元	20元	
						合計	16409元	

直轄機關學校團體或事業 名稱 江蘇省教育廳 印信

受損失者

填報者

姓名 王星駒 服務處所與所任職務 科員 與受損失者之關係 直接 通信地址 蘇州十梓義巷街廿九號

說明

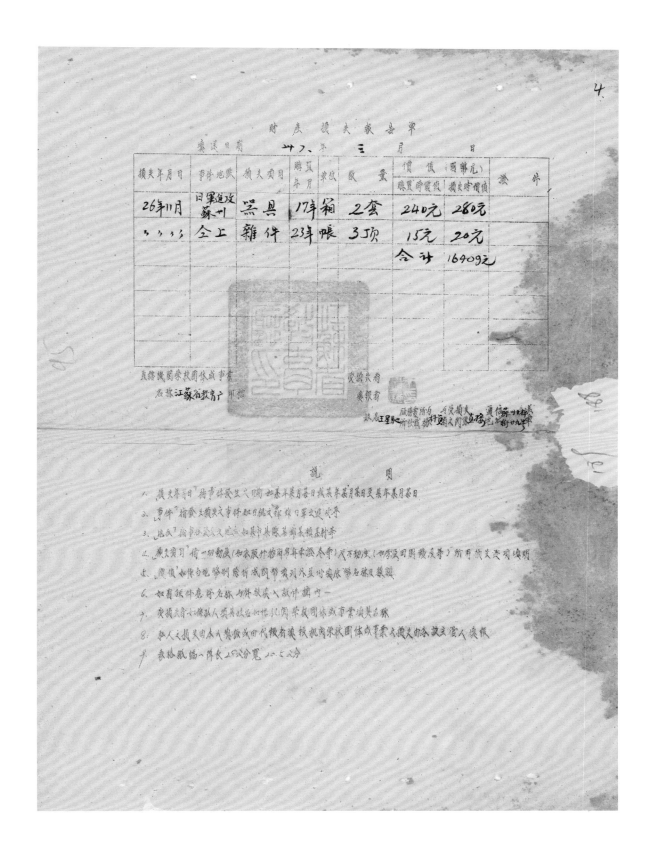

1. 「損失年月日」指事件發生之日期，如某年某月某日或某年某月某日至某年某月某日
2. 「事件」指發生損失之事件，如日機之轟炸、日軍之進攻等
3. 「地點」指事件發生之地點，如某市某縣某鄉某鎮某村等
4. 「損失項目」指一切動產（如衣服、什物、財帛、舟車、證券等）及不動產（如房屋、田園、礦產等）所有損失之項目填明
5. 「價值」如係當地幣制，除折成國幣填列外，並附填原幣名稱及數額
6. 如有證件，應將名稱與件數填入證件欄內
7. 受損失者如係私人，填其姓名；如係機關、學校、團體或事業，填其名稱
8. 私人之損失由本人填報或由代報者填報；機關、學校、團體或事業之損失由各該主管人填報
9. 表格紙幅一律長28公分，寬20.5公分

財產損失報告單

填送日期 三十六 年 四 月 日

損失年月日	事件地點	損失項目	購置年月	單位	數量	價值(國幣元) 購置時價值	損失時價值	證件
27年4月	敵軍進攻溧陽仙良鄉	房屋	民初	間	10間	3000元	4500元	
〃	〃	器具	陸續購置	件	160件	800元	1000元	
〃	〃	糧食		石	200石	~~900元~~	900元	
〃	〃	衣服	仝上	件	100件	500元	600元	
〃	〃	書籍	仝上	冊	500冊	500元	500元	
〃	〃							
〃	〃				合	計	7500元	

直轄機關學校團體或事業名稱 江蘇省教育廳 印信　　受損失者 填報者 彭惠今

姓名 彭惠今　服務處所與所任職務 科員　與受損失者之關係 直接　通信地址 江蘇省教育廳 益寧

說明

1. "損失年月日"指事件發生之日期如某年某月某日或某年某月某日至某年某月某日。

2. "事件"指發生損失之事件如日機之轟炸日軍之進攻等。

3. "地點"指事件發生之地點如某市某縣某鄉某鎮某村等。

4. "損失項目"指一切動產(如衣服什物財帛舟車證券等)及不動產(如房屋田園礦產等)所有損失逐項填明。

5. "價值"如係當地幣制除折成國幣填列外並附填原幣名稱及數額。

6. 如有證件應將名稱與件數填入"證件"欄內。

7. 受損失者如係私人填其姓名如係機關學校團體或事業填其名稱。

8. 私人之損失由本人填報或由代報者填報機關學校團體或事業之損失由各該主管人填報。

9. 表格紙幅一律長28公分寬20.5公分。

財產損失報告單

填送日期　　　年　　　月　　　日

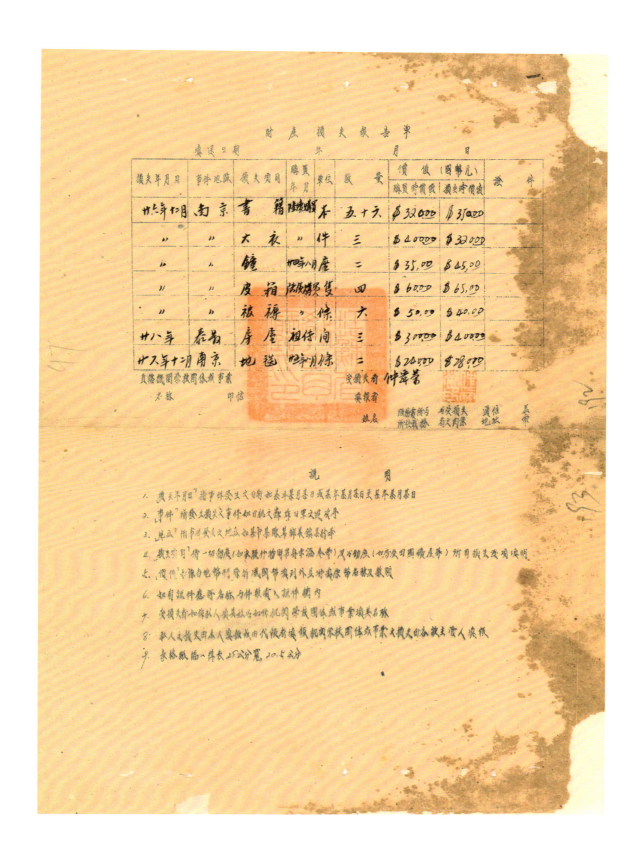

損失年月日	事件地點	損失項目	購置年月	單位	數量	價值（國幣元）		證件
						購置時價值	損失時價值	
廿六年十二月	南京	書籍	陸續購置	本	五十六	$32000	$35000	
〃	〃	大衣	〃	件	三	$40000	$32000	
〃	〃	鐘	廿四年八月	座	二	$35,00	$45,00	
〃	〃	皮箱	陸續購置	隻	四	$6000	$65,00	
〃	〃	被褥	〃	條	六	$50,00	$40.00	
廿八年	泰興	房屋	祖傳	間	三	$30000	$40000	
廿六年十二月	南京	地毯	廿三年八月	條	二	$24000	$28000	

直轄機關學校團體或事業　名稱　印信

受損失者　仲齊黃

填報者　姓名　服務處所與所任職務　與受損失者之關係　通信地址　蓋章

說　明

1. 「損失年月日」指事件發生之日期，如某年某月某日或某年某月某日至某年某月某日
2. 「事件」指發生損失之事件，如日機之轟炸，日軍之進攻等
3. 「地點」指事件發生之地點，如某市某縣某鄉某鎮某村等
4. 「損失項目」指一切動產（如衣服什物財帛舟車醫藥等）及不動產（如房屋田園礦產等）所有損失，逐項填明
5. 「價值」如係當地幣制，除折成國幣填列外，並附註原幣名稱及數額
6. 如有證件，應將名稱與件數填入證件欄內
7. 受損失者如係私人，填其姓名，如係機關學校團體或事業，填其名稱
8. 私人之損失由本人填報，或由代報者填報；機關學校團體或事業之損失，由各該主管人填報
9. 表格紙幅長25公分，寬20.5公分

2.

財產損失報告單

填送日期　　年　　月　　日

損失年月日	事件地點	損失項目	購置年月	單位	數量	價值（國幣元）		證件
						購置時價值	損失時價值	
廿六年十二月	南京	皮衣	廿二年十月	件	五	$1200.00	$1500.00	
〃	〃	單夾棉衣服	歷次購置	件	廿三件	$250.00	$200.00	
〃	〃	床	廿二年六月	張	三	$250.00	$280.00	
〃	〃	沙發	〃	套	兩	$30.00	$65.00	
〃	〃	桌椅	〃	隻	十二	$50.00	$45.00	
〃	〃	植爐碗鍋等用具	〃	件	廿八	$100.00	$90.00	
〃	〃	收音機 留聲機	廿二年十月	座	一 一	$40.00 $56.00	$45.00 $45.00	

直轄機關學校團體或事業名稱　　印信

受損失者　仲舜蒙

填報者　姓名　服務處所與所任職務　與受損失者之關係　通信地址　蓋章

318

說明

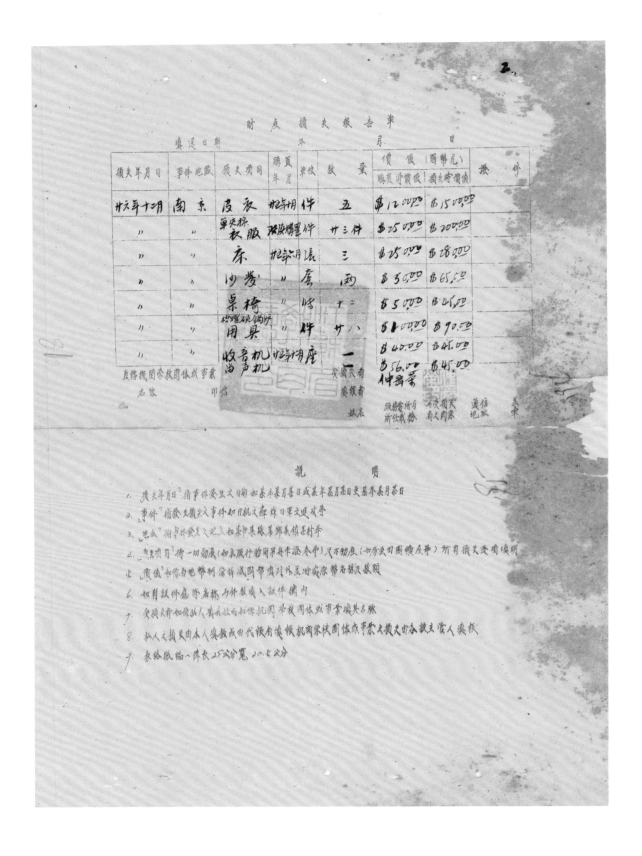

1. "損失年月日"指事件發生之日期，如某年某月某日或某年某月某日至某年某月某日
2. "事件"指發生損失之事件，如日機之轟炸、日軍之進攻等
3. "地點"指事件發生之地點，如某市某縣某鄉某鎮某村等
4. "損失項目"指一切動產（如衣服什物財帛舟車證券等）及不動產（如房屋田園礦產等）所有損失，逐項填明
5. "價值"如係當地幣制，應折成國幣填列，外幣時並註明原幣名稱及數額
6. 如有證件，應將名稱與件數填入證件欄內
7. 受損失者如係私人，填其姓名，如係機關學校團體或事業，填其名稱
8. 私人之損失由本人填報，或由代報者填報；機關學校團體或事業之損失由各該主管人填報
9. 表格紙幅，長25公分，寬20.5公分

三

財產損失報告單

填送日期　　年　　月　　日

損失年月日	事件地點	損失項目	購置年月	單位	數量	價值（國幣元）		證件
						購置時價值	損失時價值	
廿六年十二月	南京	保險櫃	廿四年五月	只	一	$20.00	$26.00	
〃	〃	鑽石戒	廿五年十月	〃	一	$120.00	$150.00	
〃	〃	金戒	〃	〃	四	$150.00	$150.00	
〃	〃	金項練	〃	條	一	$120.00	$140.00	
〃	〃	金鐲	〃	對	一	$400.00	$500.00	
〃	〃	自行車	廿六年二月	輛	一	$36.00	$30.00	
〃	〃	包車	〃	〃	一	$40.00	$32.00	

直轄機關學校團體或事業名稱　江蘇省教育廳　印信

受損失者　仲舜榮

填報者　姓名　　服務處所與所任職務　　與受損失者之關係　　通信地址　　蓋章

說明

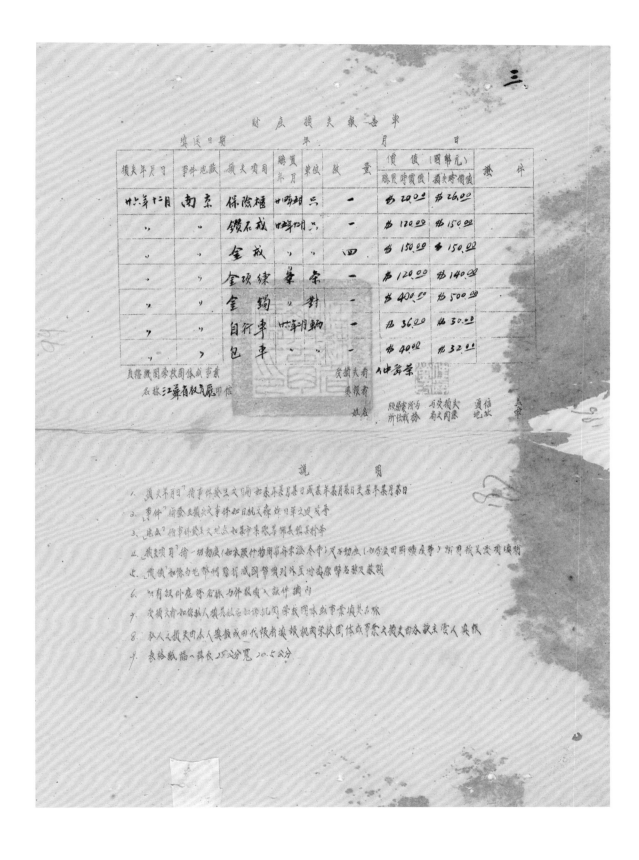

1. 「損失年月日」指事件發生之日期，如某年某月某日或某年某月某日至某年某月某日
2. 「事件」指發生損失之事件，如日機之轟炸、日軍之進攻等
3. 「地點」指事件發生之地點，如某市某縣某鄉某鎮某村等
4. 「損失項目」指一切動產（如衣服什物財帛舟車證券等）及不動產（如房屋田園礦產等），所有損失逐項填明
5. 「價值」如係當地幣制，除折成國幣填列外，並附註原幣名稱及數額
6. 如有證件，應將名稱與件數填入證件欄內
7. 受損失者如係私人，填其姓名；如係機關學校團體或事業，填其名稱
8. 私人之損失由本人填報或由代報者填報，機關學校團體或事業之損失由各該主管人填報
9. 表格紙幅：長28公分，寬20.5公分

財產損失報告單

填送日期 36年 5月 30日

損失年月日	事件地點	損失項目	購置年月	單位	數量	價值（國幣元）		證件
						購置時價值	損失時價值	
26年12月	日寇侵佔蘇城	房屋	22年2月	間	5間	600元	2000元	
		字畫古玩	祖傳	件	24件		1600元	
		衣服	24年	件	30餘件		1200元	
		器具（家具）	22年	件	16件	300元	700元	
		首飾	[illegible]	件	[illegible]件		1000元	
							6500元	

直轄機關學校團体或事業
名稱 江蘇省教育廳

受損失者 王金生

填報者

姓名 服務處所與所任職務 與受損失者之關係 通信地址 [illegible]

說明

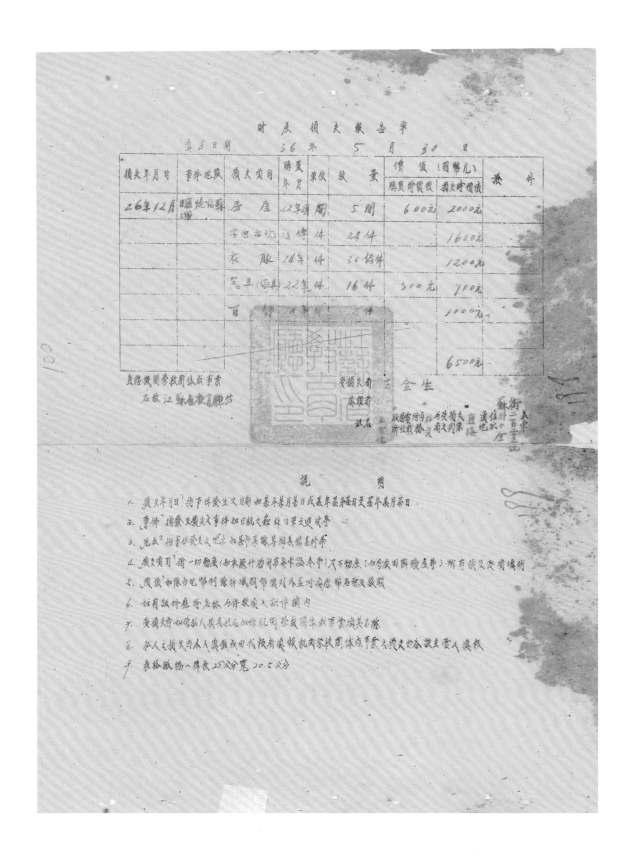

1. 「損失年月日」指事件發生之日期，如某年某月某日或某年某月某日至某年某月某日
2. 「事件」指發生損失之事件，如日機之轟炸、日軍之進攻等
3. 「地點」指事件發生之地點，如某市某縣某鄉某鎮某村等
4. 「損失項目」指一切動產（如衣服、什物、財帛、舟車、證券等）及不動產（如房屋、田園、礦產等）所有損失，逐項填明
5. 「價值」如係當地幣制，除折成國幣填列外，並附填原幣名稱及數額
6. 如有證件，應將名稱與件數填入證件欄内
7. 受損失者如係私人，填其姓名；如係機關、學校、團体或事業，填其名稱
8. 私人之損失由本人填報，或由代報者填報；機關、學校、團体或事業之損失由各該主管人填報
9. 表格紙幅：長28公分，寬20.5公分

財產損失報告單

填送日期　36年　6月　日

損失年月日	事件地點	損失項目	購置年月	單位	數量	價值（國幣元）		證件
						購置時價值	損失時價值	
26年11月25日	南京及江陰 縱火焚燒	廳屋	遜清道光年間	間	8		24000	
	江陰第[illegible]區 賢莊村	紅木方桌	同治六年	件	6		480	
	仝上	紅木椅子	仝上	件	48		2880	
	仝上	紅木茶几	仝上	件	12		480	

直轄機關學校團体或事業名称　印信　受損失者　填報者　金人同　江蘇教育廳

姓名　服務處所與所任職務　與受損失者之關係　通信地址　蓋章

說　明

1、「損失年月日」指事件發生之日期如某年某月某日或某年某月某日至某年某月某日。

2、「事件」指發生損失之事件如日機之轟炸日軍之進攻等。

3、「地點」指事件發生之地點如某市某縣某鄉某鎮某村等。

4、「損失項目」指一切動產（如衣服什物財帛舟車証券等）及不動產（如房屋田園礦產等）所有損失逐一填明。

5、「價值」如係當地幣制除折成國幣填列外並附填原幣名稱及數額。

6、如有證件應將名称與件數填入「證件」欄内。

7、受損失者如係私人填其姓名如係机関學校團体或事業填其名称。

8、私人之損失由本人填報或由代報者填報机関學校團体或事業之損失由各該主管人填報。

9、表格紙幅一律長28公分寬20.5公分。

財產損失報告單

填送日期 36 年 6 月 日

損失年月日	事件地點	損失項目	購置年月	單位	數量	價值（國幣元）		證件
						購置時價值	損失時價值	
廿六年十一月	蘇州西甫西街	木器		件	80		捌百元	
〃 〃	〃 〃	衣服（內有皮衣）		件	300		肆仟元	
〃 〃	〃 〃	書籍（內有古本）		本	5000		肆仟元	
〃 〃	〃 〃	磁器		件	1000		伍百元	
〃 〃	〃 〃	銅錫器		件	45		肆百伍拾元	
〃 〃	〃 〃	書画（內有古人作品）		軸	200		肆仟元	
〃 〃	〃 〃	古玩		件	50		肆仟元	

直轄機關學校團體或事業名稱　　印信

受損失者 一家九口

填報者 殷芷沅 江蘇省教育廳

姓名　服務處所與所任職務　與受損失者之關係　通信地址　蓋章

說明

1. 「損失年月日」指事件發生之日期如某年某月某日或某年某月某日至某年某月某日。
2. 「事件」指發生損失之事件如日機之轟炸日軍之進攻等。
3. 「地點」指事件發生之地點如某市某縣某鄉某鎮某村等。
4. 「損失項目」指一切動產（如衣服什物財帛舟車證券等）及不動產（如房屋田園礦產等）所有損失逐項填明。
5. 「價值」如係當地幣制除折成國幣填列外並附填原幣名稱及數額。
6. 如有證件應將名稱與件數填入「證件」欄內。
7. 受損失者如係私人填其姓名如係機關學校團體或事業填其名稱。
8. 私人之損失由本人填報或由代報者填報機關學校團體或事業之損失由各該主管人填報。
9. 表格紙幅一律長28公分寬20.5公分。

財產損失報告單

填送日期　　　　年　　　　月　　　　日

損失年月日	事件地點	損失項目	購置年月	單位	數量	價值（國幣元）購置時價值	價值（國幣元）損失時價值	證件
廿六年農曆十月	常熟梅里	房屋門窗裝修全部拆毀			二十間		300	
〃	〃	床桌椅櫈等			約九十件		1000	
〃	〃	箱子、皮衣、被帳、衣褲等			約二百件		6000	
〃	〃	書畫、古董、瓷器、銅錫器			約五百件		8000	

直轄機關學校團體或事業

名稱江蘇省教育廳印信

受損失者　鄭希賢

填報者

姓名鄭希賢　服務處所與所任職務　與受損失者之關係　通信地址江蘇省教育廳

說明

1. 「損失年月日」指事件發生之日期如某年某月某日或某年某月某日至某年某月某日
2. 「事件」指發生損失之事件如日機之轟炸日軍之進攻等
3. 「地點」指事件發生之地點如某市某縣某鄉某鎮某村等
4. 「損失項目」指一切動產（如衣服什物財帛舟車證券等）及不動產（如房屋田園礦產等）所有損失逐項填明
5. 「價值」如係當地幣制除折成國幣填列外並附填原幣名稱及數額
6. 如有證件應將名稱與件數填入證件欄內
7. 受損失者如係私人填其姓名如係機關學校團體或事業填其名稱
8. 私人之損失由本人填報或由代報者填報機關學校團體或事業之損失由各該主管人填報
9. 表格紙幅一律長25公分寬20.5公分

財產損失報告單

填送日期 36 年 6 月 13 日

損失年月日	事件地點	損失項目	購置年月	單位	數量	價值（國幣元）		證件
						購置時價值	損失時價值	
26年10月	上海南市省立实小	鋪蓋	22年2月	丁	被單三條綢被面二條褥子二條枕頭二個	$20.00	$35.00	
"	"	皮箱	24年8月	只	衣服大衣等 一	$50.00 $5.00	$70.00	
"	"	網籃	22年2月	件	皮鞋一双綢布二丈湯婆子壹只[illegible]	$10.00	$20.00	
27年8月	太倉鹿鳴鎮	店面房屋	祖傳	間	二	$3000.00	$3000.00	
"	"	店中綢布	26年8月 27年8月	匹	數百匹	$6000.00	$6000.00	
"	" [illegible]	首飾	24年3月	件	手鐲一对宝珠戒二只金戒三只鸡心一只怀表一只金鈕四只金字戒二只	$250.00	$500.00	

直轄機關學校團体或事業

名稱　　印信

受損失者 王競西

填報者

姓名　服務處所与所任職務　与受損失者之關係　通信地址　蓋章

說明

1. 「損失年月日」指事件發生之日期如某年某月某日或某年某月某日至某年某月某日
2. 「事件」指發生損失之事件如日机之轟炸日軍之進攻等
3. 「地點」指事件發生之地點如某市某縣某鄉某鎮某村等
4. 「損失項目」指一切動產（如衣服什物財帛舟車證券等）及不動產（如房屋田園礦產等）所有損失逐項填明
5. 「價值」如係當地幣制除折成國幣填列外並附填原幣名稱及數額
6. 如有証件應將名稱与件數填入「証件」欄內
7. 受損失者如係私人填其姓名如係机關學校團体或事業填其名稱
8. 私人損失由本人填報或由代報者填列机關学校團体或事業之損失由各該主管人填報
9. 表格紙幅八（？）倍長28公分寬20.5公分

財產損失報告单

填送日期 三十六 年 六 月 日

損失年月日	事件地點	損失項目	購置年月	单位	數量	價值（國幣元）購置時價值	價值（國幣元）損失時價值	證件
二十六年十一月	事件：房屋因駐日軍被胡略焚毀 地點：鎮江青雲鎮第一樓街文昌宮十六號	房屋	記憶不清		三十七間	86956.50元	3956500元	
仝上		古玩	仝上		五十餘件	43043.50元	2980000元	
仝上		碑帖	仝上		三百五十種	20956.50元	9640000元	
仝上		字画	仝上		十八件	19348.00元	8900000元	
仝上		圖書	仝上		一萬三千五百冊	64108.30元	3950000元	
仝上		衣服	仝上		一千四百餘件	21043.50元	9680000元	
仝上		木器	仝上		一百四十餘件	19847.80元	9130000元	

直轄機關學校團体或事業 名称 印信

姓名		服務處所与所任職務	与受損失者之関係	通信地址	蓋章
受損失者	張衣言	江蘇省教育廳秘書		江蘇鎮江第一樓街文昌宮十六號	
填報者	張衣言				

説明

1. 「損失年月日」指事件發生之日期，如某年某月某日或某年某月某日至某年某月某日
2. 「事件」指發生損失之事件，如日机之轟炸、日軍之進攻等
3. 「地點」指事件發生之地點，如某市某縣某鄉某鎮某村等
4. 「損失項目」指一切動產（如衣服、什物、財帛、舟車、證券等）及不動產（如房屋、田園、礦産等）所有損失，逐項填明
5. 「價值」如係当地幣制，除折成國幣填列外，並附填原幣名称及數額
6. 如有證件，應將名称与件數填入證件欄内
7. 受損失者如係私人，填其姓名；如係机関學校團体或事業，填其名称
8. 私人損失由本人填報，或由代報者填列；机関学校團体或事業之損失由各該主管人填報
9. 表格紙幅八律長28公分，寬20.5公分

財產損失報告單

填送日期 三十六 年 六 月 日

損失年月日	事件地點	損失項目	購置年月	单位	數量	價值（國幣元）購買時價值	價值（國幣元）損失時價值	證件
二十六年十一月	事件：房屋因駐日軍被劫略焚毁 地點：鎮江青雲鎮第一樓街文昌宫十六号	房屋	記憶不清		三十七間	86956.50元	3956500元	
仝上		古玩	仝上		五十餘件	43043.50元	29800000元	
仝上		碑帖	仝上		三百五十種	20956.50元	9640000元	
仝上		字画	仝上		十八件	19348.00元	8900000元	
仝上		圖書	仝上		一萬二千五百册	64108.30元	39500000元	
仝上		衣服	仝上		一千四百餘件	21043.50元	9680000元	
仝上		木器	仝上		一百四十餘件	19847.80元	9130000元	

直轄機關學校團体或事業 名称 印信

	姓名	服務處所与所任職務	与受損失者之関係	通信地址	蓋章
受損失者	張衣言	江蘇省政府秘書		江蘇鎮江第一樓街文昌十六號	
填報者	張衣言				

說明

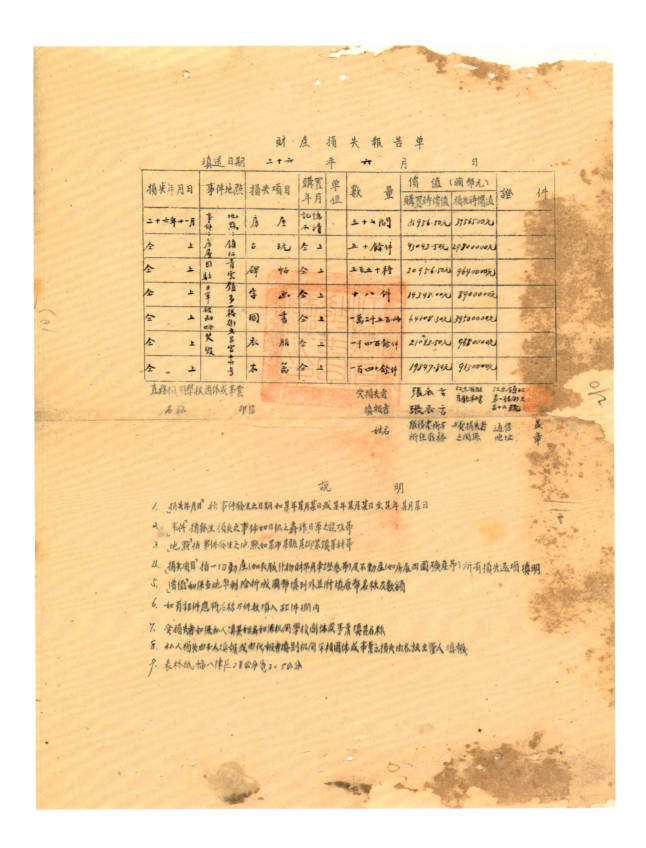

1. 「損失年月日」指事件發生之日期如某年某月某日或某年某月某日至某年某月某日
2. 「事件」指發生損失之事件如日机之轟炸日軍之進攻等
3. 「地點」指事件發生之地點如某市某縣某鄉某鎮某村等
4. 「損失項目」指一切動產（如衣服什物財帛舟車證券等）及不動產（如房屋田園礦產等）所有損失逐項填明
5. 「價值」如係當地幣制除折成國幣填列外並附填原幣名称及數額
6. 如有證件應將名稱与件數填入證件欄内
7. 受損失者如係私人填其姓名如係机関學校團体或事業填其名称
8. 私人損失由本人填報或由代報者填報机関學校團体或事業之損失由各該主管人填報
9. 表格紙幅八開長28公分寬34.5公分

財產損失報告單

填送日期　三十六年　五　月　　日

損失年月日	事件地點	損失項目	購置年月	單位	數量	價值（國幣元）購置時價值	價值（國幣元）損失時價值	證件
二七年八月至八月（下同）	日軍進攻 如皋西門外（下同）	家具 床桌椅櫈		件	23	260元		
		衣服 單夾棉皮被		件	106	1320元		
		飾物 金飾[illegible]		件	25	300元		
		書籍		件	400	490元		
	置放北門霽峰小學內	家具 桌椅[illegible]		件	25	356元		
二十八年	同上	平屋（燬去）主房		間	3 5	550元		此係塾款建造 教局尚未撥付
二七年八月至八月	如皋西門外	磁器錫器		件	60	120元		

直轄機關學校團体或事業

名稱　　印信

江蘇省教育廳

受損失者
填報者　姜慕朱

姓名	服務處所與所任職務	與受損失者之關係	通信地址	蓋章
姜慕朱	江蘇省教育廳科員	本人	教育廳	

說　　明

1. 「損失年月日」指事件發生之日期如某年某月某日或某年某月某日至某年某月某日
2. 「事件」指發生損失之事件如日机之轟炸日軍之進攻等
3. 「地點」指事件發生之地點如某市某縣某鄉某鎮某村等
4. 「損失項目」指一切動產（如衣服什物財帛舟車證券等）及不動產（如房屋田園礦產等）所有損失逐項填明
5. 「價值」如係當地幣制除折成國幣填列外並附填原幣名稱及數額
6. 如有証件應將名稱与件數填入証件欄内
7. 受損失者如係私人填其姓名如係机關學校團体或事業填其名稱
8. 私人損失由本人填報或由代報者填列机関学校團体或事業之損失由各該主管人填報
9. 表格紙幅一律長28公分寬20.5公分

財產損失報告單

填送日期　三十六年　六　月　日

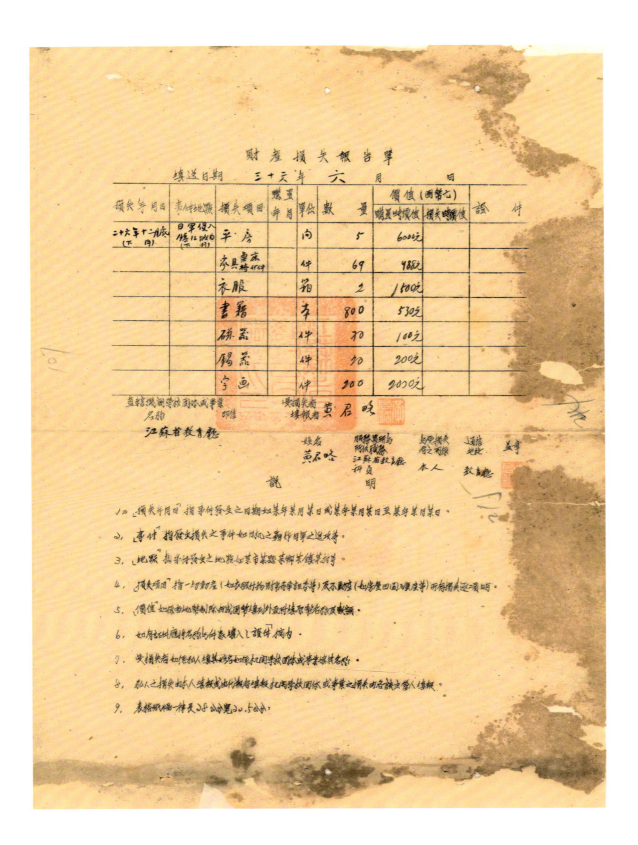

損失年月日	事件地點	損失項目	購置年月	單位	數量	價值(國幣元) 購置時價值	價值(國幣元) 損失時價值	證件
二十六年十二月底（下月）	日軍侵入鎮江城内（下月）	平房		間	5	6000元		
		家具桌床椅什件		件	69	488元		
		衣服		箱	2	1500元		
		書籍		本	800	530元		
		磁器		件	30	100元		
		錫器		件	20	200元		
		字画		件	200	2030元		

直轄機關學校團體或事業名稱　江蘇省教育廳　印信

受損失者填報者　黃君晗

姓名	服務處所與所任職務	與受損失者之關係	通信地址	蓋章
黃君晗	江蘇省教育廳科員	本人	教育廳	

說明

1. 「損失年月日」指事件發生之日期如某年某月某日或某年某月某日至某年某月某日。
2. 「事件」指發生損失之事件如日機之轟炸日軍之進攻等。
3. 「地點」指事件發生之地點如某市某縣某鄉某鎮某村等。
4. 「損失項目」指一切動產（如衣服什物財帛舟車證券等）及不動產（如房屋田園礦產等）所有損失逐項填明。
5. 「價值」如係當地幣制除折成國幣填列外並附填原幣名稱及數額。
6. 如有證件應將名稱與件數填入「證件」欄内。
7. 受損失者如係私人填其姓名如係機關學校團體或事業填其名稱。
8. 私人之損失由本人填報或由代報者填報機關學校團體或事業之損失由各該主管人填報。
9. 表格紙幅一律長28公分寬20.5公分。

財產損失報告單

填送日期：36年5月　日

損失年月日	事件地點	損失項目	購置年月	單位	數量	價值（國幣元）		證件
						購置時價值	損失時價值	
二十八年二月	淮安淪陷	平房		間	十		5000元	
〃	〃	器具		件	五十八		4500元	
〃	〃	服裝		件	一百二十		8200元	
〃	〃	書籍		冊	五百		700元	
〃	〃	其他		件	三百		5600元	

直轄機關學校團體或事業名稱　　印信　　受損失者填報者 邱識明

姓名 邱識明　服務處所與所任職務 江蘇省教育廳書記　與受損失者之關係 本人　通信地址 江蘇省教育廳　蓋章

說明

1. 「損失年月日」指事件發生之日期，如某年某月某日或某年某月某日至某年某月某日。
2. 「事件」指發生損失之事件，如日機之轟炸、日軍之進攻等。
3. 「地點」指事件發生之地點，如某市某縣某鄉某鎮某村等。
4. 「損失項目」指一切動產（如衣服、什物、財帛、舟車、證券等）及不動產（如房屋、田園、礦產等）所有損失，逐項填明。
5. 「價值」如係當地幣制，除折成國幣填列外，並附填原幣名稱及數額。
6. 如有證件，應將名稱與件數填入「證件」欄內。
7. 受損失者如係私人，填其姓名；如係機關、學校、團體或事業，填其名稱。
8. 私人之損失由本人填報，或由代報者填報；機關、學校、團體或事業之損失，由各該主管人填報。
9. 表格紙幅一律長28公分、寬20.5公分。

財產損失報告單

填送日期　　年　六　月　　日

損失年月日	事件地點	損失項目	購置年月	單位	數量	價值（國幣元）		證件
						購置時價值	損失時價值	
二十八年九月二十四	高郵淪陷	衣服（單夾棉）副服	二十年至二十七年		七套	六十五元	一百九十五元	
（仝上）	（仝上）	衣服（大衣）	二十五年		二件	四十五元	一百三十五元	
（仝上）	（仝上）	行李（被帳）（褥毯）	二十五年		全套	二十八元	八十四元	
（仝上）	（仝上）	書籍	二十年至二十七年		三十二種一百餘冊	九十三元	二百七十九元	
三十一年二月十五日	淮東事變	衣服（單夾）副服	三十五年五月		三套	十六元	二十四元	
（仝上）	仝上	行李（被褥帳）	三十年月		全套	六十四元	八十元	

直轄機關學校團體或事業
名稱　江蘇省教育廳　印信

受損失者　書之成　前任高郵縣教育局長江蘇省政府秘書處主任科員　現任教育廳秘書

填報者
姓名　服務處所與所任職務　與受損失者之關係　通信地址　蓋章

說明

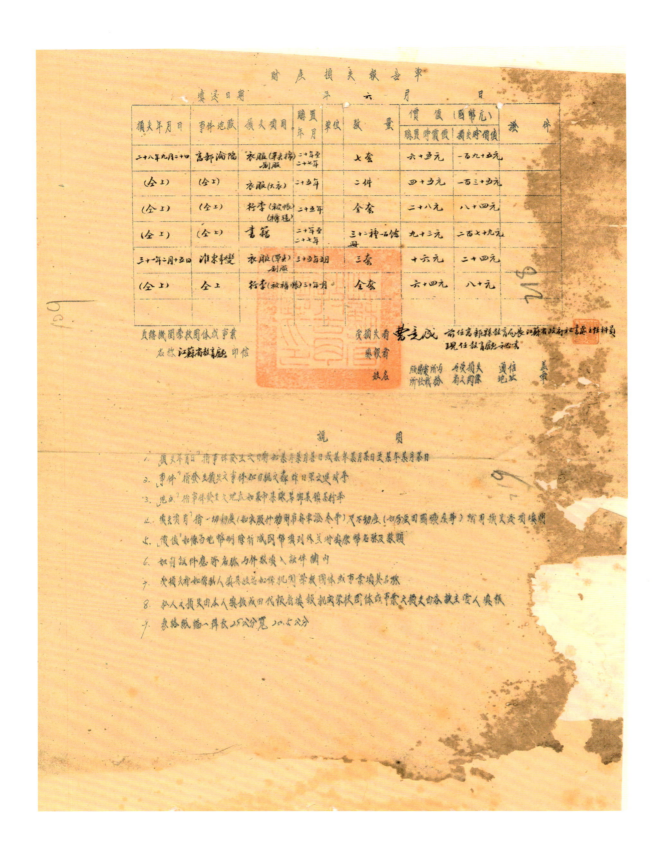

1. 「損失年月日」指事件發生之日期如某年某月某日或某年某月某日至某年某月某日
2. 「事件」指發生損失之事件如日機之轟炸日軍之進攻等
3. 「地點」指事件發生之地點如某市某縣某鄉某鎮某村等
4. 「損失項目」指一切動產（如衣服什物財帛舟車牲畜等）及不動產（如房屋田園礦產等）所有損失逐項填明
5. 「價值」如係當地幣制除折成國幣填列外並附註原幣名稱及數額
6. 如有證件應將名稱與件數填入證件欄內
7. 受損失者如係私人填其姓名如係機關學校團體或事業填其名稱
8. 私人之損失由本人填報或由代報者填報機關學校團體或事業之損失由各該主管人填報
9. 表格紙幅一律長28公分寬20.5公分

教育人員財產損失報告表

損失項目	單位	數量	價值（同國幣填寫角分不計）	損失情形 損失年月日	地點	事件	備註
總計			所損係二十六年之價值（估計數）10000	二十六年十二月	滬杭路長安鎮	敵軍焚毀	損失日期因當時避難離鄉無法查明
房屋類小計			7000	仝上	仝上	仝上	仝上
樓房	間	14	5000	仝上	仝上	仝上	仝上
平房	間	10	2000	仝上	仝上	仝上	仝上
草房	間						
	間						
器具類小計			550	仝上	仝上	未搶出隨屋被焚	仝上
床	件	12	180	仝上	仝上	仝上	仝上
桌	件	20	100	仝上	仝上	仝上	仝上
椅	件	45	150	仝上	仝上	仝上	仝上
其他傢具	件		120	仝上	仝上	仝上	仝上
現款類小計							
服裝類小計			500	仝上	仝上	仝上	仝上
皮衣	件	10	200	仝上	仝上	仝上	仝上
單衣	件	120	200	仝上	仝上	仝上	仝上
棉衣	件	20	100	仝上	仝上	仝上	仝上
書籍類小計			500	仝上	仝上	仝上	仝上
辭源	冊						
各種書籍	冊	500	500	仝上	仝上	仝上	仝上
	冊						
	冊						
	冊						
其他類小計			1450	仝上	仝上	仝上	包括古玩字畫飾物及其他零星物件

填報日期三十五年十二月十七日　受損失者張羽生　簽名蓋章　（姓名或機關名稱）主管人　簽名蓋章

教育人員財產損失報告表

損失項目	單位	數量	價值（用國幣[illegible]角分不計）所填係26年之價值	損失情形 損失日期（年月日時）	地點	事件	備註
總計							
房屋類小計							
樓房	間						
平房	間	六間	1600元	26年11月30	江苏省鎮江縣	鎮江淪陷	当时在江苏省立镇江实验小学校工作
草房	間						
	間						
器具類小計							
床	件	二件	160元	〃	〃	〃	
桌	件	五件	80元	〃	〃	〃	
椅	件	八件	40元	〃	〃	〃	
橱	件	四件	160元	〃	〃	〃	
現款類小計							
服裝類小計							
皮衣	件	三件	200元	〃	〃	〃	
單衣	件	二十件	50元	〃	〃	〃	
被褥	件	五件	60元	〃	〃	〃	
書籍類小計				〃	〃		
辭源	册	三册	20元	〃	〃	〃	
教育書籍	册	五百册	500元	〃	〃	〃	
文学書籍	册	二百册	200元	〃	〃	〃	
二十四史	册	一部	160元	〃	〃	〃	
萬有文庫	册	一部	480元	〃	〃	〃	
其他類小計							
五灯收音机		一架	60元	〃	〃	〃	
照相机		一架	40元	〃	〃	〃	
鐘		二只	20元	〃	〃	〃	
字畫		二十件	50元	〃	〃	〃	
鍋碗		三十件	100元	〃	〃	〃	

填報日期35年12月15日　受損失者吴[illegible]（印）簽名蓋章　（校名或機關名稱）江苏省教育廳　主管人　簽名蓋章

教育人員財產損失報告表

損失項目	單位	數量	價值（用國幣填寫角分不計）	損失情形 損失（年月日）日期	地點	事件	備註
總計		2400	所填係26年之價值 13200元				
房屋類小計		18	4600				
樓房	間						
平房裝修	間	10	3000	26年11月底	鎮江	敵軍陷城	十間天花地板門窗等全損
草房	間	8	1600	27年6月中	鹽城上岡	〃	
	間						
器具類小計		50	1500	26年11月底			
床	件	5	500	26年11月底	鎮江	〃	内有紅木床二張
桌	件	7	300	〃	〃	〃	内有紅木桌三張
椅	件	18	200	〃	〃	〃	内有紅木椅四張
橙几桅櫥	件	20	500	〃	〃	〃	内有紅木大櫥二張大櫈二張
現款類小計							
服裝類小計		67	900	〃	〃		
皮衣	件	3	200	〃	〃	〃	
單衣夾棉衣	件	50	500	〃	〃	〃	
行李鞋帽等	件	14	200	〃	〃	〃	
書籍類小計		2120	3400				
辭源及字典	册	20	200	〃	〃	〃	
中國文學經史子集	册	1800	2000	〃	〃	〃	内有元明版本十餘部
教育政治經濟書	册	500	300	〃	〃	〃	
西文書	册	100	600	〃	〃	〃	
字帖	册	200	300	〃	〃	〃	
其他類小計		165	2800				
古琴		2	200	〃	〃	〃	
古瓷器		35	300	〃	〃	〃	
古硯		3	100	〃	〃	〃	
古字畫		120	2000	〃	〃	〃	内有明清書畫家名蹟十餘幅
古銅器		5	200	〃	〃	〃	

填報日期 35 年 12 月 19 日　受損失者 督學劉景韶 簽名蓋章　（機關或學校名稱）主管人 江蘇省教育廳　簽名蓋章

教育人員財產損失報告表

損失項目	單位	數量	價值（國幣元角分不計）所值價	年價值	損失情形 損失年月日期	地點	事件	備註
總計								
房屋類小計								
樓房	間							
平房	間	3	約700元	民國6年	26年12月29日	金壇沈濱橋	敵人掃蕩	
草房	間							
	間							
器具類小計								
床	件							
桌	件	3	30元	10年				
椅	件	8	17元	10年				
	件							
現款類小計								
服裝類小計								
皮衣	件	2	50元	16年				
單衣	件	25	190元	20年				
夾衣	件	19	145元	21年				
書籍類小計								
辭源	冊	2	6元	9年				
飲冰室	冊	26	12元	15年				
袁王綱鑑	冊	16	3	10年				
	冊							
	冊							
其他類小計								

填報日期 三十四年十二月二十日　受損失者 鄭鴻壽 簽名蓋章　（姓名或機關名稱）　呈報人

教育人員財產損失報告表

損失項目	單位	數量	價值（國幣單位元）請填民國29年之價值	損失情形 損失日期（年月日）	損失情形 地點	損失情形 事件	備註
總計							
房屋類小計							
樓房	間						
平房	間						
草房	間						
	間						
器具類小計							
床	件						
桌	件						
椅	件						
	件						
現款類小計		500元	500元	29年2月19日	江蘇省吳江縣	吳江縣淪陷	當時在江蘇省教育廳工作
服裝類小計							
皮衣	件						
單衣	件	10件	200元	〃	〃	〃	
被褥	件	4件	200元	〃	〃	〃	
書籍類小計							
辭源	册						
文字書	册	100册	100元	〃	〃	〃	
	册						
	册						
	册						
其他類小計							

填報日期35年12月15日　受損失者吳欽（簽名蓋章）　（校名或機關名稱）主管人江蘇省教育廳　簽名蓋章

6

13　12

教育人員財產損失報告表

損失項目	單位	數量	價值（同國幣填寫角分不計）	損失情形：損失年月日期	損失情形：地點	損失情形：事件	備註
總計			所填係二十八年之價值 410,000元		江蘇淮安東南鄉崔堡鎮	淮東戰事	
房屋類小計		三十間	100,000元				
樓房	間	0					
平房	間	三十間	100,000元	三十二年十二月			
草房	間	0					
	間						
器具類小計		四十六件	50,000	三十二年二月			
床	件	五件	5000	〃			
桌	件	十五件	5000	〃			
椅	件	三十件	30000	〃			
櫃	件	六件	10000	〃			
現款類小計		0					
服裝類小計		七十件	30,000	〃			
皮衣	件	十件	8000	〃			
單衣	件	二十件	2000	〃			
棉夾衣	件	四十件	20,000	〃			
書籍類小計		五百六十冊	180000	〃			
辭源	冊	0					
文史地類	冊	三百冊	80000	〃			
詩詞類	冊	二百冊	50000	〃			
教育類	冊	三十冊	30000	〃			
其他	冊	三十冊	20,000	〃			
其他類小計		二百十件	50,000	〃			
銅錫器	件	二十件	30000	〃			
古瓷器	件	一百五十件	10000	〃			
字畫	件	四十件	10000	〃			

填報日期 三十五年十二月十九日　受損失者 王光泰［印］簽名蓋章　（姓名或機關名稱）主管人　簽名蓋章

8

教育人員財產損失報告表

損失項目	單位	數量	價值（用國幣填寫角分不計）	損失情形：損失年月日期	損失情形：地點	損失情形：事件	備考
總計			前項係二十六年之價值 34,100元	二十九年四月十一日	江蘇阜寧八灘	由阜寧東坎至八灘棉蕩敵縱火焚燬	
房屋類小計			9,600〃				
樓房	間						
平房	間	38	7,600〃				
草房	間	14	2,000〃				
	間						
器具類小計			1,000〃				
床	件	10	500〃				
桌	件	15	200〃				
椅	件	35	300〃				
	件						
現款類小計			3,000〃				
服裝類小計			1,900〃				
皮衣	件	15	800〃				
單衣	件	100	500〃				
蚊帳被褥	件	30	600〃				
書籍類小計			3,600〃				
辭源	册	24	200〃				
大學用書	册	60	400〃				
中學用書	册	130	500〃				
經史子集	册	90	500〃				
各項參考書	册	800	2,000〃				
其他類小計			15,000〃				
古董玩器	件	40	5,000〃				
爐台時計鍋釜	件	30	1,000〃				
米麥大豆雜糧	石	100	9,000〃				

填報日期三十五年十一月一日　受損失者編審張嘉琳簽名蓋章　（校名或機關名稱）主管人　簽名蓋章

17　16

9

教育人員財產損失報告表

損失項目	單位	數量	價值（用國幣填寫角分不計）	損失年月日期	地點	事件	備註
總計			所填係三十二年之價值				糧食衣服金飾等均被敵人搶去外其餘被敵人燒燬器具損失三百餘萬元未列入
房屋類小計					江蘇溧陽[illegible]	敵人下鄉焚燒搶劫	
樓房	間	五	七百五十萬元	三十二年五月十一日			
平房	間	六	四百八十萬元	〃 〃			
草房	間	三	一百萬元	〃 〃			
	間			〃			
器具類小計							
床	件	六	四十二萬元	〃 〃			
桌	件	九	四十五萬元	〃 〃			
椅	件	十五	十五萬元	〃 〃			
大櫥	件	七	一百萬元				
現款類小計							
服裝類小計							
皮衣	件	四	三十萬元	〃 〃			
單衣	件	一百餘件	一百五十萬元（平均價）	〃 〃			
棉被	件	十五	四十五萬元	〃 〃			
書籍類小計							
辭源	冊	一部	三萬元	〃 〃			
四庫全書提要目錄	冊	六	七萬元	〃 〃			
其他書籍	冊	三百餘冊	十六萬元	〃 〃			
	冊						
	冊						
其他類小計							
牛豬羊		五十餘頭	八十萬元	〃 〃			
紙幣	500元		五十萬元	〃 〃			
金戒子	三只		二十萬元	〃 〃			
籼稻	石	七十	七十萬元	〃 〃			
大米	石	三十五	七十萬元	〃 〃			

填報日期 三十五年十二月廿一日　受損失者 [illegible]（印）簽名蓋章　（被名或機關名稱）主管人　簽名蓋章

18

19

教育人員財產損失報告表

損失項目	單位	數量	價值（同國幣填寫角分不計）	損失日期（年月日）	地點	事件	備註
總計			所填係二十七年之價值				
房屋類小計							
樓房	間	三间	450元	二十七年八月	江蘇松江西門外潤街	被敵拆除移作别用	
平房	間	三间	300元	仝上	仝上	仝上	
平房（故居）	間	六间	480元	二十六年十二月	江蘇松江北門外鄉一圖	被敵全部焚燬	
門窗樓板裝修	間	十七间	1020元	仝上	江蘇松江西門外潤街	被敵移建别處應用	
器具類小計							
床	件	十三件（銅四 木九）	265元	二十六年十二月	江蘇松江西門外潤街	被敵劫取	
桌	件	三十餘件	100元	仝上	仝上	仝上	
椅	件	三十餘件	60元	仝上	仝上	仝上	
櫈	件	六十餘件	60元	仝上	仝上	仝上	
現款類小計							
服裝類小計							
皮衣	件	四十餘件	400元	二十六年十二月	仝上	被敵劫取	
單衣	件						
	件						
書籍類小計							
辭源正續	册	四册	↓	二十六年十二月	仝上	被敵劫取	
十三經注疏	册	三百餘册		仝上	仝上	仝上	
皇清經解正續編	册	五百餘册		仝上	仝上	仝上	
資治通鑑	册	一百餘册		仝上	仝上	仝上	
其他書畫	册	書二十餘册 畫二百餘件	共1000元	仝上	仝上	仝上	
其他類小計							其他類損失未計

填報日期 35年12月21日　受損失者 秦坤誠 簽名蓋章　（姓名或機關名稱）主管人　簽名蓋章

教育人員財產損失報告表

損失項目	單位	數量	價值（用國幣填寫角分不計）	損失情形 損失年月日期	地點	事件	備考
總計			所填係二十七年之價值 4,094元	二十七年四月二十三日	江蘇溧陽一區閔家村	民國二十七年春日人襲擊	
房屋類小計		七	2440元	〃		村南之大石山游擊隊	
樓房	間	五	2000元	〃		抗日即以附近村莊為	
平房	間	二	440元	〃		蔭庇日人憤恨將附	
草房	間			〃		近村莊焚燬本村遂即	
	間			〃		遭難	
器具類小計		三十二	426元	〃			
床	件	四	112元	〃			
桌	件	八	120元	〃			
椅	件	八	176元	〃			
方　橙	件	十二	18元	〃			
現款類小計				〃			
服裝類小計		三十四	280元	〃			
皮衣	件	四	130元	〃			
單衣	件	三十	150元	〃			
	件			〃			
書籍類小計		二百五十八	878元	〃			
辭源	冊	二	8元	〃			
各種文藝書籍	冊	四十	120元	〃			
各種政治經濟書籍	冊	二十	80元	〃			
各種古書	冊	一百卅	300元	〃			
中大學教科書	冊	五十	300元	〃			
其他類小計			70元	〃			
衣　櫥		四	40元	〃			
皮　箱		五	30元	〃			

填報日期 35年12月23日　受損失者 閔禹雲 簽名蓋章　（校名或機關名稱）主管人　參式五號

教育人員財產損失報告表

損失項目	單位	數量	價值（用國幣填寫角分不計）所填係26年之價值	損失情形 損失年月日（時期）	地點	事件	備註
總計			[illegible]	29.4.12.	溧陽戴埠二區湖塘鄉斗门村	民國二十九年春日人進駐距我村僅有三里許之大山因欲取締四週障碍物故將附近之村莊全部焚燬本村並即遭難	
房屋類小計		6	1000元	〃			
樓房	間	3	800元	〃			
平房	間	3	200元	〃			
草房	間			〃			
	間			〃			
器具類小計		33	208元	〃			
床	件	2	100元	〃			
桌	件	5	30元	〃			
椅	件	20	28元	〃			
其他	件	6	50元	〃			
現款類小計		47		〃			
服裝類小計		47	340元	〃			
皮衣	件	2	80元	〃			
單衣	件	20	200元	〃			
毛貢衣	件	25	60元	〃			
書籍類小計		166	848元	〃			
辭源	冊	1部	8元	〃			
文庫	冊	24	40元	〃			
各種雜誌	冊	60	200元	〃			
中学教科書	冊	30	200元	〃			
大学教科書	冊	50	400元	〃			
其他類小計		12	[illegible]	〃			
大櫥		2	86元	〃			
皮箱		4	16元	〃			
框台		1	12元	〃			
藤椅		2	10元	〃			
時鐘、器皿、樂器		3	300元	〃			

填報日期 35年12月23日　受損失者 簽名蓋章（姜淡印）　（校名或機關名稱）主管人　簽名蓋章

13　27　26

14

教育人員財產損失報告表

損失項目	單位	數量	價值（用國幣填寫角分不計）		損失時期（年月日）	地點	事件	備註
總計			所填係　原之價值	2352540元				
房屋類小計								
樓房	間							
平房	間							
草房	間							
	間	十二間	民國廿七年價	940元	民國廿七年農曆七月十八日	合肥西平鄉白水壩	敵人侵入本鄉被其焚燬	
器具類小計								
床	件							
桌	件							
椅	件							
	件							
現款類小計			民國廿七年價	1600元	民國廿七年農曆七月十八日	合肥西平鄉白水壩	敵人侵入本鄉被其焚燬	
服裝類小計								
皮衣	件							
單衣	件							
	件							
書籍類小計								
辭源	册							
	册							
	册							
	册							
	册							
其他類小計								
籼稻		50石	民國卅五年價	700000元	民國廿七年農曆七月十八日	合肥西平鄉白水壩	敵人侵入本鄉被其焚燬	
籼米		10石	〃	450000元	仝	仝	仝	
農具			〃	1000000元	仝	仝	仝	

填報日期卅五年十二月十九日　受損失者 張家禎 簽名蓋章　（校名或機關名稱）主管人　簽名蓋章

16

教育人員財產損失報告表

損失項目	單位	數量	價值（用國幣填寫角分不計）所填價　年之價值	損失年月日期	地點	事件	備考
總計							
房屋類小計							
樓房	間						
平房	間						
草房	間						
	間						
器具類小計	6						
床	件	1張	民國卅五年 5萬元	民國二十六年十二月三十日	為日軍所毀於鎮江	為日軍所毀	
桌	件	1張	民國卅五年 4萬元	仝上	仝上	仝上	
椅	件	4張	民國卅五年 8萬元	仝上	仝上	仝上	
	件						
現款類小計							
服裝類小計	12						
皮衣	件						
單衣及棉衣	件	12件	民國卅五年 30萬元	仝上	仝上	仝上	
	件						
書籍類小計							
辭源	册	1部（3册）	民國卅五年 5萬元	仝上	仝上	仝上	
教科及other書	册	50册	民國卅五年 30萬元	仝上	仝上	仝上	
	册						
	册						
	册						
其他類小計							

填報日期 35年12月19日　受損失者 郇賢厚 簽名蓋章　（校名或機關名稱）主管人 江蘇省西湖鎮中心小學校長 郇賢厚 簽名蓋章

43　32

17

教育人员财产损失报告表

损失项目	单位	数量	价值（用国币填写角分不计）	损失日期（年月日）	地点	事件	备注
总计			所填系26年之价值 共.16260元				
房屋类小计		16	4000元				
楼房	间						
平房	八间		2400元	32年4月	华字十一区七套镇	敌伪拆建碉堡	
草房	八间		1600元	32年7月	〃 〃	匪烧	
	间						
器具类小计		127	1580元		七套镇北乡高厂		
床	五件		300元	32年4月		敌伪劫去	内顶床一张 架床一张
桌	四件		160元	〃 〃	〃 〃	〃 〃	内红木桌一张 柏木桌三张
椅	十八件		120元	〃 〃	上西地点分存	〃 〃	内柏木神柜一堂 椅几一只
一切傢具及陈设用品	约百件		1000元	30年5月	〃 〃	〃 〃	内柏木玻璃橱一付 铜锡玉器等件
现款类小计							
服装类小计		31	500元				
皮衣	二件			30年5月	华字三区大汾庄	敌伪掳夺	
单衣	十五件			〃 〃	〃 〃	〃 〃	
西装毡毯帐被等	九件			〃 〃	华字三区朱家社	〃 〃	
书籍类小计		计装五洋木箱	4000元				
丁种辞源	二册			32年4月	七套镇北乡高厂	敌伪劫去	
法学院用书	册			〃 〃	〃 〃	〃 〃	
两个中学用书	册			〃 〃	〃 〃	〃 〃	
字画碑帖古对联	册			〃 〃	〃 〃	〃 〃	
经史及中外文学书	册			〃 〃	〃 〃	〃 〃	
其他类小计			600元				
酒坊器具		全套		32年4月	华字十一区七套镇	敌伪劫毁	
木厂存货		长短卅五支		〃 〃	〃 〃	〃 〃	

填报日期 35年12月 日 受损失者吴璧 [印] 签名盖章 （校名或机关名称）主管人 签名盖章

37

35

34

教育人員財產損失報告表

損失項目	單位	數量	價值（用國幣填寫角分不計）	損失情形：損失日期（年月日）	損失情形：地點	損失情形：事件	備考
總計			所填係35年之價值 17,500,000				
房屋類小計			9,000,000	民國廿七年三月五日	金壇縣社头鎮	被敵縱火焚燬	
樓房	間	6	6,000,000				
平房	間	3	3,000,000				
草房	間						
	間						
器具類小計			1560000				
床	件	8	480,000				
桌	件	12	600,000				
椅	件	20	400,000				
茶几	件	8	80000				
現款類小計							
服裝類小計			3000000				
皮衣	件	5	2,000,000				
單衣	件	40	400,000				
棉衣	件	15	600000				
書籍類小計							
碑帖	冊						
	冊						
	冊						
	冊						
	冊						
其他類小計			4000000				
稻	担	200	4000000	仝上	仝上	仝上	

填報日期 35年12月18日　受損失者 殷鍾玉 簽名蓋章　（校名或機關名稱）主管人　簽名蓋章

20

教育人員財產損失報告單

損失項目	單位	數量	價值（用國幣填寫角分不計）（所填係民國26年之價值）	損失情形 損失日期（年月日）	地點	事件	備註
總計			155,000				所有刊行地方教育月刊及發行小學教師叢書先後均向教育部呈報並奉嘉勉有案敵日攻陷鎮江時鳳翔本人先已赴江西省政府服務承營職責臨期倉皇出走未能預製証件
類小計							
	間						
	間						
	間						
	間						
類小計			30,000				
辦公用具	件	350	15,000	民國廿六年十二月內	鎮江敏翔里	日寇攻佔鎮江	
木器	件	200	6,000	〃	〃	〃	
電器設備	件	(數值以件計)	3,000	〃	〃	〃	
廚房設備	件	(〃 〃)	4,000	〃	〃	〃	
現款類小計							
服裝類小計							
皮衣	件						
單衣	件						
	件						
籍類小計			110,000				
源	冊						
中英日文書籍	冊	9,000	40,000	民國廿六年十二月內	鎮江敏翔里	日寇攻佔鎮江	
教育月刊	冊	160,000	20,000	〃	〃	〃	
小學教師進修叢書	冊部	4,000	50,000	〃	〃	〃	
	冊						
其他類小計			48,000				
白報紙	令	4,000	28,000	民國廿六年十二月內	鎮江敏翔里	日寇攻佔鎮江	
道林紙	令	1,080	20,000	〃	〃	〃	

填報日期民國卅五年七月十日　受損失者地方教育月刊社簽名蓋章（校名或機關名稱）主管人　簽名蓋章

填報者社長秦鳳翔

教育人員財產損失報告表

損失項目	單位	數量	價值（用國幣填寫角分不計） 所填係35年之價值	損失情形 損失年月日	地點	事件	備考
總計							
房屋類小計							
樓房	間	1					
平房	間	五	10,000,000	28年7月26日	東台	敵機轟炸	
草房	間						
	間						
器具類小計							
床	件	三	1,800,000	〃 〃 〃	〃 〃	〃 〃 〃 〃	
桌	件	四	400,000	〃 〃 〃	〃 〃	〃 〃 〃 〃	
椅	件	十	1,000,000	〃 〃 〃	〃 〃	〃 〃 〃 〃	
	件						
現款類小計							
服裝類小計							
皮衣	件	五	4,000,000	〃 〃 〃	〃 〃	〃 〃 〃 〃	
單衣	件	廿	120,000	〃 〃 〃	〃 〃	〃 〃 〃 〃	
	件						
書籍類小計							
辭源	冊	三	60,000	〃 〃 〃	〃 〃	〃 〃 〃 〃	
佩文韻府（石印）	冊	百	600,000	〃 〃 〃	〃 〃	〃 〃 〃 〃	
人名大詞典	冊	二	40,000	〃 〃 〃	〃 〃	〃 〃 〃 〃	
地名大詞典	冊	一	20,000	〃 〃 〃	〃 〃	〃 〃 〃 〃	
其他書籍	冊	百	1,000,000	〃 〃 〃	〃 〃	〃 〃 〃 〃	
其他類小計							
留声機		一架	200,000	〃 〃 〃	〃 〃	〃 〃 〃 〃	
照相機		一架	200,000	〃 〃 〃	〃 〃	〃 〃 〃 〃	
手提電收音機		一架	150,000	〃 〃 〃	〃 〃	〃 〃 〃 〃	
其他物件		多種	1,000,000	〃 〃 〃	〃 〃	〃 〃 〃 〃	

填報日期35年12月30日　受損失者王慎庵（王慎庵印）簽名蓋章　（機關或學校名稱）主管人　簽名蓋章

25

教育人員財產損失報告表

損失項目	單位	數量	價值（用國幣填寫角分不計）	損失情形：損失年月日期	損失情形：地點	損失情形：事件	備致
總計		1857	前填係二十六年之價值 11480元				
房屋類小計		11	2600元				
樓房	間						
平房	叁間		1000元	卅二年二月	淮安七區曹甸東	敵偽拆毀	（照廿六年估計價目）
草房	捌間		1600元	〃 〃 八月	〃 〃 〃	〃 〃 匪拆毀	〃 〃 〃
	間						
器具類小計		40	1300元				
床	叁件		500元	廿六年十二月	戰事發生留存丹陽南門外32號	敵偽焚毀	內有紅木玻璃鏡床貳張
桌	伍件		250元	〃 〃 〃	〃 〃 〃	〃 〃	內有紅木大理石桌貳張
椅櫈	廿件		750元	〃 〃 〃	〃 〃 〃	〃 〃	內有紅木椅櫈八張
衣櫥鏡架	拾件		400元	〃 〃 〃	〃 〃 〃	〃 〃	內有紅木櫥（玻璃）兩架
現款類小計							
服裝類小計		39	950元				
皮衣	貳件		150元	三十年二月	益城西安豐（避難）	敵偽搶劫	（照廿六年估價）
單夾衣棉衣	卅件		300元	〃 〃 〃	〃 〃 〃	〃 〃	〃 〃 〃
大衣西裝行李	柒件		500元	廿六年十二月	丹陽南門外32號	敵偽焚搶	戰前估計 〃 〃
書籍類小計		1605	5730元				
辭源辭海	五冊		30元	卅二年三月	淮安七區曹甸東	敵偽焚搶	（照廿六年估價）
中國歷史叢集古版	拾伍冊		2800元	〃 〃 〃	〃 〃 〃	〃 〃	內有家傳元明版數十部
教育行政圖書	貳百冊		150元	〃 〃 〃	〃 〃 〃	〃 〃	照廿六年估價
西文書籍	壹百冊		250元	〃 〃 〃	〃 〃 〃	〃 〃	〃 〃 〃
古字畫古字帖	壹百冊		2500元	〃 〃 〃	〃 〃 〃	〃 〃	〃 〃 〃
其他類小計		162	900元				
古盃古碗	五十件		200元	卅二年二月	淮安七區曹甸東	敵偽焚搶	（照廿六年估價）
古硯	兩方		100元	〃 〃 〃	〃 〃 〃	〃 〃	〃 〃 〃
古銅器錫器	百餘件		500元	〃 〃 〃	〃 〃 〃	敵偽搶掠一空	〃 〃 〃
古瓷瓶瓷器	拾餘件		100元	〃 〃 〃	〃 〃 〃	〃 〃	〃 〃 〃

填報日期三十五年十二月二十日　受損失者宋雅山　簽名蓋章　（校名或機關名稱）主管人　簽名蓋章

51　50

教育人員財產損失報告表

損失項目	單位	數量	價值（用國幣為單位角分不計）	損失日期（年月日時）	地點	事件	備考
總計			所填係35年之價值 258,720,500元	民國27年至28年	南京、湖南長沙、江蘇阜寧	為敵偽所燒搶	
房屋類小計	58	38	134,400,000元				
樓房	間	8間	48,000,000元				
平房	間	13間	72,000,000元				
草房	間	8間	9,600,000元				
倉房	間	4間	4,800,000元				
器具類小計		60	11,240,000元				
床	件	4件	3,800,000元				
桌	件	12件	2,400,000元				
椅	件	28件	840,000元				
櫥	件	16件	4,200,000元				
現款類小計		42,715,000	42,715,000元				
服裝類小計		153	14,300,000元				
皮衣	件	25件	6,400,000元				
單衣	件	124件	6,200,000元				
西裝衣	件	6件	1,800,000元				
書籍類小計		820	16,230,000元				
辭源	冊	1冊	30,000元				
全史	冊	1部	1,400,000元				
子書	冊	1部	300,000元				
物化等	冊	245冊	2,450,000元				
中西各種洋裝	冊	595冊	11,500,000元				
其他類小計			39,835,500元				
水車		2部	6,400,000元				
壽材		2口	8,000,000元				
黃金		2.14[illegible]	9,988,000元				
白銀		1385兩	5,547,500元				
咔嘰布		117疋	11,900,000元				

填報日期 35年12月15日　受損失者 郝宗瑾 簽名蓋章　（校名或機關名稱）主管人　簽名蓋章

教育人員財產損失報告表

損失 總 房屋 樓 平 草

損失項目	單位	數量	價值（用國幣填寫角分不計）	損失情形 損失年月日期	損失情形 地點	損失情形 事件	備考
總計			所填係三十五年之價值 弍千柒百捌拾弍萬四千元				戰前租賃蘇州南橋西街二十二號呂姓房屋三進計十四間除分租四間外所有屋内家具什物於日軍入城後被人搬運一空現僅有破鉄床破桌破櫥破書架書櫥等各乙件存呂姓房東家
房屋類小計		無					
樓房	間	無					
平房	間	無					
草房	間	無					
	間	無					
器具類小計		六十八	叁百六十四萬元				
床（鉄床叁只 木床四只）	件	七	柒拾萬元	民國二十六年十一月	蘇州南橋西街22號	蘇城淪陷後被刦	
桌（方桌四張 書桌叁張 半桌四張）	件	十一	壹百拾萬元	仝上	仝上	仝上	
椅及櫈	件	三十六	弍拾四萬元	仝上	仝上	仝上	
皮箱及衣櫥	件	十四	壹百四十萬元	仝上	仝上	仝上	
現款類小計		無					
服裝類小計			壹千壹百萬元				
皮衣	件	十	五百萬元	仝上	仝上	仝上	
單衣	件	三十	三百萬元	仝上	仝上	仝上	
	件	二十	三百萬元	仝上	仝上	仝上	
書籍類小計			弍百玖拾四萬四千元				
辭源及佩文韵府	冊	六十三	拾四萬四千元	仝上	仝上	仝上	
文學書	冊	五百	五十萬元	仝上	仝上	仝上	
土木工程字書	冊	五十	壹百萬元	仝上	仝上	仝上	
美術	冊	五十	壹百萬元	仝上	仝上	仝上	
雜項舊書	冊	三百	叁拾萬元	仝上	仝上	仝上	
其他類小計			壹千零弍拾四萬元				
名人書画	幀	一百三十二	叁百六十萬元	仝上	仝上	仝上	
銅錫器及磁器	箱	八	弍百四十萬元	仝上	仝上	仝上	
古硯古瓶	只	十六	十六萬元	仝上	仝上	仝上	
五彩花盆	只	八	八萬元	仝上	仝上	仝上	
精品書画及換洗衣服	箱	二	四百萬元	二十七年一月	揚州城内	逃难至揚州淪敵後被刦	

填報日期 三十五年十二月 日　受損失者 殷芝庆（印） 簽名蓋章　（校名或機關名稱）主管人　簽名蓋章

教育人員財產損失報告表

損失項目	單位	數量	價值（用國幣填寫角分不計）	損失情形：損失年月日（時期）	損失情形：地點	損失情形：要件	備註
總計			所填係三十五年之價值 六千六百七十七萬元				三十二年淮東事變後國軍退駐鹽城西境余家中亦有駐軍當時日兵四出掃蕩則余之房屋家具食糧耕牛農具槍支全部被搶光燒光
房屋類小計			叁千四百五十萬元				
樓房	間	無		民國三十二年二月	鹽城縣第十一區甸溝		
平房	間	6	貳千一百萬元	仝上	仝上	淮東事變後敵軍掃蕩被燒燬	
草房	間	9	壹千三百五十萬元	仝上	仝上	仝上	
	間	無					
器具類小計			四百拾五萬元				
床	件	4	柒拾萬元	仝上	仝上	仝上	
桌	件	6	四十五萬元	仝上	仝上	仝上	
椅及櫈	件	24	四十萬元	仝上	仝上	仝上	
箱櫥櫃	件	12	貳百六十萬元	仝上	仝上	仝上	
現款類小計		無					
服裝類小計			六百零五萬元				
皮衣	件	1	三十五萬元	仝上	仝上	淮東事變後被敵軍搶刦	
單衣及棉夾衣	件	170	三百玖拾萬元	仝上	仝上	仝上	
被子	件	15	壹百捌十萬元	仝上	仝上	仝上	
書籍類小計			壹百八十二萬元				
辭源	册	1	六萬元	仝上	仝上	淮東事變後敵軍掃蕩被燒燬	
中小學用書	册	150	叁十六萬元	仝上	仝上	仝上	
舊古書	册	495	壹百四十萬元	仝上	仝上	仝上	
	册	無					
	册	無					
其他類小計			貳千零貳十五萬元				
食糧	石	265	柒百四十五萬元	仝上	仝上	淮東事變後被敵軍搶刦	
耕牛	頭	2	壹百五十萬元	仝上	仝上	仝上	
風車	部	2	六百八十萬元	仝上	仝上	仝上	
農具	件	95	貳百四十萬元	仝上	仝上	淮東事變後敵軍掃蕩被燒燬	
步槍 盒槍	支	3	貳百壹拾萬元	仝上	仝上	淮東事變後被敵軍搶刦	

填報日期三十五年十二月二十日　受損失者周毅君（印）簽名蓋章　（校名或機關名稱）主管人　簽名蓋章

33

教育人員財產損失報告表

損失項目	單位	數量	價值（用國幣填寫角分不計）	損失情形：損失年月時期	損失情形：地點	損失情形：事件	備註
總計			所填係之〇年之價值 #25,835.				
房屋類小計		五間	#13600.				
樓房	間	/					
平房	間	五間	#13,600.	二十八年十二月底	江陰之區桃花鄉四保	日軍大掃蕩燒毀	
草房	間	/					
	間						
器具類小計		捌張	[illegible] 5,400.	〃	〃	〃	
床	件	↓	#640.				
桌	件	拾貳張	#1700.	〃	〃	〃	
椅	件	拾陸張	[illegible]	〃	〃	〃	
磁錫玻璃器物	件	百件	#3500.	〃	〃	〃	
現款類小計			[illegible]				
服裝類小計		叁皮箱	#2440.	〃		〃	
皮衣	件	五件	#1,040.				
單衣	件	數十件	#800.				
棉起衣	件	〃	#1600.				
書籍類小計		五三冊	#45.				
辭源	冊	上下續三冊	#15.	〃	〃	〃	
新傳記書	冊	五十冊	#30.	〃	〃	〃	
	冊						
	冊						
	冊						
其他類小計			#4,350.	〃	〃	〃	
穀	石	捌拾石	#2400.	〃	〃	〃	
棉積	石	伍石	#450.	〃	〃	〃	
農具	件	五十件	#1,500.	〃	〃	〃	

填報日期 35年 12月 17日　受損失者 高希榮 簽名蓋章　（姓名或機關名稱）　主管人　簽名蓋章

67　66

34

教育人員財產損失報告表

損失項目	單位	數量	價值（同國幣填寫角分不計）	損失情形 損失年月時日期	地點	事件	備註
總計			所值係20年之價值 #25,835				
房屋類小計			#13600.				
樓房	間	/					
平房	間	三間	#13600.	二十八年十二月七日	江陰七區桃花鄉四保	日軍大掃蕩焚毀	
草房	間	/					
	間						
器具類小計			#5400.				
床	件	捌張	#640				
桌	件	拾沁張	#700.	〃	〃	〃	
椅	件	拾陸張	#540.	〃	〃	〃	
磁錫玻璃器物	件		#3500.	〃	〃	〃	
現款類小計							
服裝類小計		~~皮箱~~	#2440.	〃	〃		
皮衣	件	5件	#1040.				
單衣	件	70件	#800.				
棉夾衣	件	50件	#1600.				
書籍類小計			#45.	〃	〃	〃	
辭源	冊	上下續三冊	#15.	〃	〃	〃	
雜誌書籍	冊	五十冊	#30.	〃	〃	〃	
	冊						
	冊						
	冊						
其他類小計			#4350.	〃	〃	〃	
金飾	兩	80兩	#2400.	〃	〃	〃	
銅樸	只	5只	#450.	〃	〃	〃	
農具	件	50件	#1500.	〃	〃	〃	

填報日期 35年12月17日 受損失者 高本崇 （印） 簽名蓋章 （校名或機關名稱）主管人 簽名蓋章

69 68

35

教育人員財產損失報告表

損失項目	單位	數量	價值（同國幣填寫角分不計）	損失情形：損失日期（年月日時）	損失情形：地點	損失情形：事件	備註
總計			所填係36年之價值 $11,3368.				
房屋類小計			6000.				
樓房	間	/					
平房	間	五間	$6,000.	廿六年十二月裏	鎮江城内	日軍侵入	每間一千二百元
草房	間	/					
	間						
器具類小計			$988.				
床	件	八張	$240.				係鉄床每張三十元
桌	件	十六張	$168.				方桌六張写字台八張圓桌二張
椅	件	弍五張	$120.				内沙發五張藤椅四張木椅十六張
什件	件	弍十件	$460.				包括衣廚四只瓷器二只其他用物十餘件
現款類小計		/					
服裝類小計		弍箱	$1500.				
皮衣	件						
單衣	件						
	件						
書籍類小計			$530.				
辭源	冊	二部	$30.				
書籍	冊	八百冊	$500.				
	冊						
	冊						
	冊						
其他類小計			$2300.				
磁器	件	七十件	$100.				
錫器		二十件	$200.				
字畫		二百件	$2000.				

填報日期 35 年 12 月 19 日　受損失者 張君昇 簽名蓋章 （姓名或機關名稱）主管人 簽名蓋章

71　70

36

江蘇省立常州中學教育人員財產損失報告表

民國三十五年六月

13 72

教育人員財產損失報告單

損失項目	單位	數量	價值（用國幣填寫角分不計）（所填係26年之價值）		損失情形 損失年月日	地點	事件	備註
[illegible]	（疇） 2	2	[illegible]1000	總計 $3600	26年12月	宜興和橋永興鄉	家鄉淪陷	
[illegible]		22	$400		（仝上）	（仝上）	（仝上）	
[illegible]	2 10							
[illegible]小計	（元）		$1000		（仝上）	（仝上）	（仝上）	
衣著類小計	（件）	29	$500		（仝上）	（仝上）	（仝上）	
女式衣服	13							
綢布衣料	10							
被	6							
書籍類小計	（冊）	10	$200		（仝上）	常州省常中	常州淪陷	
英文等字典	10							
其他類小計 皮箱、書畫	6	6	$200		（仝上）	（仝上）	（仝上）	

填報日期 35年6月 日　受損失者（董志新）簽名蓋章　江蘇省立常州中學校長董志新 簽名蓋章

75

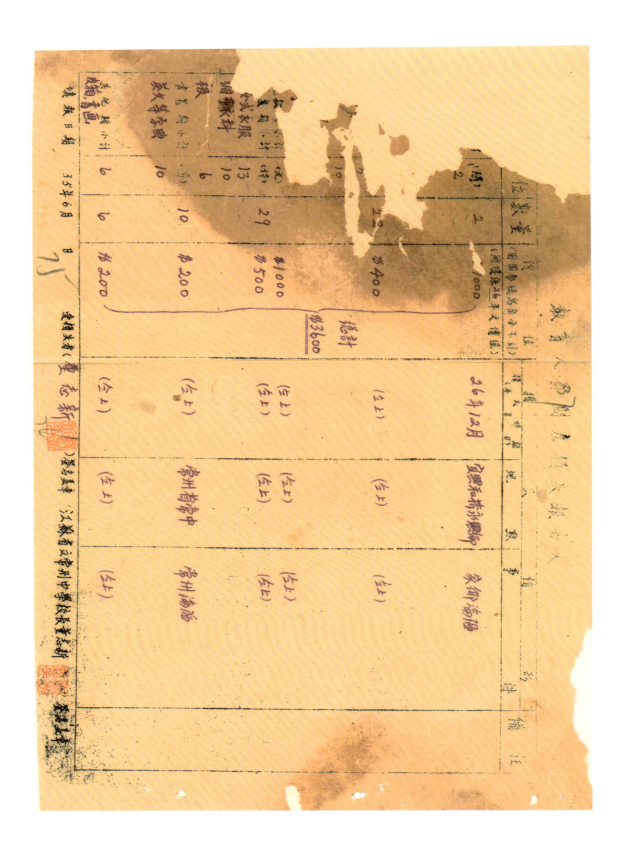

38

教育人員財產損失報告表

損失項目	單位	數量	價值（國幣元為單位不計角分）（損壞係　年之價值）	損失情形			備註
				損失年月日（年　月　日）	地點	事件	
總計			13,350元				
房屋類小計	（間）	15	13,000元	28年10月	靖江札士橋	日寇掃蕩時焚燬	
[illegible]	15						
[illegible]	（件）	10	150元	仝上	仝上	仝上	
八[illegible]木	2						
竹	8						
現款類小計	（元）						
服裝類小計	（件）						
書籍類小計	（冊）	100	200元	仝上	仝上	仝上	
中外書籍	100						
其他類小計							

填報日期　35年6月20日　受損失者（范廸基）簽名蓋章　江蘇省立常州中學校長董志新　簽名蓋章

77　76

39

教育人員財產損失報告表

損失項目	單位	數量	價值（角圓幣填寫角分不計）（所填係＿年之價值）	損失時期（年月日）	地點	事件	備註
共計			16,290元	26年11月底	常州西瀛街38号	敵軍侵入常州時被焚毀	
房屋小計	（間）						
[illegible]		15	4,500				
[illegible]		4	8,400				
[illegible]		3	600				
器具小計	（件）						
紅木客廳傢具		32	600				
卧室傢具		22	600				
書房內傢具		16	160				
厨房及什用傢具		50	250				
現款類小計	（元）	100	100				
服裝類小計	（件）						
春秋季兩裝		9	120				
夏季兩裝		4	50				
全部單衣褲		30	60				
書籍類小計	（册）						
大中學全部教科書		300	450				
理化參考書		200	400				
其他類小計							

填報日期 35年6月10日　受損失者（潘祖麟）簽名蓋章　江蘇省立常州中學校長董志新 簽名蓋章

79 78

教育人員財產損失報告表

	單位	數量	價值（用國幣填寫角分不計）	損失情形 時期（年 月 日）	地點	事件	備註
		25600元	（所填係26/27年之價值）				
		[illegible]間	[illegible]元	27年3月	南通東门外	南通淪陷時遭大燒毀	
		[illegible]件	1000元	27年3月	南通東门外	南通淪陷时遭大燒毀	
		小家庭用具叁拾餘件	300元	26年10月	常州东直街	常州淪陷时遗失	受損失者时方任職常州中學
[illegible]款類小計 首飾類小計	（元） （件）	現款 赤金伍两	5000元 5000元	30年6月	南通城内	敵人在城清鄉时被搶去	
		全家四季衣服拾叁箱	8000元	27年3月	南通东门外	南通淪陷时遭大燒毀	
書籍類小計	（册）	西装7套皮衣数件	1000元	26年10月	常州东直街	常州淪陷时遗失	
		書籍五百餘册	1000元	27年3月	南通东门外	南通淪陷时遭大燒毀	
其他類小計		教学参考書百餘册	800元	26年10月	常州常州中學	常州淪陷时遗失	

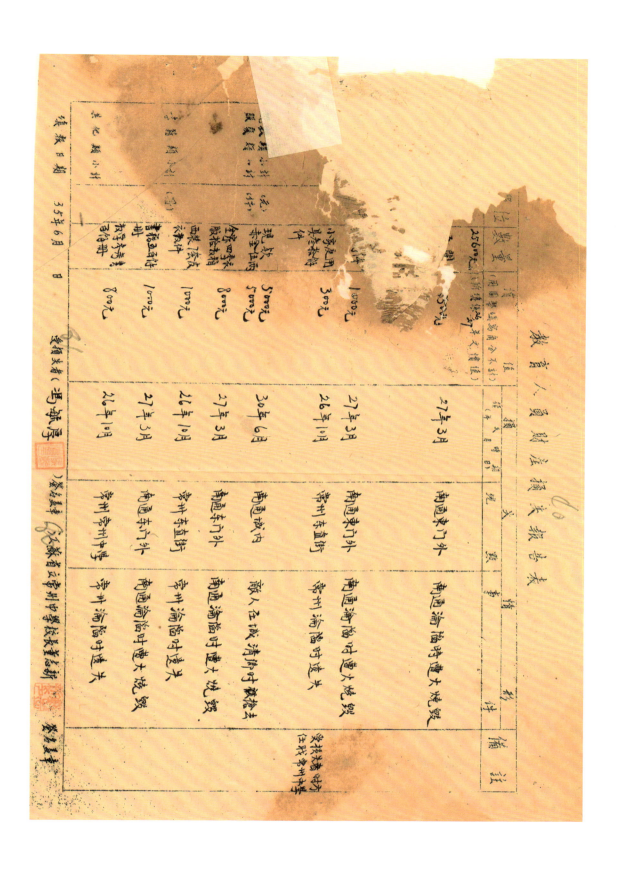

填報日期　35年6月　日　受損失者（馮毓厚）簽名蓋章　江蘇省立常州中學校長董志新　簽名蓋章

41

教育人員財產損失報告表

項目	單位	數量	價值（用國幣填寫角分不計）（所填係廿七年之價值）	損失時期（年月日）	地點	事件	備註
[illegible]	（間）	計共五進十四間	6,000	約在廿六年冬至廿七年春夏間	計一宅坐落常州西門昔濟橋，凡三進九間；一宅坐落米市灣，凡兩進五間，緊修全毀	廿六年十一月十四日離常避難至宜興之楊巷，雇得一小舟，全家七名口，僅帶禦冬衣服。廿七年六月返里，兩宅器具書籍等蕩然以盡。器具衣服等為附近鄉民搬取去，大半名書畫均為寇軍取	一部分新舊書籍貯藏常中大廚內，約百餘冊，歸來重覓，片紙無存
器具類小計：八仙桌六、四仙桌五、廚五、皮箱六、無線電機一、風琴一、其他	（件）	見上	750				
現款類小計	（元）						
服裝類小計：上等狐皮袍兩件、羊皮袍五件、棉袷三十件、大小蚊帳	（件）	見上	1,200				
書籍類小計：八大廚箱及不裝箱者	（冊）	約八百餘冊	5,000				
其他類小計：名畫碑帖瓷器等			5,000				

填報日期　35年6月廿日　83

受損失者（吳樵長）簽名蓋章　江蘇省立常州中學校長童志新　簽名蓋章

教育人員財產損失報告表

項目	單位	數量	價值（用國幣填寫角分不計）（所填係29年之價值）	損失時期（年月日）	地點	事件	備註
[illegible]計 小計	（間）7 2	9	$10,500	29年10月	宜興楊巷鎮	敵寇流竄溧陽、張渚等區	吾家住宜興楊巷鎮，于民國29年10月間遭敵寇襲擊，全家倉卒奔難，所有器物不及搬運，全被摧毀，損失慘重，且全鎮民房均遭焚去，厥狀慘酷。
器具[illegible] 房[illegible]內各項裝修陳設傢具、炊具、缸甕、碗盞、唱机、唱片、大號收音机、脚踏車等	（[illegible]）	約120件	$20,000	（仝上）	（仝上）	（仝上）	
現款類小計	（元）	現銀$200 金一兩半約$500 現鈔$3500	$4,200	（仝上）	（仝上）	（仝上）	
服裝類小計 四季衣服衣料、被褥等（全家）	（件）	100	$12,000	（仝上）	（仝上）	（仝上）	
書籍類小計 玉石圖章6，古書畫碑帖10，中西書籍3廚7架約5000冊	（冊）	5200	$20,000	（仝上）	（仝上）	（仝上）	
其他類小計 小型油廠乙所		1	$45,000	（仝上）	溧陽東門外山前村	（仝上）	
			總計 $111,700				

填報日期 35年6月 日 受損失者（吳雲章［印］）簽名蓋章 江蘇省立常州中學校長童志新［印］簽名蓋章

教育人員財產損失報告表

項目	單位	數量	價值（用國幣填寫角分不計）（所填係28年之價值）	損失時期（年 月 日）	地點	事件	備註
小計	（間）	四间	時值 500元	28年5月8日	江苏宜兴高塍	敵人潛入為作戰據點屋已破碎牆壁洞穿損失約计以上數	共計損失以二八年幣值計算為三萬一千二百元
		十二件	時值 300元	28年5月	仝上	敵人駐屯高塍盜去八仙枱一張長櫈四張靠背椅四張籐椅一張籐躺二張	
現款類小計 服裝類小計	（元） （件）	二十件	時值 400元	28年5月	仝上	棉被三條蚊帳二頂衣服計十五件	
書籍類小計	（冊）						
其他類小計			時值 30000元	28年4月	仝上	大樣商店被敵拆毀損失如上	

填報日期 35年6月 日 受損失者（王仲甸 [印：王仲甸印]）簽名蓋章 江蘇省立常州中學校長董志新 [印] 簽名蓋章

87 86

教育人員財產損失報告表

項目	單位	數量	價值（用國幣填寫角分不計）（所填係26年之價值）	損失時期（年月日）	損失地點	損失事件	備註
[illegible]計			895				
[illegible]小計	（間）						
[illegible]	（件）						
[illegible]		1	30	30年8月	武進周橋鄉許家頭	清鄉	
鏡框		2	15				
現款類小計	（元）		500	30年8月	武進周橋鄉許家頭	清鄉	
服裝類小計	（件）						
被		2	50	26年9月	南京中央大學	日机轟炸南京	
西裝		2	50				
書籍類小計	（冊）						
西文書籍		50	250	26年9月	南京中央大學	日机轟炸南京	
其他類小計							

填報日期　35年6月10日　受損失者（許錦初）簽名蓋章　江蘇省立常州中學校長董志新　簽名蓋章

教育人員財產損失報告表

40

項目	單位	數量	價值（用國幣填寫角分不計）（折價依＿年之價值）	損失時期（年月日）	損失地點	損失事件	備註
計							
小計	（間）	四…	民國二十六年以前值壹萬陸仟元民國三十五年夏季值伍千萬元	民國二十六年十二月	武進東門外白家橋	住宅在公路旁，倭寇由無錫至武進，經過此地，慮國軍埋伏屋內，因縱火焚燒	
器具類小計	（件）						
橙凳椅桌床櫥帳被鍋竈碗盤		二十件					
現款類小計	（元）						
服裝類小計	（件）						
鞋帽衣褲		十件					
書籍類小計	（册）						
四萬卷		四萬册					
其他類小計							

填報日期　35年6月九日

受損失者（錢叔平）簽名蓋章　江蘇省立常州中學校長董志新　簽名蓋章

91

項目	單位	數量	價值（房屋器具等角分不計）	損失日期（年 月 日）	地點	事件	備註
計			（所填）$1022218（按照事價）				
小計	（間）	30間	$8000	26年12月	宜興東珠巷	日兵進出宜興城縱火焚燬	
	四		2000	〃 〃	〃	〃	
	二		6000	28	宜興東廟巷	被日兵拆去	
	四		1000	〃	〃	〃	
	一		5000	〃	宜興小東門	〃	
			12000	27 春	宜興西門外蘇市衖	〃	
			4000	26 冬	宜興張渚下滸橋	日兵上街時縱火	
器具類小計	（件）	600件					
[illegible]仙桌[illegible]紅木衣架紅木天然几長櫈馬杌櫥箱枱櫈大牀床灶間枱櫈用具馬桶陶瓷錫銅器具枱公事枱	約600件		5458	26年12月（即夏曆11月27日傍晚大西風）	東珠巷	日兵進出所有傢具或被劫掠或被焚燬	
現款類小計	（元）	1000元	1000	26年冬至27年夏	馬草莊五夷牌樓大巷頭萌洛大樹下桃花塢	避難時房租船錢并在城外採米和稻一百餘石白米十餘石	
服裝類小計	（件）	316件					
皮綻	16		3080	26年12月	東珠巷	日兵進出宜城隨屋焚燬	
棉夾單衣	300餘		4000	〃	〃	〃	
書籍類小計	（冊）	20000冊					
綫裝書洋裝書四櫥六箱目錄已失	約20000		20000	〃	〃	〃	
其他類小計		300件					
明代陶器石玉銅銀鉎羊角古印碑帖等	300餘件		28680	〃	〃	〃	
			總計約11090000元（填表時價）				

填報日期 35年6月15日 受損失者（路楳霞（名煐）〔印〕）簽名蓋章 江蘇省立常州中學校長董志新〔印〕簽名蓋章

93 92

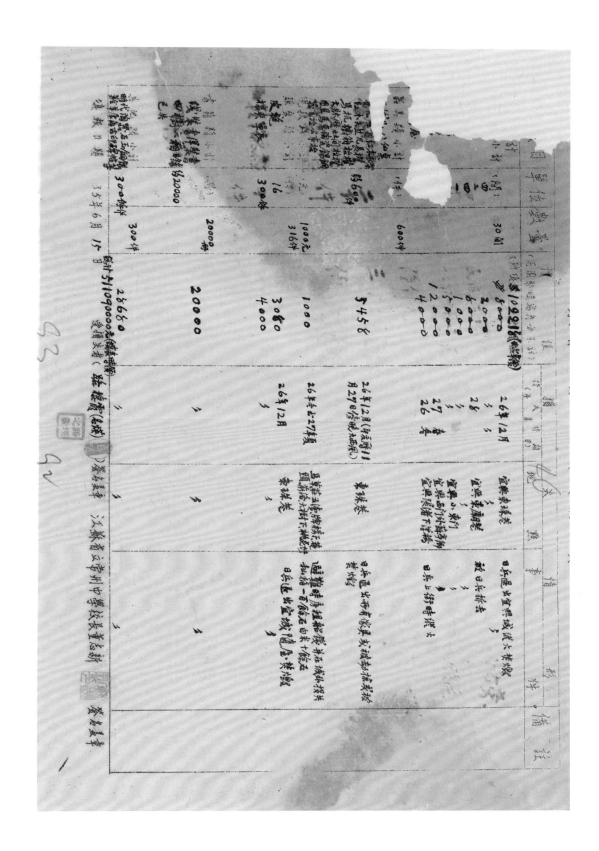

教育人員財產損失報告表

項目	單位	數量	價值（用國幣填寫角分不計）（所填係26年之價值）	損失時期（年月日）	地點	事件	備註
計			10000元				
[illegible]小計	（間）						
		三間	2000元	26年12月	江蘇靖江廣陵鎮	靖江淪陷時敵人燒毀	受損失者原住址
		數十件	1000元	26年12月	江蘇靖江廣陵鎮	靖江淪陷時	被燒毀之房屋內器具
		百餘件	1000元	27年3月	江蘇南通城內鈎十巷四號	南通淪陷時	受損失者時任職江蘇省立南通中學其南通寓處全部家具損失無餘
現款類小計	（元）						
服裝類小計	（件）						
衣服 被褥		百餘件 十餘件	3000元	26年12月與27年3月	江蘇靖江廣陵鎮與江蘇南通	靖江淪陷時與南通淪陷時	
書籍類小計	（冊）						
中文書籍 古字畫		數百冊 四十餘件	2000元	26年12月	江蘇靖江廣陵鎮	靖江淪陷時	
西文書籍		數十冊	1000元	27年3月	江蘇南通城內鈎十巷	南通淪陷時	
其他類小計							

填報日期　35年6月　日　受損失者（張武之［印］）簽名蓋章　江蘇省立常州中學校長董志新［印］簽名蓋章

教育人員財產損失報告表

項目	單位	數量	價值（用國幣填寫角分不計）（所填係二六年之價值）	損失時期（年 月 日）	地點	事件	備註
總計 小計	[illegible]	商					常州淪陷前夕，交通工具斷絕，僅輕身出走，所有家具用物，一切不及攜走。適三十一年冬，自重慶返，全部東西在二十六年淪陷後，被敵席捲，[illegible]年不及。
傢具類小計（件） [illegible]	全堂	全部約計五十餘件	約計國幣：14500元	二十六年十一月常州淪陷日	江蘇武進周線巷31號	武進縣淪陷，被敵人屠奸洗劫，門窗地板均被拆去燒火。	
現款類（元） 服裝類小計（件）		750元	300元 1450元	仝上	仝上	武進淪陷倉皇出往汕地，將報入川，路引未及攜走，大部份金銀手飾等款。	
書籍類小計（冊） 書籍二大櫥，[illegible]	約三千餘冊	3000冊	3500元	仝上	仝上	笨重物無法帶走。	
其他類小計 [illegible]		約百餘件	15000元	仝上	仝上	仝上	
			（34750元）				

填報日期 35年6月9日

受損失者（李允中、丁婉如）簽名蓋章　江蘇省立常州中學校長董志新 簽名蓋章

教育人员财产损失报告表

項目	單位	數量	價值（用國幣填寫角分不計）（所填係＿年之價值）	損失時期（年月日）	地點	事件	備註
[illegible]計		1031	892000元				
[illegible]計	（[illegible]）	10					
		10	50000元	30年	江蘇省揚中縣太平洲		
[illegible]具[小計]	（件）	578					
鑽石珠寶戒		20隻	560000元	29年	江陰城内小虹橋南塊及揚中縣太平洲	住宅被敵軍佔領後損失	
金器（銀器等）		10兩					
無線電收音機[illegible]		3件					
銅錫木竹藤陶瓷器		431件					
大號紅木穿衣鏡		3面					
金錶及時鐘		10只					
御[illegible]香珠		1串					
零星傢具		100件					
現款類小計	（元）		20000元	26年	江陰、常州、上海	存款商店被焚	
服裝類小計	（件）	10					
男女各皮大衣裘毛皮服等		4皮箱又20件	202000元	29年	太平洲與小虹橋南塊	被和平軍（偽軍）等劫去	
毛葛嗶嘰絲綢衣服等		5皮箱					
湘繡紅緞桌幃椅披以及駱駝絨床毯等		1皮箱					
書籍類小計	（冊）	2					
中西社會學科書		2書櫥	5000元	26年	江陰小虹橋南塊	江陰陷後被地痞流氓等拿去	
中西自然科學書							
中西文學書							
中西各科辭典							
其他類小計		431					
船子		7隻	55000元	29年	泰興縣及揚中縣太平洲	後母一人病歿揚中時我們全家避難異鄉故田單契紙等均落偽軍之手	
屯田及稻田		430畝					

填報日期 35年6月15日

受損失者（吳錦庭）簽名蓋章　江蘇省立常州中學校長董志新 簽名蓋章

教育人員財產損失報告表

損失項目	單位	數量	價值（用國幣填寫角分不計）（所填係26年之價值）	損失日期（年月日）	地點	事件	備註
計	法幣	50000.00					
房屋	六間	24間	24000.00	26年12月1日	武進東門外東外直街516號	二十六年冬日寇西犯武進淪陷其先遣部隊由東門入城沿途焚燒民房悉化焦土	
傢具類小計 檀木 櫥 榉 椅	五十張 三十張 一十張 一册（元件）	大小木器百件	10000.00	同上	同上	同上	
服裝類小計 皮衣 男女 棉衣 單衣 大	件 十三 三 （套）	十六套	5000.00	同上 十二月中旬	高淳縣城	26年冬避難高淳日寇進逼首都道出高淳本人不及走避攜帶服裝被劫	
書籍類小計 工具書 名著 字 史地 文	册 [illegible]册 百册 二百册	630册	6000.00	同上 十二月一日	武進大觀路縣立初中教職員宿舍	战事爆發本人任職縣中教導主任武進淪陷學校房屋被毀校舍為日寇所佔書籍被毁	
其他類小計 名人字畫	50件	50件	5000.00	同上			

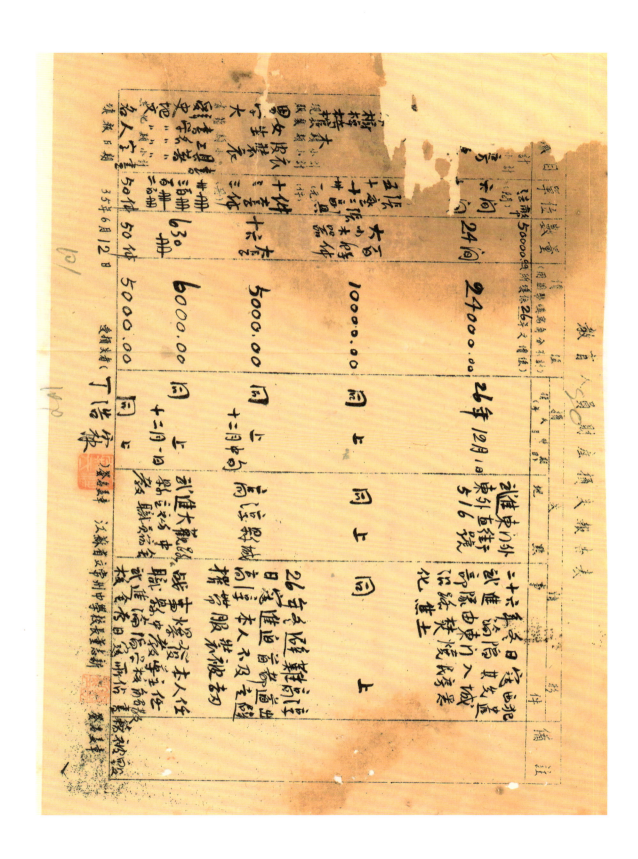

填報日期 35年6月12日　　受損失者（丁浩霖）簽名蓋章　　江蘇省立常州中學校長董志新 簽名蓋章

教育人員財產損失報告表

項目	單位	數量	價值（用國幣填寫角分不計）（所填係26年之價值）	損失情形 損失時期（年 月 日）	地點	事件	備註
計		380	9160元				
小計	（間）						
器具類小計 顯微鏡 2座 顯微鏡切片機 1座 顯微鏡繪圖器 1付 椅子 6張 長凳 30張 單凳 8張 碗 60只 缸 5只	（件）	113	1500元	26年11月	江蘇省江陰縣城內花園內巷	敵人入城時被刼	
現款類小計	（元）						
服裝類小計 皮衣 3件 單夾、棉衣服 25件 被頭 12條 帳子 5頂	（件）	45	1700元	仝上	仝上	仝上	
書籍類小計 生物學參考書 80冊 動植物圖譜 4冊 動植物辭典 2冊 德文醫學書 42冊 千虫圖鑑 12冊 辭源 2冊	（冊）	142	2960元	仝上	仝上	仝上	
其他類小計 書畫、電表、電燈、門窗等		80	3000元	仝上	仝上	仝上	

填報日期 35年6月15日　受損失者（薛德[illegible]）簽名蓋章　江蘇省立常州中學校長董志新 簽名蓋章

教育人員財產損失報告表

項目	單位	數量	價值（民國廿六年之價值）	損失時日（年月日）	地點	事件	備註
[illegible]	（間）六	全數	一萬五千元	廿六年十一月	武進天寧鎮	日寇侵入時焚燬	
		门窗框 樞閣板 地板				日寇折毀	
衣橱書橱 桌椅凳床 器皿	（件）七 十四 九十餘 二百餘	全數	七千元	仝年仝月	仝上	日寇猝至，余皇出走，僅攜包裹數件，上開各項均鎖置被毀屋內	
現款類小計	（元）		八千元	自廿六年至三十四年九月		八年中轉輾流徙，虧耗存款於衣食旅費之中	
服裝類小計 貴重皮衣十六件及六名口之四季衣服床帳幔帷被褥	（件）二百六十餘件	全數	六千五伯元	廿六年十一月	武進天寧鎮	情形與器具類相同	
書籍類小計 西文圖書 國文古書	（冊）五百餘 二千餘	全數	三千五伯元	仝上	仝上	仝上	
其他類小計							

填報日期 35年6月 日　受損失者（楊孟懽）簽名蓋章　江蘇省立常州中學校長董志新 簽名蓋章

105　104

教育人員財產損失報告表

項目	單位	數量	價值（角分不計）（所填係26年之價值）	損失時期（年月日）	地點	事件	備註
[illegible]計	（襲）	無					
[illegible]具類小計	（件）	20	200元	26年11月	武進鄉下家中	武進淪陷，全家避難他鄉，日兵到家中搜索十餘次，被拿去之大小應用物件	
現款類小計 服裝類小計	（元） （件）	100	9000元 500元	26年11月 26年11月	同上	避難二月用去1000元 八年未服務損失8000元 同上	
書籍類小計	（冊）	200	800元	26年11月	同上	武進將淪陷，有危險性之書籍被家中焚毀，未經焚毀之書籍亦被日兵搜索時焚去	
其他類小計	豬2頭 雞30隻 →		100元	26年11月	同上	日兵駐紮湖塘橋，到家中搜索時被拿去吃掉	

填報日期 35年6月15日　受損失者（蔣耀華）簽名蓋章　江蘇省立常州中學校長董志新

教育人員財產損失報告表

（項）目	單位	數量	價值（用國幣填寫角分不計）（所填係二十六年之價值）	損失年月日（年 月 日）	地點	事件	備註
（總）計							
（房屋類小）計	（間）						
（器）具類小計	（件）						
家具和房	50	50	1500元	二十六年	常州楊柳巷	寓所全部焚燬	
現款類小計	（元）		2500元	二十六年	常州丹陽	寓所被焚，頂首無着，典當全燬，存款丟失	
服裝類小計	（件）						
男服	7	7	200元	二十六年	常州楊柳巷	與室俱焚	
女服	9	9	300元	二十六年	仝上	仝上	
錶	2	2	40元	二十七年	常州前北岸	被日憲兵到家搜去	
書籍類小計	（冊）						
中西書籍	300	300	250元				
其他類小計							

填報日期　35年6月15日　受損失者（馮行審）簽名蓋章　江蘇省立常州中學校長童志新　簽名蓋章

教育人員財產損失報告表

項目	單位	數量	價值（用國幣填寫角分不計）（所填係＿年之價值）	損失時期（年月日）	地點	事件	備註
計	(間)	四間	26年價$800	26年12月	武進唐橋	寒天被日人生火取暖不慎被燒毀	
器具類小計	(件)						
大小櫥	5						
衣箱箱	8						
桌櫈	5						
椅凳	20	55件	26年價$550	仝上	仝上	被日人燒毀	
現款類小計	(元)	120元	26年損失120元	仝上	仝上		
服裝類小計	(件)						
舖蓋5个皮寒用物件		5件	26年價$250	仝上	仝上	仝上	
書籍類小計	(冊)						
其他類小計 樹木 小竹林		48棵 1個	26年價$200	仝上	仝上	被日人砍伐	

填報日期　35年6月14日　受損失者（葉詠蓀）簽名蓋章　江蘇省立常州中學校長董志新　簽名蓋章

111　110

教育人員財產損失報告表

大[illegible]目	單位	數量	價值（國幣填寫角分不計）（所填係27年之價值）	損失情形：損失時期（年月日）	損失情形：地點	損失情形：事件	備註
[illegible]計			2,090元				
[illegible]類小計	（間）						
[illegible]小計	（件）	8件	120元	26年10月	蘇州三多巷23号	蘇州淪陷	
現款類小計	（元）	580元	580元	27年3月	武進楊橋鄉	敵軍下鄉掃蕩	
服裝類小計	（件）	24件	1,130元	26年10月	蘇州三多巷23号	蘇州淪陷	
書籍類小計	（冊）	275冊	260元	26年10月	蘇州三多巷23号	蘇州淪陷	
其他類小計							

填報日期　35年6月8日　受損失者（朱福根）簽名蓋章　江蘇省立常州中學校長童志新　簽名蓋章

113　112　56

教育人員財產損失報告表

損失項目	單位	數量	價值（用國幣填寫角分不計）（所填係26年之價值）	損失情形 損失時期（年月日）	損失情形 地點	損失情形 事件
總計						
房屋類小計	（間）					
平房四间	四		600.元	民國二十六九月下旬	武進北外北夏墅	
器具類小計	（件）					
傢俱全副计 西式床壹張 厨二顶 長桌壹張 方桌壹張			合计约100元	仝上	仝上	
現款類小計	（元）					
服裝類小計	（件）					
全家夹棉衣物铺盖			约500元	仝上	仝上	仝上
書籍類小計	（册）					
其他類小計						
行李箱子			约300元	民国二十九年十月	在溧陽山丫橋	二十九年赐（？）前数日敌人衝进江南行署时损失。

填報日期 35年6月13日　受損失者（周厚鏊）簽名蓋章　江蘇省立常州中學校長董志新　簽名蓋章

115　114

58

教育人員財產損失報告表

損失項目	單位	數量	價值（用國幣填寫角分不計）	損失情形：損失時期（年 月 日）	損失情形：地點	損失情形：事件	備註
計			（所填係26年之價值）$1371元	26年11月25日	武進西門外新閘鎮		
類小計	（間）						
屋	4						
	1	共5間	720			被日寇焚燬	
具類							
八 櫥	2						
皮箱	3						
書櫥	1						
桂	3						
櫈	12	共21件	175			仝上	
現款類小計	（元）						
服裝類小計	（件）						
男女夫棉袍褲	12						
男女單衫褲	13						
被頭	4						
帳幔	2	共31件	258			仝上	
書籍類小計	（冊）						
辭源	3						
漢明文書暨教育雜誌等	48	共51冊	38			仝上	
其他類小計							
字畫	5					被敵偽搜去	
臥耕室外文等	1					〃 〃 刦含	
生生	1	共7	180			〃 〃 焚燬	

117 116

填報日期 35年6月 日

受損失者（潘枕流）簽名蓋章

江蘇省立常州中學校長董志新 簽名蓋章

59

教育人員財產損失報告表

損失項目	單位	數量	價值（國幣元角分不計）	損失年月日	地點	事件	備註
總計		186	（所填係26年之價值）350元				
[illegible]類小計	（件）						
		21	200元	26年11月	江蘇省宜興縣段家巷	為避免敵機空襲起見攜眷遷居新建后遺失（住宅專人看管）	
		2	60元	仝上	仝上		
		2	30元	仝上	仝上	仝上	
		3	15元	仝上	仝上		
		2	20元	仝上	仝上	仝上	
		1	5元	仝上	仝上		
		8	40元	仝上	仝上	仝上	
		3	30元				
			30元	26年12月	江蘇省宜興縣新建鎮	逃避敵人搜索時遺失	
[illegible]	（元）（件）	50	60元				
全家人口應用單衣		50	60元	26年11月	江蘇省宜興縣段家巷	為避免敵機空襲起見攜眷遷居新建后遺失（住宅專人看管）	
書籍類小計	（冊）	85	50元				
教科書及古書		85	50元	26年11月	江蘇省宜興縣段家巷	仝上	
其他類小計	（件）	30	10元				
零星傢具		30	10元	26年11月	江蘇省宜興縣段家巷	仝上	

填報日期　35年6月15日　　受損失者（吳振銓）簽名蓋章　　江蘇省立常州中學校長董志新　簽名蓋章

60

教育人員財產損失報告單

損失項目（大小不同可分列）	價值（照填報時分別計）	損失年月日期	地點	事件	備註
[illegible] 大小の十餘頃	十5〃餘萬元 5千萬〃餘元	念七年十二月 念八年二月	京滬路[illegible]亭 西市	被日敵所焚	事因二國軍與地方机關所致〃亦与敵所焚 [illegible]
床墊 十八件 二十品	2又萬5千餘元	仝	仝	仝	
衣服貳件 衣褲六套	9萬餘元				
[illegible] 上中下冊 二冊 全部 39冊 二冊 一冊 二冊 一冊 一冊 一冊 萬有 袖珍古書 其他類 小計 中國藥學大辭典 生理解剖學 內科全書 病理學 中華百科全書 理化辭典 [illegible] 二百五十種 二千五百冊	約計二萬〃餘元	上	上	上	書籍損失事前統計共約二萬〃餘元

121　120

填報日期 35年6月6日　受損失者 盧詠吉 簽名蓋章

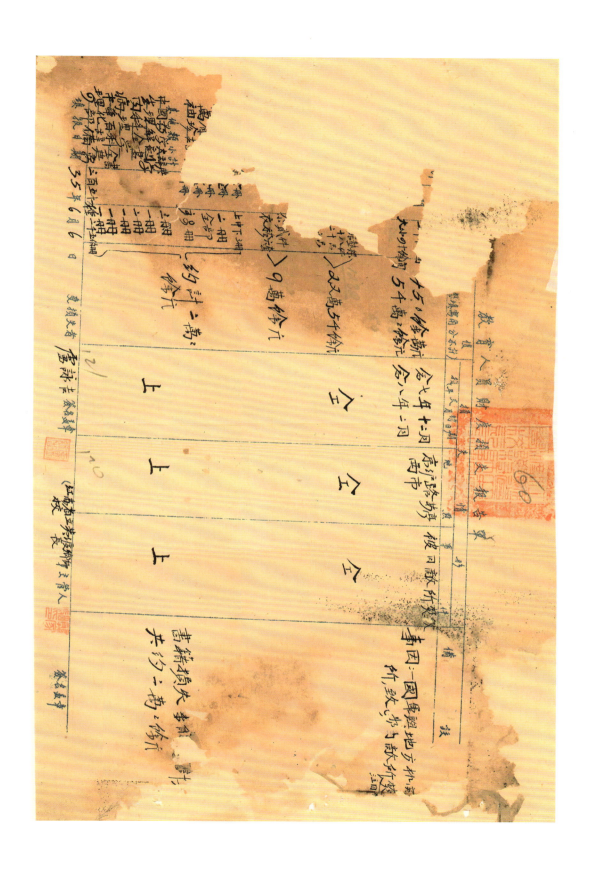

（江蘇省立[illegible]校 校長 主管人 簽名蓋章

61

教育人員財產損失報告單

[illegible]	單位	數量	價值（用國幣填寫角分不計）	損失情形 損失年月日	地點	事件	備註
			216256				
[illegible]			266				
[illegible]	間	七	216	民26年	江蘇省太倉縣南碼頭	敵人侵佔時	修理裝修地板等
[illegible]	間	一	50				全毀重建
[illegible]			1282				
[illegible]	件	帳廿 三	648				全鋼床
[illegible]	件	三	422				全紅木
[illegible]	件		212				〃〃
[illegible] 計			2320				
[illegible]	件	八	1000				內中山裝西裝各一套（毛質）
[illegible]	件	五十七	1320				長短大衣各一件 土布30疋
書籍類小計			2918				
辭源	冊	一	150				
各種農事指南	冊	三十	480				
各種圖書標本	冊	四十	613				
各種名人字畫	冊	八	1475				
其他類小計			209470				
2噸駁船	艘	一	71656	民34年		敵人撤退時	
金屬閃絲用具	件	七十	8400	26年		侵佔時	
自由車	輛	二	120000	34年		撤退時	
粳米	石	九	90	26年		侵佔時	
皮鞋	双	二	130	34年		撤退時	
雨衣	件	二	9200				

填報日期 35年6月 日 受損失者 李子龍 簽名蓋章 （江蘇省立黃渡鄉師）主管人 龔家明 簽名蓋章

123 122

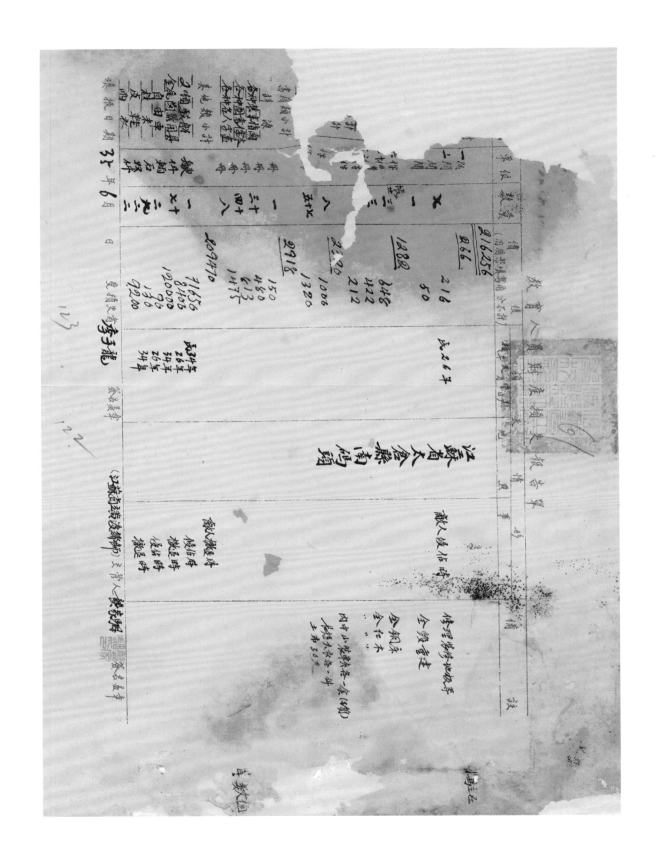

教育人員財產損失報告單

	單位	數量	價值（用國幣填寫角分不計）		損失年月日	地點	事件	備註
計			27547		民國二十六年	江蘇崑山安亭鎮	敵人侵佔時	民國34年修理
	間		21200					
	間	5		21200				
	間							
	間		600					鋼床
	件	2		300				
	件	3		60				紅木
	件			240				
	件	8	388					
	件	4		280				
	件	20		108				
書籍類小計			4200					平裝
辭源	冊			4200				
各种医学雜誌	冊	420						
	冊							
	冊							
	冊							
其他類小計			1159					
皮箱　木箱		3		369				
箱籠大小		12		140				
衣櫥　碗櫥		2		250				
土　磁		50		400				
金屬陶瓷用具		30						

填報日期 35 年 6 月 日　受損失者 楊冠華 簽名蓋章　（江蘇省立黃渡師範）主管人 顧䔥騮 簽名蓋章

62

125　124

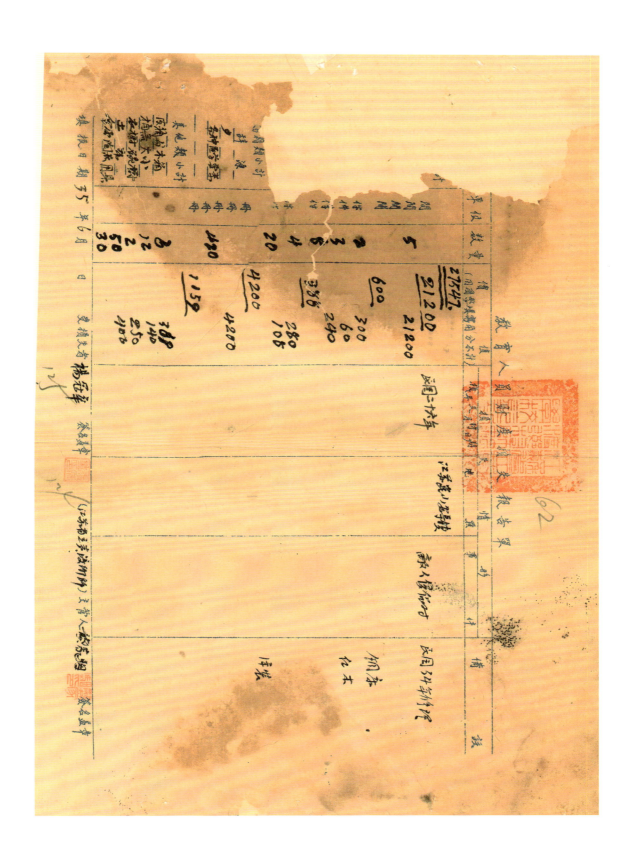

63

教育人員財產損失報告單

損失項目	單位	數量	價值（用國幣填寫角分不計）	損失情形：損失年月日	損失情形：地點	損失情形：事件	備註
計			387,5900				
[illegible]			300,0000	民國二十六年十月敵人侵佔時被炸彈炸毀	太倉城內東港	敵人侵佔時	
[illegible]	間	十	300.0000				
[illegible]	間						
[illegible]	間						
[illegible]	間						
[illegible]			8,0000				
[illegible]	件	四	2,0000	仝上			
[illegible]	件	十二	3,6000				
[illegible]	件	二十四	2,4000				
[illegible]	件						
[illegible]			8,9200				
[illegible]	件	八	8,0000	民國三十三年敵人撤退時			
[illegible]	件	四[illegible]	9200				
[illegible]			1,0520				
[illegible]	册			民國二十六年十月至三十三年十月			
[illegible]書	册	1052	1,0520				
——	册						
——	册						
——	册						
其他類小計			69,6000	仝上			
木器	件	50	56000				
銅錫器	件	140	14,0000				
陶磁器	件	500	50,0000				
——							
——							

填報日期 三十五年六月 日 受損失者 吳啟聰 簽名蓋章 （江蘇省立黃渡鄉村師範校長）主管人 龔家駰 簽名蓋章

127 126

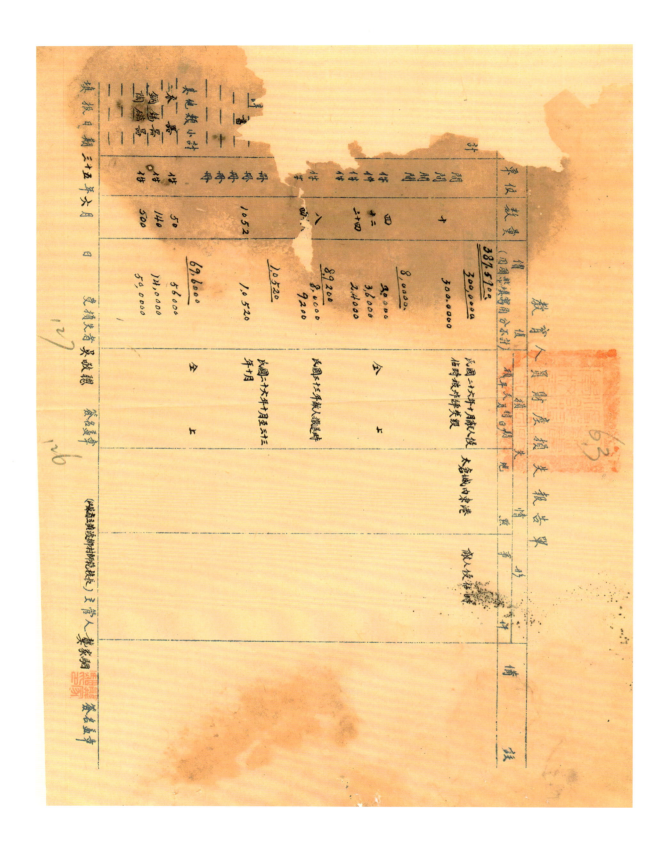

教育人員財產損失報告單

損失項目	單位	數量	價值（國幣填寫角分不計）		損失年月日	地點	事件	備註
			566,170.					
			560,060.		民國二十六年十一月	江蘇省太倉縣毛市鎮	敵人侵佔時破壞	于三十四年十月修理之價值
	間	4		560,060.				
	間							
	間							
			920.		仝上	仝上	敵人侵佔時見屋中無人劫去	在損失時期之價值
	件	8		480.				
	件	22		440.				
			2,350.		仝上	仝上	仝上	仝上
		16		1,600.				
		75		750.				
			620.		仝上	仝上	仝上	仝上
辭源	冊	2		20.				
各種書籍	冊	400		600.				
	冊							
	冊							
其他類小計			2,220.		仝上	仝上	仝上	仝上
收音机	只	1		30.				
大小手提箱	只	6		180.				
自由車	件	1		210.				
金屬	件	7		1,200.				
陶器	件	300		600.				

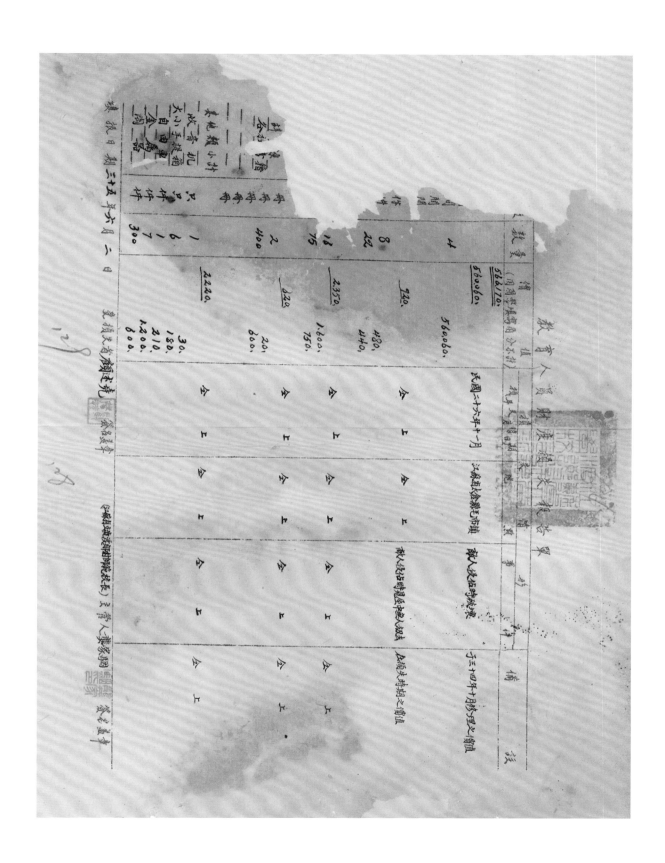

填報日期三十五年六月二日　受損失者顧述堯 簽名蓋章　（江蘇省立黃渡鄉村師範校長）主管人龔家騆 簽名蓋章

教育人員財產損失報告單

		數量	價值（用國幣填寫角分不計）	損失年月日	地點	事件	備註
			17500000.00				
[illegible]			1800000.00		江蘇太倉虎弄橋堍	敵人撤退時	裝修玻璃及地板等全部損失
[illegible]	間	六	1800000.00	民國三十三年底			
[illegible]			700000.00	全上	全上	全上	
[illegible]		四	120000.00				
[illegible]		十二	300000.00				內銅床二只
[illegible]		八	280000.00				
[illegible]			1800.00	民國二十六年十月	全上	敵人侵佔時	
[illegible]		十四	500.00				
[illegible]		三十八	600.00				
[illegible]			2350000.00	民國三十三年底	全上	敵人撤退時	
[illegible]	冊	四	80000.00				
教育及文學書	冊	五百	1270000.00				教育及文學類內裝書50冊 科學類內裝書10冊
科學書	冊	三百	400000.00				
其他	冊	一千	600000.00				
其他類小計			12650000.00	全上	全上	全上	
椅櫃箱	件	二十	700000.00				
[illegible]用具	件	一千二百	10000000.00				
[illegible]用具	件	三千	300000.00				
交通用具	件	一	150000.00				交通工具自由車一輛
娛樂用具	件	六十二	300000.00				娛樂類有收音机一架留声机一架唱片60張
其他	件	六百	1200000.00				

填報日期三十五年六月六日　受損失者王之坤（印）簽名蓋章　（江蘇省立黃渡鄉村師範）主管人龔家駒（印）簽名蓋章

131　130

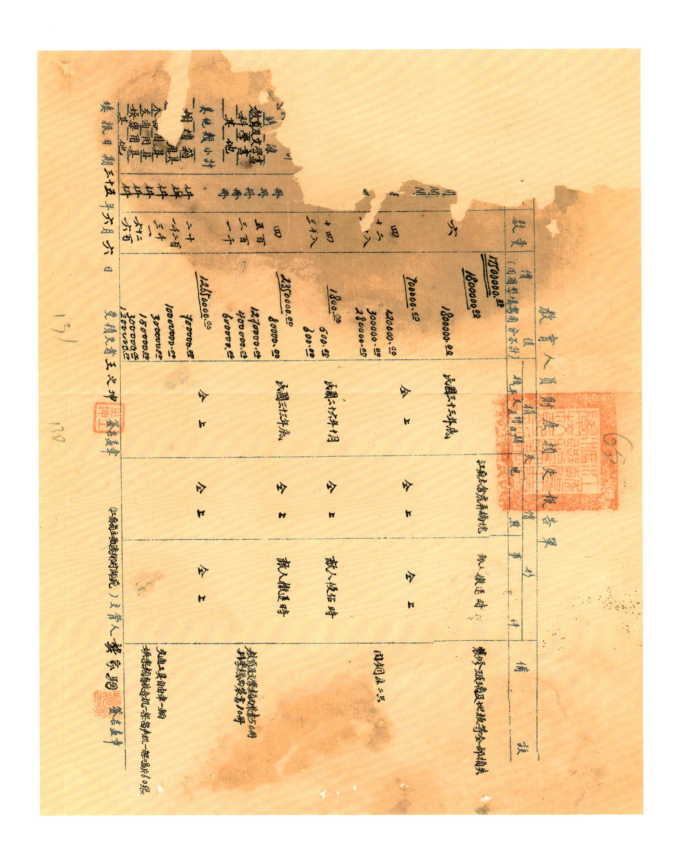

66

教育人員財產損失報告單

目	單位	數量	價值（用國幣填寫角分不計）	損失年月日	地點	事件	備註
計			2440.00	民國二十六年十月	江蘇蘇州東渚	敵人侵佔時損失	該數為當時損失估計價值
小計			320.00				
	間						
	間						
	間						
	件	2	150.00				
	件	4	80.00				
	件	6	90.00				
	件						
			760.00				
		6	500.00				
	件	26	260.00				
小計			1.000.00				
書	冊						
參考書		}	1.000.00				
雜誌	冊						
			360.00				
		4	100.00				
		2	30.00				
		4	30.00				
其他雜類			200.00				

填報日期三十五年六月十日　受損失者黃慶澤　簽名蓋章　（江蘇省立黃渡鄉村師範）主管人龔家驄　簽名蓋章

133

132

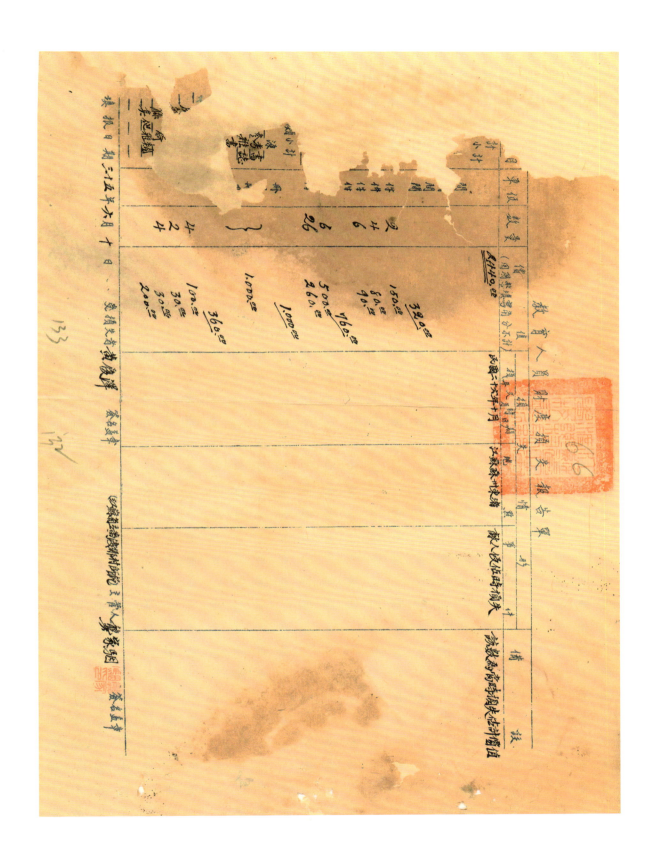

教育人員財產損失報告單

		數量	價值（損失時估價）（國幣元填寫角分不計）	損失年月日	地點	事件	備註
			17,899.00				
[illegible]			9,000.00				
[illegible]		三	6,000.00	民國26年9月	浙江桐廬上半街	被敵機炸燬	
[illegible]		二	3,000.00	仝			
[illegible]			1,040.00				
[illegible]			500.00	仝	仝	仝	
[illegible]			300.00	仝			
[illegible]		十六	240.00	仝			
[illegible]			2,060.00				
[illegible]			1,400.00	仝	仝	仝	
[illegible]		十二	360.00	仝			
[illegible]		四十五	300.00	仝			
[illegible]			2,799.00				
源	册	三	75.00	仝			
王氏說文	册	二十	24.00	仝	仝	仝	
教育及文學	册	三百	1200.00	仝			
其他	册	六百	1,500.00	仝			
其他類小計			3000.00				
皮箱	只	四	700.00	仝			
木器用具	件	二十一	300.00	仝	仝	仝	
陶瓷用具	件	八十	400.00	仝			
音樂器具	件	三十五	2,000.00	仝			
其他	件	二百	600.00	仝			

填報日期 三十五年六月十日　受損失者 周含仁（印） 簽名蓋章　（江蘇省立黃渡鄉師）主管人 龔家驄（印） 簽名蓋章

135

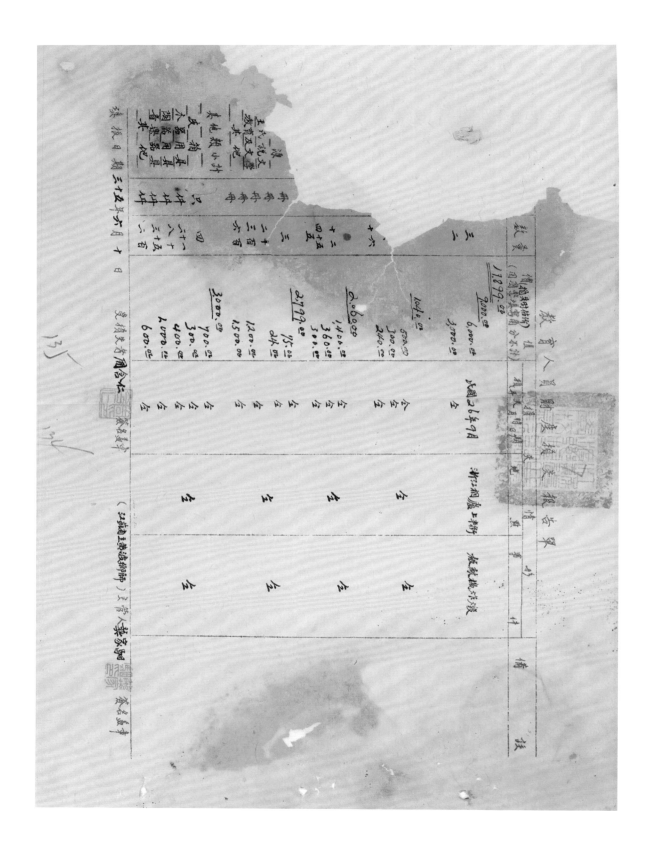

教育人員財產損失報告單

[illegible]	[illegible]	[illegible]量	價值（用國幣填寫角分不計）	損失情形：損失年月日	損失情形：地點	損失情形：事件	備註
			3775,2400.00				
			200,0000.00	民國二十六年十月至三十三年底	太倉毛家市		樓房平房損壞修理費
		八	100,0000.00				
		十七	100,0000.00				
			210,0000.00	民國三十三年底	太倉毛家市損失十分之三 太倉府前街損失十分之四 宜興城內北大街損失十分之二 宜興張渚損失十分之一	敵人撤退時	內有銅床二付鐵床四付
		二十	50,0000.00				
		十六	70,0000.00				
		八十	90,0000.00				
			2400.00	民國二十六年十月至十二月	太倉府前街損失五分之一 宜興北大街損失五分之三 太倉毛家市及宜興張渚損失五分之一	敵人侵占時	
		十八	900.00				
		九十二	1500.00				
源			415,0000.00	民國二十六年十月至三十三年底			
		八	15,0000.00				
文學書	冊	一千二百	80,0000.00				
科學書	冊	一千六百	120,0000.00				
其他書	冊	二千五百	200,0000.00				
其他類小計			295,0000.00	民國二十六年十月至三十三年底	宜興北大街及宜興張渚損失十分之八太倉損失十分之二	敵人侵占時至敵人撤退時	
金屬陶器用具	件	二百四十	15,0000.00				
電器	件	一百	15,0000.00				
儀器圖表	件	三百十	80,0000.00				
其他	件	一千	50,0000.00				

填報日期三十五年六月五日　受損失者許銘第（簽名蓋章）　江蘇省立黃渡鄉村師範學校校長主管人龔家騮（簽名蓋章）

68

137

136

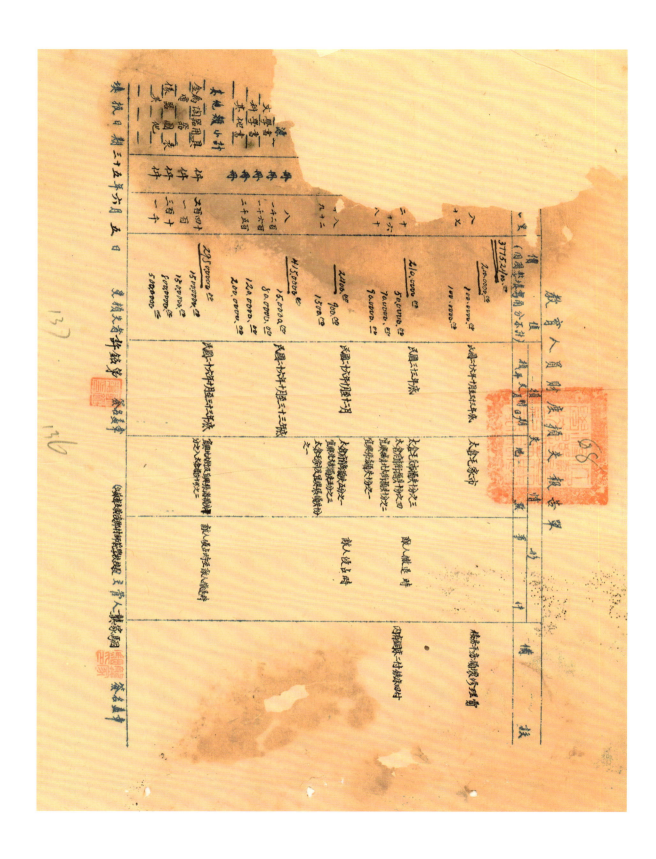

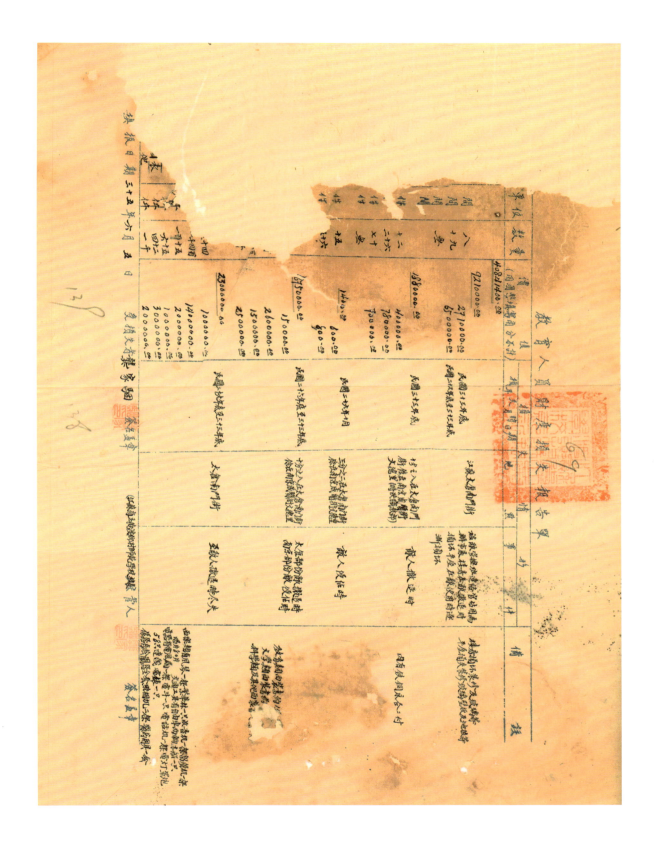

教育人員財產損失報告單

單位	數量	價值（用國幣填寫角分不計）	損失年月日期	地點	事件	備註
		40821400.00				
		9210000.00				
間	八	2710000.00	民國三十三年底	江蘇太倉南門街	被敵寇搜班連絡官佔用爲辦事處樓房在敵撤退時損坏平屋在敵使用時逐漸損坏	樓房損坏裝修及玻璃等
間	十九	6500000.00	民國二十六年底至三十三年底			平屋損失裝修玻璃壁板及地板等
間	無					
間						
		1880000.00	民國三十三年底	十分之八在太倉南門街餘在南京成賢街文德里（時供職教部）	敵人撤退時	
件	十二	400000.00				內有鉄銅床各二付
	二十六	780000.00				
件	七十	700000.00				
件	無					
		1400.00	民國二十六年十月	三分之二在太倉南门街餘在南京成賢街文德里	敵人侵佔時	
件	十五	600.00				
件	二十六	800.00				
		16750000.00	民國二十六年底至三十三年底	十分之八在太倉南门街餘在南京成賢街文德里	太倉部份敵撤退時南京部份敵侵佔時	
		150000.00				教育類西裝書約
		2600000.00				文學類西裝書約
		1500000.00				科學類及其他西裝書
		2500000.00				
		23000000.00	民國二十六年底至三十三年底	太倉南門街	至敵人撤退時盡失	
	十四	1000000.00				
	千四百	14000000.00				
	一百十五	2000000.00				西樂類有風琴一架、繁華林一只、收音机一架、留聲机一架、唱片80片　交通工具有自由車兩輛、木船一只、
	六十五	1000000.00				電器有電風扇一架、電斗一只、電話机一架、電灯泡58只、連綫、電錶一只、
件	四十二	3000000.00				儀器有绘圖器全套、照相机二架、醫药用具一套
其他 件	一千	2000000.00				

填報日期 三十五年六月五日　受損失者 龔家騊 簽名蓋章　（江蘇省立黃渡鄉村師範學校校長）主管人 簽名蓋章

70

教育人員財產損失報告單

備註	損失情形：事件	損失情形：地點	損失時期（年月日）	價值（用國幣填寫角分不計）（所填係一年之備值）	數量	單位	
上填各物照二十六年市價約計三百四十餘元現市計衹約弍百六十萬元	上填物件無由搬取隻身逃出退守蘇州適值寇深敵冦臨境奉令看管校舍全部物件國軍	本校校工宿舍内	民國二十六年十一月十二日	約20元、5元、100元、100元；約12元、14元；約96元、18元、130元、34元	1件、1件、14件、100元；10件、1頂、3只、2双	間間間間；件頂只双	小件毯帳箱鞋；旅類；其他被數板套

填報日期三十五年六月十二日 報告人 陳鳳鳴 簽名蓋章 （印：陳鳳鳴章）

江蘇省立太倉師範學校校長 顧克彬 簽名蓋章 （印）

.41 .40

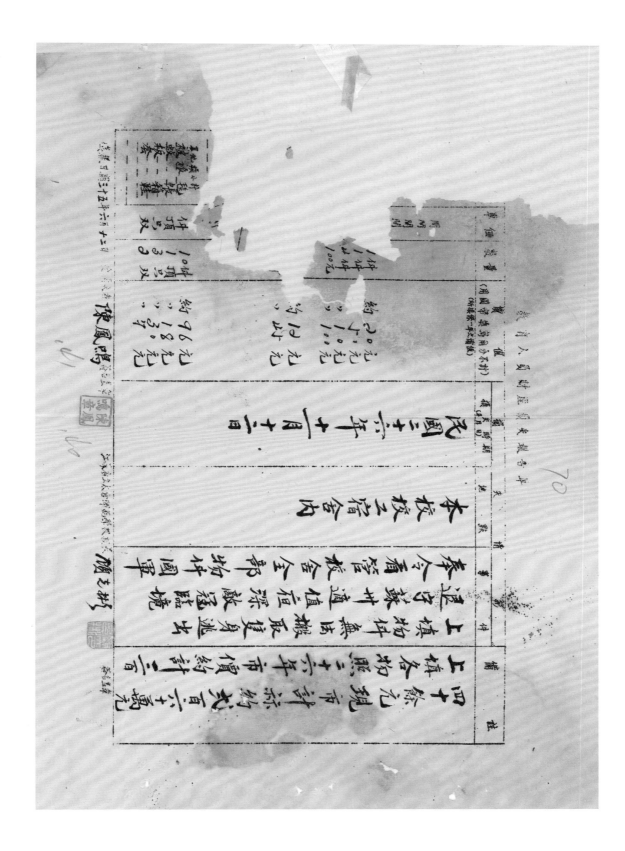

71

教育人員財產損失報告單

損失項目	單位	數量	價值（用國幣填寫角分不計）（所填係___年之價值）	損失時期（年月日）	地點	事件	備註
[illegible]	件	1件	約25元	民國二十六年十一月十二日	本校校工宿舍內	奉令看守校舍全部物件國軍退守蘇州適值敵寇臨境上填物件無法搬取隻身逃出	上填各物照二十六年市價約計四百七十餘元現市計[illegible]百萬元
[illegible]	件	2件	約8元				
[illegible]	件	8件	約16元				
[illegible]	元	100元	100元				
[illegible]	[illegible]	1件	30元				
[illegible]	[illegible]	[illegible]件	18元				
絨袍子	件	8件	60元				
小計	件	3件					
書類	册						
其他小計	册						
被	件	12件	約120元				
帳	頂	2頂	約24元				
皮鞋	雙	2雙	約12元				
皮箱	隻	4隻	約40元				

填報日期 三十五年六月十一日　受損失者 喬菊生（簽名蓋章）　江蘇省立太倉師範學校校長 顧之[illegible]（簽名蓋章）

103　104

教育人員財產損失報告單

損失項目	件數	價值（用國幣填寫角分不計）（所填係＿年之價值）	損失時期（年月日）	地點	事件	備註
	1件	約10元	民國二十六年十一月十二日	本校門房舍宿內	所填切物不及攜逃後國軍後退深夜敵人佔境奉令看門房以防流氓入竊是	壹百餘元現市計約八十萬元上填各物照二十六年市價計約
甲 書籍類小計	1件	約35元				
辭源	1件	〃20元				
[illegible]	1件	〃10元				
其他類小計 帽子	1頂	約9元				
皮[illegible]	1只	〃12元				
藍鞋	1只	〃6元				
[illegible]	1双	〃5元				
鞋 套度	1双	〃8元				

填報日期 三十五年六月十二日　受損失者 高德財（簽名蓋章）

江蘇省立太倉師範學校校長 顧 之 註（簽名蓋章）

.45　.44

73

教育人員財產損失報告單

		數量	價值（用國幣填寫角分不計）（所填係___年之價值）	損失情形 損失時期（年 月 日）	損失情形 地點	損失情形 事件	備註
			約四百四十万元				
		四	約三百六十万元				
		一	約八十万元	民國二十六年九月中及國軍西撤後	太倉城内府西街7号	八一三事件敌軍焚毁	右價值係三十五年之估價
			約六十一万元				
	件	大小共四	約十六万元				
	件	大小共八	約二十四万元				
	件	大小共十六	約二十一万元				
衣類小計			約一百四十万元				
	件	男女共四	約二十万元				
	件	約共三十以上	約一百二十万元				
			約二十万元				
各種雜誌	册	約三十餘册	約六万元				
其他	册	約五十餘册	約十四万元				
———							
其他類小計			約一百二十万元				
樓房四平房二進修		約一百万元	約一百万元				
灶鍋及炊具等		約二十万元	約二十万元				
———			合計七八一万元				

填報日期 三十五年六月 日 受損失者 項□之 （印） 簽名蓋章 江蘇省立太倉師範學校校長 顧之彬 （印） 簽名蓋章

.47 .46

74

教育人員財產損失報告單

		數量	價值（用國幣填寫角分不計）	損失情形：損失時期（年月日）	損失情形：地點	損失情形：事件	備註
			（所填係一年之價值）120,3000元				
		4	15,9000元	民國二十六年八月二十一日	太倉城内小菜場縣立城中小學校	「八一三」事變爆發太城先受敵機轟炸後被炊陷	損失項目内之價值係報告时之估价
		1	8,0000元				
		1	4,5000元				
		2	3,4000元				
		10	64,0000元				
		2	30,0000元				
	件	8	34,0000元				
		163	18,4000元				
		3	2,4000元				
文[illegible]教育[illegible]雜誌		100	12,0000元				
	冊	60	4,0000元				
其他類小計 被褥箱子等	件	8	22,0000元				

填報日期 三十五年六月五日 受損失者 徐大文 簽名蓋章 江蘇省立太倉師範學校校長 顧克彬 簽名蓋章

149 148

75

教育人員財產損失報告單

	單位	數量	價值（用國幣填寫角分不計）	損失時期（年 月 日）	地點	事件	備註
			（所填係35年之價值）約一千〇〇二萬元	民國二十六年九月間及國軍西撤後	太倉城内中和中路164號	敵機轟炸（八一三事件）	所填價值係三十五年之價值
			約三百二十萬元				
	[illegible]日	四	約三百二十萬元				
			約八十萬元				
	件	大小共五	約二十萬元				
	件	大小共十一	約三十萬元				
	件	大小共廿二	約三十萬元				
			約二百五十五萬元				
	件	男女共七	約三十五萬元				
	件	〃〃共卅以上	約四十萬元				
襪子、[illegible]破襪	件	〃〃共卅以上	約一百八十萬元				
書籍類小計			約四十萬元				
辭源		1部	約三萬元				
四書五經類		約四十四	約八萬元				
各種雜誌類		約一百一	約十萬元				
各種參考書		約一百卅	約十五萬元				
各種教授教科書		約六十	約四萬元				
其他類小計			約三百〇七萬元				
房宅裝修			約二百萬元				
白米		五石	約二十萬元				
小麥黃豆		四石	約十二萬元				
一切農具			約十五萬元				
廚房炊具			約三十萬元				
其他器皿			約三十萬元				

填報日期 卅五年六月八日 受損失者 李緯之 簽名蓋章 江蘇省立太倉師範學校校長 顧克彬 簽名蓋章

150

教育人員財產損失報告單

76

損失項目	數量	價值（用國幣填寫角分不計）（所填係＿年之價值）	損失時期（年月日）	地點	事件	備註
	112	約值四百五拾元　損失各件係戰前陸續添置照二十六年市價估計	二十六年十一月十二日國軍轉移陣地太倉失陷各件損失	暑假期內封存職員宿舍樓上	敵寇臨境交通斷絕無法搬運	照現時估計約三百五六十萬元　損失項目欄所填各物照戰前市價估計約四百餘元
計 / 計	件 86					
[illegible]	件 28					
衣	件 12					
棉	件 6					
書籍類小計	件 43					
兩種 辭源 三讀集	冊 3					
碑帖 連史紙 小說 集	冊 40					
其他類小計	件 28					
被褥 毛毯 單被	条 8					
蚊帳	顶 2					
皮箱 藤箱 木箱	只 4					
皮鞋	双 2					
呢帽 鞋子	件 4					
四燈收音機	只 1					

填報日期35年6月30日　受損失者熊果千（簽名蓋章）　江蘇省立太倉師範學校校長顧也樹（簽名蓋章）

152　154

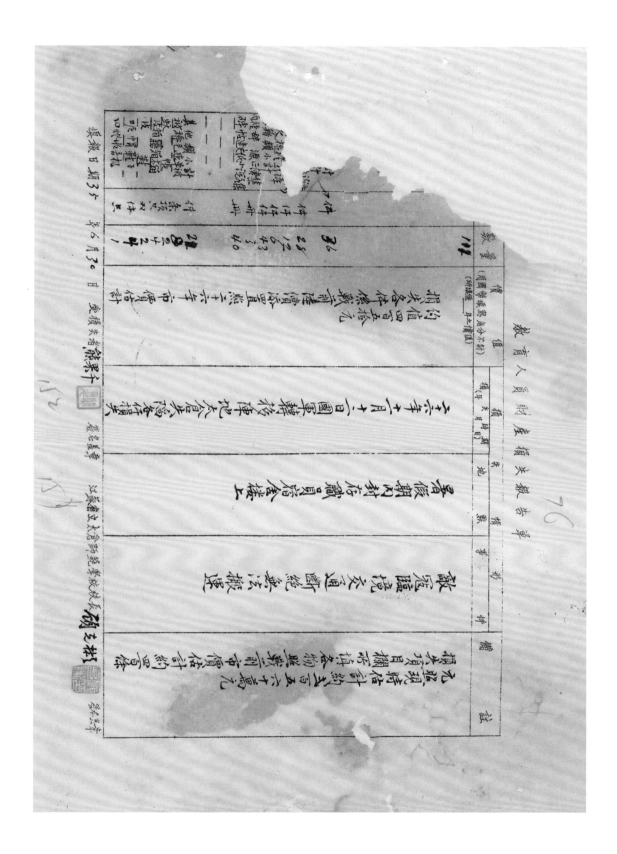

261

教育人員財產損失報告單

目	單位	數量	價值（用國幣填寫角分不計）（所填係二十六年之價值）	損失時期（年 月 日）	地點	事件	備註
	件	333	法幣五百餘元約現值五百餘萬元 損失各物係戰前平時陸續購置價值難以詳填約值	二十六年十一月十二日國軍西移太倉淪陷	1、在本校會計室 2、租賃太倉飛雲橋西首陸文均住宅後進河房內	敵寇臨境隨軍轉移不及搬取	二十六年十月隨同校長等到太視察學校損失狀況會計室全部炸燬致存件悉數無餘又陸姓房東河房住屋因房東逃難他往無法將室內物件搬取具駐太國軍已遇空屋一律加封並批註如有私行啓門取件一經查覺先斬後報待敵寇入境致存屋各件物無一倖存
		13					
		2					
		3					
		8					
	件	54					
		2					
		40					
		12					
		65					
		61					
被褥毯等	條	2					
衣皮鞋（男女）	床	75					
〃 大衣 〃	〃 件	4					
皮箱藤箱木箱	只	3					
鍋爐盆桶鐘等	件	33					

填報日期 35 年 6 月 10 日　受損失者 田耒耕（印）　簽名蓋章　江蘇省立太倉師範學校校長 顧克彬（印）

154　153

教育人員財產損失報告單

損失項目	單位	數量	價值（用國幣填寫角分不計）（所填係＿年之價值）	損失時期（年月日）	損失地點	損失事件	備註
[illegible]	間	捌		27年10月	六合	戰事	
	件	伍		〃年〃月	〃〃	〃〃	
	件	柒		〃年〃月	〃〃	〃〃	
	件	拾陸		〃年〃月	〃〃	〃〃	
計	件	叁		28年12月	洪澤湖	戰事	
計	件	叁拾餘		28年4月	六合西鄉	〃〃	
書籍類小計	册	貳					
辭源	册	貳叁拾		27年9月	淮安中學	戰事	
藝術書籍	册	貳拾餘					
西畫畫具	册	拾餘					
中畫畫具		全套					
其他類小計							
各種書籍	册	貳叁拾		27年9月	淮安中學	戰事	
棉被	條	陸		28年4月	六合西鄉	〃〃	
衣服	件	伍		27年10月	六合	〃〃	
各種傢具	件	貳叁拾		27年10月	六合	〃〃	

填報日期 35 年 6 月 12 日　受損失者 李立五 署名蓋章　江蘇省立太倉師範學校校長 顧乏栟 簽名蓋章

78

教育人員財產損失報告單

項目	單位	數量	價值（用國幣填寫，角分不計）（所填係___年之價值）	損失時期（年月日）	地點	事件	備註
總計				二十六年十月省杭女中遷校以後	杭州壹街銅元路省立杭州女子中學宿舍	抗戰事件	(一)尚有物理掛圖三十卷（教授用）廚房用具全套 嗶叽學生裝兩身、大号手提箱兩只、價值200元 (二)家庭損失（無錫原籍）尚未填入 (三)此填係廿六年份之價值、合計損失弍千六百五十二元按生活指數五千倍計、應為壹千三百念六萬之
房屋類小計							
樓房							
平房							
草房							
器具類小計							
床	件	三	40元				
桌	件	三	20元				
椅	件	七	12元				
現款小計							
[illegible]小計							
[illegible]	件	一	60元				
[illegible]	件	四十	200元				
[illegible]衣	件	二	20元				
書籍類小計							
辭源	冊	二					
		大学用數理化原本書籍及參考書共300餘本	600元	杭女中曾兩次遷校上課，先在桐廬俞趙村，後在淳安縣初中			
其他類小計							
		被頭十條、蚊帳（麻布）四頂、屏風[illegible]汽炉、留声机、照相机各一	300元				

填報日期卅五年六月　日　受損失者王蔭棠（印）簽名蓋章　江蘇省立太倉師範學校校長顧之彬（印）簽名蓋章

158　157

教育人員財產損失報告單

損失項目	單位	數量	價值（用國幣填寫角分不計）（所填係二十六年之價值）	損失時期（年月日）	地點	事件	備註
總計				廿六年十月	南京成賢街文德里11号中國科學社内	抗戰事件	(一)家庭損失未填入表内 (二)所填損失係廿六年份之價值依照現值估計生活指數五仟倍計之應為[illegible]卅四萬之
房屋類小計							
樓房							
平房							
草房							
器具類小計							
床	件	2	50元				
桌	件	2	20元				
椅	件	8	8元				
現款			500元				
服裝							
[illegible]	件	3	180元				
[illegible]	件	26	150元				
[illegible]毯	件	12	180元				
圖書類小計							
書籍							
[illegible]							
[illegible]中西書	冊	500	500元				
碑帖及古器							
其他類小計							
皮箱		3	120元				
畫具		1	50元				
般			50元				
鏡框		20	20元				
收音机		1	40元				
			合計1868元				

填報日期 三十五年七月　日　受損失者 馮展如 簽名蓋章　江蘇省立太倉師範學校校長 顧克彬 簽名蓋章

160

158

80

教育人員財產損失報告單

損失項目	單位	數量	價值（用國幣填寫角分不計）（所塡係＿年之價值）民國二十六年之估值	民國三十五年之估值	損失時期（年月日）	地點	事件	備註
總計					民國二十六年八月	太倉，省立太倉師範教職員宿舍	抗戰	人家庭損失，未曾列入。2. 尚未列入：五磅熱水壺、面盆、二灯芯作電机、放照機等
房屋類小計								
樓房								
平房								
草房								
器具類小計								
床								
棹								
椅								
現款類小計								
服裝類小計								
皮衣	1件	2件	88元	52,8000元				
單衣	1件	5件	50元	27,5000元				
[illegible]衣	1套	8套	48元	24,5000元				
[illegible]		14冊	56元	33,6000元				
[illegible]		部	126元	63,0000元				
[illegible]		[illegible]	6元	3,6000元				
[illegible]		冊	5元	3,0000元				
[illegible]		部	21元	16,0000元				
[illegible]		条	85元	42,5000元				
毯、絨毯	[illegible]	条	45元	27,0000元				
帳	1頂	1頂	18元	9,0000元				
鞋	1双	2双	13元	7,8000元				
皮箱	1只	1只	24元	14,4000元				
照相机	1只	1只	90元	56,0000元				
畫圖用具	1匣	1匣	19元	15,2000元				

中華民國三十五年六月　日　受損失者　葉耀文（印）　簽名蓋章

江蘇省立太倉師範學校校長　顧克彬（印）　簽名蓋章

162　161

81

教育人員財產損失報告單

項目	單位	數量	價值（用國幣填寫角分不計）（所填係＿年之價值）	損失情形：損失時期（年月日時）	損失情形：地點	損失情形：事件	備註
		五間	二百美元	27年8月5日	阜寧[illegible]	日寇搶掠	
		張〃〃 式〃〃 式柳	捌拾美元	同上	同上	同上	
		件 件 双 冊	共壹佰美元	29年2月12日	省立鄉師（淮安小施河）	同上	
		冊〃〃〃〃	共貳拾捌美元	31年10月8日	省立第六臨中（松嶺）	同上	
書籍類小計 辭源 幾何學辭典 三角〃〃 代數〃〃 化學辭典 物理〃〃 其他類小計 行李（被褥）（木箱） 公文皮箱 皮箱		壹件 共壹拾貳件 共壹項 壹件	拾美元 拾貳美元 捌美元 拾伍美元	29年3月1日	省立鄉師（小施河）	同上	

填報日期 35年6月11日 受損失者 劉劍家 簽名蓋章 江蘇省立太倉師範學校校長 顧[illegible] 簽名蓋章

164

82

教育人員財產損失報告單

單位	數量	價值（用國幣填寫角分不計）（所填係___年之價值）	損失情形 損失時期（年月日）	地點	事件	備註
間	二	民國廿六年之價值	民國廿六年十一月十一日	太倉縣浮橋鎮	日軍進攻淞滬時燬於炮彈	
間	一					
件	二	三000元				
件	三					
件	一二					
書籍類小計 辭源						
冊	二00冊					
其他類小計						

填報日期三十五年七月　日　受損失者潘應祺（簽名蓋章）　江蘇省立太倉師範學校校長顧之林（簽名蓋章）

166 165

教育人員財産損失報告單

品名	單位	數量	價值（用國幣填寫角分不計）	損失情形 損失時期（年月日）	地點	事件	備註
[illegible]			（所填係25年之價值）法幣五十五萬五千元 偽幣四万元（折合当时法幣八万元）				
[illegible]		偽幣四百元	偽幣四万元	卅一年	上海（事後賠償）	見下	1. 在上海損失之物件因当时存人已逝事後知之故日月已忘 2. 所填價值數目係以現在物價估值計算
[illegible]		十六件	約值四十萬元	廿七年十月	海门家中		
籍類小計 辭源 泉叢書 平叢書		二十餘冊 三十餘冊	約六萬元	三十一年	上海	上海租界捕房幫助日軍挨戶搜查此時此種書籍放在箱內寄存某市治藏家当被查時發現有主席肖像即將提箱及人一併帶至捕房扣押後以偽幣四百元將人贖出提箱及箱中所有物件全部沒收	
其他類小計 皮箱 手提箱	〃	一只 一只	約三萬元 約一萬五千元		仝上		
箱內除書籍另列外其餘什物約值			約五萬元		仝上		

填報日期　　年　　月　　日　受損失者　石少逸　簽名蓋章　江蘇省立太倉師範學校校長　顧彥楸　簽名蓋章

83

168　167

84

教育人員財產損失報告單

（損失項目）	單位	數量	價值（用國幣填寫角分不計）（所填係＿年之價值）	損失情形：損失時期（年月日）	損失情形：地點	損失情形：事件	備註
……報		共[illegible]件	約180元	二十六年十一月十二日	本校教員宿舍第二寢室	奉歷令在上海受訓 敵寇至太交通 斷絕無法搬取	時物值計祘約壹千餘萬元 上填損失各物照戰前值一千餘元照現
			〃50元				
	件	1	〃600元				
	件	2	〃120元				
	件	全付	〃100元				
		2	〃16元				
書籍類小計							
辭源 字畫	冊		〃124元				
書籍 康熙字典	冊	100餘冊	〃6元				
圖書雜誌	冊	100冊					
陳宣紙	張	50張	〃25元				
畫絹		12疋	〃60元				
其他類小計	件	66件	〃120元				
印泥 印章		全	〃42元				
畫具 全套		40枚	〃40				
畫		4	〃32元				
衣箱	只	13件	〃5元				
傢具 陳設具	件		〃160元				
陳墨	錠	40					

填報日期　　年　　月　　日　受損失者 張宴公（印）簽名蓋章　江蘇省立太倉師範學校校長 顧乞抃（印）簽名蓋章

170

16

83

教育人員財產損失報告單

	單位	數量	價值（用國幣填寫角分不計）（所填係＿年之價值）	損失時期（年月日）	地點	事件	備註
			價值以民國二十六年之物價論	民國二十六年八月十三日後被敵机炸毀	省立太倉師範教員宿舍內	抗戰事件	其他新用之具並未列入即家中損失亦未列入
計	[illegible]	[illegible]	五十元				
…衣		壹件	七十元				
		貳件	八十二元				
…(冬季)		貳件	十二元				
書籍類小計		五套	一百六十元				
辭源(正國)		貳冊	五元				
英漢綜合四用字典		貳冊	八元				
社會學科參考書		八十冊	五十元				
語文學科參考書		五十冊	四十元				
雜誌(教育文藝)		一二〇冊	三十元				
其他類小計							
棉被及褥子		三條	六十元				
絨毯及被單		四條	三十元				
帳子		一頂	五元				
西灯收音机		一架	廿五元				
箱子(皮二籐二)		四只	三十元				
皮鞋一双…		貳件	十五元				

填報日期 卅五年六月六日　受損失者 郭立[illegible]（簽名蓋章）　江蘇省立太倉師範學校校長 顧[illegible]（簽名蓋章）

172　171

88

教育人員財產損失報告單

損失項目	單位	數量	價值（用國幣填寫 角分不計）（所填係26年之價值）	損失情形 損失時期（年 月 日）	地點	事件	備註
				廿六年十一月	太倉師範教員宿舍	國軍撤退	(一)所填係廿[illegible]份價目，以現值平均五千倍計算，應為三百三[illegible]萬元 (二)家庭損失並未列入
[illegible]	件	2	100元				
[illegible]	件	5	50元				
四[illegible]	套	10	150元				
書籍類小計							
辭源	册	400	320元				
其他類小計							
行李	件	1	35元				
毛毯	条	1	5元				
蚊帳	顶	1	8元				
			共计668元				

填報日期 35 年 6 月 9 日　受損失者 吴[illegible]　簽名蓋章 [印]　江蘇省立太倉師範學校校長 顧[illegible] [印]　簽名蓋章

114

173

87

教育人員財産損失報告單

損失項目	單位	數量	價值（用國幣填寫角分不計）（所填係＿年之價值）	損失情形 損失時期（年月日）	地點	事件	備註
總計							
屋類小計							
樓房							
[illegible]房							
[illegible]房							
[illegible]	3件	3	三十元（二十六年之估值）	二十六年	太倉	八一三戰事	
[illegible]	件	2	五十元（二十六年之價值）				
[illegible]書	200冊	200	四千元（二十六年之價值）			上海八一三敵寇侵入	
其他類小計							
被褥	5	5	六十元（二十六年之估值）			八一三戰事	
衣服	30	30	七百元（二十六年之估值）			八一三戰事	
蚊帳	4	4	八十元（二十六年之估值）			八一三戰事	

填報日期三十五年六月　日　受損失者顧克彬（印）簽名蓋章　江蘇省立太倉師範學校校長顧克彬（印）簽名蓋章

176　175

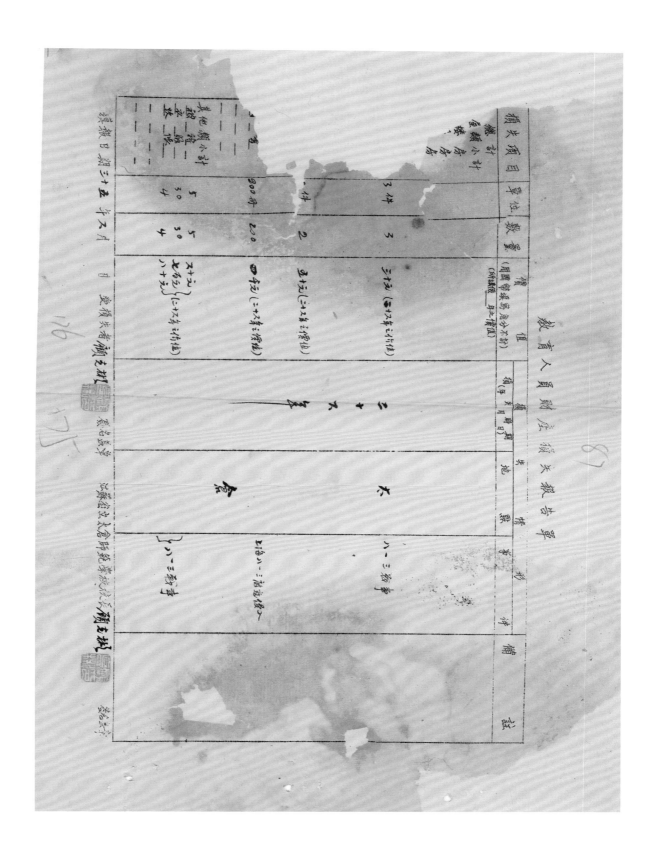

88

教育人員財產損失報告單 第一頁

損失項目	單位	數量	價值（國幣元）	損失時期	地點	事件	備考
總計			118060 / $114890	民國二十六年八月十三日至十一月三日	上海中山路全家巷12號	（八一三）淞滬戰爭	按照當年時價計
房屋類小計			$15000				
樓房	間	2	5000				
器具類小計			$740				
電氣設備		全	240				
床	張	5	80				
桌	〃	8	80				
椅	〃	20	100				
書架	具	6	100				
[illegible]具		3	80				
廚房用具		45	60				
服裝類小計			2550				
男裝女裝	件	89	1770	內15件在虹口唐山路澄衷中學同時損失			
童裝	〃	48	500				
被褥	条	14	280	內3条同上			
書籍類小計			$109600				
書籍	冊	約4500	5600	內100冊仝上			
文稿	部	2	10000				

接下頁　填報日期 35年7月10日　受損失者 陶志　江蘇省立南通民眾教育館館長 陶志

177

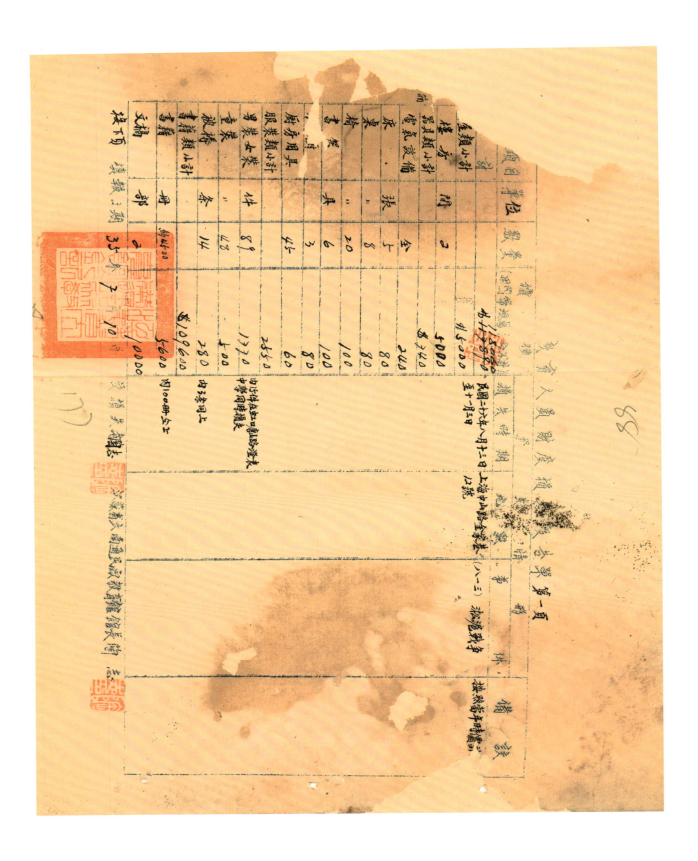

89

教育人員財產損失報告單 第二頁

損失項目	單位	數量	價值(用國幣填寫，角分不計)	損失情形：損失時期	損失情形：地點	損失情形：事件	備註
總承上頁計							
圖書摘記	冊	47	94000	内12冊同上			
雜件	〃	20	$170				

填報日期 35年7月10日　受損失者蓋章　江蘇省立南通民衆教育館館長 陶　志

179　180

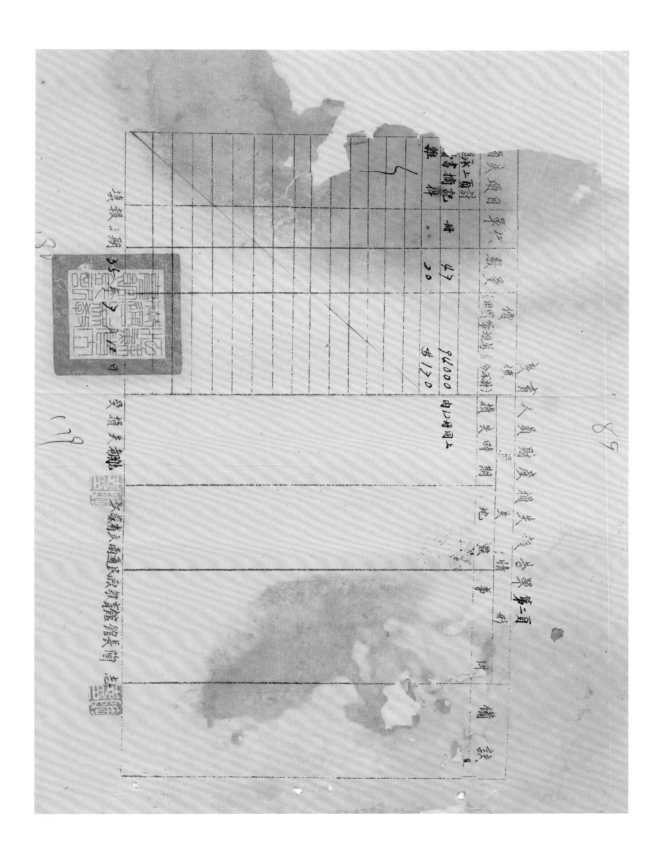

90

教育人員財產損失報告單

項目	單位	數量	價值（用國幣填寫[illegible]元計）	損失時期	地點	事件	備註
總計			$1590				
器具類小計	張	3	$30	民國二十九年秋（農）	寶應	縣城淪陷為敵寇搶去	[illegible]國二十三年（農）的物價
[illegible]	〃	2	20	民國二十八年秋（農）	〃 〃		
[illegible]	〃	1	10				
[illegible]款類小計	元		$1000	民國二十六年秋（農）	南京	首都淪陷時為敵寇搶去	
[illegible]類小計	件	31	$134				
[illegible]衣	〃	1	60	民國二十八年一月初（農）	淮陰	時淮陰敵寇由泗陽直趨淮陰左營陸莊進不容撤退	民國二十四年的物價（農曆）
[illegible]	〃	30	74	民國二十八年一月初（農）	〃 〃		
[illegible]類小計	冊	114	$426				
[illegible]	冊	30	25	民國三十年九月（農）	寶應北鄉大陸莊	敵寇下鄉掃蕩時放火燒及民房悉以焚光	民十九年的物價（農）
[illegible]	〃	84	401	〃 〃	〃 〃		

填報日期 35年[illegible]月10日 受損失者張竹汀 [illegible]南通民眾教育館館長陶志

181

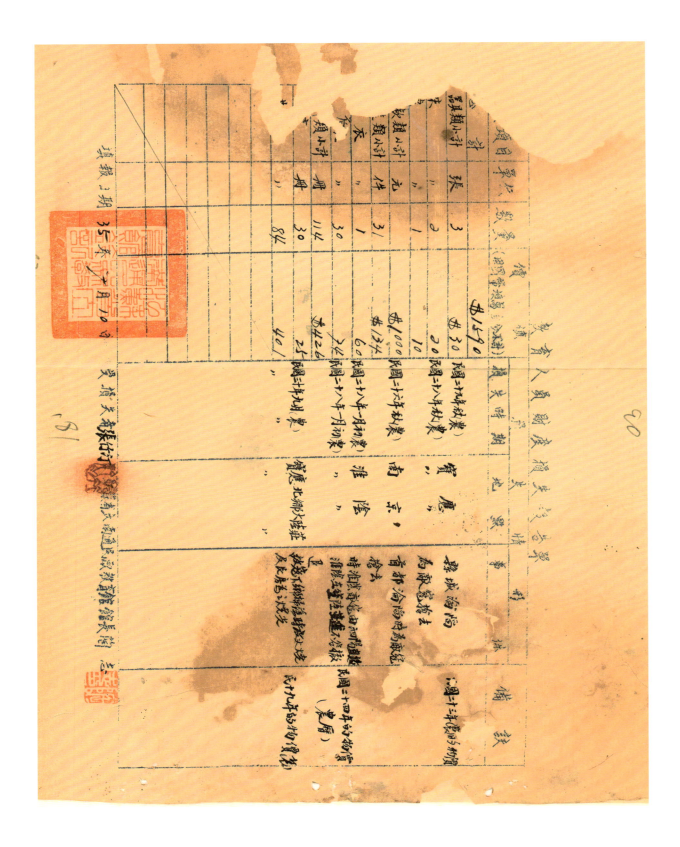

教育人員財產損失報告單

損失項目	單位	數量	價值（用國幣填寫角分不計）	損失時期	地點	事件	備註
計			$11420.00	民國三十年八月二十九日(農曆)	鹽城縣第十二區南梁鄉武港口	敵偽搶糧	比照三十年八月以前物價計算
計			$6000.00				
[illegible]（磚墻）	間	6	$6000.00				
[illegible]類小計			$1570.00				
[illegible]	件	2	$500.00				
[illegible]	件	2	$200.00				
[illegible]事桌	件	1	$150.00				
[illegible]	件	2	$200.00				
[illegible]	[illegible]	4	$120.00				
[illegible]	件	2	$400.00				
服裝類小計			$2100.00				
皮衣	件	2	$600.00				
棉袍(綢)	件	3	$300.00				
夾袍襖(綢)	件	6	$400.00				
綢男女長衫	件	5	$400.00				
綢褂褲	件	4					
布長衫及褂褲	件	20	$400.00				
其他類小計			$1750.00				
稻	石(老斛)	50	$1175.00				

填報日期三十五年乂月拾日　受損失者陳廷庥（江蘇省立南通民眾教育館館長陶　志）

92

教育人員財產損失報告單 第一頁

損失項目	單位	數量	價值（[illegible]）	損失時期	地點	事件	備註
總計			$26010	26年9月	如海真如西張家宅	被[illegible]	[illegible]失物件[illegible]值係[illegible]年物價計[illegible]
房屋類小計	間	19	$9600				
平屋	〃	5	8000				
草屋	〃	14	1600				
器具類小計			$1360				
大鉄床	張	2	120				
大小木床	〃	11	125				
大小桌	〃	12	96				
茶几椅子	〃	18	120				
凳	〃	48	130				
廚房用具	件	520	$620				
瓷具	〃	20	20				
其他用具	〃	30	80				
服裝類小計			$1220				
皮衣	〃	3	500				
草衣	〃	20	300				
被褥	副	15	300				
帳子	顶	15	120				

接下頁填報之期 3[illegible]年7月10日

受損失者 戴雲英 江蘇省立南通民眾教育館館長陶[illegible]

186

185

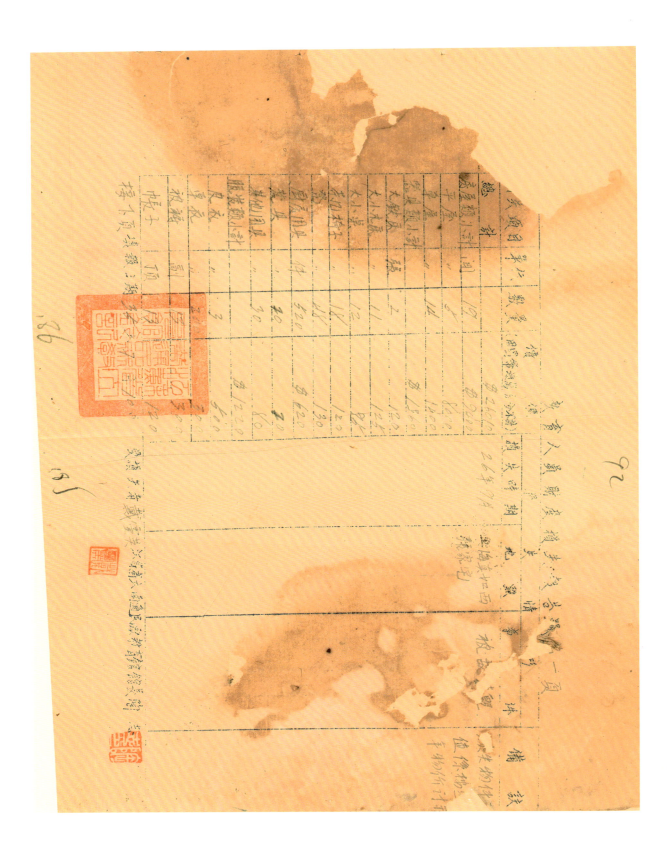

93

教育[illegible]財產損失報告單第二頁

損失項目	單位	數量	價值（國幣元角分不計）	損失時期	損失情形 地點	損失情形 事件	備考
總計							
承上頁							
書籍類小計			$1400				
木板古裝東亞字典	部	1	1400				
其他類小計	间		$12630				
玻璃花棚	〃	24	$3840				
花盆	只	2300	690				
樹苗	株	20000	8000				

填報日期 35年7月25日　受損失者 戴靈英 江蘇省立南通民眾教育館館長 陶[illegible]志

188　(8)

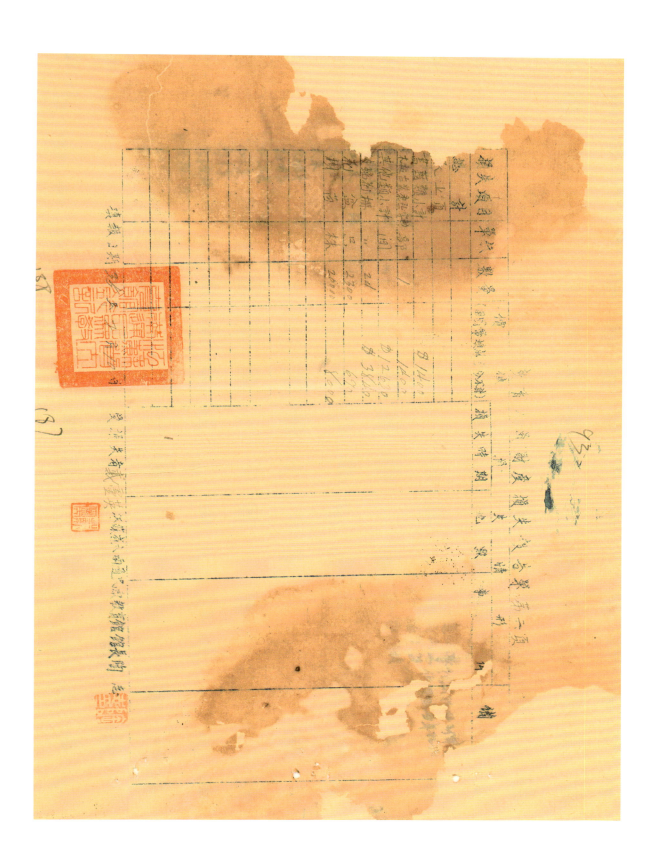

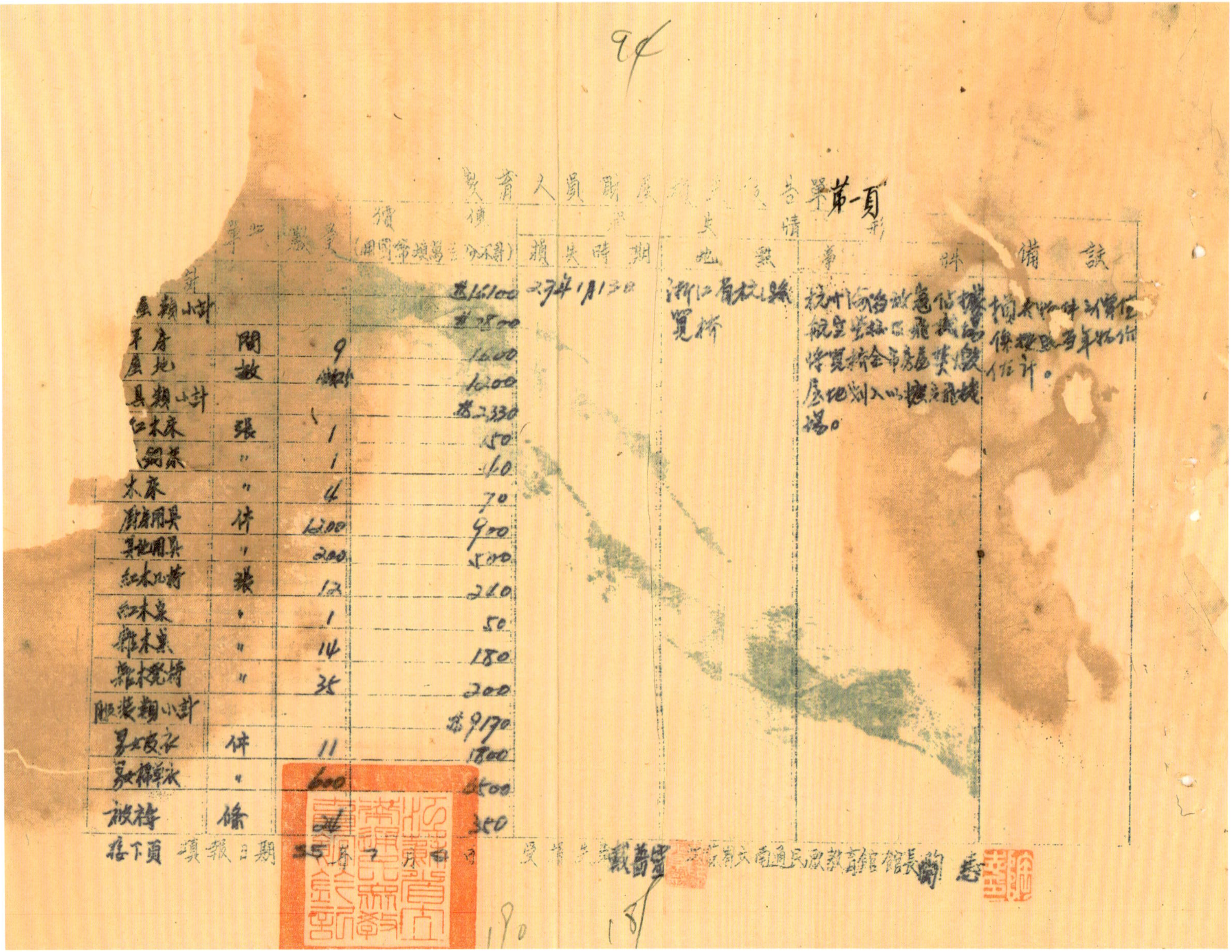

第一頁

[illegible]教育人員財產[illegible]報告單

損失項目	單位	數量	價值（國幣元）	損失時期	地點	事件	備註
共計			總16100	27年1月13日	浙江省杭縣筧橋	杭州陷落敵急估據航空學校爲飛機場將筧橋全市房屋墳墓土地劃入以擴充飛機場。	損失物件之價值係按照當年物價估計。
房屋類小計			總2800				
平房	間	9	1600				
屋地	畝	[illegible]	1200				
器具類小計			總2330				
紅木床	張	1	150				
鋼床	〃	1	60				
木床	〃	4	70				
廚房用具	件	1200	900				
其他用具	〃	200	500				
紅木凡椅	張	12	210				
紅木桌	〃	1	50				
雜木桌	〃	14	180				
雜木凳椅	〃	35	200				
服裝類小計			總9170				
男女皮衣	件	11	1800				
男女棉單衣	〃	600	6500				
被褥	條	[illegible]	350				

接下頁　填報日期　35年7月4日　受損失者　戴翕[illegible]　[illegible]南通民衆教育館館長[illegible]

180　181

教育人員財產損失報告單第二頁

損失項目	單位	數量	價值（用國幣填寫角分不計）	損失時期	損失地點	損失情形 事	備註
[illegible]人員計							
帳子	頂	7	120				
鋼巾	尺	9	400				
書籍類小計			共1600				
中外書籍	冊	800	600				
中外畫	張	300	1000				
其他類小計	件	60	共200				

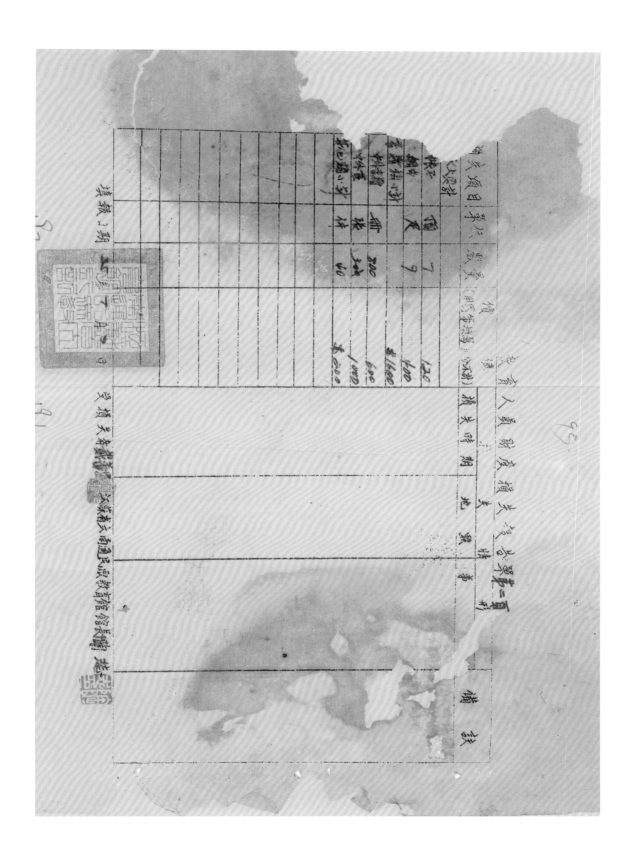

填報日期 35年7月 日　受損失者[illegible]　江蘇省立南通民眾教育館館長陶 志

96

教育人員財產損失報告單 第一頁

損失項目	單位	數量	價值（用國幣填寫角分不計）	損失情形：損失時期	損失情形：地點	損失情形：事件	備註
總計			12565	民國二十六年八一三抗戰金山衛敵寇登陸後。	浙江省平湖縣新倉鎮	敵寇金山衛登陸不久即侵入本鎮全鎮均遭被焚。	[illegible]物件[illegible]此[illegible]年[illegible]值
房屋類小計			8500				
樓房	間	貳	5000				
平房	〃	貳	3500				
器具類小計			655				
床	張	捌	60				
桌	〃	玖	90				
櫈	隻	伍拾叁	265				
廚房用具	件	壹百柒拾貳	115				
櫥	具	伍	125				
服裝類小計			1210				
皮衣	件	陸	600				
男裝	〃	柒拾伍	350				
女裝	〃	柒拾玖	250				
童裝	〃	伍拾叁	150				
被褥	條	拾陸	300				
帳子	頂	伍	40				
書籍	冊	約[illegible]	2000				

接下頁 填報日期 35年7月10日

受損失者 任柏年（印） 江蘇省立南通民衆教育館館長陶 志（印）

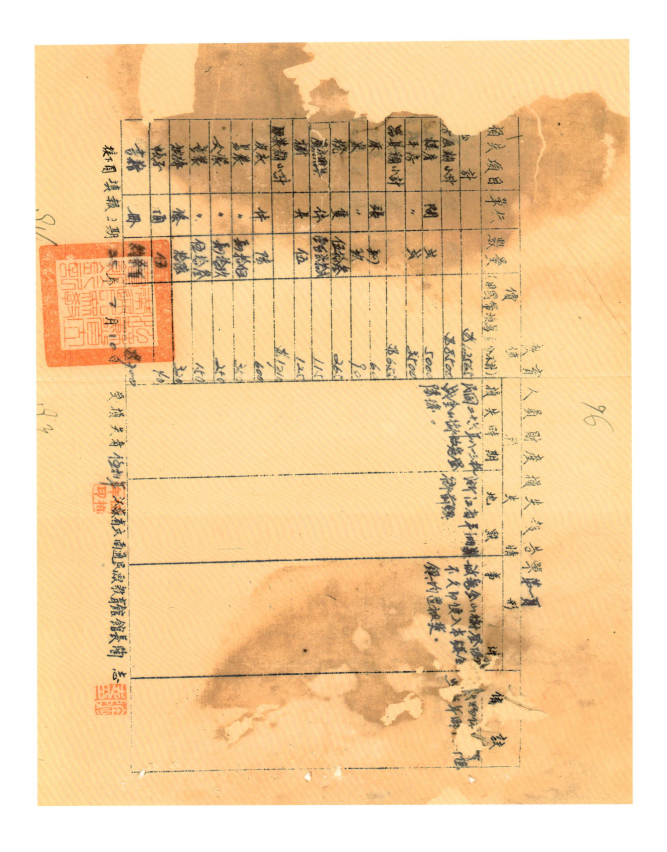

（印：江蘇省立南通民衆教育館）

97

教育文化機關財產損失報告單 第二頁

損失項目	單位	數量	價值（國幣元）	損失時期	地點	事件	備註
承上頁計							
雜件	件	件	弍百	$1000			

填報日期 35 7 10　受損失者 任柏年（任柏年印）江蘇省立南通民眾教育館館長 陶志（印）

186

185

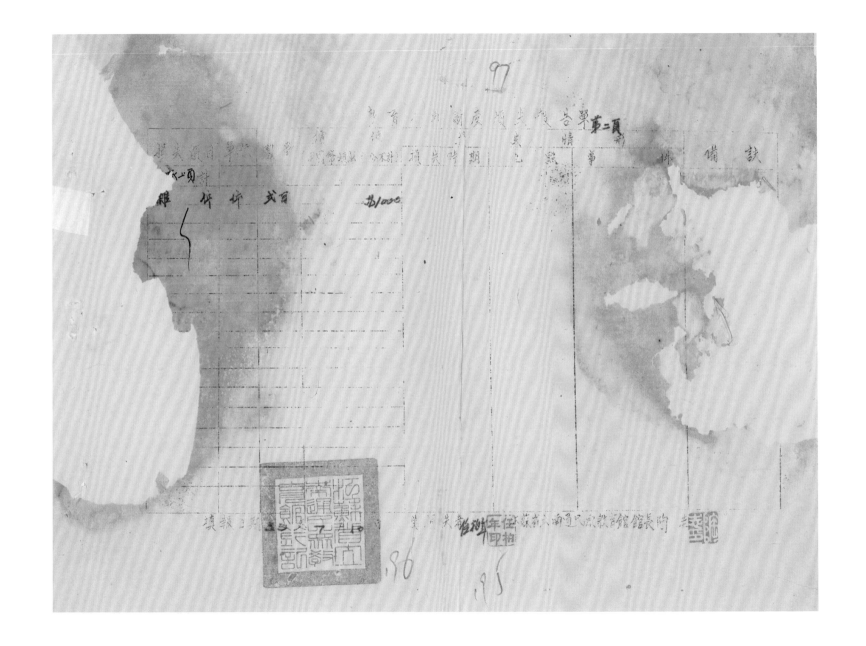

教育人員財產損失報告單

[illegible]	數量	價值（用國幣填寫所填係年份價值）	損失時期（年月日）	地點	事件	備考
		6,353元		江苏省靖江縣東门外	中日战祸開始靖江即於26年12月4日被日冦佔領後即大肆燒毁依據民房本宅被強住数次故損失較鉅、	上項價值係依照二十六年時價計算
[illegible]	[illegible]0間	（1,740元）	27年1月			
		900元				
		120元				
		720元				
[illegible]	[illegible]102件	（848元）	26年12月			
		96元				
		420元				
		332元				
[illegible]	[illegible]	（448元）	26年12月			
		48元				
		400元				
[illegible]	[illegible]	（1,120元）	26年12月			
		251元				
		615元				
		254元				
[illegible]	[illegible]件	（2,197元）	26年12月			
		142元				
		75元				
		1,580元				
竹木器具362件		400元				

填報日期 35年9月 日

受損失者 前靖江縣立斜桥小学 教員劉公鑄（印）

（校名或[illegible]）前縣立斜橋小学校 校長陳勛達（印）

教育人員財產損失報告單

（損失項目）	數量	價值（用國幣填寫所填係年份價值）	損失時期 年 月 日	地點	事件	備考
		13,349元			日寇自26年12月4日占領靖江後，大肆燒殺，且強占民房，本宅為其所占，達三年之久，除拆除十六間房屋外，餘25間亦為其毀滅，門窗板壁、圍牆磚地等蕩然無存，又器具什物書籍等絲毫不留，更無論矣	上、2、依價悉照二十六年度物價計算
	13	(3,000)元	28年4月	靖江城內學宮後盛宅		
		360				
		2520				
		120				
	件 492	(1,800)元	27年3月	仝上		
		240				
		256				
		1304				
	486元	(486)元	27年8月	仝上		
	件 148	(660)元	26年12月	仝上		
……件						
被褥蚊帳衣服一百三十二件						
書籍類小計	461	(1,138)元	26年12月	仝上		
古書類 四百0五本		200				
碑帖 八百0三種		560				
洋裝 一百五十六本		378				
其他類小計	280元 25間	(6,265)元	26年12月	仝上		
銅錫 一百六十八件		250				
時鐘 十八個		145				
瓷器 一百三十件		120				
字畫 六十幅		2000				
門窗板壁圍牆二十五間		3750				

填報日期 三十五年 九 月二十四日

受損失者 盛舜成（校名或機關名稱）主管人 前縣立鄉村師範學校校長 盛舜成

100

教育人員財產損失報告單

			價值（民國26年所填係年份價值）	損失時期 年月日	地點	事件	備考
			2,3100元				
		10間	5000元	26年12月	東外羅家橋	敵寇焚燬	物價係損失時估計
	件						
	0件	400件	4,500元	26年12月	仝上	仝上	
	0元	8200元	8,200元	26年12月	仝上	仝上	
	件						
	200件	200件	2,500元	26年12月	仝上	仝上	
書籍類小計	冊						
中西圖書	300冊	300冊	1500元	26年12月	仝上	仝上	
字畫	50件	50件	400元	26年12月	仝上	仝上	
其他類小計							
粮食	50石	50石	1,000元	26年12月	仝上	仝上	

填報日期 35年9月 日　受損失者袁錫慶（校名或機關名稱）主管人 私立蘇北中學校長盛傑東

202　201

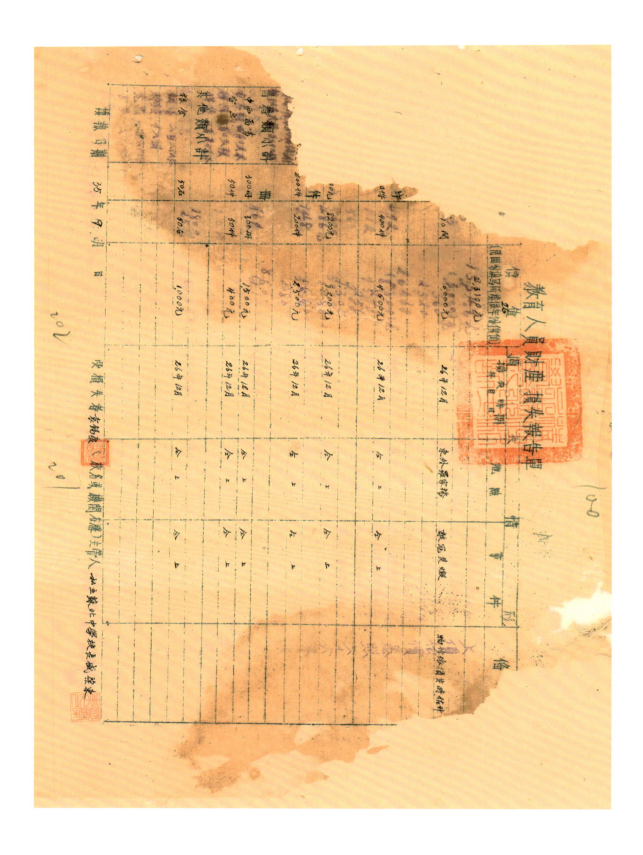

教育人員財產損失報告單

損失項目	單位	數量	價值（用國幣填寫所填係年份價值）	損失時期 年 月 日	地點	事件	備考
			144180元		靖江南門內	日寇侵佔靖城	
		5	2000元	26年11月		〃	
		5	2000元				
	件		26400〃	〃		〃	
		15	8700〃				
		112	7500〃				
		5	200〃				
	元	5000	5000〃	〃		〃	
	件			〃		〃	
		240	5000〃				
			480〃				
書籍類小計	冊		8600〃	〃		〃	
四庫全書		全集	400〃				
諸子百家		〃	200〃				
古字畫		10件	8000〃				
其他類小計						〃	
木料磚瓦			6700〃	〃			

填報日期 年 月 日 受損失者劉次純（校名或機關名稱）主管人靖江縣教育局

101

204 207

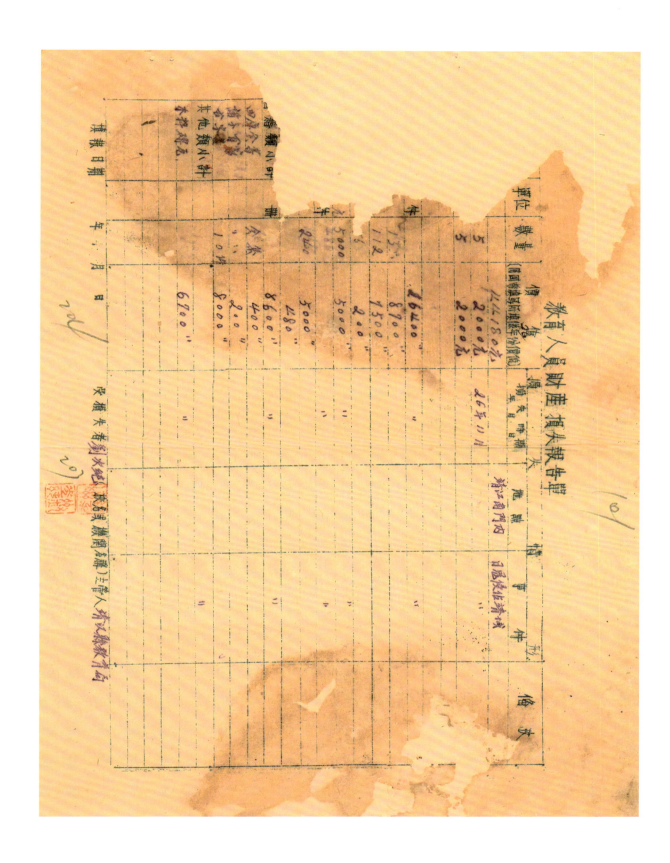

102

教育人員財產損失報告單

[illegible]	單位	數量	價值（國幣元 按損失時價值）	損失時期（年月日）	地點	事件	備考
			55,050元				
	間	15间	6000元	26年12月	東外	敵寇焚燬	
	件						
		98件	2000元	〃 〃	〃 〃	敵寇搶去	
		80件	1400元	〃 〃	〃 〃	敵寇焚燬	
		100件	180元	〃 〃	〃 〃	仝上	
	元	10000元	10000元	〃 〃	〃 〃	敵寇搶奴	
	件						
		322件	8000元	〃 〃	〃 〃	敵寇焚燬搶奴	
		50件	1200元	〃 〃	〃 〃	仝上	
		1000冊	2000元	〃 〃	〃 〃	敵寇焚燬	
		50件	2000元	〃 〃	〃 〃	敵寇搶去	
		20部	1000元	〃 〃	〃 〃	仝上	
其他類小計							
稻	100石	100石	700元	〃 〃	〃 〃	敵寇搶去	
麥	50石	50石	400元	〃 〃	〃 〃	仝上	
黃豆	50石	50石	400元	〃 〃	〃 〃	仝上	
玉器古玩	25件	25件	2000元	〃 〃	〃 〃	仝上	
金飾	62件	62件	2000元	〃 〃	〃 〃	仝上	

填報日期 35年9月 日 受損失者 盛學東（姓名或機關名稱）主管人 盛學東（私立蘇北中學校長）

206 205

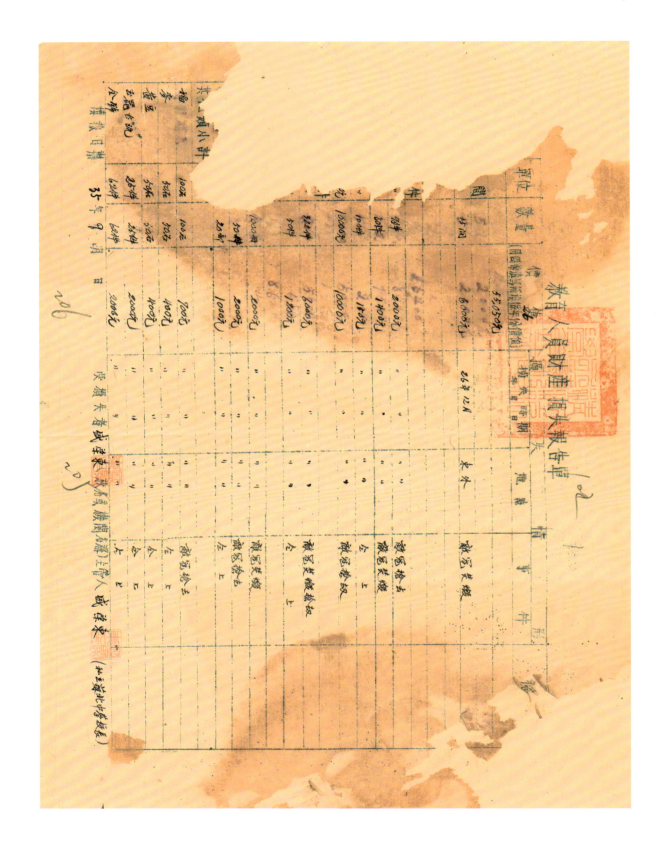

教育人員財產損失報告單

（品名）	單位	數量	價值（用國幣填寫所填係年份價值）（二十六年）	損失時期（年月日）	地點	事件	備考
[illegible]		225	6776元	二十年十二月十一日	靖江縣靖城鎮八保八甲戶	日軍縱火焚燒	
[illegible]	間	5	5000元	仝上	仝上	仝上	
[illegible]		5	5000元	仝上	仝上	仝上	[illegible]
[illegible]				仝上			
[illegible]				仝上			
[illegible]	件	36	202元	仝上	仝上	仝上	
[illegible]		4 / 4	40 / 24元	仝上	仝上	仝上	
[illegible]		10 / 4	[illegible]元	仝上	仝上	仝上	
[illegible]		8 / 6	[illegible] / 60元	仝上	仝上	仝上	
[illegible]			240元	仝上	仝上	仝上	
[illegible]		91	310元	仝上	仝上	仝上	
[illegible]		[illegible]	80 / 60元	仝上	仝上	仝上	
……級（連面裏）		5 / 10	[illegible]元	仝上	仝上	仝上	
書籍類小計	冊	73	124元	仝上	仝上	仝上	
綱鑑易知錄		44	44元	仝上	仝上	仝上	
四史		20	40元	仝上	仝上	仝上	
中國文學大全		[illegible]	[illegible]元	仝上	仝上	仝上	
中華百科全書		[illegible]	[illegible]元	仝上	仝上	仝上	
國學源流一覽		[illegible]	[illegible]元	仝上	仝上	仝上	
……類小計		90	900元	仝上	仝上	仝上	
……（……皮）	擔	20	400元	仝上	仝上	仝上	
[illegible]	石	20	100元	仝上	仝上	仝上	
[illegible]		20	160元	仝上	仝上	仝上	
[illegible]		16	128元	仝上	仝上	仝上	
小麥		14	112元	仝上	仝上	仝上	

填報日期 三十五年七月三日

受損失者 陳廣之 （學校名或機關名稱）主管人 靖中鎮中心國民學校校長 陳德圻

207

208

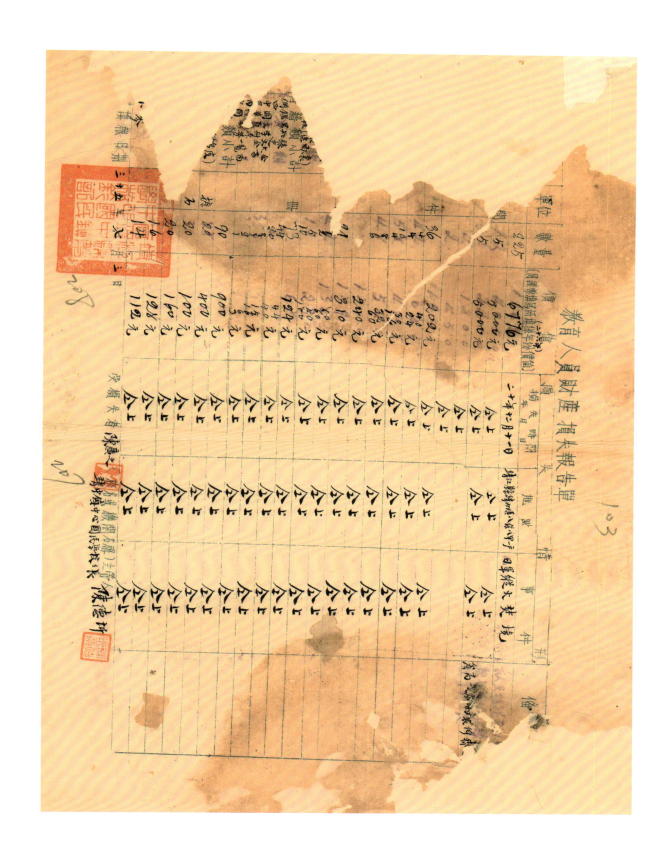

教育人員財產損失報告單

	單位	數量	價值（用國幣並寫所值係26年份價值）	損失時期 年月日	地點	事件	備考
			11620元	26年12月9日	靖江城内	日寇進攻靖江縣城淪陷烘炸燒毀搶劫	本人於抗戰前任靖江縣督學現任縣政府教育科科長
		12	4050元	〃	〃		
		6	2400〃	〃	〃		
		2	1200〃	〃	〃	〃	
		2	450〃	〃	〃	〃	
	件		1650〃	〃	〃	〃	
		22	685〃	〃	〃	〃	
		58	445〃	〃	〃	〃	
		48	520〃	〃	〃	〃	
			1500〃	〃	〃	〃	
	件		1395〃	〃	〃	〃	
		42	1365〃	〃	〃	〃	
		1	230〃	〃	〃	〃	
籍類小計	冊		654〃	〃	〃	〃	
[illegible]類		8	45〃	〃	〃	〃	
[illegible]〃		358	359〃	〃	〃	〃	
〃		285	250〃	〃	〃	〃	
[illegible]			2171〃	〃	〃	〃	
書門		85	680〃	〃	〃	〃	
鏡框銀角		36	325〃	〃	〃	〃	
穀食		54	486〃	〃	〃	〃	
銅鉄器		4	220〃	〃	〃	〃	
花瓷		250	460〃	〃	〃	〃	

填報日期　年　月　日　受損失者　薛錦綱（簽名或機關名稱）主管人　靖江縣政府縣長張開爵

104

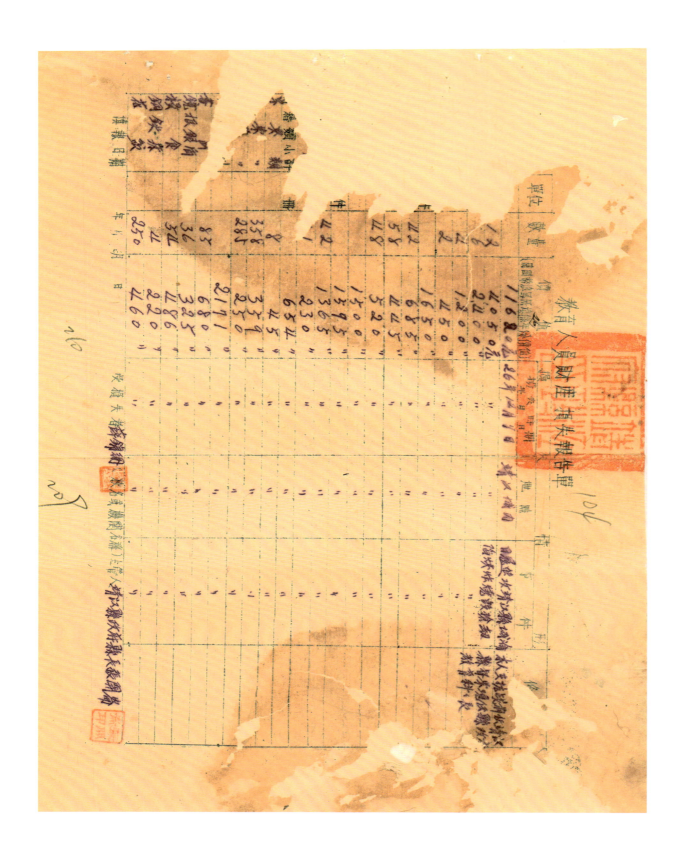

1041

教育人員財產損失報告單

	量	價值（用國幣填寫所填係××價值）	損失時期（年月日）	地點	事件	備註
		1044	民國二十六年九月	江蘇奉賢南橋	日軍攻陷奉賢	二十六年任奉賢 學，現任靖江 督學
	件	540				
	5	200				
	12	340				
	93冊	188				
	3	8				
		140				
		40				
其他類		176				
行李		80				
皮箱		40				
鞋		14				
	2	18				
衣	1					
掛錶	1	24				

填報日期三十五年十月三日　受損失者葉純（姓名或機關名稱）主管人靖江縣縣長張開崙

212　211

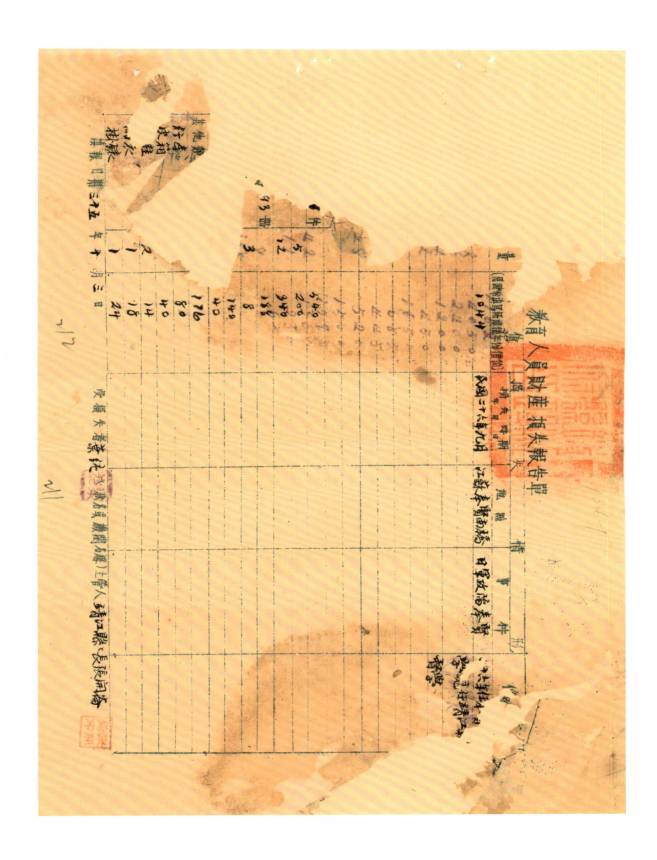

教育人員財產損失報告單

		數量	價值	損失情形：損失時期	損失情形：地點	損失情形：事件	備註
		三	三十二萬元				
	間						
	間						
	間						
	間						
	件						
	件						
	件						
	件						
頁小計							
服 頁小計	件	一	十五萬元				
皮衣	件						
嗶嘰單衣	件	一	十五萬元	二十七年六月二十五日	第五區二〇保趙庄	被日軍拿去	呢大氅
教育書		84	七萬元				
社会學		26	七萬元	同上	同上	同上	
其他類小計	枝	一	十萬元				
六五口徑馬槍	枝	一	十萬元	同上	同上	同上	

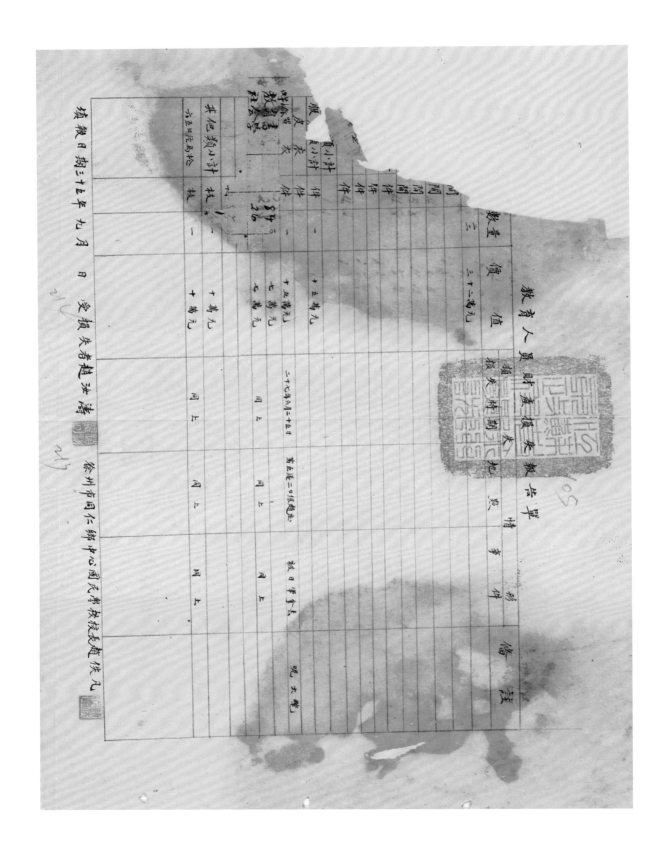

填報日期三十五年九月　日　受損失者趙汝濤（印）　徐州市同仁鄉中心國民學校校長趙佚凡（印）

106

教育人員財產損失報告單

損失項目	單位	數量	價值（用國幣填寫角分不計）	損失情形：損失時期	損失情形：地點	損失情形：事件	備註
總計		六	七萬五千元				
房屋類小計	間						
樓房	間						
[illegible]房	間						
草[illegible]	間						
器具類小計	件						
床	件						
桌	件						
椅	件						
現款類小計							
服裝類小計	件						
皮衣	件						
單衣	件						
書籍類小計	冊	六	七萬五千元				
辭源	冊	三	四萬元	二十七年六月二十五日	第五區二〇保趙庄	被日軍拿去	
辭海	冊	二	二萬五千元	同	同	同	
學生小辭滙	冊	一	一萬元	同	同	同	
	冊						
其他類小計							

填報日期三十五年九月　日　受損失者趙佚凡　徐州市同仁鄉中心國民學校校長趙佚凡

216　215

107

教育人員財產損失報告

	單位	數量	價值	損失日期	地點	事件	備註
		六	四十四萬元				
	間						
	間						
	間						
	間						
	件						
	件						
	件						
	件						
現款類小計							
服裝類小計	件	一	十二萬元				
[illegible]衣	件						
[illegible]衣	件	一	十二萬元	二十七年六月二十五日	第五區二〇保趙庄	被日軍拿去	呢大衣
書[illegible]類小計	冊	三	四萬元				
[illegible]律源	冊	三	四萬元	同上	同上	同上	
	冊						
	冊						
其[illegible]類小計		二	二十八萬元				
[illegible]行車	輛	一	十八萬元	同上	同上	同上	
[illegible]筒枕	枝	一	十萬元	同上	同上	同上	

填報日期三十五年九月 日 受損失者張繼凱 徐州市同仁鄉中心國民學校校長趙佚凡

218 217

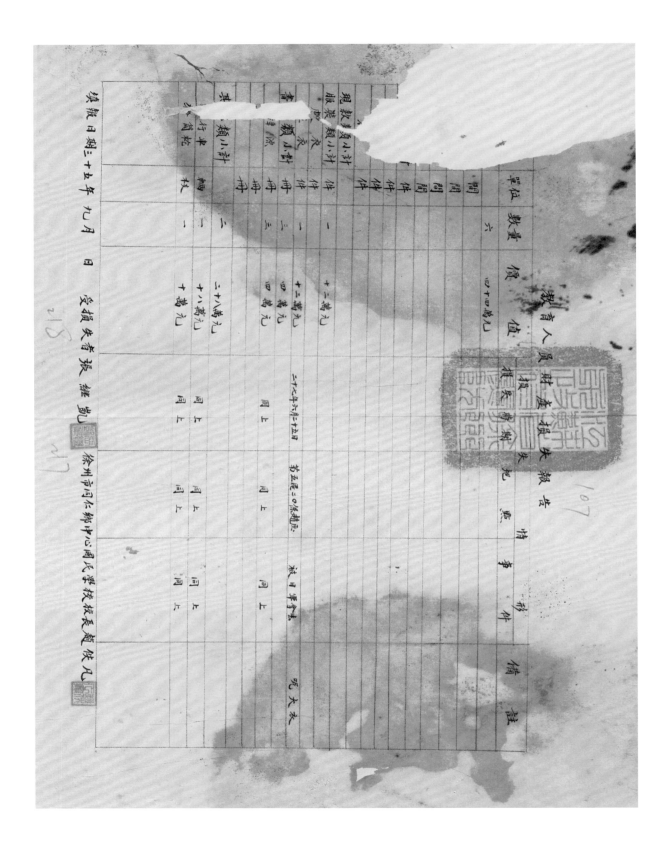

108

教育人員財產損失報告表

損失項目	單位	數量	價值（用國幣填寫角分不計）（所填係　年元價值）	損失時期（年月日）	地點	事件
總計			160000元	三十一年五月二十二日	江西鉛山河面	敵机轟炸
房屋類小計						
房	間					
房	間					
房	間					
器具類小計						
床	件					
桌	件					
椅	件					
現款類小計						
服裝類小計						
皮衣	件	一				
單衣	件	十二				
棉衣	件	一				
書籍類小計						
原	冊	二七				
專用書	冊					
其他類小計						
被子	床	一				
褥子	床	一				
帳子	頂	一				

填報日期三十一年六月二十二日　受損失者 姜步堯 簽名蓋章

（機關或學校名稱）省立徐文師　主管人 張靜秋 簽名蓋章

220

219

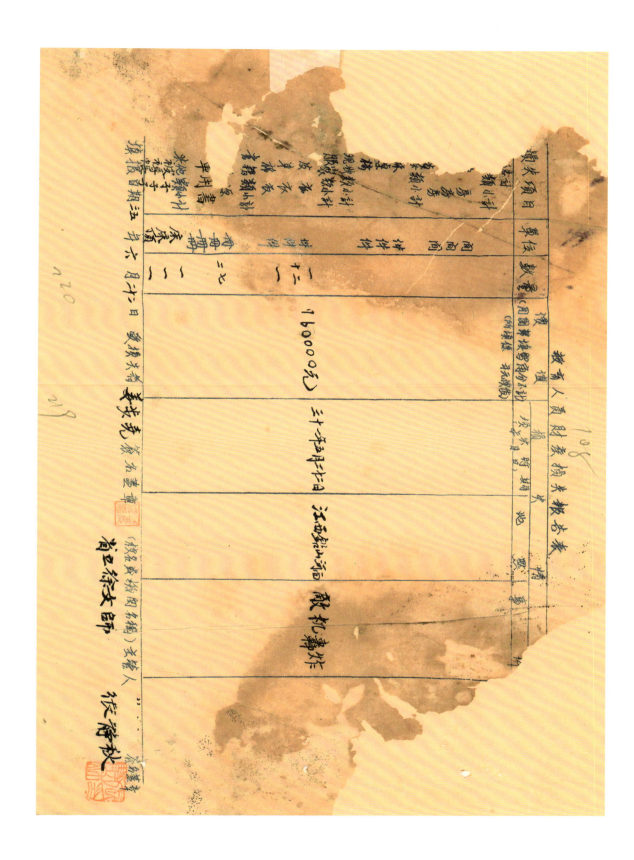

教育人員財產損失報告表

項目	單位	數量	價值（用國幣填寫角分不計）	損失時期（年月日）	地點	事件	備註
[illegible]			四三三五萬元	二十七年四月二十一日	徐州雙溝	雙溝失陷	
[illegible]			三千萬元				
[illegible]	間	十二	二六〇〇万元				
[illegible]	間	四	四百万元				
[illegible]	間						
[illegible]			一八五萬元	仝上	仝上	仝上	
[illegible]	件	六	二五万元				
[illegible]	件	二十	六十万元				
[illegible]	件	三十	一百万元				
現款類小計			五百萬元	二十七年四月二十日	徐州鳳化街二號	徐州失陷	
服裝類小計			三三〇万元				
皮衣	件	十二	二四〇万元	仝上	仝上	仝上	
單衣	件	六十	六十万元				
棉[illegible]	件	二十	三十万元				
書籍類小計			一二〇萬元				
辭源	冊	二	二万元				
各種書籍	冊		一一八万元	仝上	仝上	仝上	
其他類小計		一千五百	二百万元				

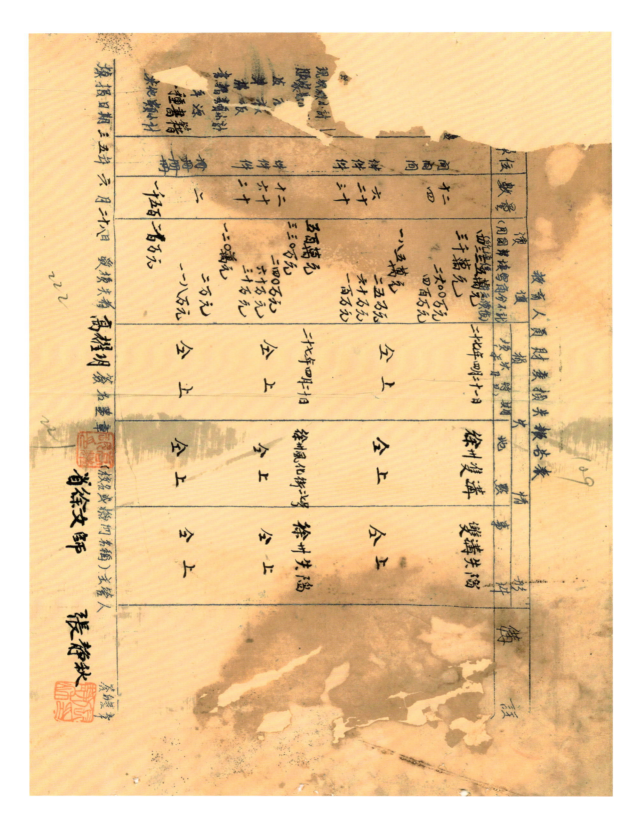

填報日期 三五年六月二十八日 受損失者 高耀明 簽名蓋章 （校名或機關名稱）主管人 省徐文師 張靜秋 簽名蓋章

110

教育人員財產損失報告表

損失項目	單位	數量	價值（用國幣填寫角分不計）	損失時期（年月日）	地點	事件	備註
總計			四三六七萬元（價值）				
房屋類小計			三二〇〇萬元	二十七年四月二十日	徐州大同街口	徐州失陷	此房地基現改為馬路
樓房	間	十四	二八〇〇萬元				
平房	間	二	四〇〇萬元				
器具類小計			二〇〇萬元	仝上	風化街[illegible]號	仝上	
床	件	五	二〇萬元				
桌	件	十六	六〇萬元				
櫈椅	件	四十	一二〇萬元				
服裝類小計			三三五萬元	仝上	仝上	仝上	
皮袍	件	十五	二五〇萬元				
單衣、棉衣	件	八十五	八五萬元				
書籍類小計			二萬元				
[illegible]	冊	二	二萬元				
其他小計			六三〇萬元	仝上	仝上	仝上	
名人字畫	箱	二	四〇〇萬元				
留聲機	件	三	八〇萬元				
藏書	冊	一千	一五〇萬元				

填報日期 三十四年六月十一日　受損失者 徐鴻貞 簽名蓋章（徐鴻貞章）（機關或學校名稱）主管人 張靜秋 簽名蓋章

省立徐女師

224

223

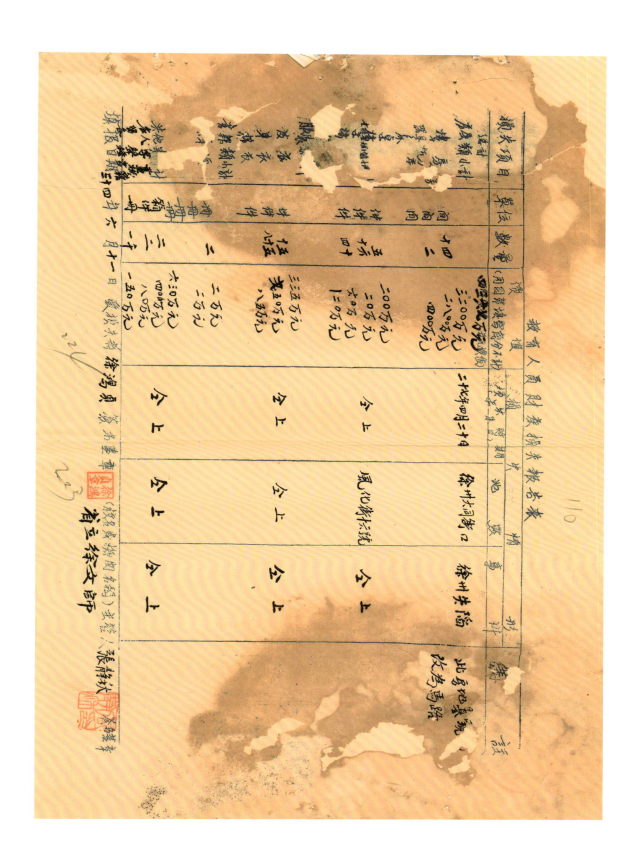

(11)

教育人員財產損失報告表

[illegible]目	單位	數量	價值（用國幣填寫角分不計）（所填係損失時價值）	損失情形：損失時期（年月日）	損失情形：地點	損失情形：事件	備註
			一億一千六百六十三萬元	二十七年五月十九日	徐州市清真巷四號	徐州淪陷	
		十六間	一百二十萬元				
	六間		八十萬元				
	七間		三十萬元				
	三間		十萬元				
		二十七件	三百九十三萬元				
	二件		三十萬元				
	一件		五萬元				
	四件		八萬元				
	二十件		三百五十萬元	同上	同上	同上	
[illegible]小計		三百二十三件	一千六百五十萬元				
棉皮衣	四十八件		三百五十萬元				
夾單[illegible]	二百五十件		七百五十萬元				
[illegible]	二十五件		五百五十萬元				
書籍類小計		一千二百七十冊	九千五百萬元				
辭源	冊						
算學書籍	五百五十冊		五千五百萬元				
國學書籍	七百二十冊		四千萬元				
其他類小計							

填報日期 35年 7月　受損失者 王肯堂 簽名蓋章　（服務機關名稱）江蘇省立徐州女子師範學校 主管人 張靜秋 簽名蓋章

226

225

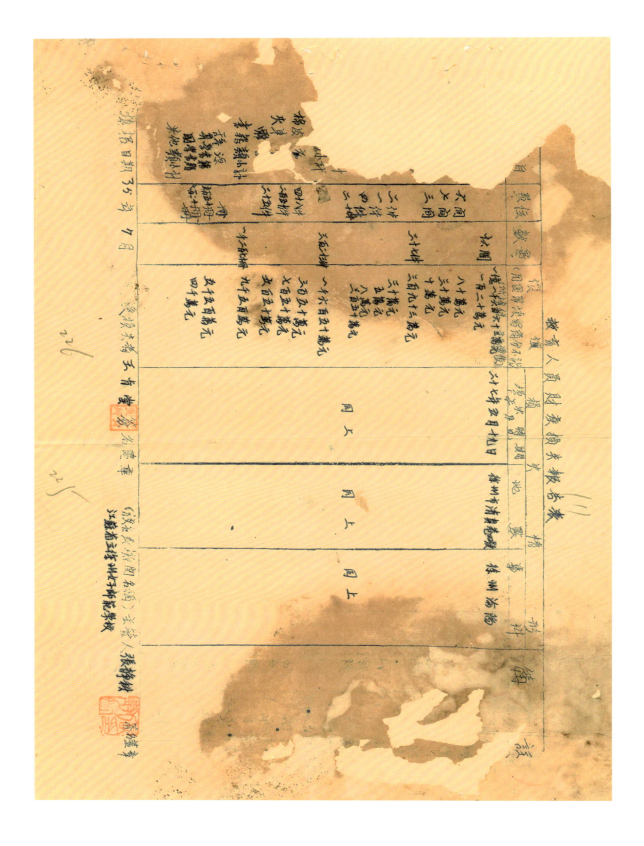

教育人員財產損失報告表

[illegible]	單位	數量	價值（用國幣填寫角分不計）（所填係35年元價值）	損失情形：損失時期（年月日）	地點	事件	備註
小計			1423.000元			徐州淪陷	
[illegible]	間						
	間						
	間						
[illegible]計			333.000元	二十七年五月二十日	徐州市統一街110號	敵軍攻入搶	
[illegible]	件	5	163.000元	〃	〃	〃	
[illegible]	件	2	70.000元	〃	〃	〃	
[illegible]	件	13	100.000元	〃	〃	〃	
[illegible]小計							
衣服類小計			740.000元	〃	〃	〃	
大衣毛毯	件	2	160.000元	〃	〃	〃	
單夾衣	件	18	300.000元	〃	〃	〃	
棉被	件	8	280.000元	〃	〃	〃	
書籍類小計			350.000元	〃	〃	〃	
辭源	冊						
汲古閣十七史	冊	全部	200.000元	〃	〃	〃	
正續宏簡錄	冊	全部	150.000元	〃	〃	〃	
其他類小計							

填報日期 35年7月24日　受損失者李子牧　簽名蓋章（校名或機關名稱）主管人張靜秋　簽名蓋章

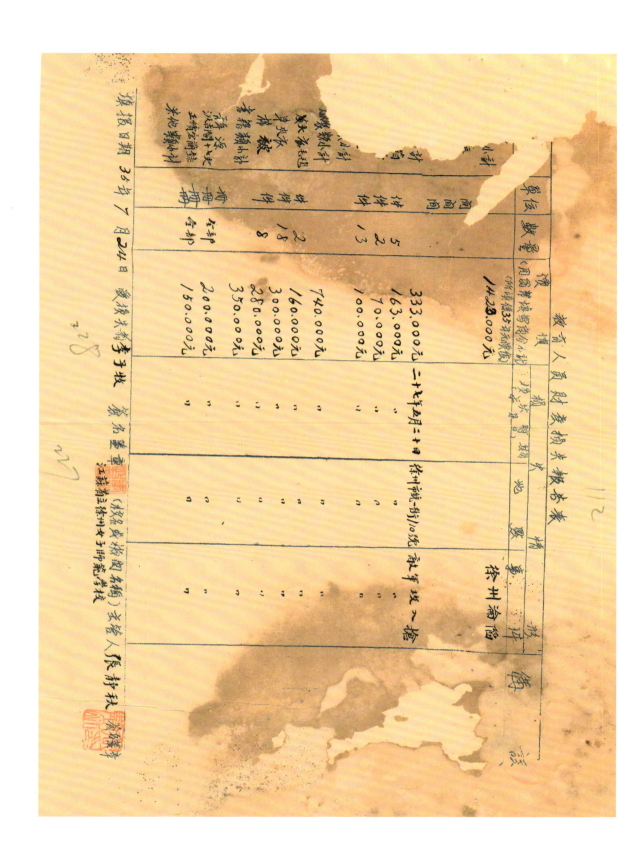

江蘇省立徐州女子師範學校

113

教育人員財產損失報告表

損失項目	單位	數量	價值（用國幣填寫角分不說）（所填係損失時價值）	損失時期	地點	事件	備註
損失總計			五百五十一萬元	二十七年五月十九日	徐州市富庶巷十七號	徐州淪陷	
	間						
	間						
	間						
器具類小計		十八件	八十五萬元				
床		四件	壹十萬元				
桌		四件	六十萬元				
椅		十件	十五萬元				
現款類小計							
服裝類小計		四十四件	三百六十萬元				
皮衣		六件	八十萬元				
單衣		二十八件	二十萬元				
襯衫		十件	二百六十萬元				
書籍類小計		七十四冊	一百零六萬元				
辭源		二冊	二萬元				
英文字典		二冊	四萬元				
英文書籍		七十冊	一百萬元				
其他類小計							

填報日期 36年 7月 日 受損失者 殷柏年 簽名蓋章 【殷柏年章】 （機關學校名稱）徐州女子師範學校 填報人 張靜秋 【印】

230

教育人員財產損失報告表

[損失項]目	單位	數量	價值（用國幣填寫角分不計）	損失時期（年月日）	地點	事件	證件
計		二十一間	（所填係35年元價值）一千五百萬元 柒百萬元	二十七年四月十九日	徐州南關三民街元泰號	敵机轟炸	
[illegible]	十間						
[illegible]	六間						
[illegible]	五間						
器具類小計		二十八件	二十五萬元	二十九年八月十四日	廣西義寧桂林女中	敵機至義轟炸	
桌	十件						
椅	十二件						
現款類小計	十件						
儀器[illegible]							
[衣]服[類小]計		一百件	一百萬元				
皮衣	十件		三十萬元				
夾衣	十二件		三十萬元				
單衣	三[十]件		五十萬元				
棉衣	二十五件		三十五萬元				
書籍類小計							
辭源	三部		十萬元				
英字典	五冊		五萬元				
古書	十四冊		四萬元				
琴譜	四冊						
共計	一百冊		四百萬元				
口琴	二把		五萬元				

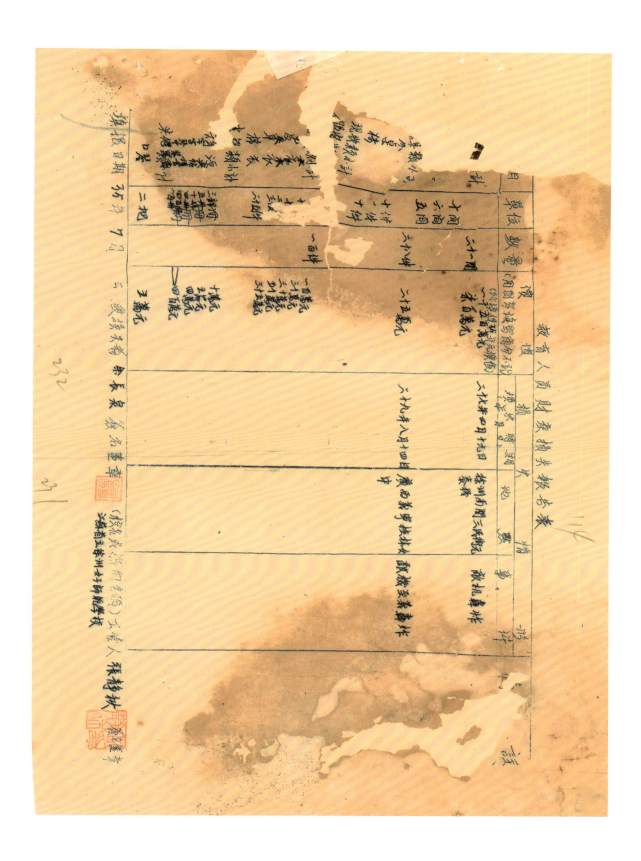

填報日期 35年 7月 三 受損失者 余長泉 簽名蓋章 （校名或機關名稱）江蘇省立徐州女子師範學校 證明人 張靜秋 簽名蓋章

(1101)

教育人員財產損失報告表

項目	單位	數量	價值（用國幣填寫角分不計）（按當值千萬元價值）	損失時期（年月日）	地點	事件	備註
[illegible]計							
[illegible]	間						
[illegible]	間						
[illegible]房	間						
器具類小計		三十三件					
床	七件		七萬元	二十七年五月	徐州統一街26號	徐州淪陷家中被敵搶劫	
桌	六件		六萬元	〃	〃		
椅	二十件		十萬元	〃	〃		
現款類小計							
衣類小計		九十五件					
皮衣	五件		三十五萬元	二十七年五月	〃		
單衣	八十件		八十萬元	〃	〃		
棉衣	十件		二十萬元	〃	〃		
書籍類小計							
辭源	三冊		三萬元	〃	〃		
[illegible]	二十冊		五十萬元	〃	〃		
其他類小計							
箱子（內有衣物）	兩件		二百萬元	三十年七月	重慶牛角沱	敵機轟炸寓處被炸	

填報日期 35年 7月 日 受損失者 彭[illegible] 簽名蓋章

（校名或機關名稱）主管人 張靜秋 簽名蓋章

江蘇省立徐州女子師範學校

234

233

教育人員財產損失報告單

損失項目	單位	數量	價值（用國幣填寫）	損失時間	地點	事件	備註
總計			所填係估值35年8月價值 42545000元				所填係估值35年8月之價
房屋類小計	間	37	6250000元				
平房	間	13	3250000元	26年11月	淮陰丰濟倉東巷2号	遭敵軍炸毀後又拆除	
樓房	間	3	1000000元				
草房	間	17	2000000元	33年8月	淮陰四区湖濱鄉	遭敵軍掃盪時焚去	
器具類小計			4275000元				
農具	件	32	3200000元				
工具	件	11	70000元	26年11月	淮陰四区湖濱鄉	屢遭敵軍轟炸火焚	
床	件	8	50000元	至	及	及搶劫	
桌	件	13	65000元	34年8月	淮陰丰濟倉東巷2号		
椅	件	38	90000元				
沙發	件	6	300000元				
零星用具	件	72	500000元				
現款類小計			6270000元				
法幣	元	600	1500000元				
銀幣	元	500	1250000元	29年4月	淮陰四区湖濱鄉	窖藏地下為敵軍所掘	
聯準券	元	500	1000000元	31年4月至32年月			
中儲券	元	1500000	1500000元	32年6月至34年月	淮陰四区湖濱鄉	為敵軍強徵及搶劫	

填報日期 35 年 8 月 16 日 受損失者 王名則 簽名蓋章 江蘇省立淮安中學校長 張開軒 簽名蓋章

236

235

教育人員財產損失報告單

損失項目	單位	數量	購價卅四年價值（用國幣填寫）角分不計	損失情形 時期（年月日）	損失情形 地點	損失情形 事件	備註
總計			總計452.5萬元				
房屋類小計			共計180萬元	民國三十二年三月十日	江蘇省淮安縣第十二區南堡鄉第九保四甲五戶	敵偽軍下鄉掃蕩國軍經過本庄藉此收擄。	
草房	間	12	每間15萬元	〃			
器具類小計			共計74萬元	〃			
柏木床	張	3	每張10萬元	〃			
紅木棹子	張	2	每張10萬元	〃			
柏木椅子	張	12	每張2萬元	〃			
現款類小計	銀洋	320	共計48萬元	〃			
服裝類小計			共計128.5萬元	〃			
皮袍子	件	3	每件12萬元	〃			
綢单衣	件	15	每件2萬元	〃			
布单衣	件	35	每件5千元	〃			
棉被	条	5	每条5萬元	〃			
呢大衣	件	2	每件10萬元	〃			
書籍類小計			共計22萬元	〃			
五經	部	5	每部1萬元	〃			
四書	部	4	每部1萬元	〃			
[illegible]	部	1	每部4萬元	〃			
辭源	部	1	每部4萬元	〃			
中山全書	部	1	每部4萬元	〃			
三民主義理論體系	部	1	每部1萬元	〃			

填報日期 民國三十五年八月十日　受損失者 孫殿樑 蓋章　江蘇省立淮安中學校長 張聞軒 蓋章

117

教育人員財產損失報告單

損失項目	單位	數量	價值（用國幣填寫）元	損失			備考
				年月日 30.6.12	地點	事件	
服裝類小計			(35年價值) 480.000元	〃	淮陰五區河間鄉	敵寇掃蕩時搶去	
皮衣	件	2	120.000元	〃	〃	〃	
單衣	〃	14	160.000元	〃	〃	〃	
被	條	8	200.000元	〃	〃		
傢具雜件小計			755.000元				
桌	張	2	40.000元	〃	〃		
耙	〃	1	30.000元	〃	〃		
鍬	〃	3	20.000元	〃	〃		
[illegible]	口	3	30.000元	〃	〃		
缸	口	4	80.000元	〃	〃		
汽油爐		1	20.000元	〃	〃		
[illegible]	只	1	15.000元	〃	〃		
柳箱		2	10.000元	〃	〃		
皮包	〃	1	20.000元	〃	〃		
小麥	石	6	240.000元	〃	〃		
大麥	石	5	100.000元	〃	〃		
坐鐘	只	1	150.000元	〃	〃		
藥品器材小計			47.500元	〃	〃		
煮沸消毒器	具	1	20.000元	〃	〃		
紗布儲藏櫃	〃	1	14.000元	〃	〃		
听診筒	〃	1	10.000元	〃	〃		
阿司匹林	粒	500	1.500元	〃	〃		
規林丸	〃	300	2.000元	〃	〃		

填報日期 35年7月15日　受損失者 金文彥 蓋章　江蘇省立淮安中學校長 張開軒 簽名蓋章

240

39

118

教育人員財產損失報告單

損失項目	單位	數量	價值（國幣換算）	損失年月日	地點	事件	備考
總計			6,244,500元	30.6.12	淮陰五區河間鄉	敵寇掃蕩時焚燒	敵寇此次大舉掃蕩[illegible]途[illegible]各遭[illegible]搶，本人全家倉惶[illegible]衣服行李等物[illegible]等，以是悉數[illegible]被[illegible]焚燒，上列[illegible]所[illegible]品，僅為就[illegible]所[illegible]尚有瑣細之物未能備載。
房屋小計			3,300,000元	〃	〃	〃	
平房	間	5	1,800,000元	〃	〃	〃	
草房	〃	12	1,500,000元	〃	〃	〃	
器具類小計			1,580,000元	〃	〃	〃	
腳踏車	部	2	260,000元	〃	〃	〃	
床	張	5	230,000元	〃	〃	〃	
桌	〃	8	170,000元	〃	〃	〃	
[illegible]	〃	12	120,000元	〃	〃	〃	
條几	〃	2	160,000元	〃	〃	〃	
櫈	〃	24	100,000元	〃	〃	〃	
供櫃	〃	1	300,000元	〃	〃	〃	
書櫥	〃	2	240,000元	〃	〃	〃	
書籍類小計			182,000元	〃	〃	〃	
辭源	冊	2	10,000元	〃	〃	〃	
解剖學	〃	3	20,000元	〃	〃	〃	
內科學	〃	2	40,000元	〃	〃	〃	
外科學	〃	1	20,000元	〃	〃	〃	
眼科學	〃	1	15,000元	〃	〃	〃	
藥物學	〃	2	20,000元	〃	〃	〃	
診斷學	〃	3	24,000元	〃	〃	〃	
病理學	〃	2	33,000元	〃	〃	〃	

填報日期 35年7月15日　受損失者 金文彥（印：金文彥章）蓋章　[illegible]校長張開[illegible]（印）簽名蓋章

242　241

119

教育人員財産損失報告表

項目	單位	數量	價值（用國幣填寫角分不計）	損失情形			備註
				損失時期（年月日）	地點	事件	
			（所填係35年元價值）				
			430.000.000元				
		45	23.000.000元				
			9.000.000元	民國二十七年四月十日	江蘇銅山縣張集	日機轟炸	
			[illegible].000.000元				
			[illegible]0.000元				
			[illegible].000元			日人搶奪	
			[illegible]000元				
			[illegible]000元				
			1.120.000元				
[illegible]小計		20	200.000、000元				
[illegible]類小計		40	20.400.000元				
[illegible]衣	20件		16.000.000元				
[illegible]衣	40件		2.000.000元				
	30件		2.400.000元				
		6000	180.000.000元				
	冊						
	冊						
各種書籍	6000冊		180.000.000元				
其他類小計							
金首飾	20件		4.000.000元				

填報日期 35年 7月 日 受損失者 張靜秋 簽名蓋章 （校名或機關名稱）主管人 張靜秋 簽名蓋章

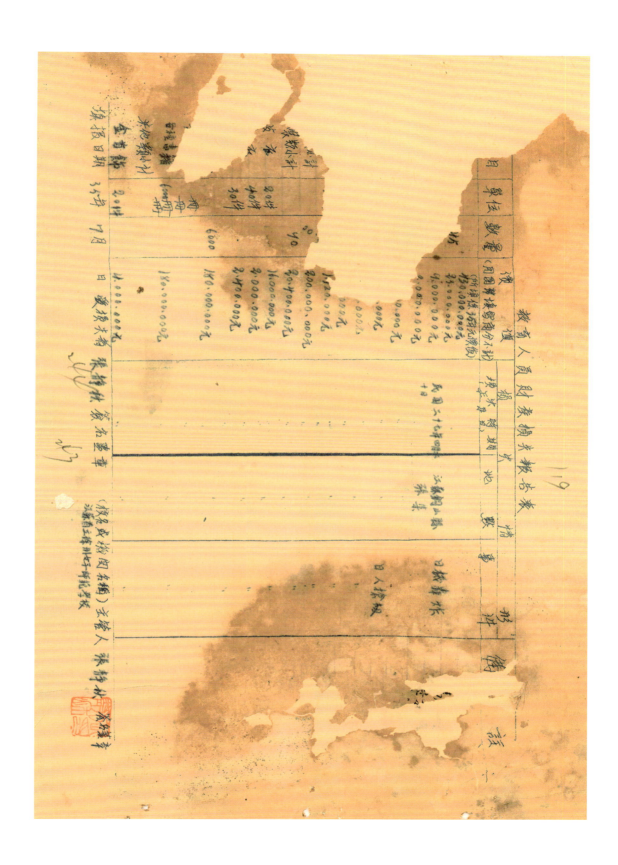

江蘇省立徐州女子師範學校

120

教育人員財產損失報告表

[illegible]目	單位	數量	價值（用國幣填寫角分不計）（所填係35年元價值）	損失情形 損失日期（年月日）	地點	事件	[illegible]
[illegible]		82間	13150萬元	二十七年四月廿九日	徐州北黄集	黄集失陷	
			11480萬元				
[illegible]	三十間		5670萬元				
[illegible]	五十二間		5810萬元				
	間						
[illegible]類小計		60件	170萬元	仝上	仝上		
[illegible]	三十件		60萬元				
桌	十二件		50萬元				
椅	十八件		60萬元				
現款類小計							
服裝類小計		142件	60萬元	二十七年四月二十三日	徐州北古莊	古莊失陷	
皮衣	三十件		40萬元				
單衣	一百一件		200萬元				
棉衣	件				仝		
書籍類小計		1203冊	240萬元				
辭源	三冊		60萬元	仝			
各種書籍	一千二百冊		180萬元				
	冊						
其他類小計		103件	660萬元				
名人字畫	二箱		400萬元	上	上		
留聲機	一件		60萬元				
樹	一百株		200萬元				

填報日期 35年 7月 日　受損失者 卜蕙英 簽名蓋章　（校名或機關名稱）主管人 張靜秋 簽名蓋章

江蘇省立徐州女子師範學校

246

[illegible]

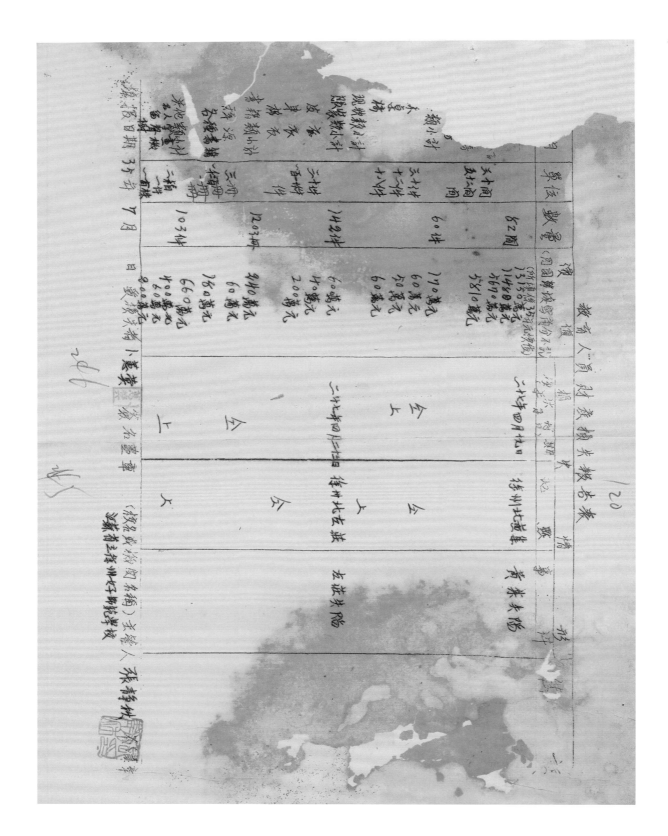

121

教育人員財產損失報告表

[項]目	單位	數量	價值（用國幣填寫角分不計）（所填係35年元價值）	損失時期（年月日）	地點	事件
[總]計			100,680,000元		江蘇沛縣城內	日機轟炸
		9間	4,800,000元	27年5月6日		〃
	間		3,000,000元	〃		〃
房	3間			〃		〃
房	6間		1,800,000元			日人搶去
器具類小計		14件	380,000元	27年6月10日	〃	
床	4件		200,000元	〃	〃	〃
桌	2件		80,000元	〃	〃	〃
椅	8件		100,000元	〃	〃	〃
現款類小計			20,000,000元	28年1月24日	〃	〃
服裝類小計		56件	5,500,000元	27年6月10日	〃	〃
皮衣	6件		2,000,000元	〃	〃	〃
單衣	30件		1,500,000元	〃	〃	〃
棉衣	20件		2,000,000元	〃	〃	〃
書籍類小計		4500冊	62,000,000元	27年5月18日	〃	〃
辭源	冊				〃	〃
各種書籍	4500冊		62,000,000元	〃	〃	〃
其他類小計						〃
牲口	8頭	8頭	4,000,000元	28年4月12日	沛縣城西丁樓村	〃
糧食	300斗	300斗	4,000,000元	27年6月10日	沛縣城內	

填報日期 35年7月　受損失者 高吟谷 簽名蓋章　（校名或機關名稱）主管人 張靜秋 簽名蓋章
江蘇省立徐州女子師範學校

248　247

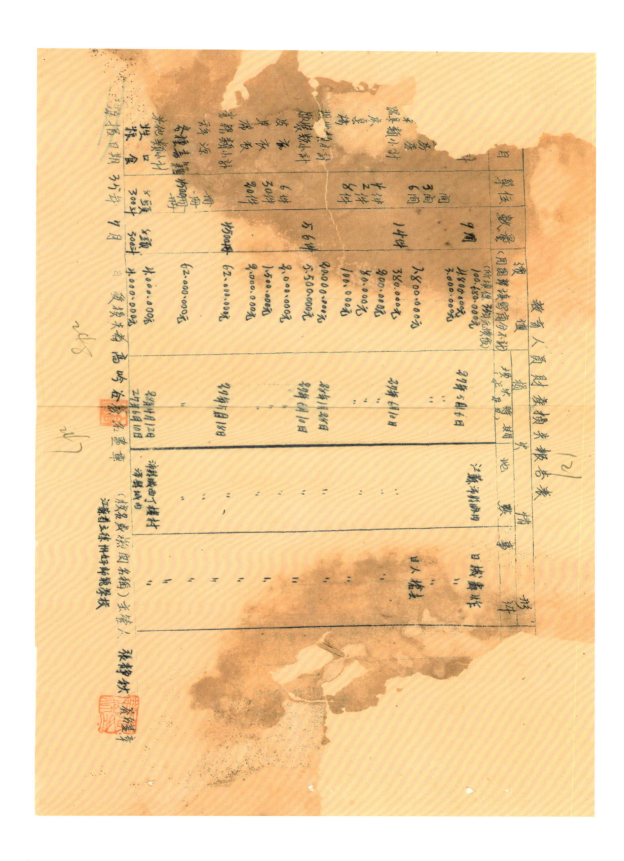

122

教育人員財產損失報告單

損失項目	單位	數量	價值（國幣元）損失時（可填至28年價值）	損失情形：損失時間（年月日）	地點	事件	備考
總計			2838元				
器具類小計			288元				
長桌	張	1	20元	29年9月 日	寶應縣城內學墩巷	避居鄉間為敵偽搶去	
方桌	張	2	50元	仝上	仝上	仝上	
椅	張	8	32元	仝上	仝上	仝上	
櫈	張	4	16元	仝上	仝上	仝上	
鍊	隻	1	30元	仝上	仝上	仝上	
衣櫥	張	2	80元	仝上	仝上	仝上	
箱子	隻	2	60元	仝上	仝上	仝上	
現款類小計			800元				
法幣	元	800	800元	28年6月 日	寶應東鄉陶家墩	為敵偽所劫	
服裝類小計			1250元				
被褥	條	4	120元	仝上	仝上	仝上	
帳子	頂	2	80元	仝上	仝上	仝上	
皮衣	件	3	150元	仝上	仝上	仝上	
棉衣	件	14	280元	仝上	仝上	仝上	
夾衣	件	13	260元	仝上	仝上	仝上	
單衣	件	24	360元	仝上	仝上	仝上	
書籍類小計			500元				
舊裝及洋裝書	本	58	500元	29年9月 日	仝上	仝上	

填報日期 35年 月 日 受損失者 王壽謙（印） 簽名蓋章 江蘇省立淮安中學校長 張[illegible]（印） 簽名蓋章

250 249

123

教育人員財產損失報告單

損失項目	單位	數量	價值（購置時價值）（國幣元）	損失日期	地點	事件	備註
總計			$24940（三十年市價值）				
房屋類小計			$5000				
平房	間	拾弍	$5000	二十七年三月二十九日	鹽城中市橋大街	燒夷彈炸燬	全部損失
器具類小計			$310				
桌	件	叁	$180				
櫈	件	陸	$60				
椅	件	拾陸	$70				
現款類小計			$8500	同年七月四日	鹽城某仙堂街16號	搜索	
服裝類小計			$1800				
皮衣	件	陸	$540				
棉衣	件	拾捌	$600				
夾衣	件	弍拾弍	$280				
單衣	件	肆拾	$380				
書籍類小計			$1150				
中文書	冊	叁佰	$650				
外文書	冊	壹佰	$500	民國二十七年四月			
其他類小計			$7480				
字畫	幅	弍拾弍	$1400		同上	掃蕩	住宅內損失
古玩	件	肆	$2000	民國卅年至卅三年	鹽城第一區馬溝河	遭迫由佃完納	均有收據
敵軍糧	石	伍拾	$400				
偽軍（和平軍）糧	石	肆佰	$3200				
偽田賦	石	拾	$80				
槍	枝	弍	$400		全部	沒收	

填報日期 民國三十五年八月十二日　受損失者 錢冰抱（印） 簽名蓋章　江蘇省立淮安中學校長 張闓新（印） 簽名蓋章

252　251

124

教育人員財產損失報告單

損失項目	單位	數量	價值（用國幣填寫，角分不計）	損失時間（年月日）	損失地點	損失事件	備註
總計			30160.00元				
器具類小計			50.00元	27年3月（估價）	東台時堰鎮	二十七年三月本人其時係在時堰江蘇省農民銀行服務，與有着口東台敵派兵進攻時堰於夜間突擊倉猝搶去	
大小皮箱	只	3	50.00元	〃	〃		
現款類小計			1500.00元	〃	〃		
法幣			1500.00元	〃	〃		
[illegible]裝類小計			2650.00元	〃	〃		
男女皮袍	件	5	500.00元	〃	〃	〃	
男女大衣	件	2	200.00元	〃	〃	〃	
毛料男女夾單衫	件	12	960.00元	〃	〃	〃	
男女綢夾單衫	件	15	600.00元	〃	〃	〃	
[illegible]褥	條	4	240.00元	〃	〃	〃	
[illegible]單	條	3	150.00元	〃	〃	〃	
[illegible]類小計			1570.00元	〃	〃	〃	
[illegible]絨毯	條	3	150.00元	〃	〃	〃	
[illegible]衣	件	4	400.00元	〃	〃	〃	
[illegible]衫	件	4	320.00元	〃	〃	〃	
[illegible]戒	件	5	500.00元	〃	〃	〃	
[illegible]錶	只	2	200.00元	〃	〃	〃	
器具類小計			9440.00元	29年2月（估價）	興化北水關住宅	於廿九年二月本人係在江蘇保安處服務，興化被[illegible]後本人即赴淮東而[illegible]中所存一應用具均被敵佔[illegible]去	
柏木桌椅	張	16	1540.00元	〃	〃		
柏木櫈茶椅	張	12	1100.00元	〃	〃		
玻璃衣橱	对	1	1000.00元	〃	〃		
四仙桌	張	2	800.00元	〃	〃		
公事桌	張	2	800.00元	〃	〃	〃	
大小木桶	[illegible]	4	1000.00元	〃	〃	〃	
大小皮箱	只	6	1200.00元	〃	〃	〃	
碗具錫具	件	80	2000.00元	〃	〃	〃	
服裝類小計			6500.00元	〃	〃	〃	
男女皮袍	件	5	2500.00元	〃	〃	〃	
[illegible]夾衣	套	20	4000.00元	〃	〃	〃	
其他[illegible]小計			8450.00元	〃	〃	〃	
本鐘錶	件	3	1500.00元	〃	〃	〃	
古銅燭爐	件	14	4200.00元	〃	〃	〃	
瓷器用具	件	30	1500.00元	〃	〃	〃	
稻	担	50	1250.00元	〃	〃	〃	

柏櫈 其他 毛毯

填報日期 35年7月20日　受損失者 張同存（印）　簽名蓋章　江蘇省立淮安中學校長 張開軒（印）　簽名蓋章

254　413

125

教育人員財產損失報告單

損失項目	單位	數量	價值（國幣元）（按損失時價值）	損失年月日	地點	損失原因	[illegible]	說明
				二十七年十一月 日				
總計			$13265.00	泗陽洋河鎮	泗陽洋河鎮	徐[illegible]宿遷		[illegible]十七年五月，徐州淪[illegible]，同年十一月，日寇又派兵沿公路南下，意[illegible]侵佔淮陰，（其時[illegible]蘇省政府設在淮陰）[illegible]陷睢寧宿遷。第[illegible]五十[illegible]軍軍長繆澂流派[illegible]拒守洋河，血戰三[illegible]夜，卒擊潰之，但[illegible]鋒焰雖挫，仍大[illegible]焚而去。洋河全[illegible]幾成焦土。
房屋類小計	間	16	$8200.00					
樓房	間	4	$4000.00					
平房	間	6	$2400.00					
草房	間	6	$1800.00					
器具類小計			$560.00					
牀	架	4	$120.00					
桌	張	8	$160.00					
[illegible]	張	12	$120.00					
[illegible]	架	2	$160.00					
[illegible]類小計			$790.00					
[illegible]	料	3	$200.00					
[illegible]	件	45	$265.00					
[illegible]	件	22	$180.00					
[illegible]	件	6	$50.00					
[illegible]	項	2	$20.00					
[illegible]	件	2	$75.00					
[illegible]籍類小計	冊	1503	$3315.00					
四史	冊	180	$800.00					
學生文庫	冊	500	$500.00					
辭源	冊	3	$15.00					
雜書	冊	820	$2000.00					
其他類小計			$400.00					
皮箱	隻	4	$400.00					

填報日期 三十五年八月 日　受損失者 梁達善（簽名蓋章）　江蘇省立淮安中學校長張聞軒（簽名蓋章）

256　25

126

教育人員財產損失報告單

損失項目	單位	數量	價值（用國幣填寫）角分不計	損失情形 損失年月日	損失情形 地點	損失情形 事件	備註
總計			（所填係民國35年價值）88880000元				
房屋類小計			175000000元	民國卅年正月	（江蘇）鹽城第九區沙溝鎮	被敵軍拆毀	
瓦房	門	7間	175000000元				
器具類小計			140000元	仝上	仝上	被敵軍搶去	
方桌	張	2張	80000元				
椅子	張	4張	60000元				
現款類小計	元	1600元	1600000元	民國卅年二月	鹽城第七區王家莊	被敵偽搶去	
服裝類小計			55520000元	民國廿八年九月	鹽城第九區沙溝鎮	被敵轟炸後亂民盜去	
皮箱	只	13只	520000元				
學生裝	套	6套	5000000元				
大衣	件	1件	600000元				
男女皮衣	件	12件	10000000元				
男女棉衣	件	30件	10000000元				
男女單衣	件	30件	7000000元				
男女夏衣	件	32件	10000000元				
小孩衣服	件	65件	8000000元				
書籍類小計			3900000元	民國卅年正月	仝上	被敵偽搶去	
洋裝書	冊	13冊	400000元				
本裝書	冊	95冊	1000000元				
珂羅版畫冊	冊	145冊	2500000元				
其他類小計			10220000元	仝上	仝上	仝上	
鄭板橋蘭竹	軸	4軸	4000000元				
李復堂花鳥	軸	1軸	1500000元				
金首飾	兩	共5兩2錢	1200000元				
銀首飾	兩	共12兩	200000元				
敵偽捐款及公糧			共2500000元				
清道人對聯	付	1付	1000000元				

填報日期民國35年8月廿日　受損失者 姜貢三 簽名蓋章　江蘇省立淮安中學校長 張聞軒 簽名蓋章

258　257

127

教育人員財產損失報告單

損失項目	單位	數量	價值（用國法填當）自分計	損失時期（年月日）	地點	事件	備註
首飾	件	17	1020000元	29年4月	淮陰四区湖濱鄉	窖藏地下為敌軍所掘	所填係35年8月之物价
服着類小計			1750000元				
[illegible]衣	件	11	300000元	26年11月至34年8月	淮陰丰濟倉東巷2号及淮陰四区湖濱鄉	屢次被敌軍轟炸焚燒及搶劫	
[illegible]衣	件	29	450000元				
[illegible]	件	35	400000元				
單衣	件	50	600000元				
書籍類小計			400000元				
教科書	冊	80	100000元	26年11月至33年8月	淮陰丰濟倉東巷2号及淮陰四区湖濱鄉	被炸及被燒	
刊物	冊	300	150000元				
各种雜書	冊	1500	150000元				
其他類小計			23600000元				
牲畜	頭	11	1100000元	32年7月至34年8月	淮陰四区湖濱鄉	為敌軍搶劫	
食粮	石	40	1200000元			遭敌軍搶劫及強征	
树木	株	200	8000000元			被敌軍搶去作碉堡外圍工事	
磚瓦	塊	200000	9000000元				
柴草	担	150	750000元				
屋料	根	35	1750000元			為敌軍強征	
自衛槍	枝	5	1800000元	29年4月		遭敌軍搶劫	

填報日期 35年8月16日　受損失者 王名馴（印）　簽蓋章 江蘇省立淮安中學校長 張陶鄉（印）　姓名蓋章

教育人员财产损失报告单

损失项目	单位	数量	价值（国币法币）单位计（所填系30年价值）	损失情形 时期（年月日）	地点	事由	备注
帐子	项	6	800元	30年7月23日	江苏省盐城县秦南	敌伪[illegible]	
书籍类小计			6704元				
辞源	部	1	30元	30年2月6日	仝上	敌伪烧[illegible]	
辞海	部	1	28元	仝上	仝上	仝上	
英文字典	部	3	20元	仝上	仝上	仝上	
数学字典	[illegible]	1	10元	仝上	仝上	仝上	
科学丛书	[illegible]	1	18元	仝上	仝上	仝上	
英文	[illegible]	45	650元	仝上	仝上	仝上	
数学	[illegible]	32	800元	仝上	仝上	仝上	
代[illegible]	[illegible]	60	2400元	仝上	仝上	仝上	
物[illegible]	册	24	680元	仝上	仝上	仝上	
四[illegible]	部	1	12元	仝上	仝上	仝上	
经[illegible]	部	5	20元	仝上	仝上	仝上	
史记	部	1	16元	仝上	仝上	仝上	
名人字画	幅	30	1600元	仝上	仝上	仝上	
碑帖	张	22	160元	仝上	仝上	仝上	
杂志	份	120	240元	仝上	仝上	仝上	

填报日期 35年6月 日 受损失者 曹子猷 签名盖章 江苏省立淮安中学校长 张闻轩 签名盖章

124

教育人員財產損失報告單

損失項目	單位	數量	價值（國幣元填寫）（所填係30年價值）	損失時期（年月日）	地點	事件	備註
鐵器	斤	80	40元	30年2月6日	江蘇省鹽城縣秦南	敵偽燒毀	
瓷器	件	120	60元	仝上	仝上	仝上	
玻璃器	件	30	60元	仝上	仝上	仝上	
現款類小計			41120元				
法幣	元	1萬4仟元	14000元	30年7月23日	江蘇省鹽城縣秦南	敵偽侵佔[illegible]	
金首飾	兩	2	2400元	仝上	仝上	仝[illegible]	
白洋線布	匹	2	200元	仝上	仝上	仝[illegible]	
黑廠布	斤	340	2100元	仝上	仝上	仝上	
白洋布	匹	8	720元	仝上	仝上	仝上	
廣木	根	340	6800元	30年10月15日	敵偽搶劫（秦南）	[illegible]偽[illegible]	建築碉堡
西木	根	780	7800元	仝上	仝上	仝[illegible]	仝上
松[illegible]	松	500	2500元	仝上	仝上	仝上	仝上
松板	方丈	40	1800元	仝上	仝上	仝上	仝上
[illegible]布	条	4	2800元	30年7月23日	仝上	敵偽佔領搶掠	
[illegible]計			10280元				
[illegible]料	件	30	4800元	30年7月23日	30年7月23日	仝上	
皮衣	件	3	800元	仝上	仝上	仝上	
棉衣	件	18	800元	仝上	仝上	仝上	
夾衣	件	14	280元	仝上	仝上	仝上	
單衣	件	46	1600元	仝上	仝上	仝上	
被褥	件	12	1200元	仝上	仝上	仝上	

填報日期　年　月　日　受損失者 曹子献（印） 簽名蓋章　江蘇省立淮安中學校長 張聞軒（印） 簽名蓋章

263

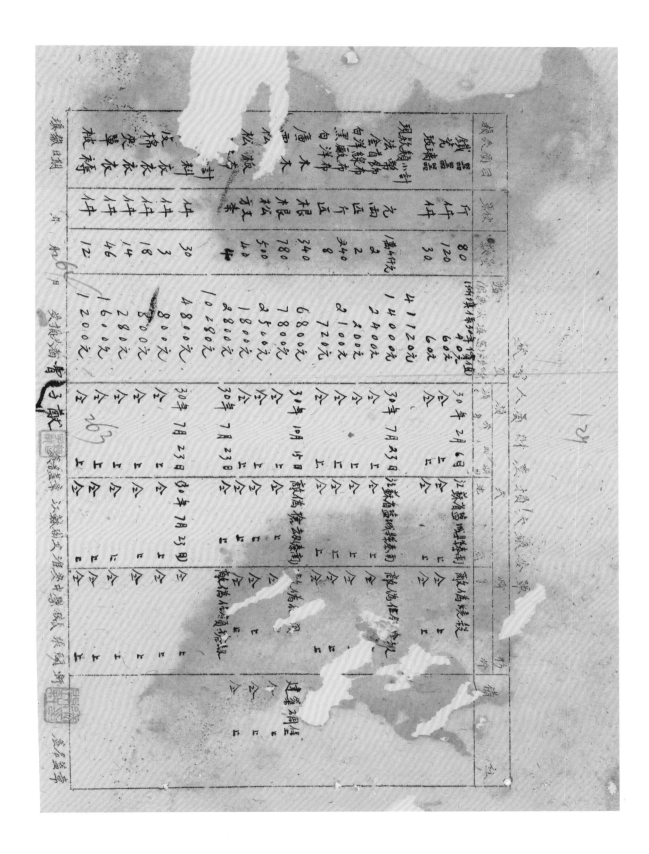

130

教育人員財產損失報告單

損失項目	單位	數量	價值（國幣填寫）（不計角分）（按損失時 28 年價值）	損失時期（28/30 年 2/6 月 日）	地點	事件	證件
總計			1,620元				
房屋類小計			240元				
草房	間	18	240元	28年2月 日	泗陽城內東街後	日軍佔城後[illegible]	
[illegible]具類小計			125元				
桌	張	5	40元	仝上	仝上	日軍佔城時未及搬運被燒	
[illegible]椅	張	8	30元	仝上	仝上	仝	
[illegible]	張	4	25元	仝上	仝上	仝	
[illegible]箱	隻	3	30元	28年6月12日	泗陽南鄉張碼頭	日軍下鄉搜索搶去	
服裝類小計			310元				
單衣	件	20	100元	仝上	仝上	仝上	
夾衣	件	8	80元	仝上	仝上	仝上	
棉衣	件	5	80元	仝上	仝上	仝上	
[illegible]	條	4	50元	仝上	仝上	仝上	
[illegible]			225元				
[illegible]	部	4	25元	28年11月5日	仝上	日軍下鄉搶劫與我保安隊抵抗於張碼頭全村房屋被其燒燬致書籍亦在燒內	
[illegible]	本	40	200元	仝上	仝上	仝上	
[illegible]類小計			720元				
腳踏車	輛	1	40元	仝上	仝上	日軍下鄉搜索搶去	
大磨	座	1	30元	仝上	泗陽城內東街後	日軍佔城後被燒燬	
小磨	座	1	10元	仝上	仝上	仝上	
24大印鍋	口	8	640元	30年6月 日	泗陽龍門口	敵偽下鄉搶劫被其搶去	江鍋為境酒用由山東購來泗陽銷售被敵偽搶去

填報日期 35 年 月 日　受損失者 劉金城 簽名蓋章　江蘇省立淮[illegible]中學校長張鳳軒 簽名蓋章

266　265

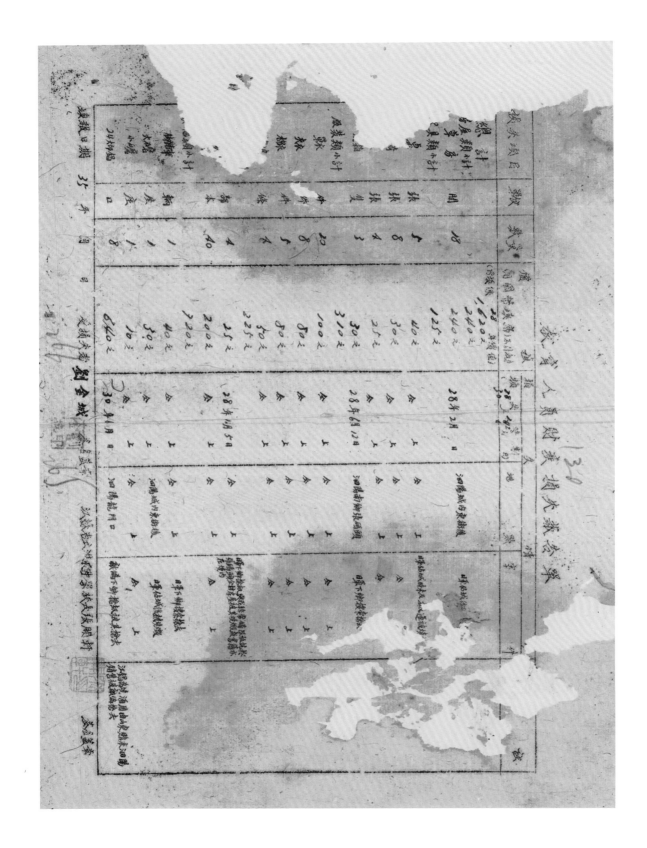

131

教育人員財產損失報告單

損失項目	單位	數量	價值（用國幣填寫元為單位）（所填係30年價值）	損失情形 年月日	地點	事件	備註
總計			77962元				
房屋類小計			16800元				
平房	間	18	10800元	30年2月6日	江蘇省鹽城縣秦南	敵偽燒殺	
草房	間	20	6000元	仝上	仝上	仝上	
器具類小計			3051元	30年2月6日	江蘇省鹽城縣秦南	敵偽燒殺	
床	張	2	106元	仝上	仝上	仝上	
桌	張	4	13元	仝上	仝上	仝上	
櫈	張	12	8元	仝上	仝上	仝上	
椅	張	4	8元	仝上	仝上	仝上	
條几	張	1	100元	仝上	仝上	仝上	
櫥	隻	3	120元	仝上	仝上	仝上	
櫃	隻	4	120元	仝上	仝上	仝上	
皮箱	隻	6	140元	仝上	仝上	仝上	
水缸	口	4	200元	仝上	仝上	仝上	
鍋	口	4	40元	仝上	仝上	仝上	
碗盤等	件	60	140元	仝上	仝上	仝上	
掛鐘	架	1	28元	仝上	仝上	仝上	
錫器	斤	120	480元	仝上	仝上	仝上	
銅器	斤	60	180元	仝上	仝上	仝上	

填報日期 35年6月 日　受損失者 曹子猷（印）簽名蓋章　江蘇省立區安中學校長 張開軒（印）簽名蓋章

268　267

132

教育人員財產損失報告單

損失項目	單位	數量	價值（用國幣填寫）	損失年月日	地点	事件	備註
總計			75200.00	28年1月	淮陰城內北門街72号本宅	敵人攻陷淮陰時本宅被佔[illegible]憲兵隊所有各物被搜掠一空	是時本人[illegible]讀書損失各物[illegible]像[illegible]目依損失時物價約[illegible]統計出有名貴花木果樹及無[illegible]統計各物皆未[illegible] 該[illegible]房屋被敵憲拆[illegible]之二其餘亦燬[illegible]不堪居住
器具類小計			6980.00				
皮箱	隻	18	180.00				
海梅傢具[illegible]	套	9	4500.00				
海梅床銅床	張	6	800.00				
精美古文具	件	12	1500.00				
房屋類小計			45000.00				
瓦屋	間	72	36000.00				
市屋	〃	18	9000.00				
現款類小計			1600.00				
現金	元		1500.00				
現洋	元		100.00				
服裝類小計			2500.00				
羊毛細毛皮衣	件	12	800.00				
綢布男女棉夾單衣	〃	128	900.00				
被褥帳子	套	12	800.00				
其他類小計			15710.00				
明版書	冊	84	1600.00				
線裝〃	〃	542	600.00				
洋〃〃	〃	138	110.00				
古字画	幀	26	2000.00				
近代名人字画	〃	86	1000.00				
赤金首飾	兩	18	1800.00				
銀首飾[illegible]具	件	45	4500.00				
珍珠	粒（大）	28	400.00				
翡翠首飾	件	6	1800.00				
玉[illegible]	〃	16	800.00				
雜糧	石	140	1100.00				
			（以上所填係28年之價值）	29年2月	興化城內	敵人攻佔興化所有[illegible]各物被劫一空僅[illegible]空身逃往上海	[illegible]本人在營業稅局服務
[illegible]類小計			60.00				
[illegible]箱	隻	2	60.00				
[illegible]裝類小計			450.00				
[illegible]衣	件	2	200.00				
夾單衣	〃	28	250.00				
其他類小計			2900.00				
線裝及洋裝書	冊	84	900.00				
名貴字画	幀	16	2000.00				
			（以上所填係29年之價值）				

填報日期 35年8月1日　受損失者 諸錫齡（印）　江蘇省立淮安中學校長張開軒（印）

270　269

133

教育人員財產損失報告單

損失項目	單位	數量	價值（國幣填寫[illegible]）（如填係民國29年價值）	損失情形：損失時期（年月日）	地點	事件	證件
總計			1875元				
現款類小計	元	145元	145元	民國二十九年二月十日	泗陽縣桃源小學	敵人掃蕩	
衣服類小計	件	25	1265元				
單衣	件	10	160元	民國二十九年二月十日	泗陽縣桃源小學	敵人掃蕩	
夾衣	件	6	260元	同上	同上	同上	
棉衣	件	4	150元	同上	同上	同上	
皮衣	件	2	350元	同上	同上	同上	
棉被	條	2	300元	同上	同上	同上	
白被單	條	1	45元	同上	同上	同上	
書籍類小計	冊	10	115元				
辭源	冊	3	60元	民國二十九年二月十日	泗陽縣桃源小學	敵人掃蕩	
[illegible]論	冊	2	30元	同上	同上	同上	
[illegible]辭典	冊	1	15元	同上	同上	同上	
康熙字典	冊	4	10元	同上	同上	同上	
其他類小計		6	350元				
禮帽	頂	1	40元	民國二十九年二月十日	泗陽縣桃源小學	敵人掃蕩	
皮鞋	双	1	40元	同上	同上	同上	
皮箱	隻	3	150元	同上	同上	同上	
帳子	頂	1	120元	同上	同上	同上	

填報日期 35年8月 日　受損失者 吳永華 簽名蓋章　江蘇省立淮東中學校長張朗軒 簽名蓋章

272　171

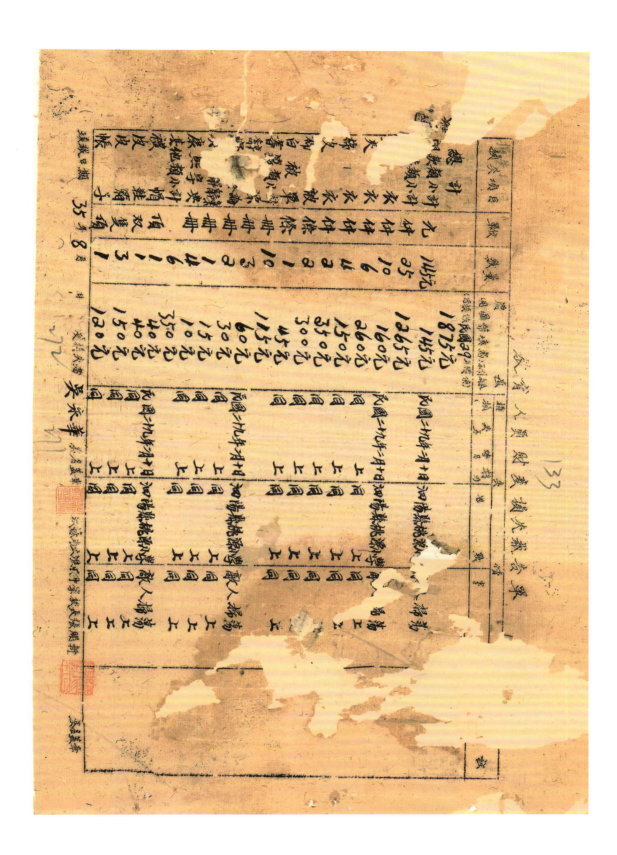

134

教育人員財產損失報告單

[illegible]	[illegible]位	數量	價值（國幣元）（係按照二十八年價值）	損失情形 損失時期	損失情形 地點	損失情形 事件	備註
			1452元	二十八年二月十日（以下同）	宿遷縣小南門外（以下同）	日軍侵佔宿遷城（以下同）	任君書前[illegible]二十六年[illegible]若滿家[illegible]遷縣[illegible]于[illegible]值依1452[illegible]實[illegible]算[illegible]約長[illegible]價[illegible]應[illegible] 浮宿迨陽留廂沭兩 千遷長教一部至所處本 林縣[illegible]二十八元五千72 [illegible]依價[illegible]
			400元				
[illegible]	[illegible]	2	400〃				
			216元				
[illegible]	件	9	36〃				
[illegible]	件	5	20〃				
[illegible]	〃	4	16〃				
[illegible]	〃	2	8〃				
[illegible]	〃	1	5〃				
[illegible]	〃	1	10〃				
[illegible]	〃	10	30〃				
[illegible]缸	〃	1	5〃				
[illegible]桶	〃	2	10〃				
[illegible]鍋	〃	2	4〃				
鐵火盆	〃	1	2〃				
玻璃鏡框	〃	20	40〃				
書廚	〃	2	20〃				
畫箱	〃	1	10〃				
書畫類小計			836元				
辭源	冊	3	15〃				
百科全書	〃	2	6〃				
[illegible]	〃	130	65〃				
[illegible]	〃	100	100〃				
[illegible]帖	〃	25	300〃				
畫	軸	30	350〃				

填報日期 三十五年六月二十七日　受損失者 羅毅堂（簽名蓋章）　江蘇省立淮安中學校長張鵬軒（簽名蓋章）

274　277

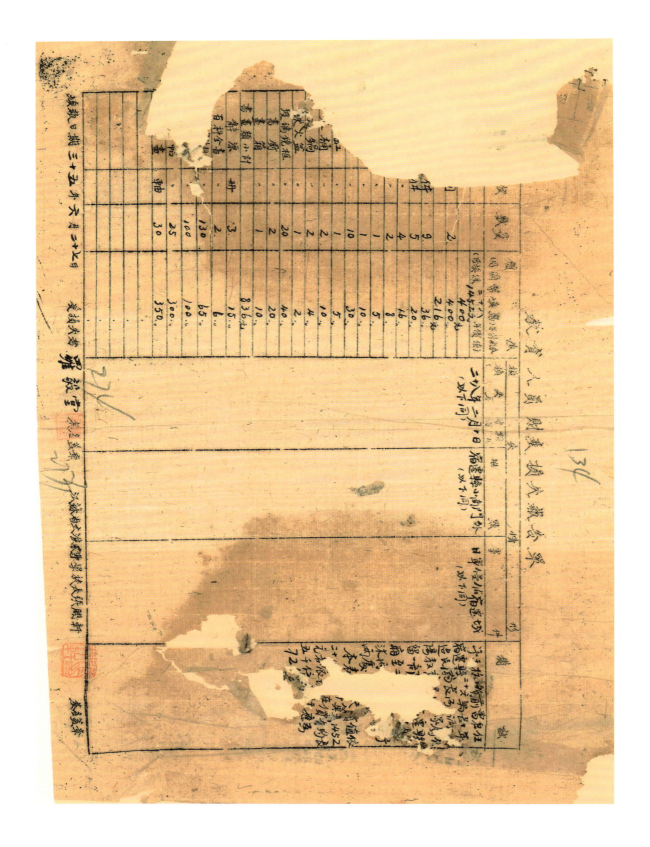

135

教育人員財產損失報告單

損失項目	單位	數量	價值（用國幣填寫[illegible]）（合法幣28年價值）	損失時間	損失地點	事件	備考
總計			399.00元	二十八年二月十日	沭陽城東门外地母庵中	沭陽城淪陷	[illegible]於二十八年二月十日（陰曆[illegible]日）淪陷時予適任沭陽[illegible]書局長是[illegible]日軍迫近[illegible]南门局[illegible]眷屬乃將重要卷宗由[illegible]门遷至離城半[illegible]之地母庵中旋以敵人[illegible]及同人僅以身免[illegible]被敵搜去本報告單[illegible]物悉係個人所有[illegible]亦係[illegible]八年[illegible]元[illegible]依現在價值約長五[illegible]計應為[illegible]000元
衣服類小計			379.00				
[illegible]棉袍	件	2	50.00				
[illegible]袷袍	〃	2	20.00				
[illegible]	〃	2	40.00				
[illegible]	〃	1	30.00				
[illegible]	[illegible]	2	35.00				
[illegible]衣	〃	4	12.00				
[illegible]裝	〃	[illegible]	48.00				
布襯衣	〃	4	10.00				
華特呢大衣	〃	1	30.00				
華絲葛被	[illegible]	3	69.00				
單被	[illegible]	1	3.00				
[illegible]	雙	1	12.00				
傢具類小計			20.00				
皮箱	只	1	20.00				

276

填報日期 35 年 6 月 27 日　受損失者 羅毅堂（蓋章）　江蘇省立淮安中學校長張閑軒（蓋章）

275

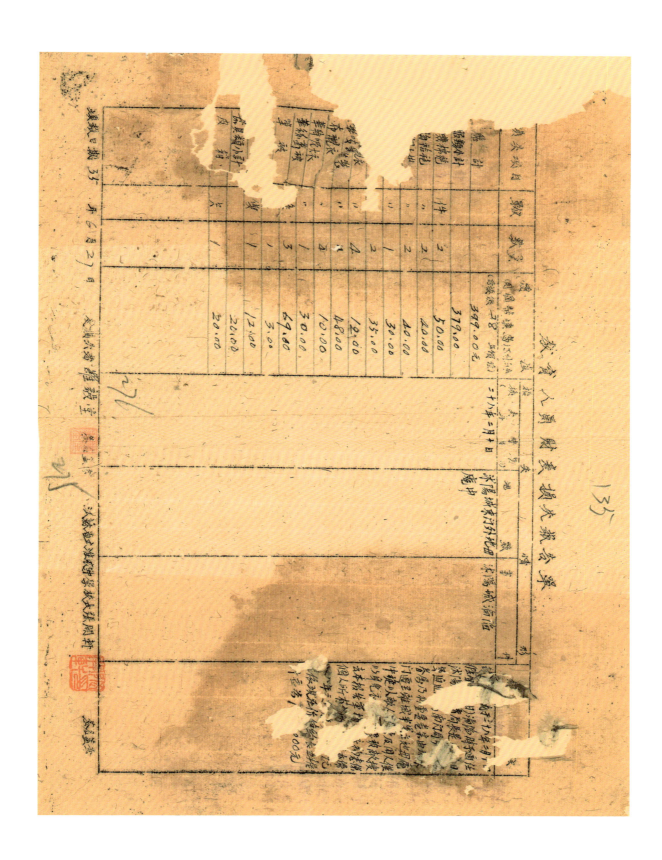

136

教育人員財產損失報告單

損失項目	單位	數量	價值（用國幣填寫）不計角分	損失情形：損失時期（年 月 日）	損失情形：地點	損失情形：事實	證[illegible]
			（價值係28年價值）	28年2月27日	沭陽縣第八區劉[illegible]	日本[illegible]軍[illegible]隊在沭陽[illegible]搜索	沭陽[illegible]育局[illegible]……[illegible]長[illegible]井部[illegible]……[illegible]元[illegible]千[illegible]元私款[illegible]百五[illegible]經過情形[illegible]兩[illegible]損失價值5554元[illegible]依二十八[illegible]價值計算[illegible]依現在價值約長五千倍計算共[illegible]27770000元
[illegible]計			5554.00元				
[illegible]計		8	204.00				
[illegible]	件	2	50.00				
[illegible]皮箱	〃	2	40.00				
[illegible]皮箱	〃	3	54.00				
[illegible]皮[illegible]	〃	1	60.00				
[illegible]款[illegible]小計	元	5350	5350.00				
法幣	〃	4800	4800.00				
[illegible]陽[illegible]	〃	550	550.00				

278

填報日期 35年6月27日　受損失者 羅毅堂 簽名蓋章　江蘇省立淮[illegible]中學校長張[illegible]軒 簽名蓋章

277

137

教育人員財產損失報告單

損失項目	單位	數量	價值（用國幣填寫）（不計利息）	損失情形：損失時期（年月日）	地點	事由	說明
總計			（係造該三二年價值）20780.00元	32年12月29日 餘均仝上	臨通第四區西壁村 餘均仝上	日本永田部隊下鄉搜索 餘均仝上	子世居宿遷[illegible]區[illegible]淪陷後全家[illegible]村中[illegible]十九日日寇兵[illegible]隊[illegible]適中央及[illegible]傷區[illegible]當[illegible]香爽隊[illegible]王小倉吳家[illegible]校搶[illegible]衛槍枝[illegible]縣立中[illegible]用品及書籍[illegible]後復迫令下出子[illegible]則即將全村[illegible]村中籌給[illegible]本[illegible]之價值係依[illegible]20980元若[illegible]長年倍計算應為[illegible]00元但中學所存[illegible]書[illegible]置四大木箱內其[illegible]本表未能全列特此說明
[illegible]物類小計			410.00				
[illegible]	匹	1	400.00				
[illegible]	套	8	10.[illegible]				
[illegible]小計			750.00				
[illegible]	枝	1	200.00				
[illegible]	枝	1	300.00				
[illegible]	[illegible]	400	450.00				
[illegible]小計			5100.00				
[illegible]	輛	1	2100.00				
[illegible]		3	3000.00				
[illegible]			#325000				
[illegible]		3	3000.00				
[illegible]		1	100.00				
[illegible]		1	100.00				
[illegible]			11520.00				
[illegible]	部	1	5000.00				
[illegible]	〃	1	4000.00				
[illegible]	冊	3	22.80				
[illegible]	〃	2	20.00				
[illegible]	〃	2	200.00				
植物學辭典	〃	2	200.00				
皇朝經解	〃	1	200.00				
各項雜誌	〃	150	1500.00				

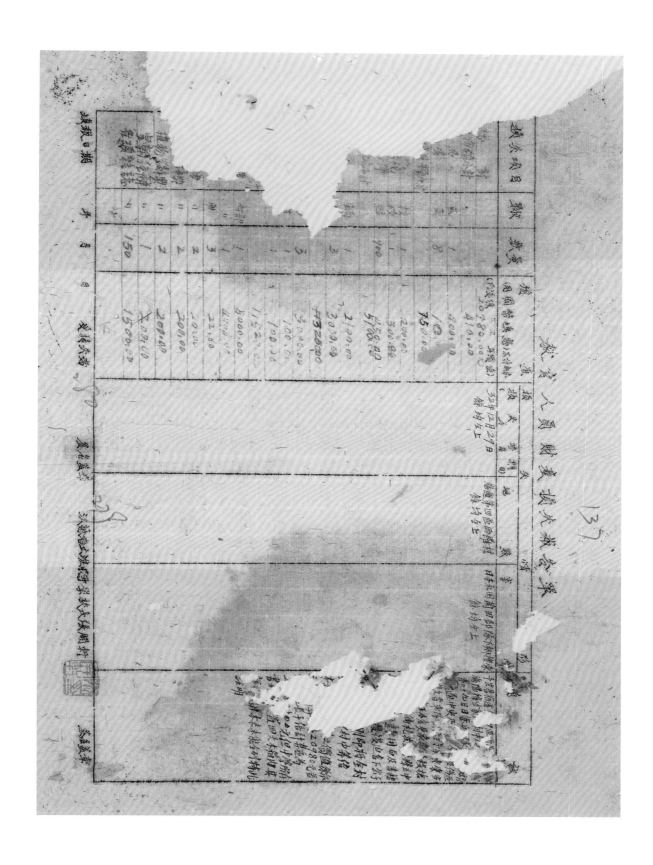

填報日期　年　月　日　受損失者　簽名蓋章　江蘇省立淮安中學校長張開軒（印）　簽名蓋章

138

教育人員財產損失報告單

項目	單位	數量	價值（用國幣填寫）角分不計（所填係27年價值）	損失情形：損失時期（27年4月25日）	地點	事件	備考
1			5,274元				
			2,400元				
		12	2,400元	27年4月25日	淮陰東大街菜市口	被日本飛機轟炸	
器具類小計			394元				
床	張	8	160元	仝上	仝上	仝上	
櫈	張	6	90元	仝上	仝上	仝上	
椅	張	24	144元	仝上	仝上	仝上	
現款類小計			1,500元				
現款		1500	1,500元	仝上	仝上	仝	
服裝類小計			480元				
皮衣	件	6	180元	仝上	仝上	仝上	
單衣	件	20	300元	仝上	仝上	仝上	
其他類小計			500元				
零星用具等	件	30	500元	仝上	仝上	仝上	

填報日期 35年6月26日 受損失者 戴惟高（印） 簽名蓋章 江蘇省立淮安中學校長 張開新（印） 簽名蓋章

282

281

教育人員財產損失報告單

損失項目	單位	數量	價值（用國幣填寫，不計角分）	損失時期（28.2.3 / 27.6）	地點	事實
[illegible]			（合戰前26年價值）			
[illegible]			15977元			
[illegible]			2250元			
[illegible]	間	15	2250元	2[illegible]年6月	淮安西義鎮	敵偽攜焚毀[illegible]
[illegible]			322元			
[illegible]	張	4	36元	28年2月	淮安城內八字橋	[illegible]鄉間敵偽搶掠殆盡
[illegible]	張	12	48元	仝上	仝上	上
[illegible]櫈	張	8	24元	仝上	仝上	上
櫥箱	雙	7	120元	仝上	仝上	仝上
時鐘	座	2	34元	仝上	仝上	仝上
錶	隻	2	60元	仝上	仝上	仝
現款類小計			600元			
[illegible]法幣	元	600	600元	28年2月	淮安城內八字橋	放置[illegible]中避居鄉[illegible]利換逃城不復存在
[illegible]小計			491元			
[illegible]	件	3	150元	28年3月	淮安城內八字橋	放置城內避居鄉間[illegible]偽入城已為敵偽攫去一空
[illegible]衣	件	19	60元	仝上	仝上	仝上
綢衣	件	22	176元	仝上	仝上	仝上
被褥	件	7	105元	仝上	仝上	仝上
書籍類小計			11908元			
古書	冊	780	3900元	28年2月	淮安城內八字橋	避居鄉間不便攜帶放置城內並經為敵偽燬[illegible]
科學書	冊	142	568元	仝上	仝	上

本內一[illegible]敵[illegible]人[illegible]能[illegible]組織[illegible]
[illegible]間住
[illegible]其用物
[illegible]敵寇入
[illegible]用竊賊
[illegible]宦義人士共以劃於
[illegible]商偽賊等隨意搜
[illegible]人抱定絕不
[illegible]終不願與此輩
[illegible]切衣物房屋等件往
[illegible]壞征用燒燬佔住
[illegible]以損失時期只
[illegible]後究為某月某
日於[illegible]其為敵寇征
用[illegible]單強毀亦不一致總之
[illegible]已究無一物究竟答
[illegible]則可斷言曰敵寇不佔我
[illegible]人不及全家避居鄉間
一[illegible]不致有損失也。

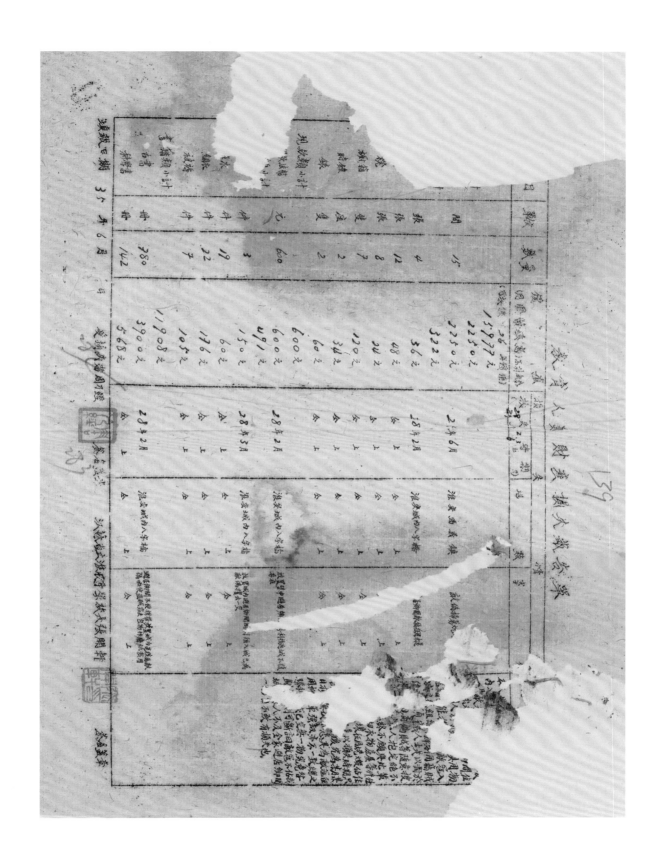

填報日期 35年6月 日　受損失者周乃經 簽名蓋章　江蘇省立淮安中學校長張開軒 簽名蓋章

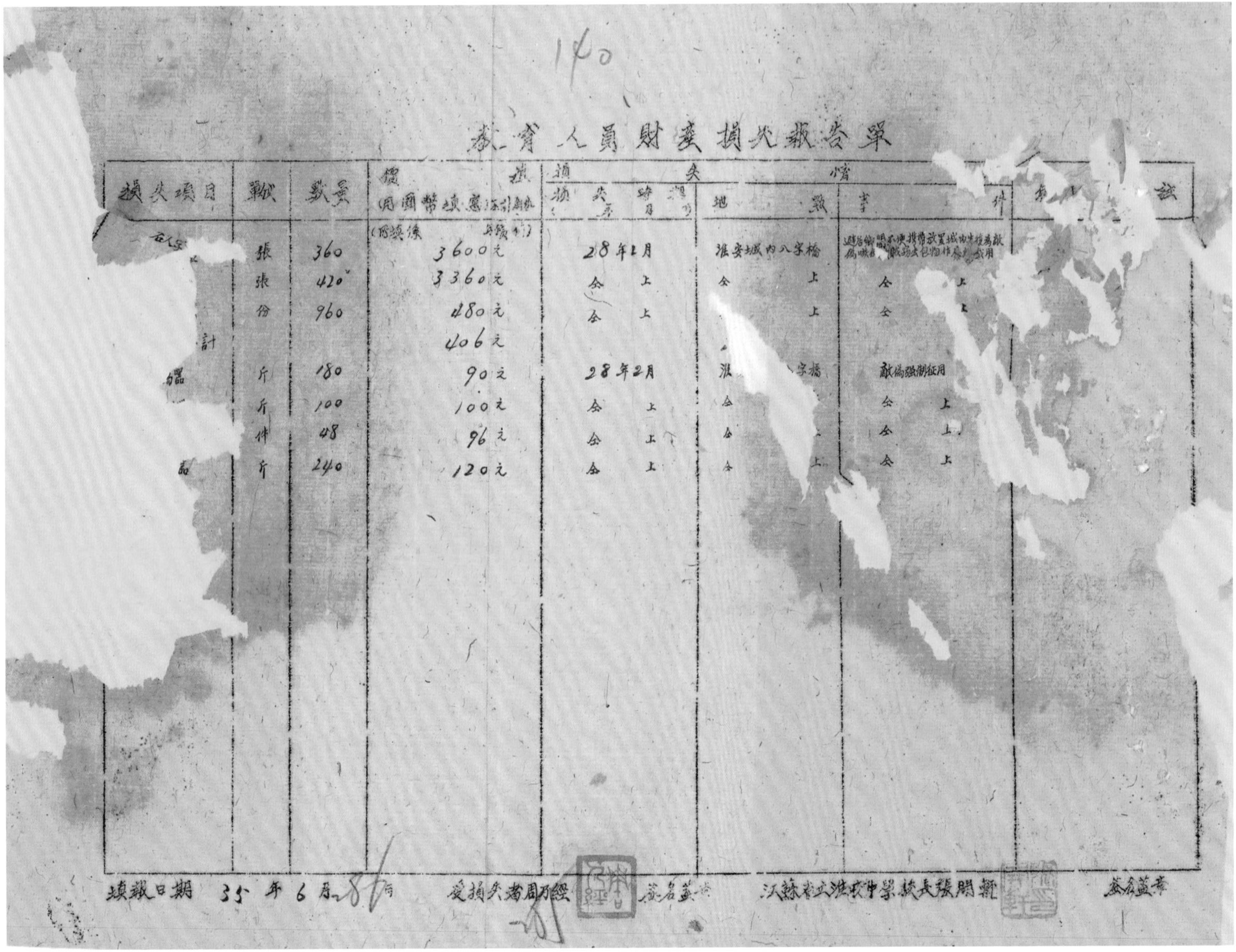
140

教育人員財產損失報告單

損失項目	單位	數量	價值（國幣元）（損失時之價值）	損失情形 損失時期（年月日）	地點	事件	證件
石人安…	張	360	3600元	28年1月	淮安城內八字橋	避居鄉間不便攜帶放置城內失被為敵偽燬……	
	張	420	3360元	仝上	仝上	仝上	
	份	960	480元	仝上	仝上	仝上	
計			406元				
…器	斤	180	90元	28年2月	淮…字橋	敵偽強制征用	
	斤	100	100元	仝上	仝上	仝上	
	件	48	96元	仝上	仝上	仝上	
…品	斤	240	120元	仝上	仝上	仝上	

填報日期 35年6月28日 受損失者周乃經 簽名蓋章 江蘇省立淮安中學校長張開甦 簽名蓋章

141

教育人員財產損失報告單

損失項目	單位	數量	價值（國幣元）購置時價值（按照二十八年價值）	損失年月日	地點	事件	備考
	間		5714元				
	間	13	3200元				
	間	10	1200元	廿八年二月廿日	淮陰北鄉五里莊	縣城淪陷後敵人掃蕩時焚[illegible]	
		3	2000元	仝上	仝上	仝上	
		26	650元				
		5	150元	廿八年二月十日	淮陰北門外河北街85號	縣城淪陷時[illegible]	
[illegible]	件	2	180元	仝上	仝上	仝[illegible]	
[illegible]鏡	件	1	20元	仝上	仝上	[illegible]	
[illegible]箱	件	3	100元	仝上	仝上		
[illegible]桌	件	4	100元	仝上	仝上		
	件	10	50元	仝上	仝上		
		1	50元	仝上	仝上	仝	
		[illegible]元	1200元				
		1200	1200元	廿八年二月十日	淮陰北門外河北大街85號	縣[illegible]	
	件	25	650元				
[illegible]衣	件	5	250元	廿八年二月十日	淮陰北門外河北大街85號	縣城[illegible]帶出	
綿衣	件	20	400元	仝上	仝上	仝	
書籍類小計	冊	5	14元				
辭源	冊	3	8元	廿八年二月十日	淮陰北門外河北大街85號	縣城淪[illegible]	
英漢四用字典	冊	2	6元	仝上	仝上	仝上	

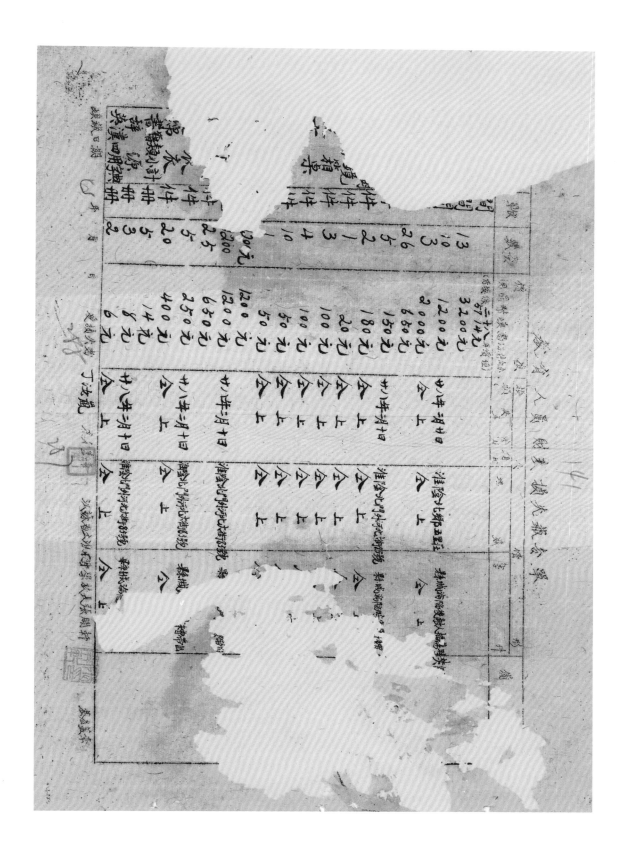

填報日期 28 年 月 日　受損失者 丁汝嵐 簽名蓋章　江蘇省立淮[illegible]中學校長張闕軒　簽名蓋章

教育人員財產損失報告單

損失項目	單位	數量	價值（用國幣填寫，不計角分）（按損失31年價值）	損失情形：損失年月日	地點	事件	備考
[illegible]			423500元	同31年1月17日	沭陽縣五区柳樹庄（下同）	掃蕩焚燒搶掠（下同）	
房屋小計			40000元				
草房	間	20	40000元				
器具小計			29600元				
[illegible]	套	2	20000元				
棹	件	7	5000元				
椅	〃	5	2000元				
櫈	〃	8	1600元				
[illegible]	〃	10	1000元				
現款類小計			5000元				
法幣	元		5000元				
服裝類小計			8400元				
[illegible]	〃	1	1000元				
[illegible]	〃	10	2000元				
[illegible]	〃	8	2400元				
[illegible]	頂	3	3000元				
書籍類[illegible]			5500元				
[illegible]	箱	2	2000元				
[illegible]	〃	1	[illegible]500元				
[illegible]	〃	2	2000元				
[illegible]			355000元				
[illegible]	[illegible]	30	60000元				
[illegible]花	支	10	100000元				
手枪	支	3	40000元				
松林	座	1	100000元				
牛	頭	4	30000元				
驢	〃	1	5000元				

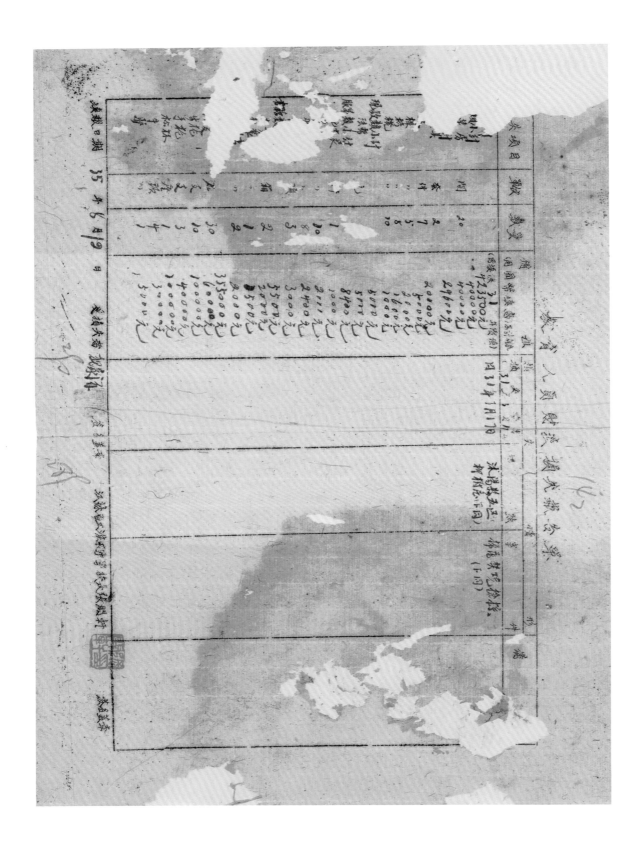

填報日期　35年8月19日　受損失者　[illegible]（簽名蓋章）　江蘇省立淮[illegible]中學校長張鵬軒（簽名蓋章）

143

學校教職員財產損失報告單

損失年月日	事件	地點	損失項目	購置年月	單位	數量	價值（國幣元）
[illegible]	[illegible]	南京信府河十二號	總計	民國二十六年十二月			（係按照民國二十四年價值）2530.00元
			房屋小計				550.00元
			草房瓦房 [illegible]				
			器具小計		件件件件件件	三三十二一一五	180.00元
			床、[illegible]、書櫥、玻璃、大[illegible]				
			衣著小計				800.00元
			棉夾單衣、褥帳 [illegible]		件件件件	四十二十八 [illegible]	
			書籍小計		冊	[illegible]	500.00元
			[illegible]文庫、[illegible]、藝文書 [illegible]				
			其他小計				500.00元
			鐘、自來水筆、油罐、熱水瓶		支件隻隻	一一三十二一一	
			其他一切家庭零用物品				

損失年月日／事件欄：[illegible] 係二十四年以前陸續購置之價 [illegible] 年間所置

地點欄：[illegible] 臨平春區[illegible]城原籍

填報日期 三十五年 月 日　受損失者 崔路鳴（印）　服務處所與所任職務 江蘇省立[illegible]學校[illegible]　蓋章

292　291

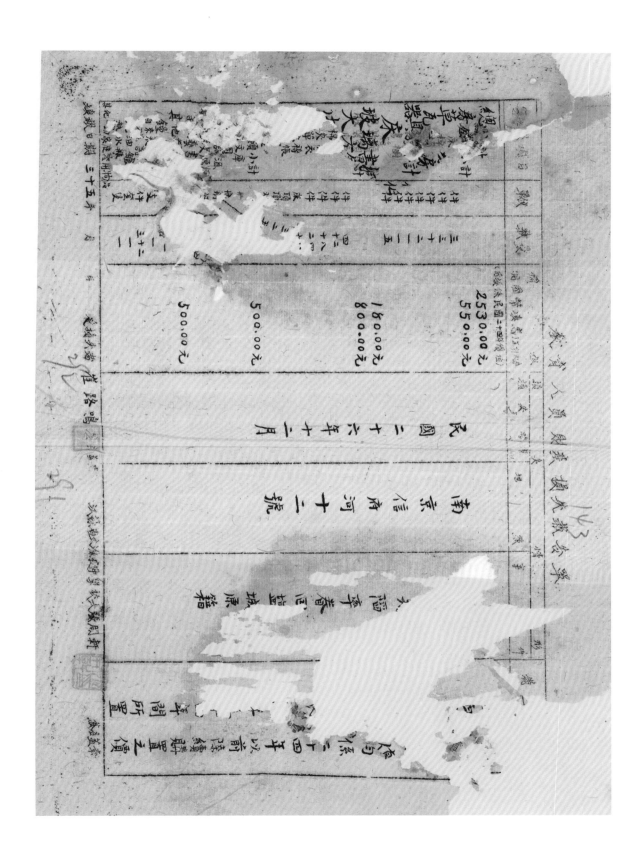

144

教育人員財產損失報告單

損失項目	單位	數量	價值（國幣元）	損失年月日	地點	事件	證件
總計		255	（二十六年價值）總計 1802元				
家具類小計	件	11	232元	廿六年十二月	江蘇揚州東營五巷四号	日寇佔領揚州	
床	件	1	100元				
書櫥	件	2	120元				
杌子	件	8	12元				
服裝類小計	件	[illegible]	1168元				
[illegible]衣	件	[illegible]	640元				
[illegible]	件	20	160元				
[illegible]西[illegible]	件	8	128元				
棉被	件	5	60元				
單被	件	2	20元				
[illegible]服	件	10	160元				
[illegible]	冊	97	218元				
[illegible]		12	48元				
化[illegible]		20	100元				
雜[illegible]		65	70元				
其他[illegible]		94	184元				
米		2	14元				
[illegible]		3	4元				
[illegible]	頂	3	33元				
[illegible]	座	2	20元				
水[illegible]		3	3元				
[illegible]古		80	80元				
[illegible]	件		30元				

填報[illegible] 卅五年六月卅日 報告者 邱增祥 簽名蓋章 江蘇省立淮安中學校長張開軒 簽名蓋章

145

教育人員財產損失報告單(一)

損失項目	單位	數量	價值(國幣元)	損失情形：時期	損失情形：地点	損失情形：事件
總計			二十六年時值3130元			
器具類小計			二十六年時值1118元			
方桌	件	4	50元	二十七年四月	鹽城、上岡兩處	初次敵軍佔領鹽城上岡，未及搬移，致遭損失
圓桌	〃	1	15元	同上	同上	
木椅	〃	8	40元	同上	同上	
籐椅	〃	4	16元	同上	鹽城	
竹椅	〃	4	12元	三十一年四月	蕭家岸	敵偽配合掃蕩縱隊進駐皮义河，掃蕩新四軍，致遭損失
睡椅	〃	2	10元	二十七年四月	鹽城	
長櫈	〃	10	20元	同上	鹽城上岡兩處	
圓櫈	〃	10	25元	同上	同上	
木床	〃	2	140元	同上	同上	
鉄床	〃	1	40元	同上	鹽城	
抽屜	〃	1	50元	同上	同上	
擱几	〃	1	30元	同上	鹽城	
茶几	〃	2	8元	同上	同上	
書櫥	〃	2	30元	同上	鹽城上岡兩處	
衣櫥	〃	2	200元	同上	同上	
梳粧台	〃	1	40元	同上	鹽城	
寫字台	〃	1	40元	同上	鹽城	
水缸	〃	4	50元	同上	鹽城上岡兩處	
米罈	〃	2	40元	同上	同上	
水桶	〃	4	15元	同上	同上	
本挿鐘	〃	1	25元	三十一年四月	蕭家岸	
八音鐘	〃	1	20元	同上	同上	

備註

(一)損失時間：
1、二十七年四月(舊曆三月初旬)敵軍初次佔領鹽城
2、三十年七月(舊曆六月)[illegible]偽聯合，又佔領[illegible]
3、[illegible]一年四月(舊曆三月初[illegible]偽配合，掃蕩鄉[illegible]四軍

(二)損失地點：
1、鹽城二區(服務地点)
2、鹽城上岡(家居地点)
3、鹽城五區蕭家岸(避難地点)

(三)損失情形
1、被敵偽軍毀壞者
2、被偽軍強借或搶劫者
3、被暴民乘機竊取者
日期因此不得詳悉

填報日期 三十五年九月一日 296 受損失者劉啸樓 簽名蓋章 295 (校名或機關名稱)主管人張開軒 簽名蓋章

（六）徐州教育系统人口伤亡及财产损失调查

徐州市政府、江苏省政府、江苏省教育厅关于公告举办文物损失登记的往来公文（一九四六年一月十五日至二月一日）

徐州市政府致江苏省政府、江苏省教育厅的代电（一九四六年一月十五日）

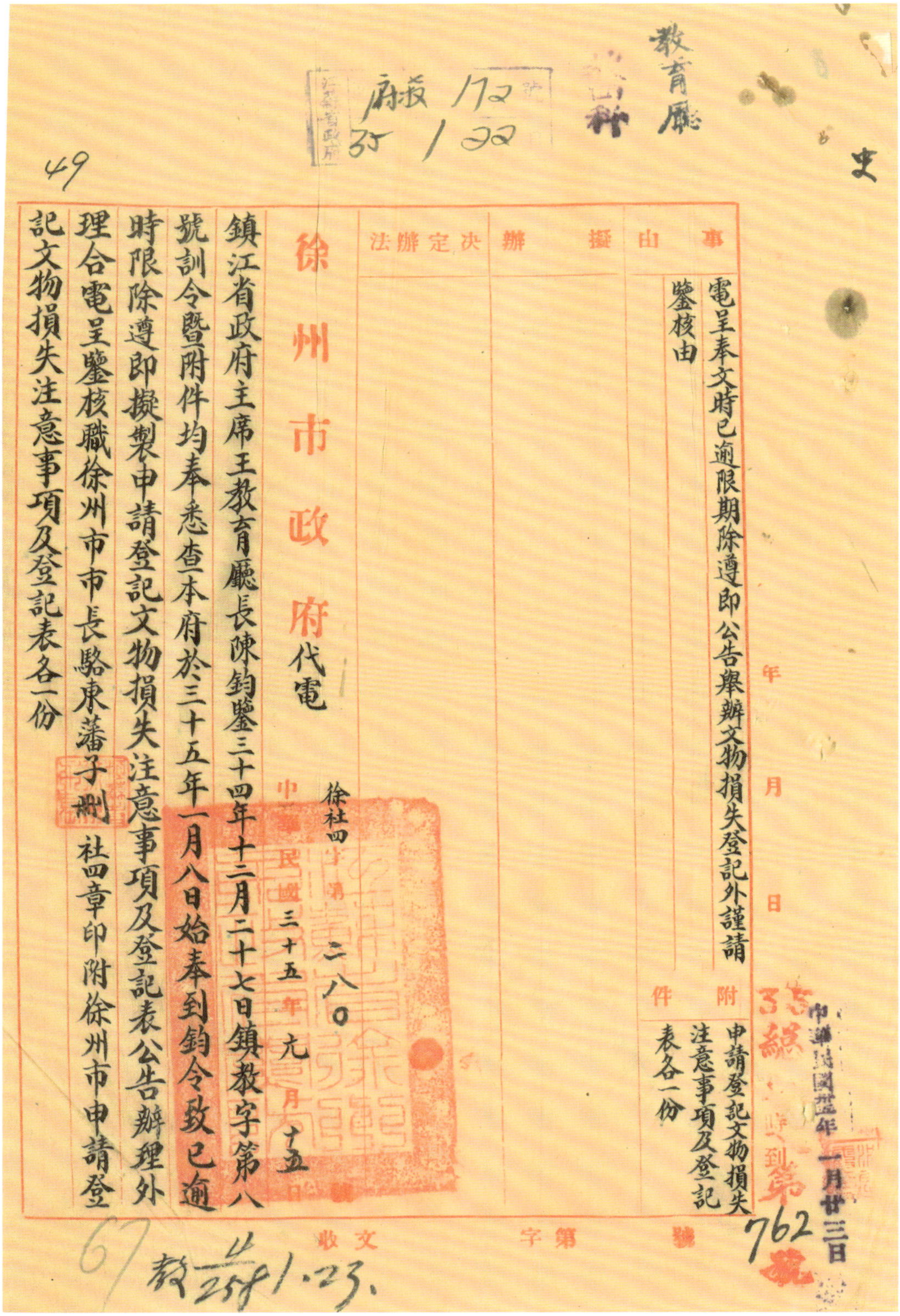

教育廳

府發 172
35 1 22

49

事由	擬辦	決定辦法
電呈奉文時已逾限期除遵即公告舉辦文物損失登記外謹請鑒核由		

附件：申請登記文物損失注意事項及登記表各一份

徐州市政府代電

鎮江省政府主席王教育廳長陳鈞鑒三十四年十二月二十七日鎮教字第八號訓令暨附件均奉悉查本府於三十五年一月八日始奉到鈞令致已逾時限除遵即擬製申請登記文物損失注意事項及登記表公告辦理外理合電呈鑒核職徐州市市長駱東藩子删社四章印附徐州市申請登記文物損失注意事項及登記表各一份

徐社四字第二八〇號

中華民國三十五年一月十五日

中華民國卅五年一月廿三日 到

收文 字第 762 號

67

教 卅 2581 1.23.

附一：申请登记文物损失表

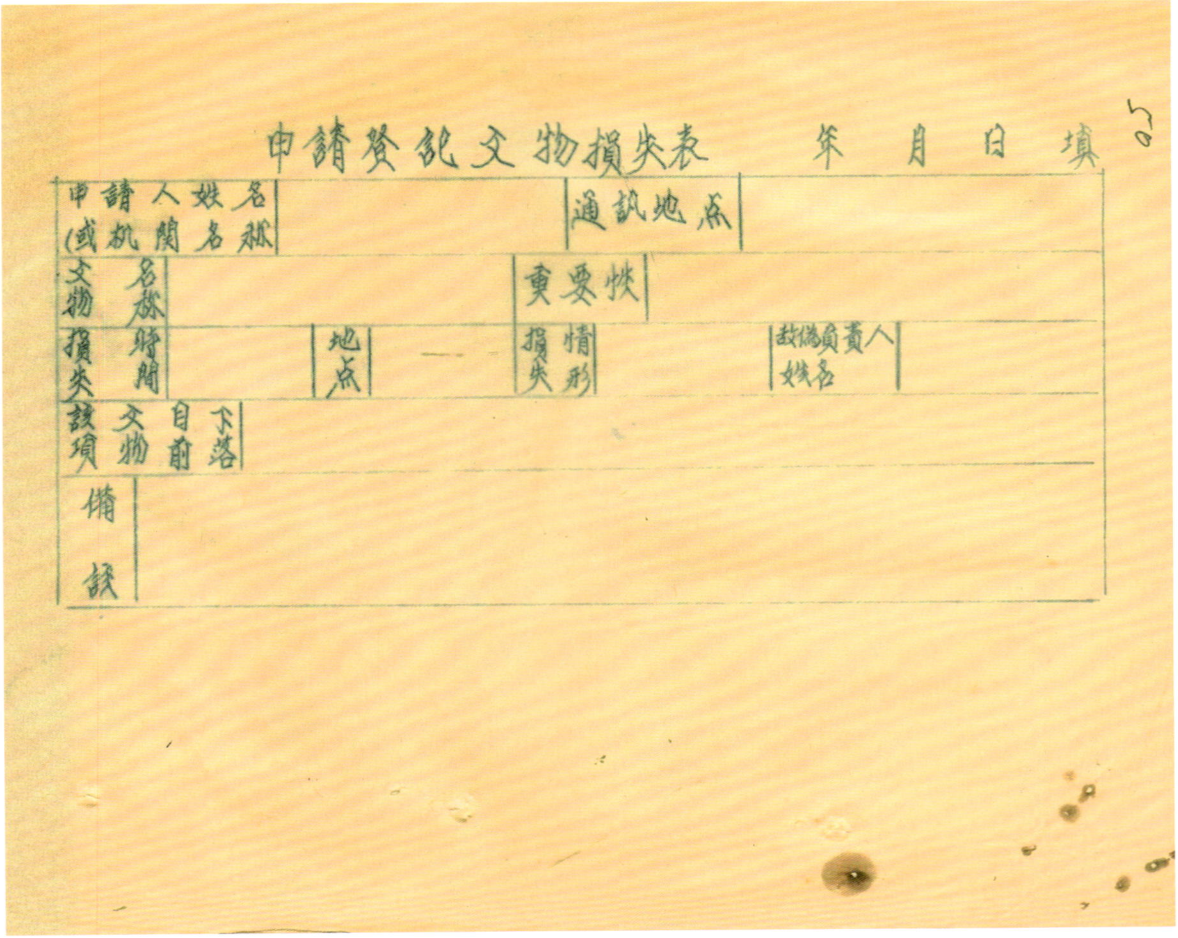

50

申請登記文物損失表　　年　月　日填

申請人姓名（或機關名稱）				通訊地点			
文物名称				重要性			
損失時間		地点	—	損失情形		敌偽負責人姓名	
該項文物目前下落							
備註							

51

申請登記文物損失注意事項

一、凡本市公私机關及個人在戰事期間遭受文物損失者均可向本府社會局教育科申請登記以上所稱文物包括一切具有歷史藝術價值之建築器物書畫美術等品

二、凡公私机関及個人申請登記必須依據原表詳細填報三份并附送該項文物照片或圖様如係個人申請登記另須附送本市有関机関或團体之証明書

三、登記時间于本月底截止由本府審查整理登記表格後彙呈省府轉送教育部清理戰時文物損失委員會办理文物追償事宜

江苏省政府、省教育厅致徐州市政府的指令（一九四六年二月一日）

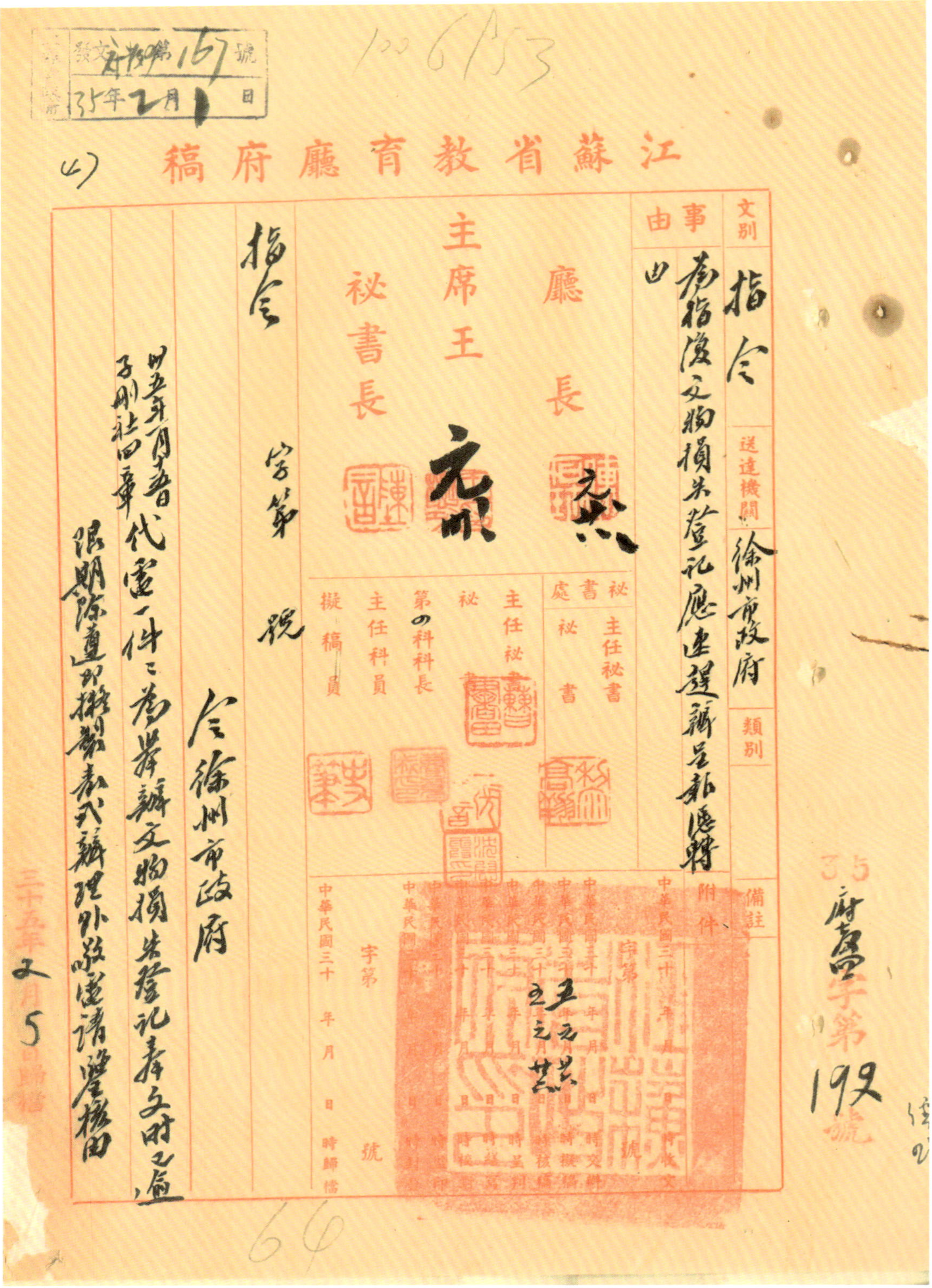

发文 第167号
35年2月1日

江苏省教育厅府稿

文别：指令
事由：为指復文物損失登記應速趕辦呈報憑轉
送達機關：徐州市政府

主席 王
廳長
秘書長

指令 字第 號

令徐州市政府

卅五年一月十五日普子刊社四字代電一件：為奉辦文物損失登記奉文時已逾限期除逕印製表式辦理外，限期速請鑒核由

三十五年二月5日歸檔

35 府教字第192號

子冊計四章代電暨附件均悉查核所擬各件尚[illegible]
可行仰速遵辦呈報以憑彙轉為要此令 附件存

主席 王〇〇
廳長 陳〇〇

65

铜山县政府关于转呈铜山县立中学接收损失现存家具图书仪器等清册致江苏省教育厅的呈（一九四六年十月十日）

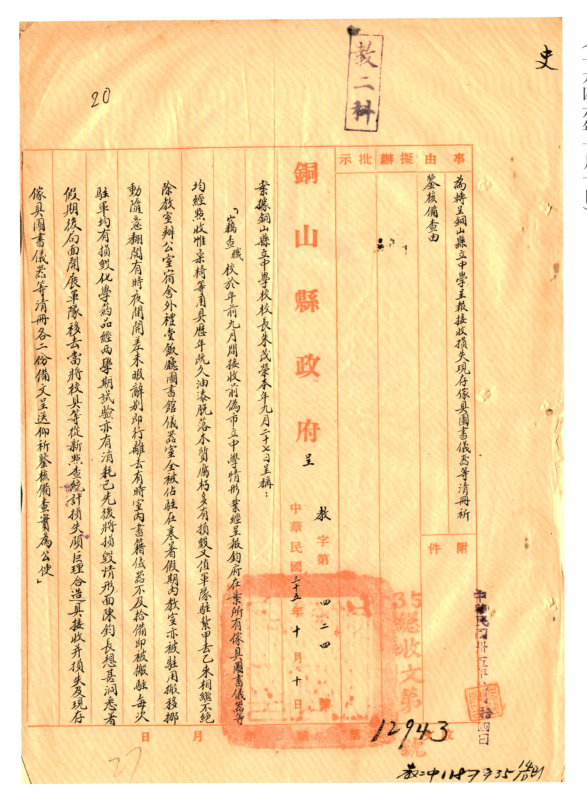

史

教二科

20

事由：為轉呈銅山縣立中學呈報接收損失現存傢具圖書儀器等清冊祈鑒核備查由

擬辦

批示

附件

銅山縣政府 呈

教字第四二四號

中華民國三十五年十月十日

案據銅山縣立中學校校長朱茂榮本年九月二十七日呈稱：

「竊查職校於年前九月間接收前偽市立中學情形業經呈報鈞府在案所有傢具圖書儀器等均經點收惟桌椅等用具歷年既久油漆脫落木質腐朽多有損毀又值軍隊駐紮甲去乙來相繼不絕除教室辦公室宿舍外禮堂飯廳圖書館儀器室全被佔駐在寒暑假期內教室亦被駐用搬移挪動隨意翻閱有時夜間開差未暇辭別即行離去有時室內書籍儀器不及拾備即被搬駐每次駐軍均有損毀化學藥品經兩學期試驗亦有消耗已先後將損毀情形面陳鈞長想甚洞悉看假期後局面開展軍隊移去當將校具等從新點查統計損失頗巨理合造具接收并損失及現存傢具圖書儀器等清冊各二份備文呈送仰祈鑒核備查實為公便」

35 總收文第 12943 號

中華民國卅五年十月十四日

27

教二中1183335

等情并附呈接收傢具清册損失傢具清册現存傢具清册接收圖書清册損失圖書清册現存圖書清册接收標本儀器模型清册損失儀器藥品清册及現存標本儀器模型清册各二份據此除清册各留一份備查并指令外理合檢同所報上項清册各一份開具清單備文轉報仰祈

鑒核備查實爲公便

謹呈

江蘇省教育廳廳長陳

附清單一紙　清册九種各一份

銅山縣縣長耿繼勛

28

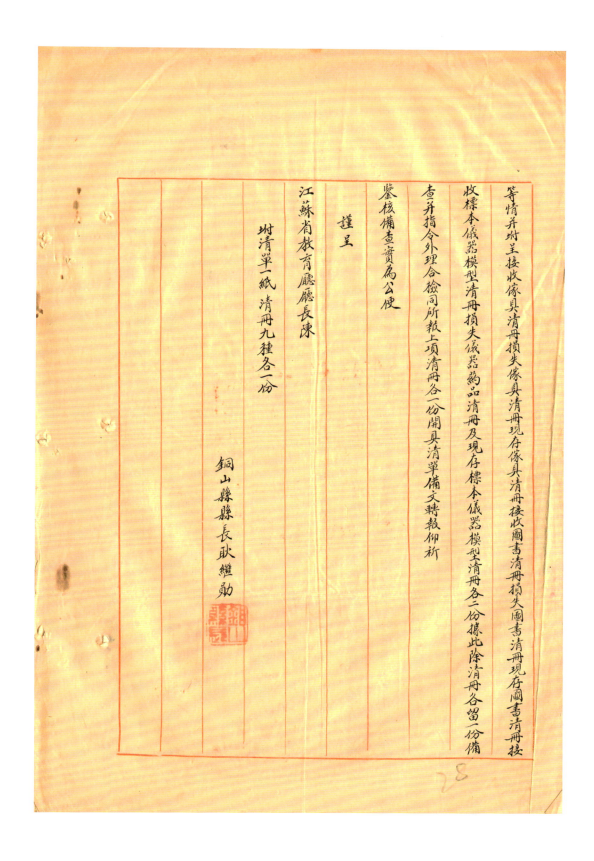

附一：清单一份

21

清單

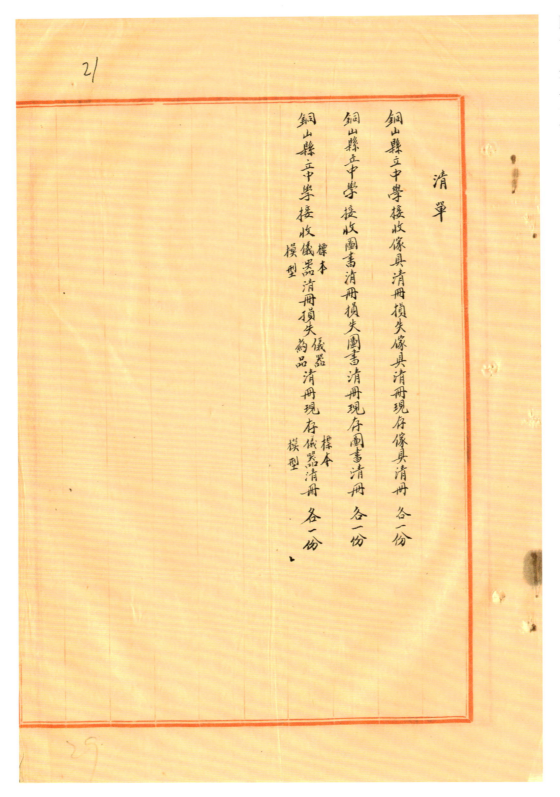

銅山縣立中學接收傢具清冊損失傢具清冊現存傢具清冊　各一份

銅山縣立中學接收圖書清冊損失圖書清冊現存圖書清冊　各一份

銅山縣立中學接收儀器標本模型清冊損失儀器標本藥品清冊現存儀器標本模型清冊　各一份

29

附二：铜山县立中学接收家具损失清册（一九四六年九月二十七日）

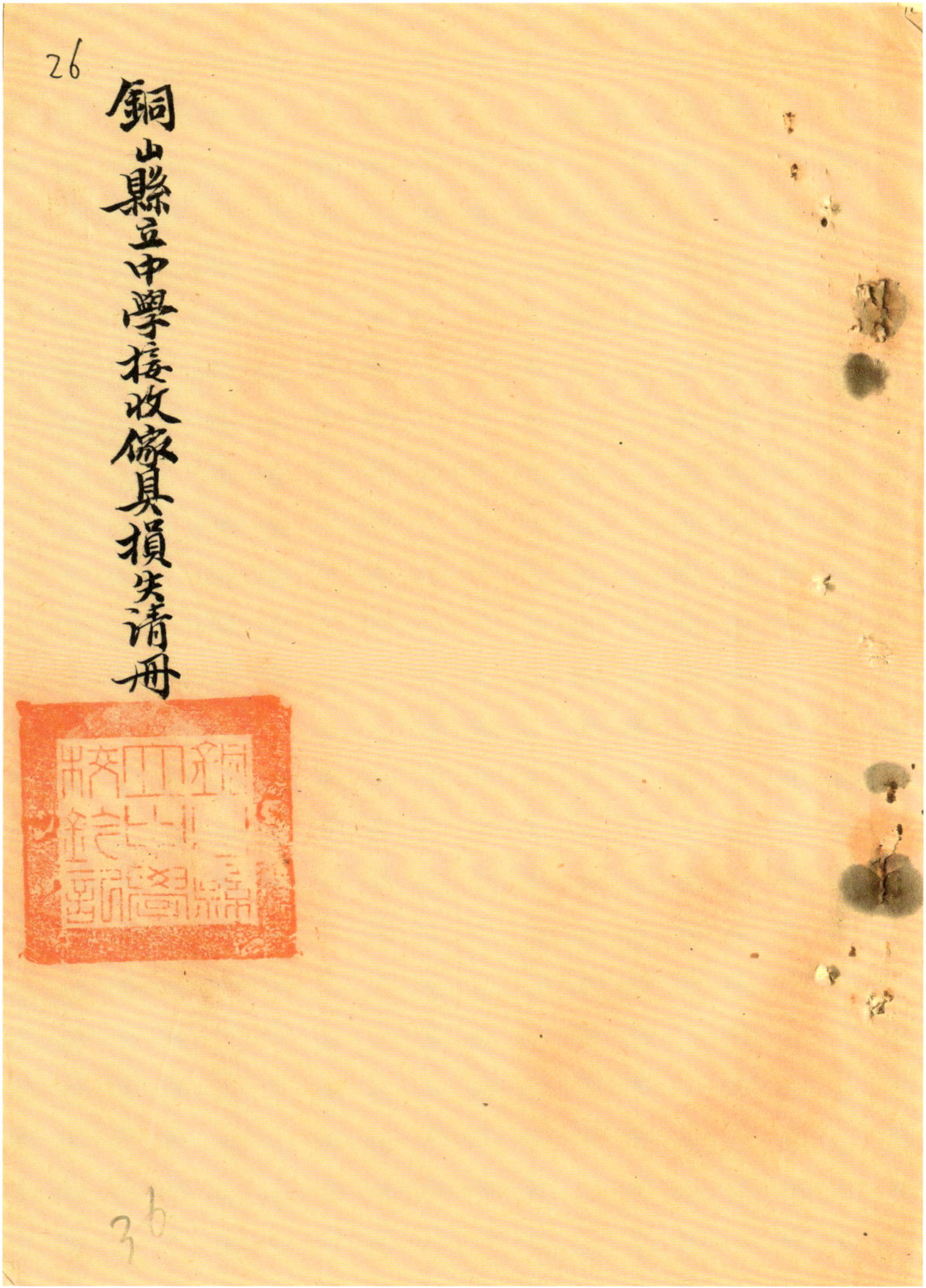
26

銅山縣立中學接收傢具損失清册

36

27

銅山縣立中學校接收傢具損失清冊

中華民國三十五年九月　日

品名	損失	備攷	品名	損失	備攷
單人課桌	八十五張		三角櫥	九个	
雙人課桌	三十九張		衣架	三个	
单課椅	一百七十五把		玻璃櫥	一个	
雙課椅	廿一把		四方桌	三張	
連桌椅	十一个		板凳	十七条	
辦公桌	四十二張		茶几	一个	
辦公椅	二十二把		長靠椅	三十五椅	
沙發	三个		大小鍋	一口	

37

大小籠	大一架
排球網	二个
籃架	一对
油印機	二个
鋼琴	一架
煤爐	四个
大國旗	一面
小國旗	八面
玻璃板	二塊

35

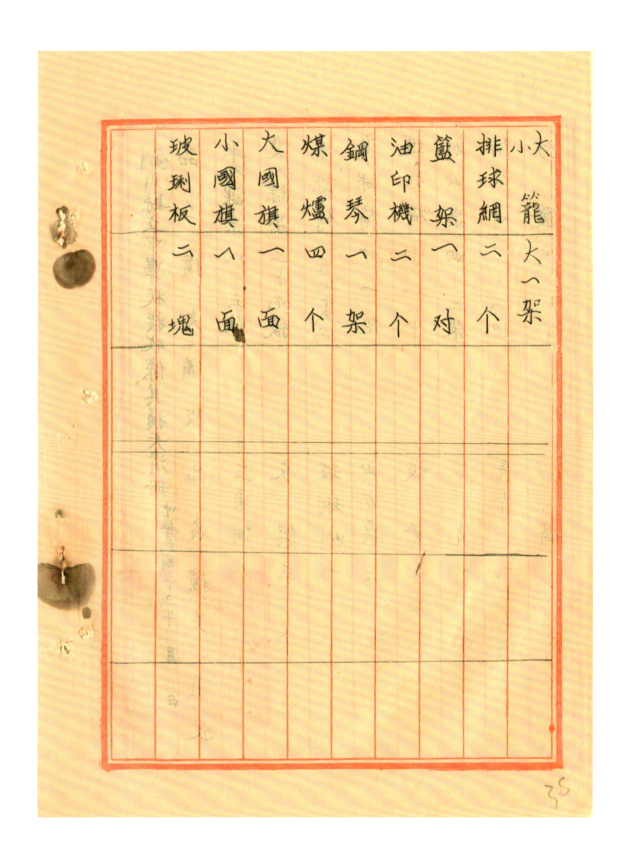

28

銅山縣立中學校長朱茂榮

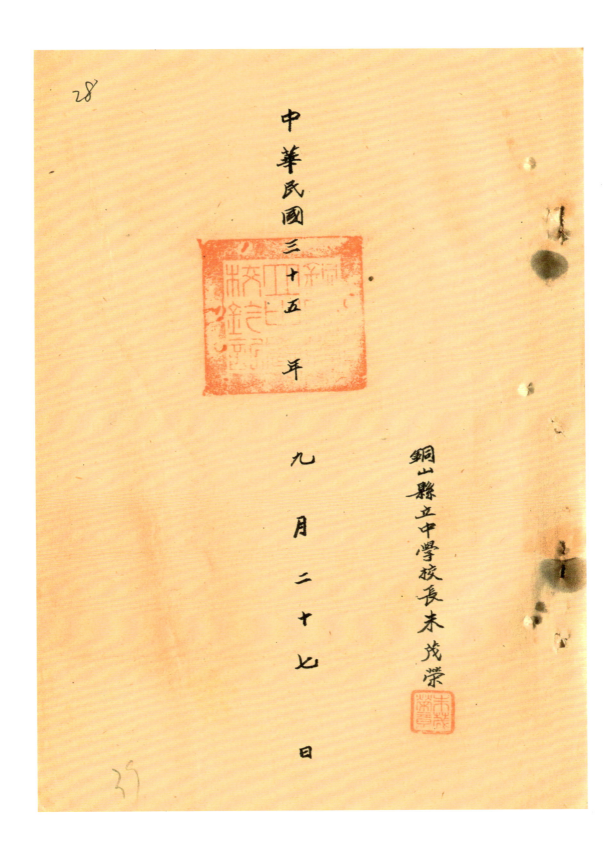

中華民國三十五年九月二十七日

附三：铜山县立中学损失图书清册（一九四六年十月四日）

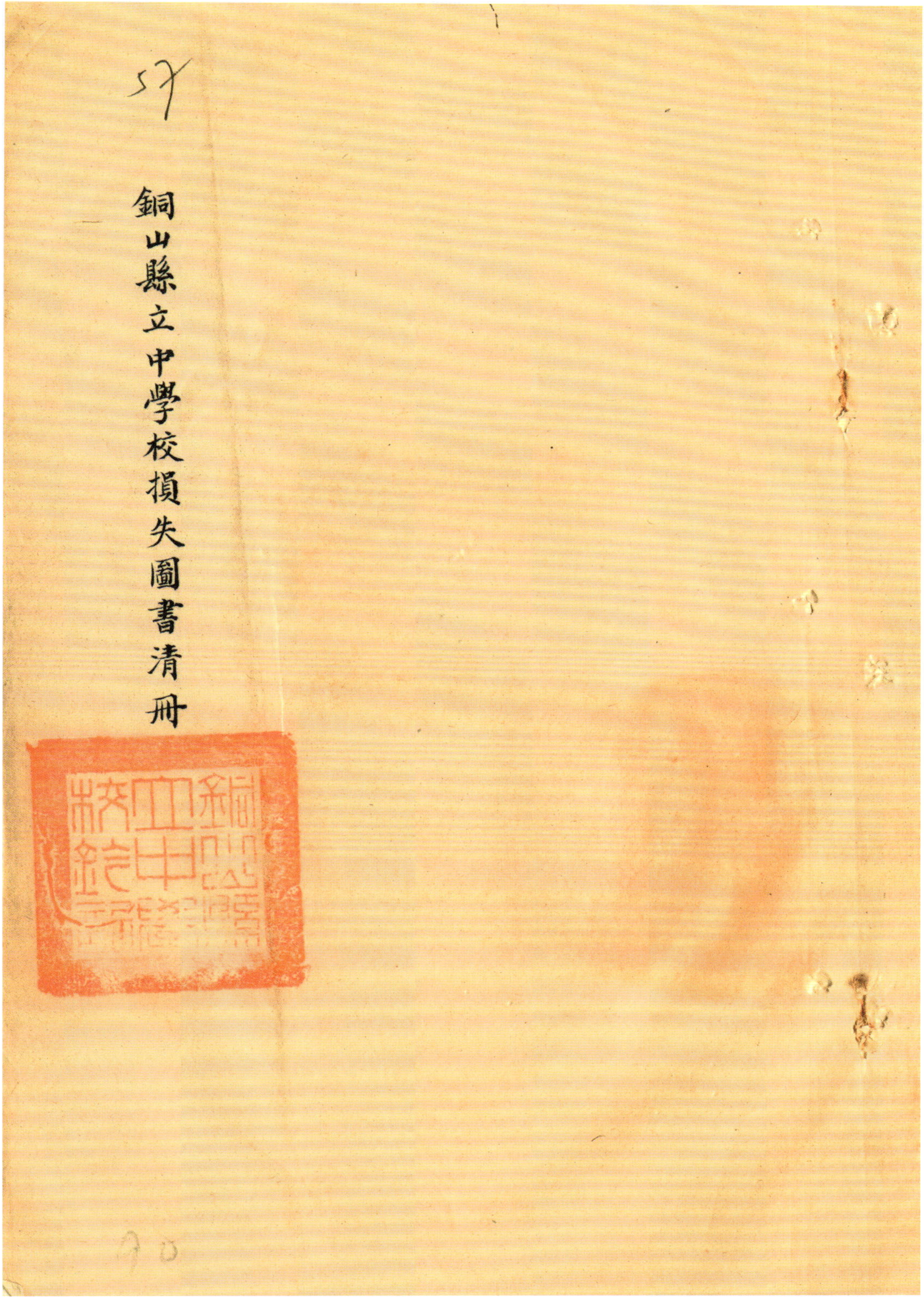
57

銅山縣立中學校損失圖書清冊

58

銅山縣立中學校損失圖書清冊

書名	冊數
職業知導與個性	一本
書信構造法	一本
墨經校釋	一本
實用文字學	二本
墨子學案	一本
儒家哲學	一本
墨子學說	一本
經與經學	一本

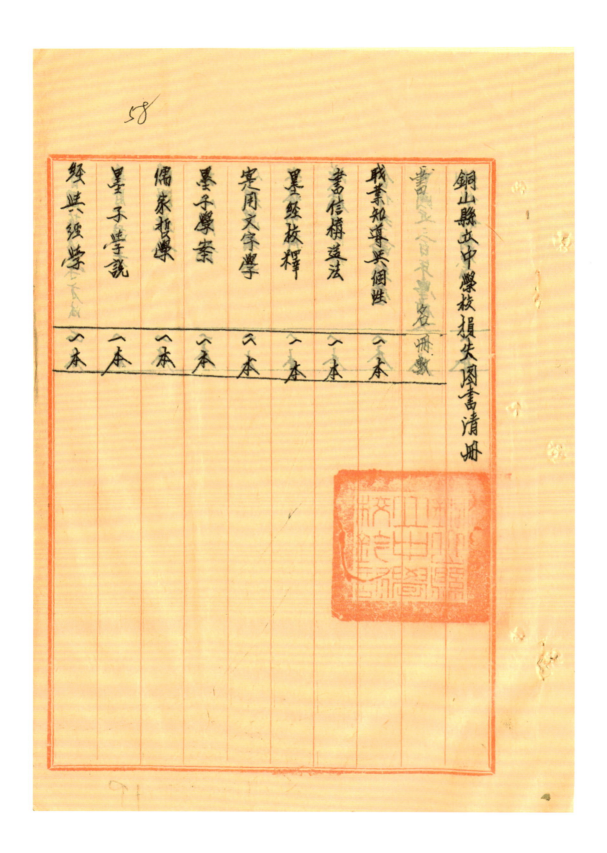

曾國藩治學方法	二本
樂府古辭考	一本
國學概論	一本
文心雕龍	一本
心理學綱要	一本
字体明辨	一本
漢賦之研究	一本
合作理論經營	一本
中國近三百年學術史	二本
絕妙好詞箋	一本

58

詞學指南	一本
絕句	一本
修辭學	一本
小說原理	一本
文章体治	一本
簡易國文法	一本
抒情文选	一本
論説文选	一本
記事文範	一本
詩式	一本

93

歐洲近代史	一本
中國美文及理史	一本
行為與思想	一本
閱讀甚麽怎樣閱讀	一本
自我鞭策	一本
自然科學叢史	二本
漢魏六朝小說	一本
法學綱要	一本
貸園叢書	一部
商業地理	一部

60

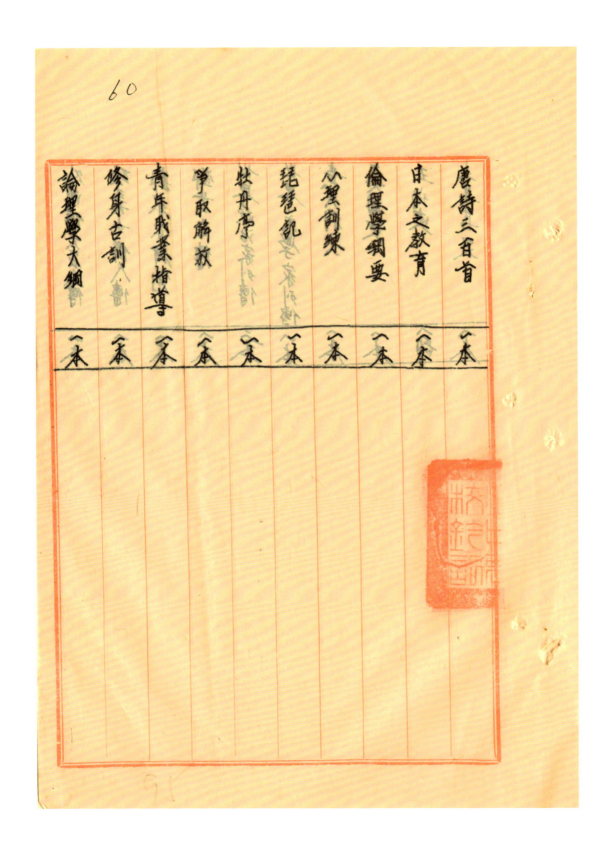

唐詩三百首（一本）
日本之教育（一本）
倫理學綱要（一本）
心理訓練（一本）
琵琶記（一本）
牡丹亭（一本）
爭取解放（一本）
青年職業指導（一本）
修身古訓（一本）
論理學大綱（一本）

外國偉大名人傳　一本
欧美女偉人傳　一本
郭果尔研究　一本
鄧肯自傳　一本
世界政治家列傳　二本
世界文學家列傳　一本
意大利史　一本
美國史　一本
五代史　一部
土耳其史　一本

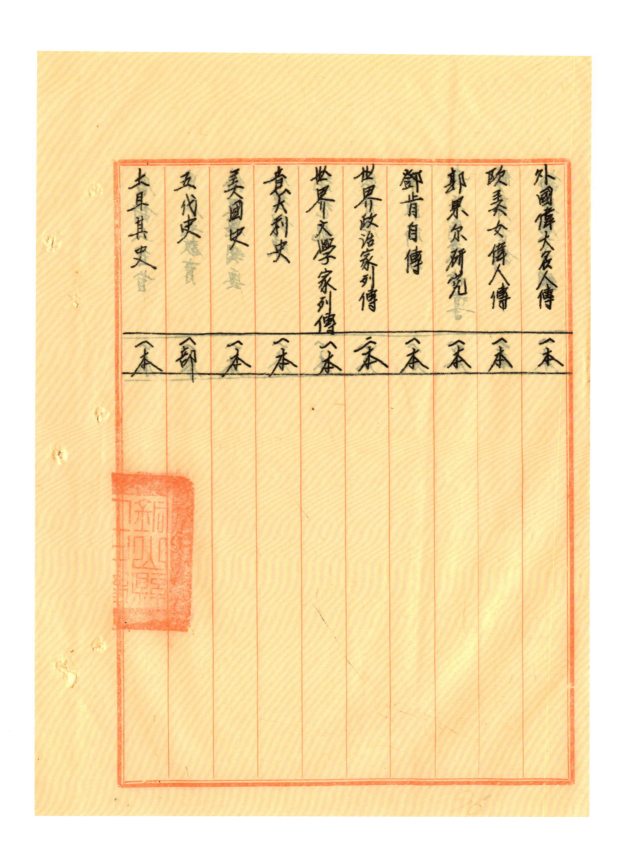

61

論理學根本問題	一本
劫後英雄畧	一本
西洋教制的文化	一本
德國職業指導	一本
新度量衡	一本
鄉村地理研究	一本
實用地理學	一本
曾國藩	一本
清虞尺牘	一本
明代尺牘	一本

97

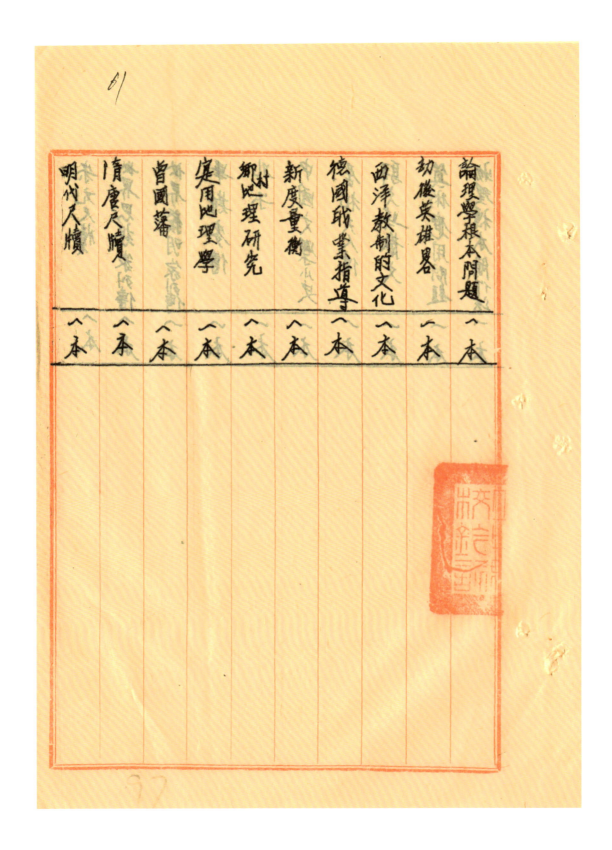

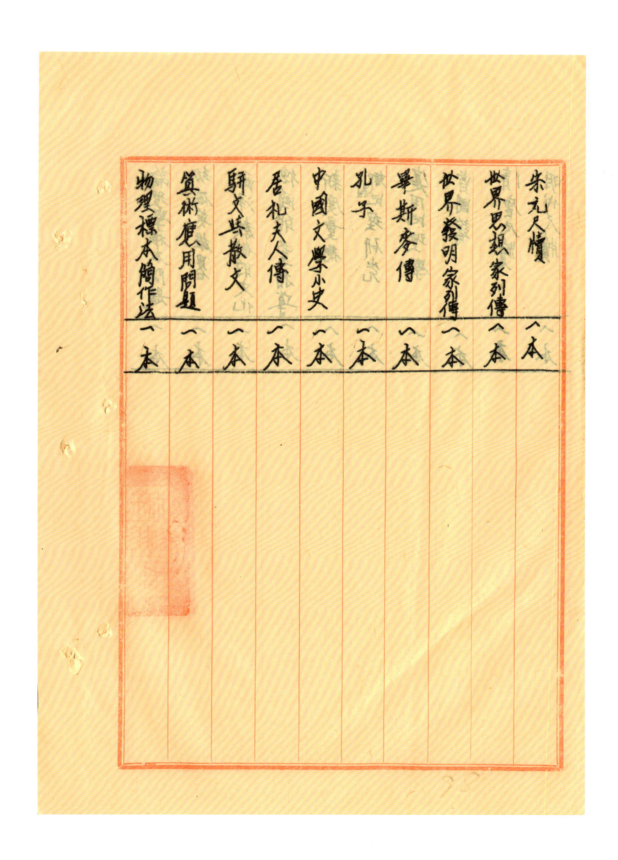

朱元尺牘	一本
世界思想家列傳	一本
世界發明家列傳	一本
畢斯麥傳	一本
孔子	一本
中國文學小史	一本
居礼夫人傳	一本
駢文與散文	一本
算術應用問題	一本
物理標本簡作法	一本

62

成功之代數	一本
物理實驗	一本
古生物學通論	一本
歐洲文化史	一本
近世文學批判	一本
先秦政治思想史	一本
中國小說史	一本
比較文學史	一本
中國文學論集	一本
亞洲文化論叢書	一本

99

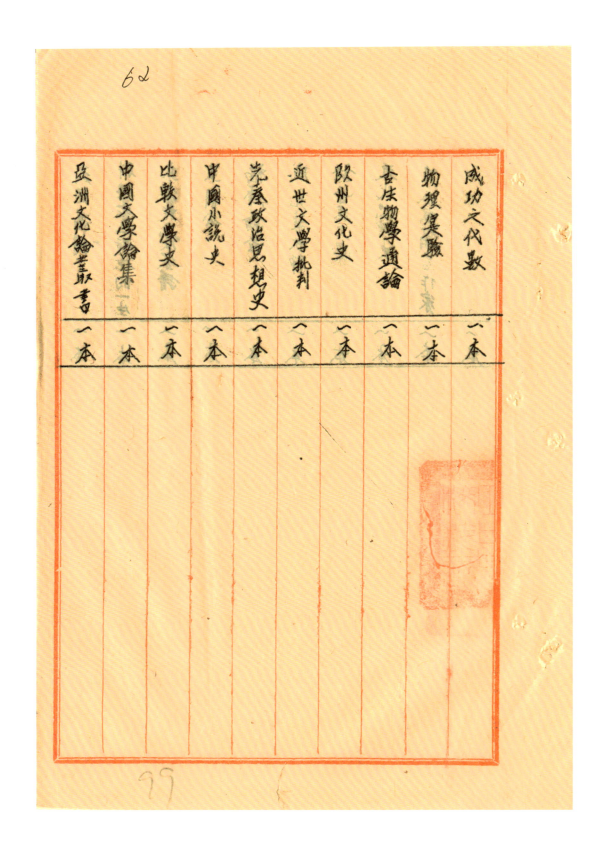

我的高門	一本
科學家巴斯德的一生	一本
辛家軒先生家譜	一本
王荊公	一本
福澤諭吉	一本
威克斐牧師	一本
語音與文學	一本
近代地理史	一本
日本短篇名作家	一本
山西	一本

63

河南	一本
新五代史平話	一本
中西文化交通史	一本
羅馬史	一部
人人是堯舜	一本
初等代數學	一本
王守仁	一本
新度量衡概要	一本
教育概論	一本
烽火中之南洋	一本

算術	一本
曲選	一本
華盛頓	一本
香潭筆記	二冊
匈奴奇士錄	一本
洛陽橋	一本
保甲實務須知	一本
廢物利用工藝	一本
航空概要	一本
攝影化學	一本

102

64

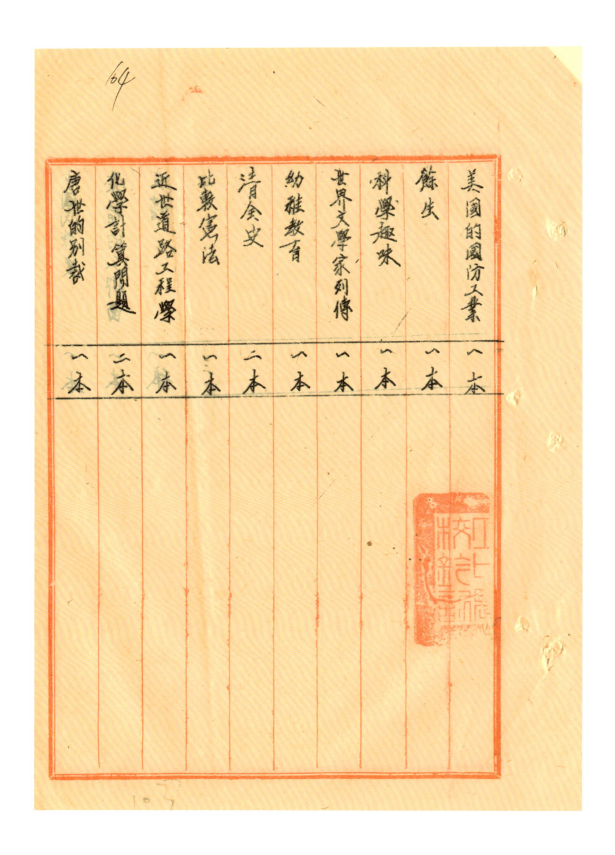

美國的國防工業	一本
蘇生	一本
科學趣味	一本
世界文學家列傳	一本
幼稚教育	一本
清金史	二本
比較憲法	一本
近世道路工程學	一本
化學計算問題	二本
唐世的別裁	一本

103

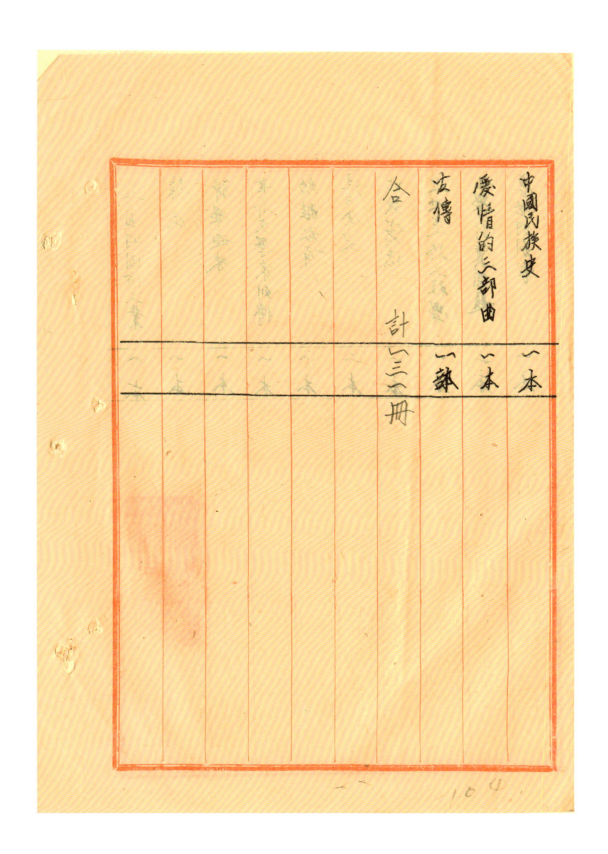

中國民族史	一本
愛情的三部曲	一本
女傳	一部
合計	三冊

1.0.4

65

銅山縣立中學校長朱茂榮

中華民國三十五年十月四日

105

萧县县政府关于报送本县战时各级学校及教育机关损失照片暨教育人员伤亡表致江苏省教育厅的呈
（一九四七年二月七日）

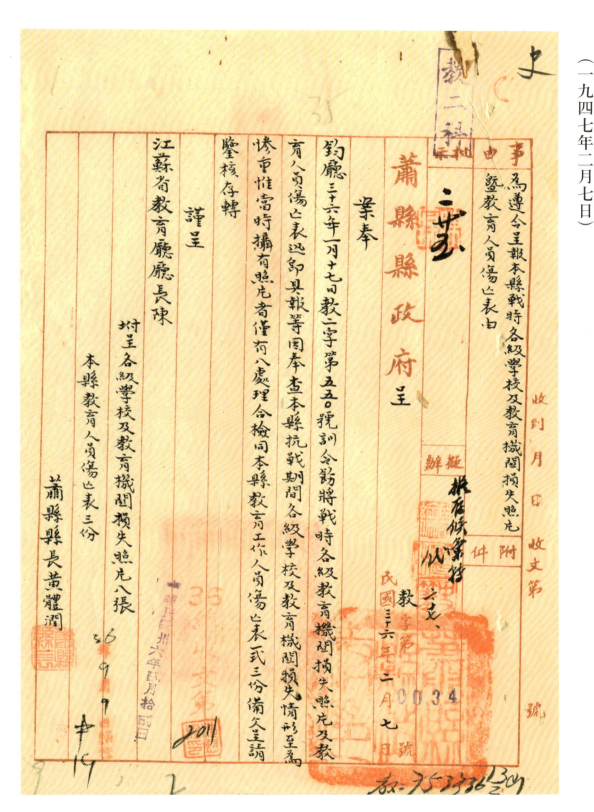

事由：為遵令呈報本縣戰時各級學校及教育機關損失照片暨教育人員傷亡表由

擬辦：擬存候彙轉

附件

收到 月 日 收文第 號

蕭縣縣政府 呈

民國三十六年二月七日 教字第 號

案奉

鈞廳三十六年一月十七日教二字第五五〇號訓令飭將戰時各級教育機關損失照片及教育人員傷亡表迅即具報等因奉此查本縣抗戰期間各級學校及教育機關損失情形至為慘重惟當時攝有照片者僅有八處理合檢同本縣教育工作人員傷亡表弍三份備文呈請

鑒核存轉

謹呈

江蘇省教育廳廳長陳

附呈各級學校及教育機關損失照片八張

本縣教育人員傷亡表三份

蕭縣縣長黃體潤

附：各级学校及教育机关损失照片八张（一九四六年十二月二十六日）

蕭縣實驗小學校第二學園殘影 三十五年十二月二十六日
2

蕭縣光華小學校殘影 三十五年十二月二十六日
3

蕭縣教育局殘影 三十五年十二月二十六日

蕭縣藝教館殘影 三十五年十二月二十六日

蕭縣實驗小學校第一學園殘影 三十五年二月二十六日

蕭縣大同街小學校殘影 三十五年二月二十六日

蕭縣佛教會小學校殘影
三十五年十二月二十六日

蕭縣簡易師範學校殘影
民國三十五年十二月二十六日

铜山县政府关于填报本县社教机关战时损失复员情形调查表致江苏省教育厅的呈（一九四七年二月十四日）

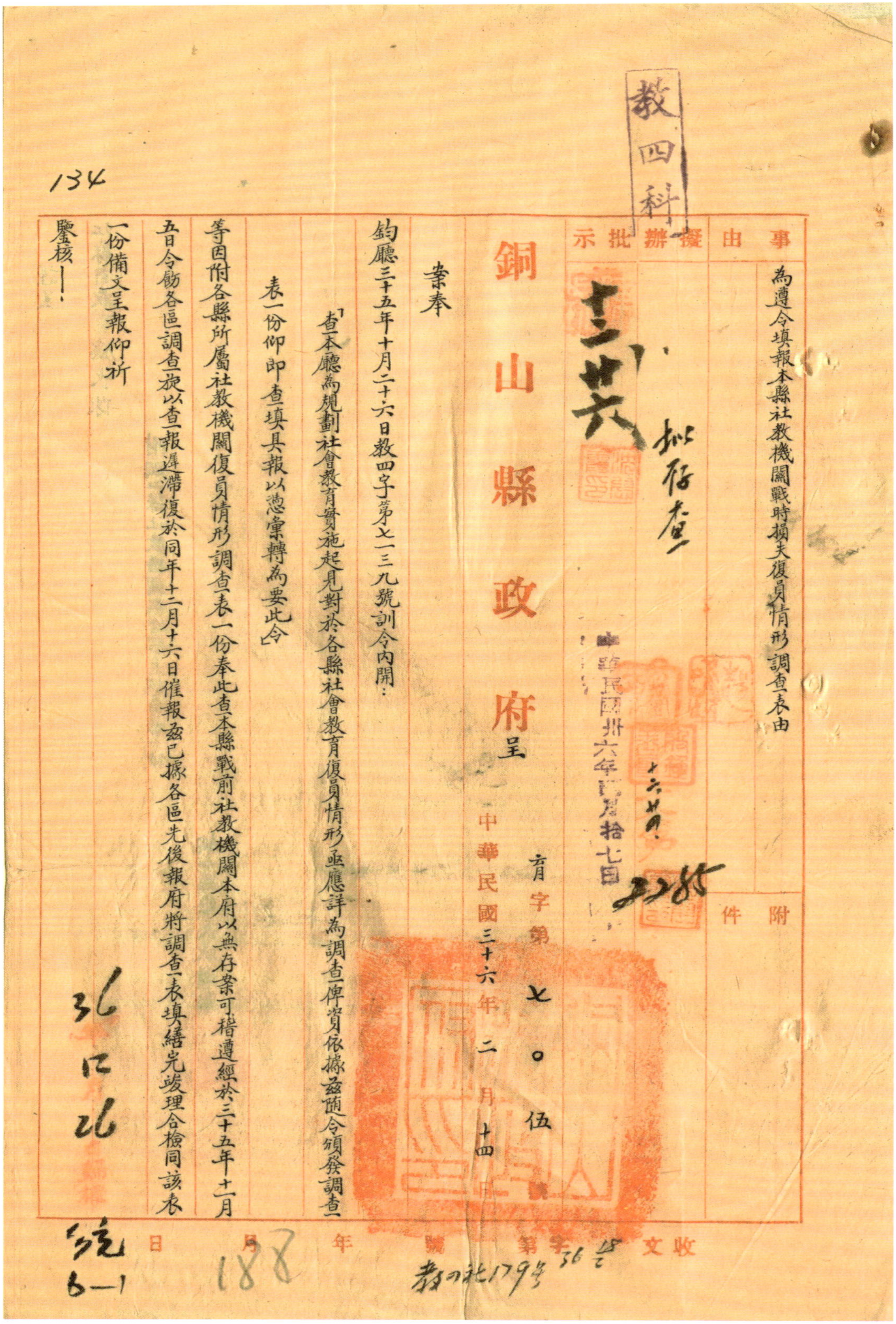
教四科

事由：為遵令填報本縣社教機關戰時損失復員情形調查表由

擬辦：三十六 擬存查

中華民國卅六年貳月拾七日 2285

附件

銅山縣政府呈 育字第七〇伍號

中華民國三十六年二月十四日

案奉

鈞廳三十五年十月二十六日教四字第七一三九號訓令內開：「查本廳為規劃社會教育實施起見，對於各縣社會教育復員情形亟應詳為調查，俾資依據，茲隨令頒發調查表一份，仰即查填具報，以憑彙轉為要，此令。」等因，附各縣所屬社教機關復員情形調查表一份，奉此，查本縣戰前社教機關本府以無存案可稽，遵經於三十五年十一月五日令飭各區調查，旋以查報遲滯，復於同年十二月十六日催報，茲已據各區先後報府，將調查表填繕完竣，理合檢同該表一份備文呈報，仰祈

鑒核！

收文 第 字 號 年 月 日

謹呈

江蘇省教育廳長陳

附銅山縣社教機關戰時損失調查表一份

銅山縣縣長耿繼勛

附：江苏省铜山县所属各社教机关复员情形调查表（一九四七年二月十一日）

江蘇省銅山縣（市）所屬各社教機關復員情形調查表

三十六年二月十一日填報

戰前所有各機關名稱	成立年月	所在地點	戰前情形	戰時受損情形	復員後情形或不能復員的原因	現任主管人員姓名	已否呈請核委	員額	經費預算	備註
銅山縣立公共圖書館	民十八年八月	現徐州市快哉亭公園內西北隅	瓦房五幢計二十餘間，分辦公室、圖書室、閱書報室、兒童閱覽室、古物陳列室，有碑廊、花園、双延文庫，館長一人，職員七人，工役二	原房屋經敵偽改動，圖書用具大半損失	復員時自偽徐州市鼓樓圖書館接收	徐子華	未	三 工役一	三十五年度為一七三五、八〇〇元	
縣立民衆教育館	民十九年二月	現徐州市青年路城隍廟內	就城隍廟前後正殿屋宇改設，館長一人，幹事三，助理幹事二，辦有國術研究所、工藝化學訓練班，并將為講演集會地	房舍無損，惟已塑神像，恢復為廟宇	已劃歸徐州市，故不能復員					
縣立公共體育場	民十九年二月	現徐州市體育場（雲龍山下）	在雲龍山西，場長一人，幹事一，田徑賽運動設備應有儘有，地面濶大	戰時損失淨盡，敵偽時重行添置	仝右					
縣立快哉亭公園管理處	民二十一年	現徐州市快哉亭公園快哉亭內	管理員一，助理一，園中滿植樹木，有荷池花圃、蘆塘、民衆茶社、民衆閱報處，遊人甚多	園中樹木略有損失，管理處器用全無	仝右					
縣立中山林園管理處	民二十二年	現徐州市雲龍山放鶴亭內	管理員一，助理一，此處係徐州名勝，二十六年春將亭台修理，滿植樹木，並將古碑集中建築碑廊，設閱書報處及茶社	仝上	仝右					
縣立鐵營農民教育館	民十九年八月	本縣六區鐵營鄉	原有瓦屋三間，草房十二間，館長一，事務員二人，助理一人	傢具用品全無，草房盡燬，僅餘瓦屋無門窗	勝利後共匪盤據，去年九月始退出					
縣立柳泉農民教育館	仝	本縣二區柳泉鄉	原有草房數口，館長一，事務二，助理一	戰期內經偽修理並添建，復員後仍完好	復員後迭駐國軍，現為傷兵醫院，未能讓出					
縣立鄭集農民教育館	仝	本縣三區鄭集鎮	有房屋四口，館長一，事務員二，助理一	戰時設偽鄭集中心小學，房屋完好	現為縣立鄭集鎮中心國民學校					
縣立灘頭農民教育館	仝	本縣一區灘頭鄉	房屋四口，館長一，事務員二，助理一	房屋僅存北屋三間、南屋三間、東西屋，三十五年六月為奸匪破壞，其他器具文卷全無	勝利後為匪共盤據，去冬始退出					

附註：一、無論已未復員之社教機關須一律填寫。

二、民教館等應就民國二十五年未改設中心民校前情形填寫，並於備註欄中註明。

填報者 銅山縣縣長耿繼勛（職銜簽名蓋章）

135

江苏省立徐州民众教育馆关于更正重填本馆抗战损失报告表事致省教育厅的呈（一九四七年十一月二十二日）

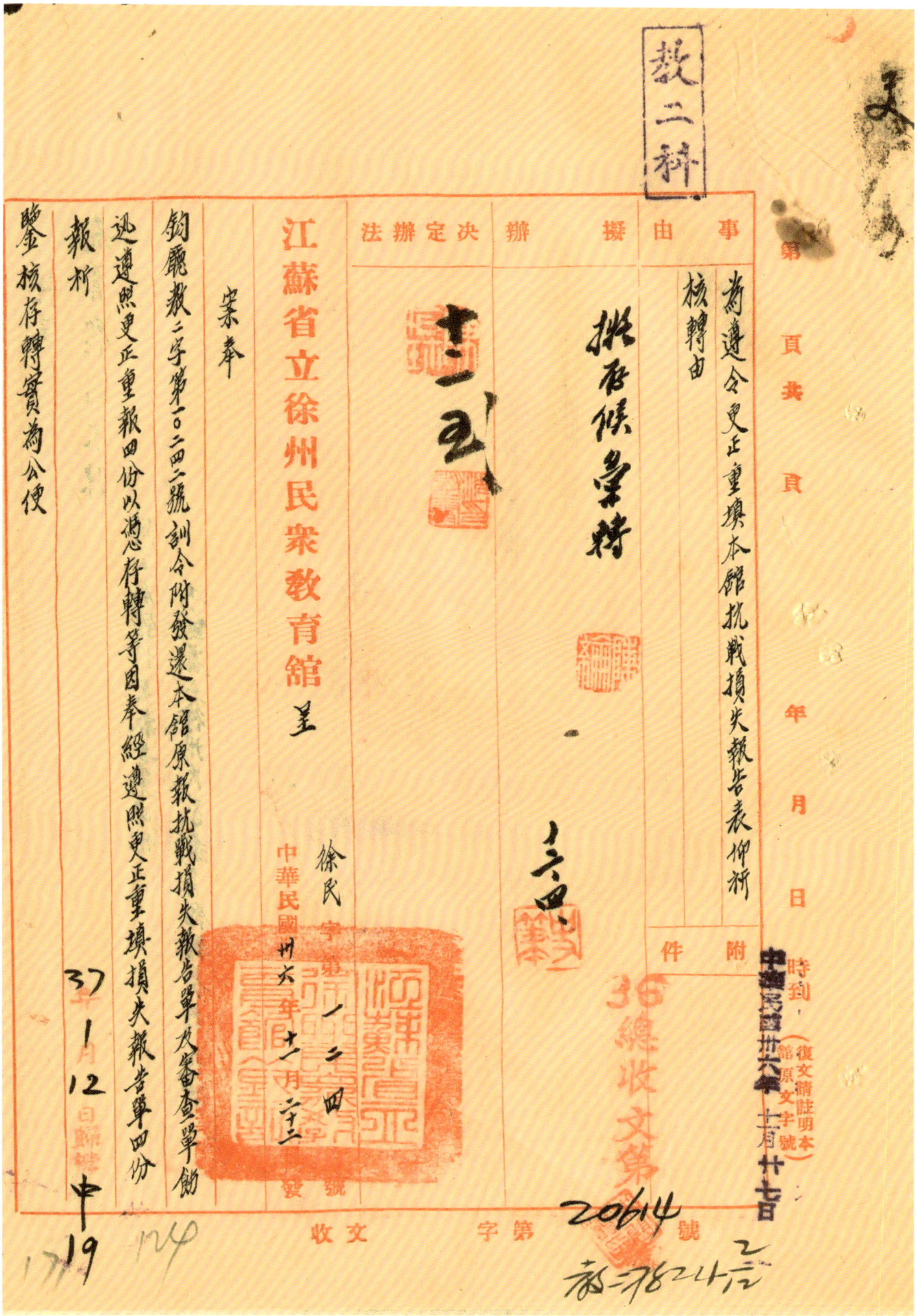

教二科

事由：為遵令更正重填本館抗戰損失報告表仰祈核轉由

擬辦：擬存候彙轉

案奉

鈞廳教二字第一〇二四二號訓令附發還本館原報抗戰損失報告單及審查單飭迅遵照更正重報四份以憑存轉等因奉經遵照更正重填損失報告單四份報祈

鑒核存轉實為公便

江蘇省立徐州民衆教育館 呈

中華民國卅六年十一月二十二日發 徐民字第一二四號

收文 字第 20614 號

谨呈

教育厅厅长陈

附呈本馆损失报告单四份

江苏省立徐州民众教育馆馆长赵光涛

172

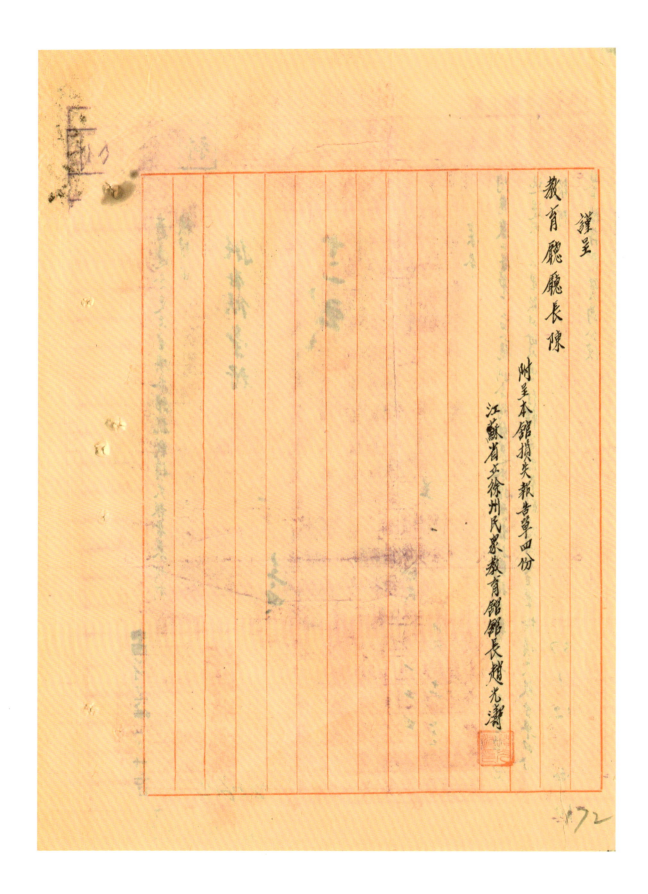

附：江苏省立徐州民众教育馆财产损失报告单（一九四七年十一月）

三十六年十一月　日　　財產損失報告單

損失年月日	事件地點	損失項目	購置年月	單位	數量	價值(國幣元) 購置時價值	損失時價值	證件
28年	徐州市環城路旁	民眾草堂	[illegible]	座	[illegible]	[illegible]200元	9600元	
29年	仝	廣播電台	23年	座	一座九間	2,390元	[illegible]元	
28年	仝	文化招待所	26年	座	一座七間	3,150元	50,400元	
仝	仝	農場辦公室	22年	間	八間	1,200元	3600元	
仝	仝	農民保健室	24年	間	三間	850元	2550元	
仝	仝	農產儲藏室	23年	間	三間	500元	1,500元	
仝	仝	鷄舍	22年	間	六間	1,000元	3,000元	
29年	仝	牛房	24年	間	五間	850元	13,600元	
仝	仝	猪舍	23年	間	四間	260元	4,160元	
仝	仝	茅亭	24年	座	三座	350元	5,600元	
仝	仝	花架	24年	座	四座	200元	3,200元	
仝	仝	浴室	22年	間	五間	4,000元	16,000元	
仝	仝	鐵絲圍牆	23年	丈	六百六十丈	1,250元	22,000元	
27年	仝	各室傢俱	21年至26年	件	七百五十件	3,220元	9,660元	
仝	仝	農具	21年至26年	件	一百六十八件	1,250元	3750元	
仝	仝	農產品	26年	石	麥一300石 豆一260石	5,000元	15000元	
仝	仝	養牛用具	24年	件	八件	35元	105元	
仝	仝	養鷄用具	22年	件	十九件	120元	360元	
仝	仝	養猪用具	23年	件	八件	30元	90元	
仝	仝	耕牛	24年	頭	三頭	150元	450元	
仝	仝	来克杭鷄	22年	隻	125隻	380元	1,140元	
仝	仝	洛島紅鷄	23年	隻	23隻	75元	225元	

27年	徐州市環城路一号	蜜蜂	24年	群	56群	1.140元	3420元
仝	仝	波支猪	23年	頭	57頭	1.140元	3.420元
仝	仝	果木苗木	26年	株	三千株	3.000元	9.000元
仝	仝	花木	24年	畝	四畝	1.200元	3.600元
29年	仝	中正堂門窗	25年	個	六十八個	240元	3.840元
仝	仝	中正堂舞台	25年	座	一座	820元	13.120元
仝	仝	中正堂[illegible]	25年	張	七百零八張	2.800元	44.800元
仝	仝	中正堂設備	25年	種	七十五種	1.150元	18.400元
28年	徐州市環城路193號	門窗玻璃	21年至26年	個	一百十八個	1.800元	5.400元
27年	仝	辦公傢俱	21年至26年	件	一千八百卅件	4.520元	13.560元
28年	仝	体育場設備	21年至26年	件	四百六十二件	920元	2.760元
仝	仝	地下室	26年	個	一個	400元	1.200元
仝	仝	電話設備	21年至26年			890元	2.670元
27年	仝	步槍	25年	枝	六拾支	2.000元	6.000元
27年	仝	子弹	25年	粒	六仟粒	800元	2.400元
28年	仝	織布机	25年	架	二架	120元	360元

印信

受損失者：江蘇省立徐州民眾教育館

填報者：趙光濤

174 126

徐州市政府关于核转本市各校抗战时期人口伤亡调查表、财产损失报告表致江苏省教育厅的代电（一九四七年十二月一日）

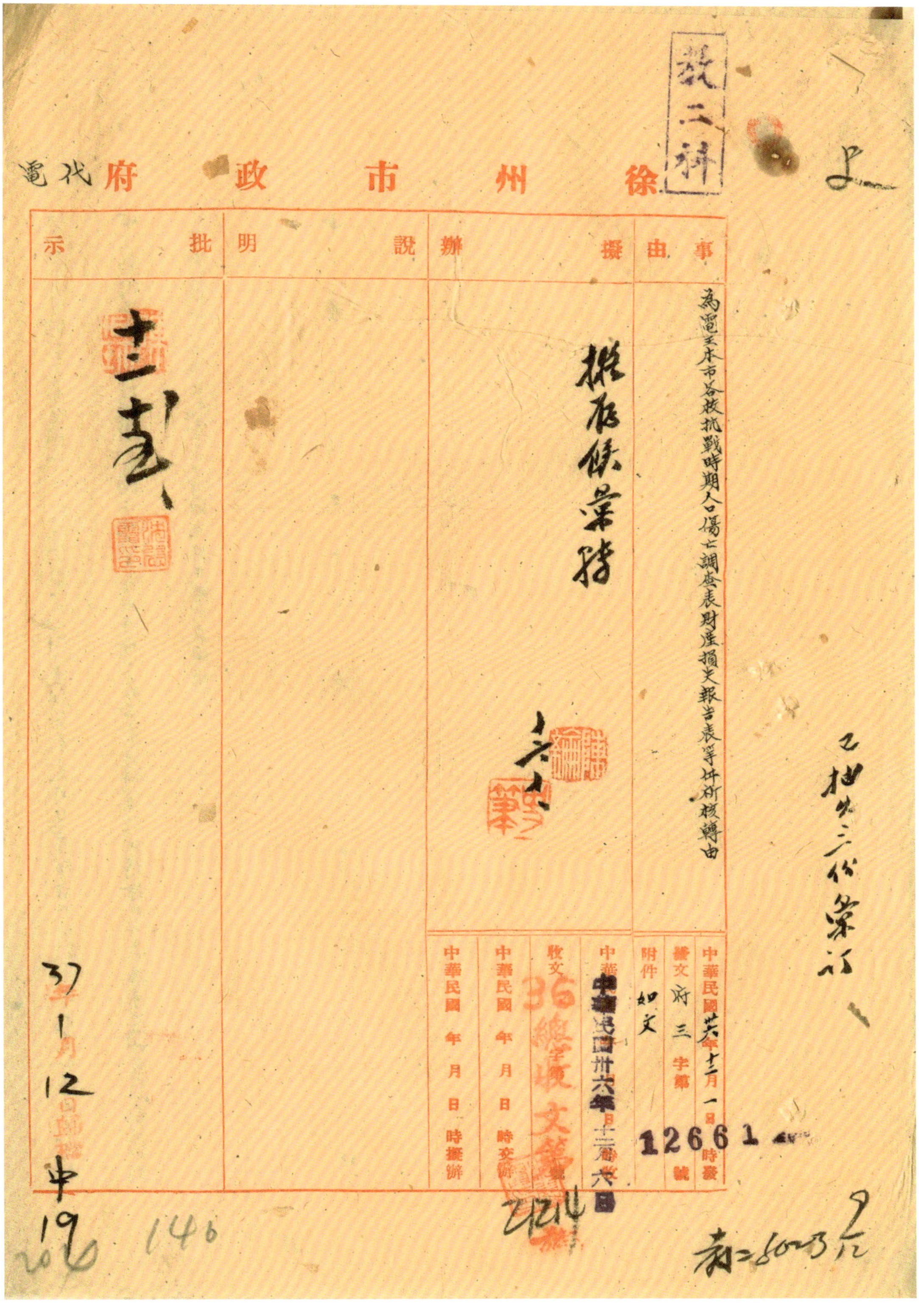
徐州市政府代電

事由	擬辦	説明	批示
為電送本市各校抗戰時期人口傷亡調查表財產損失報告表等件祈核轉由	擬存候彙轉		

發文 府三字第 12661 號
中華民國卅六年十二月一日時發
附件 如文
收文 36 總字收文第 號
中華民國卅六年十二月六日

江蘇省教育廳長陳鈞鑒本年十月教二字第一〇九九七號訓令奉悉自應遵辦惟以各校呈報先後不齊謹先將本市少華街等四校抗戰時期人口傷亡調查表及財產損失報告表等件電請核轉徐州市長蔣東藩叩戍東府三印附少華街等四校人口傷亡調查表一份財產損失報告表四份

中華民國三十六年十二月一日

205

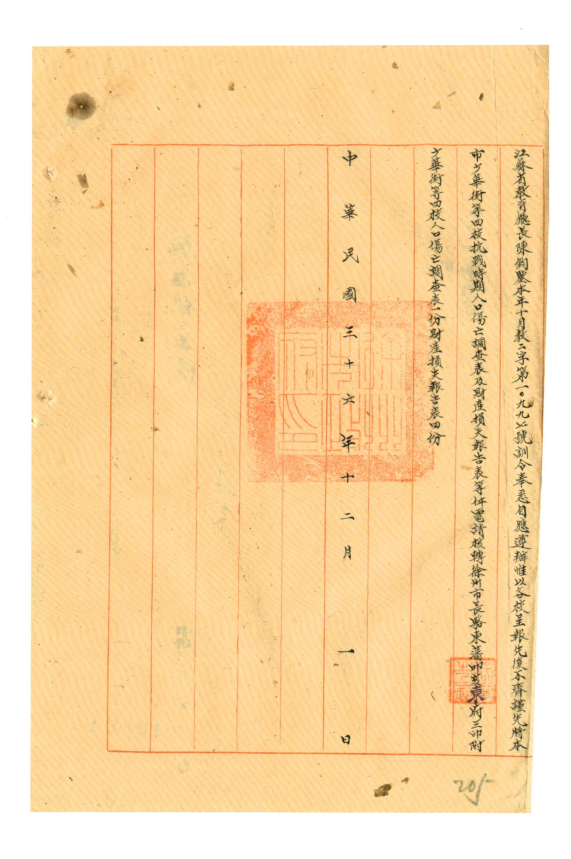

徐州市人民傷亡調查表

事　件：1. 王志一係日軍下鄉搜索槍殺　2. 曹敬菴係由淮陰江蘇省政府返徐因身帶公文被日軍搜出殞命

日　期：1. 王志一於二十七年七月二十二日　2. 曹敬菴於二十九年一月七日

地　點：1. 王志一於徐州市第五區十八保中王莊　2. 曹敬菴於江蘇省泗陽縣

姓名	性別	職業	年齡	最高學歷	傷或亡	費用（國幣元）醫藥	費用（國幣元）葬埋	證件
王志一	男	農	六二		亡		350元	
曹敬菴	男	政	四二		亡		1400元	

徐州市第四區少華街中心國民學校

填報者：張洪忠

服務地點：徐州市第四區少華街中心國民學校

通訊處：仝　上

財產損失報告單

填送日期 三十六年 四月 一日

損失年月日	事件地點	損失項目	購置年月	單位	數量	價值（國幣元）		證件
						購置時價值	損失時價值	
二十六年七月七日	日機轟炸徐州	草屋	二十五年三月	間	三	500	600	
二十七年五月二十日	日軍進攻徐州	屏門	二十四年一月	件	四	50	60	
〃	〃	課桌	二十二年四月	件	一百	200	240	
〃	〃	課椅	〃	件	一百	100	120	
〃	〃	黑板	〃	件	四	20	30	
〃	〃	軒輊板	二十四年二月	件	一	10	12	
〃	〃	籃球架	〃	件	二	30	36	
〃	〃	滑板	〃	件	一	40	48	
〃	〃	屋門	二十四年一月	件	十	50	60	
〃	〃	圖書	二十四年二月	冊	一百五十	200	240	

徐州市第四區少華巷中心國民學校　填報者 校長 王世德

148

財產損失報告單

填送日期 三十六 年 四 月 五 日

損失年月日	事件地點	損失項目	購置年月	單位	數量	價值(國幣元)		證件
						購置時價值	損失時價值	
民國二十七年十二月二十日	徐州市少華街20號 為日軍拆毀	瓦房	民國三年 四月	間	4	300元	600元	無
民國二十七年十月六日	日軍搬運他往 徐州市少華街20號	課桌櫈	民國二十五年 八月	套	120	360元	480元	無

受損者：徐州市第四區少華街中心國民學校

填報者：徐州市第四區少華街中心國民學校校長張洪忠

通訊處：徐州市少華街中心國民學校

徐州市第四區少華街中心國民學校

148 149

211 210

財產損失報告單

填送日期 36年4月12日

損失月日	事件地點	損失月日	購置年月	單位	數量	價值		證件
						購置時價值	損失時價值	
30年12月8日	正心小學校	显微鏡	16年2月	架	1	現洋150元	600元	
仝	仝	玻璃	仝	片	800	240元	720元	
仝	仝	動植物標本	仝	张	300	100元	400元	
仝	仝	理化科儀器	仝	件	200	2000元	6000元	
仝	仝	化學藥品	仝	[illegible]	160	800元	2000元	
仝	仝	圖書	仝	本	500	400元	1600元	
仝	仝	打字機	仝	架	1	80元	160元	
仝	仝	床	仝	張	80	160元	320元	
仝	仝	火炉	13年1月	個	15	60元	120元	
仝	仝	課桌	仝	套	90	270元	540元	
仝	仝	門窗	仝	套	50	300元	800元	
仝	仝	風琴	仝	架	1	200元	600元	

名稱 徐州市私立正心小學校　填报告 李植華　职務 校长

財產損失報告表

填送日期 民國三十六年 六 月 九 日

損失年月日	事件地点	損失項目	購置年月	單位	數量	價值(國幣元)		證件
						購置時價值	損失時價值	
民國二十七年四月二十八日	徐州市第五區第二保埧子街彭校巷日机轟炸	房屋		間	二十八間		三千三百六十元	

直轄機关學校团体或事業 名称 徐州市第五區壩子街中心國民學校 印信

受損失者 徐州市第五區埧子街中心國民學校

填報者 蘇亞屛

姓名 服務處所與所任職務 與受損失者之關係 通信地址 盖章

說 明

1.「損失年月日」指事件發生之日期如某年某月某日或某年某月某日至某年某月某日

2.「事件」指發生損失之事件如日机之轟炸日軍之進攻等

3.「地点」指事件發生之地点如某市某縣某鄉某鎮某村等

4.「損失項目」指一切動產(如衣服什物財帛舟車證券等)及不動產(如房屋田園礦產等)所有損失丞項填明

5.「價值」如係当地幣制除折成國幣填列外並附具原幣名称及數額

6.如有證件應將名称与件数填入證件欄内

7.受損失者如係私人填其姓名如係机関學校团体或事業填其名称

8.私人之損失由本人填報或由代報者填報机関學校团体或事業之損失由各該主管人填報

9.表格紙幅一律長28公分寬20.5公分

江苏省立徐州女子师范学校个人财产损失报告单（一九四七年十二月十五日）

財產損失報告單

填送日期 36 年 12 月 15 日

損失年月日	事件地點	損失項目	購置年月	單位	數量	價值(國幣元) 購置時價值	價值(國幣元) 損失時價值	證件
二十六年六月二十六	沛縣	小麥	同年五月	斗	1000斗	每斗一元二角	每斗一元四角	
〃	〃	衣服	二十年至二十六年	件	120件	平均每件10元	平均每件14元	
〃	〃	書籍	十五年至二十六年	冊	5000冊	平均每冊5元	平均每冊10元	
〃	〃	瓦房	二十年至二十二年	間	20間	每間90元	每間120元	
二十七年十一月二十日	〃	小麥大豆高粱	同年	斗	950斗	每斗平均1元	每斗平均1元2角	

直轄機關學校團體或事業

受損失者 高吟谷

填報者 高吟谷

江蘇省立徐州女師總務主任

姓名

(10)

財產損失報告單

填送日期　36年 12月 15日

損失年月日	事件地點	損失項目	購置年月	單位	數量	價值（國幣元）購置時價值	價值（國幣元）損失時價值	證件
32年五月	雲南保山	單衣 夾衣 棉袍		件	1 15 1		一百萬元	
〃	〃	被褥		〃	4		一百萬元	
〃	〃	書籍		冊	57		五十萬元	

直轄機關學校團体或事業

受損失者　姜逸鷗

填报者　江蘇省立徐州女師教員

姓名

108

（七）无锡教育系统财产损失调查

無錫縣文教機關財產直接損失報告表（總）

損失分類	價值（單位：國幣元）
共計	802344元
建築物	341643元
器具	339510元
現款	
圖書	52224元
儀器	40083元
文卷	
醫藥用品	
其他	28884元

無錫惠山小學財產直接損失報告表

資料時期　廿六年七月七日至卅四年八月十二日

填送日期卅五年一月　日

損失分類	價值（單位：國幣元）
共計	675元
建築物	100元
器具	275元
現款	
圖書	100元
儀器	100元
文卷	
醫藥用品	
其他	100元

無錫女中附小財產直接損失報告表

資料時期　廿六年七月七日至卅四年八月十二日

填送日期卅五年一月　日

損失分類	價值（單位：國幣元）
共計	4890元
建築物	1000元
器具	690元
現款	
圖書	1000元
儀器	2000元
文卷	
醫藥用品	
其他	200元

無錫縣教育局財產直接損失報告表

資料時期　廿六年七月七日至卅四年八月十二日

填送日期卅五年一月　日

損失分類	價值（單位：國幣元）
共計	10970元
建築物	8000元
器具	1670元
現款	
圖書	1000元
儀器	
文卷	
醫藥用品	
其他	300元

無錫輔仁中學財產直接損失報告表

資料時期　26年7月7日至34年8月12日

填送日期35年1月　日

損失分類	價值（單位：國幣元）
共計	8810元
建築物	
器具	4810元
現款	
圖書	1500元
儀器	2000元
文卷	
醫藥用品	
其他	500元

無錫錫光中學財產直接損失報告表　3

資料時期　26年7月7日至34年8月12日

填送日期35年1月　日

損失分類	價值（單位：國幣元）
共計	2190元
建築物	
器具	1640元
現款	
圖書	200元
儀器	200元
文卷	
醫藥用品	
其他	150元

無錫錫鐘中學財產直接損失報告表

資料時期　26年7月7日至34年8月12日

填送日期35年1月　日

損失分類	價值（單位：國幣元）
共計	9550元
建築物	6000元
器具	2100元
現款	
圖書	500元
儀器	200元
文卷	
醫藥用品	
其他	750元

無錫縣女中財產直接損失報告表　4

資料時期　26年7月7日至34年8月12日

填送日期35年1月　日

損失分類	價值（單位：國幣元）
共計	9630元
建築物	
器具	4930元
現款	
圖書	500元
儀器	3500元
文卷	
醫藥用品	
其他	700元

無錫私錫中財產直接損失報告表

資料時期 26年7月7日至34年8月12日

填送日期35年1月 日

損失分類	價值（單位：國幣元）
共計	31650元
建築物	20000元
器具	6400元
現款	
圖書	2000元
儀器	2500元
文卷	
醫藥用品	
其他	750元

無錫縣中財產直接損失報告表

5

資料時期 26年7月7日至34年8月12日

填送日期35年1月 日

損失分類	價值（單位：國幣元）
共計	12430元
建築物	
器具	5330元
現款	
圖書	2500元
儀器	4000元
文卷	
醫藥用品	
其他	600元

無錫毓志中學財產直接損失報告表

資料時期　26年7月7日至34年8月12日

填送日期35年1月　日

損失分類	價值（單位：國幣元）
共計	8830元
建築物	4000元
器具	[illegible]0元
現款	
圖書	500元
儀器	400元
文卷	
醫藥用品	
其他	500元

8

無錫匡村中學財產直接損失報告表　6

資料時期　26年7月7日至34年8月12日

填送日期35年1月　日

損失分類	價值（單位：國幣元）
共計	7990元
建築物	4000元
器具	3090元
現款	
圖書	500元
儀器	100元
文卷	
醫藥用品	
其他	300元

無錫蘇錫中學財產直接損失報告表

資料時期　26年7月7日至34年8月12日

填送日期35年1月　日

損失分類	價值（單位：國幣元）
共計	2090元
建築物	
器具	1590元
現款	
圖書	200元
儀器	100元
文卷	
醫藥用品	
其他	200元

縣立中心小學財產直接損失報告表

資料時期　26年7月7日至34年8月12日

填送日期35年1月　日

損失分類	價值（單位：國幣元）
共計	7300元
建築物	2100元
器具	3200元
現款	
圖書	1000元
儀器	1000元
文卷	
醫藥用品	
其他	

连元街小学财产直接损失报告表

资料时期 26年7月7日至34年8月12日

填送日期 35年1月 日

损失分类	价值（单位：国币元）
共计	11550元
建筑物	
器具	1700元
现款	
图书	8000元
仪器	800元
文卷	
医药用品	
其他	1050元

东林小学财产直接损失报告表

资料时期 26年7月7日至34年8月12日

填送日期 35年1月 日

损失分类	价值（单位：国币元）
共计	1060元
建筑物	
器具	550元
现款	
图书	300元
仪器	210元
文卷	
医药用品	
其他	

冶坊場小学 財産直接損失報告表

資料時期 26年7月7日至34年8月12日

填送日期35年1[illegible]月 日

損失分類	價值（單位：國幣元）
共計	200元
建築物	
器具	190元
現款	
圖書	10元
儀器	
文卷	
醫藥用品	
其他	

三皇街小学財産直接損失報告表

9

資料時期 26年7月7日至34年8月12日

填送日期35年1月 日

損失分類	價值（單位：國幣元）
共計	4356元
建築物	
器具	4256元
現款	
圖書	40元
儀器	48元
文卷	
醫藥用品	
其他	12元

清名桥小学财产直接损失报告表

资料时期 26年7月7日至34年8月12日

填送日期35年1月 日

损失分类	价值（单位：国币元）
共计	2829元
建筑物	1500元
器具	1239元
现款	
图书	70元
仪器	20元
文卷	
医药用品	
其他	

梨庄小学财产直接损失报告表 10

资料时期 26年7月7日至34年8月12日

填送日期35年1月 日

损失分类	价值（单位：国币元）
共计	838元
建筑物	
器具	620元
现款	
图书	
仪器	
文卷	
医药用品	
其他	218元

丹涇橋小学財產直接損失報告表

資料時期　26年7月7日至34年8月12日

塡送日期35年1月　日

損失分類	價值（單位：國幣元）
共計	400元
建築物	
器具	200元
現款	
圖書	100元
儀器	
文卷	
醫藥用品	
其他	100元

玉帶橋小学財產直接損失報告表　11

資料時期　26年7月7日至34年8月12日

塡送日期35年1月　日

損失分類	價值（單位：國幣元）
共計	710元
建築物	
器具	513元
現款	
圖書	15元
儀器	
文卷	
醫藥用品	
其他	182元

南關小學財產直接損失報告表

資料時期 26年7月7日至34年8月12日

填送日期 35年1月 日

損失分類	價值（單位：國幣元）
共計	325元
建築物	
器具	315元
現款	
圖書	
儀器	
文卷	
醫藥用品	
其他	10元

14

縣立民教館財產直接損失報告表 12

資料時期 26年7月7日至34年8月12日

填送日期 35年1月 日

損失分類	價值（單位：國幣元）
共計	9700元
建築物	4000元
器具	1700元
現款	
圖書	
儀器	4000元
文卷	
醫藥用品	
其他	

縣立圖書館財產直接損失報告表

資料時期　26年7月7日至34年8月12日

填送日期35年1月　日

損失分類	價值（單位：國幣元）
共計	2745元
建築物	400元
器具	645元
現款	
圖書	1700元
儀器	
文卷	
醫藥用品	
其他	

縣立公共體育場財產直接損失報告表　13

資料時期　26年7月7日至34年8月12日

填送日期35年1月　日

損失分類	價值（單位：國幣元）
共計	295220元
建築物	144000元
器具	151220元
現款	
圖書	
儀器	
文卷	
醫藥用品	
其他	

縣立周新鎮小學財產直接損失報告表

資料時期　26年7月7日至34年8月12日

填送日期35年1月　日

損失分類	價值（單位：國幣元）
共計	14632元
建築物	1[illegible]60元
器具	1472元
現款	
圖書	1000
儀器	200
文卷	
醫藥用品	
其他	

14

縣立棉花巷小學財產直接損失報告表

資料時期　26年7月7日至34年8月12日

填送日期35年1月　日

損失分類	價值（單位：國幣元）
共計	2240元
建築物	
器具	2040元
現款	
圖書	200元
儀器	
文卷	
醫藥用品	
其他	

白水蕩小学 財產直接損失報告表

資料時期 26年7月7日至34年8月12日

填送日期35年1月 日

損失分類	價值（單位：國幣元）
共計	685元
建築物	
器具	645元
現款	
圖書	
儀器	40元
文卷	
醫藥用品	
其他	

惠山小學 財產直接損失報告表 15

資料時期 26年7月7日至34年8月12日

填送日期35年1月 日

損失分類	價值（單位：國幣元）
共計	765元
建築物	100元
器具	365元
現款	
圖書	100元
儀器	100元
文卷	
醫藥用品	
其他	100元

士中树小 财产直接损失报告表

资料时期 26年7月7日至34年8月12日

填送日期35年1月 日

损失分类	价值（单位：国币元）
共计	4890元
建筑物	1000元
器具	690元
现款	
图书	1000元
仪器	2000元
文卷	
医药用品	
其他	200元

塘新小学 财产直接损失报告表

资料时期 26年7月7日至34年8月12日

填送日期35年1月 日

损失分类	价值（单位：国币元）
共计	884元
建筑物	658元
器具	141元
现款	
图书	45元
仪器	40元
文卷	
医药用品	
其他	

競成小學財產直接損失報告表

資料時期　26年7月7日至34年8月12日

填送日期35年1月　日

損失分類	價值（單位：國幣元）
共計	3575元
建築物	3000元
器具	575元
現款	
圖書	
儀器	
文卷	
醫藥用品	
其他	

澗南職業學校財產直接損失報告表

資料時期　26年7月7日至34年8月12日

填送日期35年1　日

損失分類	價值（單位：國幣元）
共計	25128元
建築物	6130元
器具	13700元
現款	
圖書	2758元
儀器	2540元
文卷	
醫藥用品	
其他	

普義小学 財產直接損失報告表 18

資料時期 26年7月7日至34年8月12日

填送日期35年1月 日

損失分類	價值（單位：國幣元）
共計	13750元
建築物	11900元
器具	1700元
現款	
圖書	150元
儀器	
文卷	
醫藥用品	
其他	

德慈小学 財產直接損失報告表

資料時期 26年7月7日至34年8月12日

填送日期35年1月 日

損失分類	價值（單位：國幣元）
共計	3289元
建築物	
器具	3289元
現款	
圖書	
儀器	
文卷	
醫藥用品	
其他	

崇正小學　財產直接損失報告表　19

資料時期　26年7月7日至34年8月12日

填送日期35年1月　日

損失分類	價值（單位：國幣元）
共計	841元
建築物	500元
器具	341元
現款	
圖書	
儀器	
文卷	
醫藥用品	
其他	

正業小學　財產直接損失報告表　20

資料時期　26年7月7日至34年8月12日

填送日期35年1月　日

損失分類	價值（單位：國幣元）
共計	1688元
建築物	1000元
器具	683元
現款	
圖書	2元
儀器	3元
文卷	
醫藥用品	
其他	

务本小学财产直接损失报告表

资料时期 26年7月7日至34年8月12日

填送日期 35年1月 日

损失分类	价值（单位：国币元）
共计	160元
建筑物	
器具	140元
现款	
图书	20元
仪器	
文卷	
医药用品	
其他	

培西小学财产直接损失报告表

资料时期 26年7月7日至34年8月12日

21

填送日期 35年1月 日

损失分类	价值（单位：国币元）
共计	346元
建筑物	
器具	346元
现款	
图书	
仪器	
文卷	
医药用品	
其他	

積餘小學財產直接損失報告表

資料時期　26年7月7日至34年8月12日

填送日期35年1月　日

損失分類	價值（單位：國幣元）
共計	28380元
建築物	
器具	15080元
現款	
圖書	6900元
儀器	6400元
文卷	
醫藥用品	
其他	

利民小學財產直接損失報告表

22

資料時期　26年7月7日至34年8月12日

填送日期35年1月　日

損失分類	價值（單位：國幣元）
共計	142元
建築物	
器具	105元
現款	
圖書	37元
儀器	
文卷	
醫藥用品	
其他	

宁绍小学 财產直接損失報告表

資料時期 26年7月7日至34年8月12日

填送日期35年1月 日

損失分類	價值（單位：國幣元）
共計	520元
建築物	
器具	520元
現款	
圖書	
儀器	
文卷	
醫藥用品	
其他	

私立文明小学 財產直接損失報告表

資料時期 26年7月7日至34年8月12日

填送日期35年1月 日 23

損失分類	價值（單位：國幣元）
共計	356元
建築物	30元
器具	325元
現款	
圖書	1元
儀器	
文卷	
醫藥用品	
其他	

崇寶小学财產直接損失報告表

資料時期 26年7月7日至34年8月12日

填送日期35年1月 日

損失分類	價值（單位：國幣元）
共計	859元
建築物	225元
器具	823元
現款	
圖書	
儀器	
文卷	
醫藥用品	
其他	

北西漳小学财產直接損失報告表

資料時期 26年7月7日至34年8月12日

24

填送日期35年1月 日

損失分類	價值（單位：國幣元）
共計	2520元
建築物	2000元
器具	360元
現款	
圖書	50元
儀器	10元
文卷	
醫藥用品	
其他	100元

尤家坦小学财產直接損失報告表

資料時期 26年7月7日至34年8月12日

填送日期35年1 月 日

損失分類	價值（單位：國幣元）
共計	465元
建築物	
器具	385元
現款	
圖書	
儀器	
文卷	
醫藥用品	
其他	80元

陳家橋小学財產直接損失報告表

25

資料時期 26年7月7日至34年8月12日

填送日期35年1月 日

損失分類	價值（單位：國幣元）
共計	465元
建築物	
器具	385元
現款	
圖書	
儀器	
文卷	
醫藥用品	
其他	80元

龍塘岸小学财產直接損失報告表

資料時期　26年7月7日至34年8月12日

填送日期35年1月　日

損失分類	價值（單位：國幣元）
共計	290元
建築物	
器具	210元
現款	
圖書	
儀器	
文卷	
醫藥用品	
其他	80元

瓦厝壩小学财產直接損失報告表

26

資料時期　26年7月7日至34年8月12日

填送日期35年1月　日

損失分類	價值（單位：國幣元）
共計	210元
建築物	
器具	150元
現款	
圖書	
儀器	
文卷	
醫藥用品	
其他	60元

胡家渡小学財產直接損失報告表

資料時期　26年7月7日至34年8月12日

填送日期35年1　月

損失分類	價值（單位：國幣元）
共計	365元
建築物	
器具	285元
現款	
圖書	
儀器	
文卷	
醫藥用品	
其他	80元

宜兴县政府关于转报私立精一初中战时损失情形及筹备复校附具表册致江苏省教育厅的呈
（一九四六年五月二十五日）

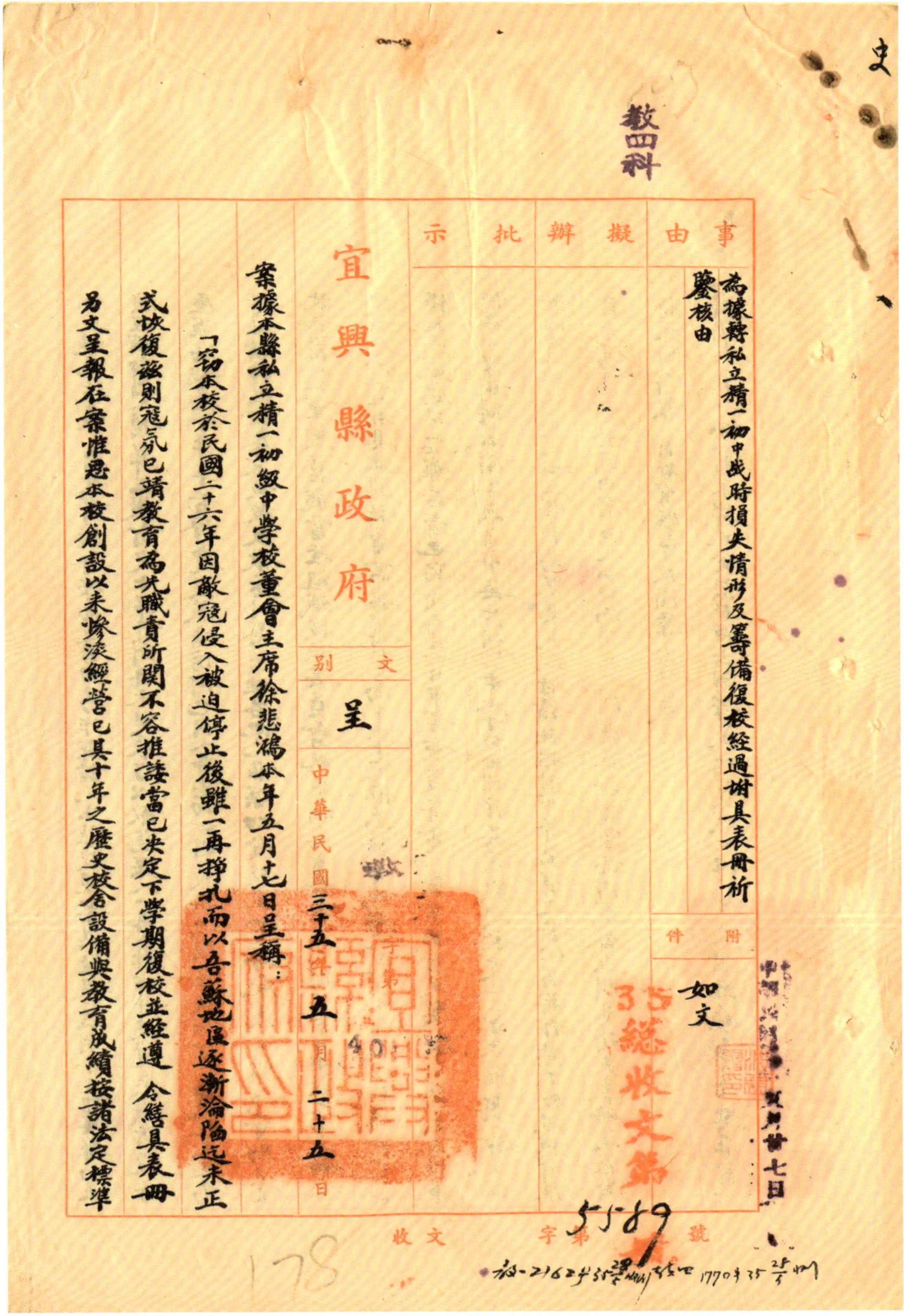

教四科

事由：為據轉私立精一初中戰時損失情形及籌備復校經過附具表冊祈鑒核由

擬辦

批示

附件：如文

宜興縣政府

文别：呈

中華民國三十五年五月二十五日

案據本縣私立精一初級中學校董會主席徐悲鴻本年五月十七日呈稱：

「竊本校於民國二十六年因敵寇侵入被迫停止，後雖一再掙扎，而以吾蘇地區逐漸淪陷，迄未正式恢復。茲則寇氛已靖，教育爲先，職責所關，不容推諉，當已决定下學期復校，並經遵令繕具表冊另文呈報在案。惟悉本校創設以來，慘淡經營已具十年之歷史，校舍設備與教育成績按諸法定標準

收文　字第5589號

似無愧色迭蒙 省教育廳督學曹書田易作霖諸先生蒞校視察俱經報廳明令嘉獎縣局並核准補助列入預算正擬訂定十年計劃再求進展乃以敵寇深入一再轟炸奸徒復乘機拆毀房屋盜竊校具十年辛苦慘遭毀滅痛憤何已同人等志切救國義無返顧區區物質之犧牲未足為積極精神之打擊本校校友散居川黔滇桂各地尤能深切愛校函電紛馳表示竭誠贊助自宜收拾餘燼重整舊觀當經組織復校委員會既募捐委員會期於三個月中集款二千萬添建校舍增置校具並應社會需要籌設高中學級俾為較有規模之完全中學此本校損失及籌備經過並應撮要報告者也竊讀五月六日中報重慶專電 教育部訂定獎勵收復區各省市恢復中學校辦法謂各該省市每恢復一中等學校由部依其損毀之程度分等核給獎勵金但暫以省立與優良之私立學校為限具見政府積極推進中等教育之苦心曷勝忭慰本校規模有限自未易濫廁於國內有名之私校而損失之慘重在吾宜更為僅見合亟開具損失表冊呈報鈞府至祈轉報 省教育廳鑒核備案不勝公感」

等情並附損失表二份前來據此查該校過去辦學成績斐然口碑皆道歷經廳縣嘉獎在案所

稱戰時損失情形亦複碼鑒可否依照部頒奬勵辦法核給奬勵金之處理合檢同該校損失表備文呈報

敬祈

鑒核示遵

謹呈

江蘇省教育廳廳長陳

附呈私立精一初中戰時損失表四種一份

宜興縣縣長王天潛

180

附：宜兴私立精一初级中学损失表四种（一九四六年五月）

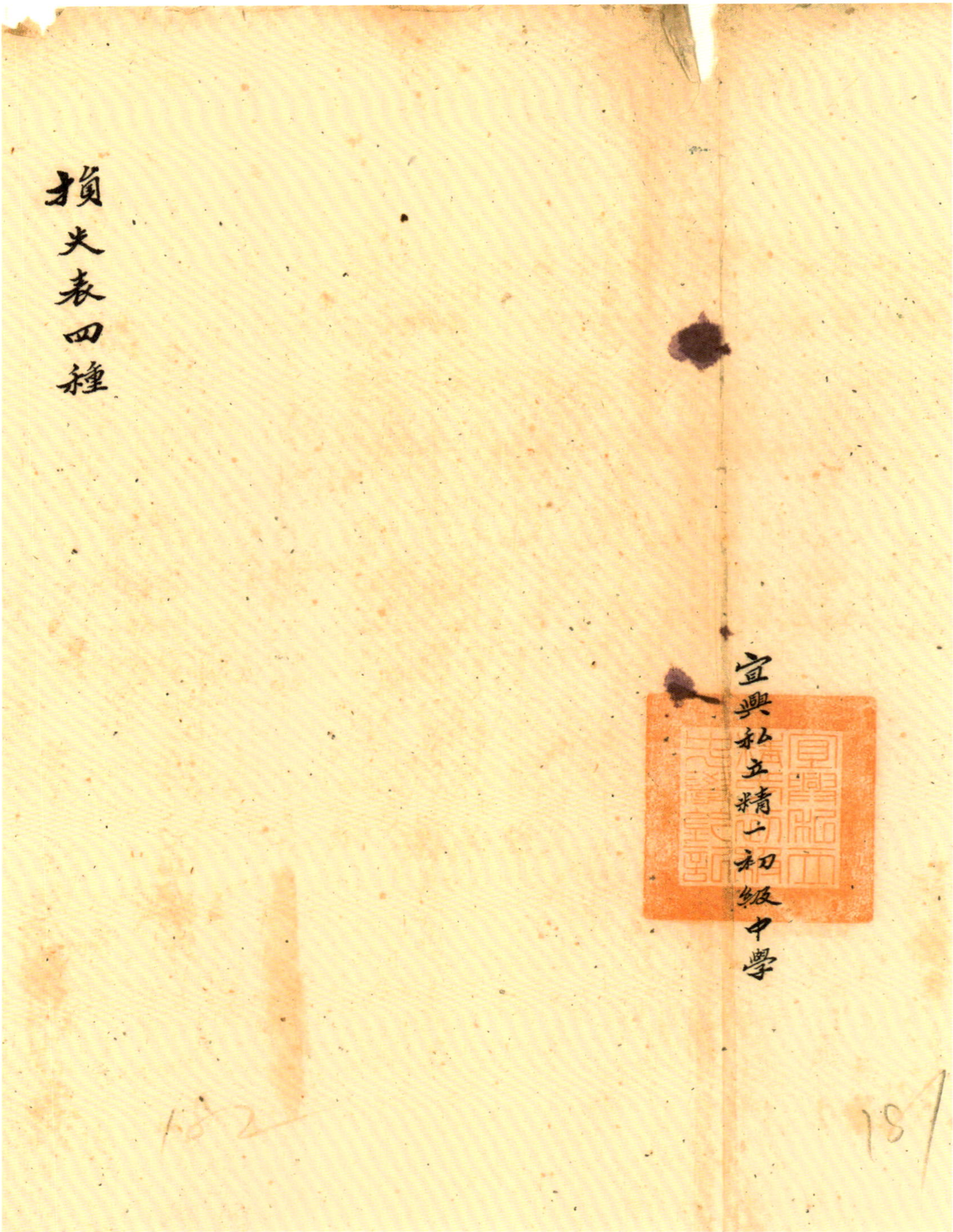
損失表四種

宜興私立精一初級中學

宜興私立精一中學損失表(一)校舍之部

三十五年五月

名稱	間數	價值（以二十六年幣值為準元為單位）	備註
大禮堂	五	五〇〇〇	
教室	二一	一〇五〇〇	
圖書室	三	一五〇〇	
實驗室	三	一五〇〇	
學生宿舍	一二	六〇〇〇	
教員寢室	八	四〇〇〇	
辦公室	三	一五〇〇	
印刷間	一	五〇〇	
電話間	一	五〇〇	
會客室	三	一五〇〇	
娛樂室	三	一五〇〇	
門房	二	一〇〇〇	
膳廳	七	三五〇〇	
廚房	三	一五〇〇	
浴室	二	一〇〇〇	
柴倉	二	一〇〇〇	
廁所	二	一〇〇〇	
僕室	三	一五〇〇	
運動器械室	二	一〇〇〇	
儲藏室	三	一五〇〇	
總計	八九	四七〇〇〇	

106

宜興私立精一中學損失表(二)校具之部　三十五年五月

名稱	件數	價值（以二十六年幣值為準元為單位）	備註
表演台	一	八〇〇	
辦公桌	二〇	四〇〇	
辦公椅	三〇	一八〇	
書架	一五	三〇〇	
掛鐘	五	二五〇	
書櫥	一二	二四〇	
飯桌	三〇	二四〇	
長櫈	一二〇	三六〇	
骨牌櫈	一二〇	三六〇	
西式桌椅	全副	四〇〇	
床架	三六〇	三六〇	
鋪板	二〇〇	四〇〇	

185

棕床	一〇	五〇	
單人課桌	五〇〇	一五〇〇	
課椅	五二〇	一〇四〇	
講枱	七	七〇	
黑板	一四	二八〇	
實驗台	四	二〇〇	
風琴	二	三〇〇	
炊事用具	全套	一五〇〇	
浴室用具	全套	八五〇	
清潔用具	全套	二三〇	
鳴鐘	二	二〇〇	
運動器具	一五	三五〇	
其他雜件	不計數	一五〇〇	
共計	損失	一二三六〇	

181

宜興私立精一中學損失表（三）圖書之部 三十五年五月

名稱	數目	價值（以二十六年幣值為準元為單位）	備註
辭海	二部	四〇	
辭源	二部	三〇	
中華大字典	一部	六	
銅版康熙字典	一部	一〇	
動物學字典	一部	一五	
植物學字典	一部	一八	
中外名人大字典	一部	一〇	
數學辭典	一部	八	
韋氏大學字典	一部	三〇	
萬有文庫	一部	四二〇	
中國詩文集	一部	一二〇	
曾文正公全集	一部	三〇	湖南版

187

107

書名	數量	冊數	
化學工業叢書	一部	五〇	
英漢對照文學叢書	一部	四	
青年叢書	一部	二五	
世界文庫	一部	二五	
新文化叢書	一部	三二	
非常時期叢書	一部	八	
自然科學叢書	一部	三〇	
文學叢書	一部	一八	
中外地圖	全套	一三	
動植礦物及生理掛圖	五〇幅	二六	
其他	不計數	五六〇	
總計損失		一五二八	
說明	本校圖書原有二萬餘冊損失細目不及備載現僅就其華々大者具報		

188

108

宜興私立精一中學損失表(四)理化標本儀器之部 三十五年五月

名稱	件數	價值(以二十六年幣值為準元為單位)	備註
人体骨骼	一	一五〇	
剥製標本	一八	一八〇	
浸製標本	三〇	三〇〇	
壓製植物標本	一五〇	一〇〇	
顯微鏡	一〇	二五〇	
解剖器	一	五〇	
中德理化實驗器	一組	五〇〇	
其他		二六〇	
總計損失		一七八〇	

(189)

无锡县教育局、无锡私立辅仁中学、江苏省教育厅等关于报送私立辅仁中学抗战损失表的一组公文
（一九四八年一月十三日至五月二十二日）

无锡县教育局致江苏省教育厅的呈（一九四八年一月十三日）

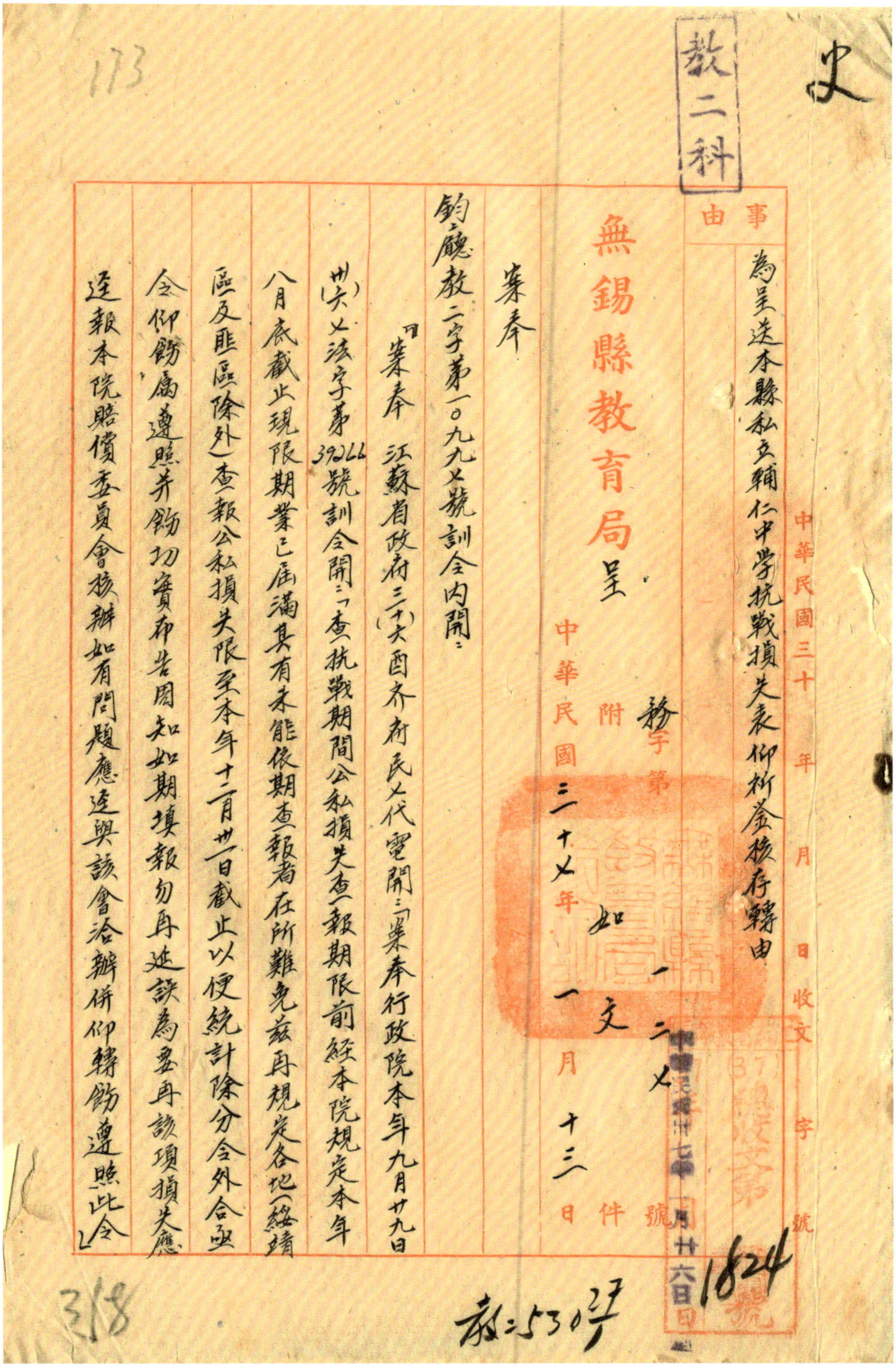
史

教二科

173

事由：為呈送本縣私立輔仁中學抗戰損失表仰祈鑒核存轉由

中華民國三十　年　月　日收文　字　號

無錫縣教育局呈　務字第一二七號

附件

中華民國三十七年一月十三日

案奉

鈞廳教二字第一〇九九七號訓令內開：「案奉江蘇省政府（三十六）酉齊府民七代電開：『案奉行政院本年九月廿九日（卅六）七該字第39266號訓令開：「查抗戰期間公私損失查報期限前經本院規定本年八月底截止，現限期業已屆滿，具有未能依期查報者在所難免，茲再規定各地（綏靖區及匪區除外）查報公私損失限至本年十二月卅一日截止，以便統計。除分令外，合亟令仰飭屬遵照，並飭切實布告周知，如期填報，勿再延誤為要。再該項損失應逕報本院賠償委員會核辦，如有問題應逕與該會洽辦。」併仰轉飭遵照。』此令

中華民國卅七年一月廿六日

1824

318

教二530號

等因奉此自應遵辦除分行外合行電仰切實遵照办理事関損失賠償為勿延誤

為要」等因奉此除分行外合亟令仰切實遵照办理毋稍延誤為要」

等因奉此查抗戰損失截至去年十二月廿一日止僅有私立輔仁中學遵令重行造送

報告表理應檢同該校財產損失報告单一式四份備文呈送仰祈

鑒核存轉實為公便

謹呈

江蘇省教育廳廳長陳

附呈無錫私立輔仁中學財產損失報告单四份

無錫縣教育局局長濮源澄

附：无锡私立辅仁中学校财产损失报告单（一九四七年十二月三日）

無錫私立輔仁中學校財產損失報告單

財產損失報告單

填送日期　36年　12月　3日　1

損失年月日	事件地點	損失項目	購置年月	單位	數量	價值（國幣元）		證件
						購置時價值	損失時價值	
27年	無錫城區中一鎮	勞作教室		間	3	900元	180,000元	
〃	〃	廚房		〃	3	900元	180,000元	
〃	〃	屏門		扇	4	60元	12,000元	
〃	〃	廣漆起口板壁		方	30	450元	90,000元	
〃	〃	14X16門窗玻璃		〃	1350	270元	54,000元	
〃	〃	15X24橱窗玻璃		〃	92	36.8元	7,360元	
〃	〃	彈簧門鎖		具	22	44元	8,800元	
〃	〃	白鐵管		丈	18	43.2元	8,640元	
28年	〃	高中物理儀器		套	3	900元	270,000元	
〃	〃	高中化學儀器		〃	3	540元	162,000元	
〃	〃	精密天平		具	1	750元	225,000元	
〃	〃	普通天平		〃	2	40元	12,000元	
〃	〃	化學藥品		瓶	275	240元	72,000元	
〃	〃	150倍顯微鏡		具	4	320元	96,000元	
〃	〃	600倍顯微鏡		〃	6	1,080元	324,000元	
〃	〃	生物切片		片	200	100元	30,000元	
〃	〃	剝製標本		具	56	280元	84,000元	
〃	〃	浸製標本		〃	87	174元	52,200元	
〃	〃	昆蟲標本		盒	8	96元	28,800元	
〃	〃	人体模型		具	1	50元	15,000元	
〃	〃	人体各部器官模型		套	1	85元	25,500元	
〃	〃	砂眼模型		具	1	30元	9,000元	

362

2

損失年月日	事件地點	損失項目	購置年月	單位	數量	價值（國幣元）		證件
						購置時價值	損失時價值	
28年	無錫城區中一鎮	白喉咽頭模型		具	1	15元	4500元	
〃	〃	霍乱病腸模型		〃	1	15元	4500元	
〃	〃	天花經過模型		〃	1	18元	5,400元	
〃	〃	傷寒病腸模型		〃	1	18元	5,400元	
〃	〃	生理衛生掛圖		組	4	80元	24,000元	
〃	〃	博物掛圖		〃	10	240元	72,000元	
〃	〃	植物標本		〃	8	80元	24,000元	
〃	〃	物理補充儀器		件	87	360元	108,000元	
〃	〃	化學補充儀器		〃	35	140元	42,000元	
〃	〃	化學補充药品		瓶	94	94元	28,200元	
〃	〃	生物補充標本		件	86	180元	54,000元	
〃	〃	萬有文庫第一集		部	1	600元	180,000元	
〃	〃	〃 〃 第二集		〃	1	680元	204,000元	
〃	〃	四部備要		〃	1	1,200元	360,000元	
〃	〃	古今圖書集成		〃	1	800元	240,000元	
〃	〃	原版大英百科全書		〃	1	100元	30,000元	
〃	〃	原版少年百科全書		〃	1	100元	30,000元	
〃	〃	原版韋氏大字典		〃	1	30元	9,000元	
〃	〃	初中學生文庫		〃	1	80元	24,000元	
〃	〃	中華大字典甲種		〃	1	20元	6,000元	
〃	〃	辭源乙丙種		〃	2	20元	6,000元	
〃	〃	化學工業大全		〃	1	30元	9,000元	
〃	〃	其他中西圖書		册	3631	1,452.4元	435,720元	
27年	〃	軍訓用步槍		枝	5	350元	70,000元	

3

損失年月日	事件地點	損失項目	購置年月	單位	數量	價值（國幣元）		證件
						購置時價值	損失時價值	
27年	無錫城區中一鎮	木槍		枝	150	1,800元	360,000元	
〃	〃	步號		只	12	60元	12,000元	
〃	〃	軍笛		枝	8	16元	3,200元	
〃	〃	大鼓		具	1	20元	4,000元	
〃	〃	小鼓		〃	4	24元	4,800元	
〃	〃	籃球場看台		座	8	800元	160,000元	
〃	〃	籃球架		副	3	150元	30,000元	
〃	〃	跳欄架		只	20	60元	12,000元	
〃	〃	單槓		具	2	50元	10,000元	
〃	〃	雙槓		〃	4	24元	4,800元	
〃	〃	冬季運動衣褲		套	24	144元	28,800元	
〃	〃	春秋季運動衣褲		〃	24	96元	19,200元	
〃	〃	運動鞋		双	32	48元	9.600元	
〃	〃	足球鞋		〃	15	75元	15,000元	
〃	〃	跑鞋		〃	10	30元	6,000元	
〃	〃	童軍營篷		座	4	100元	20,000元	
〃	〃	炊具		套	4	40元	8,000元	
〃	〃	木棍		枝	200	200元	40,000元	
〃	〃	網球拍		只	8	32元	6,400元	
〃	〃	救護用帆布床		具	2	16元	3,200元	
〃	〃	救護用药箱		只	1	25元	5,000元	
28年	〃	教桌		張	22	110元	33.000元	
〃	〃	長背椅		張	22	88元	26,400元	
〃	〃	廣漆單人課桌椅		副	556	2,780元	834,000元	

193

398

4

損失年月日	事件地點	損失項目	購置年月	單位	數量	價值（國幣元）		證件
						購置時價值	損失時價值	
28年	無錫城區中一鎮	實驗用桌		張	10	200元	60,000元	
"	"	手工室枱櫈		副	20	400元	120,000元	
"	"	閱書室長桌		張	8	160元	48,000元	
"	"	閱書室長椅		張	16	192元	57,600元	
"	"	双門玻璃書櫥		架	10	250元	75,000元	
"	"	大書架		"	8	160元	48,000元	
"	"	小書架		"	20	120元	36,000元	
"	"	大黑板		塊	8	200元	60,000元	
"	"	小黑板		"	10	80元	24,000元	
"	"	銅鐘		只	1	25元	7,500元	
"	"	恩德華打字機		具	2	120元	36,000元	
"	"	風琴（四組）		"	2	60元	18,000元	
"	"	鋼琴（德製洛賓生牌）		"	1	500元	150,000元	
"	"	辦公桌		張	22	330元	99,000元	
"	"	公文櫥		具	2	30元	9,000元	
"	"	大菜桌		張	3	90元	27,000元	
"	"	方桌		張	15	120元	36,000元	
"	"	廣漆背椅		"	65	260元	78,000元	
"	"	廣漆方櫈		"	100	200元	60,000元	
"	"	碗櫥		具	2	70元	21,000元	
"	"	牀架		副	80	320元	96,000元	
"	"	鋪板		"	80	400元	120,000元	
"	"	棕棚		張	15	45元	13,500元	
"	"	鋪蓋		副	35	1,050元	315,000元	

292

損失年月日	事件地點	損失項目	購置年月	單位	數量	價值（國幣元）		證件
						購置時價值	損失時價值	
28年	無錫城區中一鎮	雨傘架		具	6	30元	9,000元	
〃	〃	鉄箱		只	1	30元	9,000元	
〃	〃	挂鐘		〃	4	100元	30,000元	
〃	〃	RCA六燈機		具	1	140元	42,000元	
〃	〃	X3寸吊扇		〃	1	80元	24,000元	
〃	〃	|三寸枱扇		〃	1	35元	10,500元	
〃	〃	火爐		只	4	140元	42,000元	
〃	〃	挑水木桶		〃	10	30元	9,000元	
〃	〃	鉛桶		〃	15	22.5元	6,750元	
〃	〃	浴盆		〃	10	40元	12,000元	
〃	〃	大小鍋子		〃	8	24元	7,200元	
〃	〃	碗碟		〃	350	105元	31,500元	
〃	〃	水缸		〃	8	8元	2,400元	
〃	〃	滅火機		具	4	100元	30,000元	
〃	〃	小水龍連皮帶五丈（消防用）		〃	1	55元	16,500元	
〃	〃	電話機		〃	1	40元	12,000元	
〃	〃	電燈（包括一切）		盞	48	168元	50,400元	
		共　　計				27,408.9元	7,536,270元	

受損失者無錫私立輔仁中學校

填報者校長楊四箴（楊四箴印）　無錫東門內將軍橋

江蘇省教育廳稿

來文教字第6509號　文別：呈　送達機關：省府　類別　備註：○

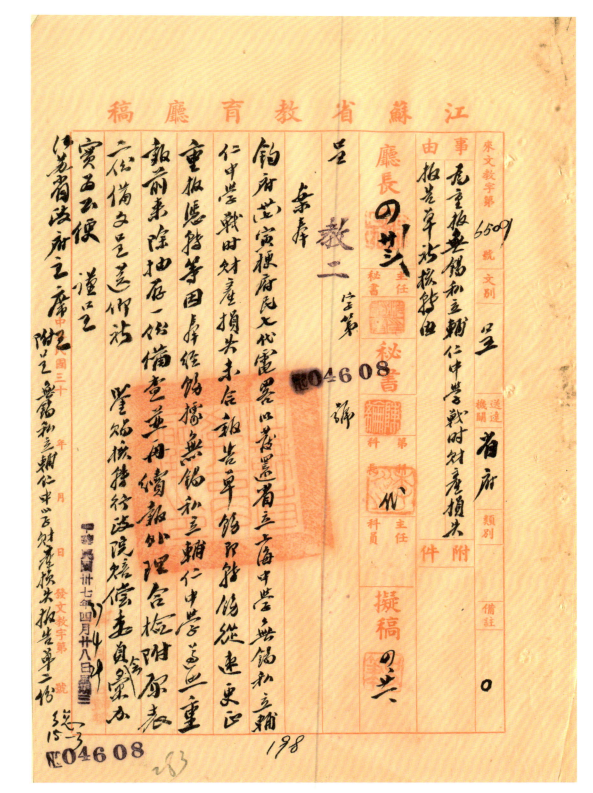

事由：為重報無錫私立輔仁中學戰時財產損失報告草表請核轉由

附件

廳長

主任秘書

秘書

科長

科員

主任

擬稿

呈　教二字第　號

No.04608

案奉

鈞府卅七寅梗府民七代電略以發還省立上海中學、無錫私立輔仁中學戰時財產損失未合報告草表，飭即轉飭從速更正重報憑轉等因，奉經飭據無錫私立輔仁中學遵照重報前來，除抽存一份備查並再續報外，理合檢附原表六份，備文呈送，仰祈

鑒賜核轉行政院賠償委員會彙辦，實為公便。謹呈

江蘇省政府主席王

附呈無錫私立輔仁中學戰時財產損失報告草表六份

中華民國三十　年　月　日　發文教字第　號

中華民國卅七年四月廿八日

No.04608

江苏省政府致省教育厅的代电（一九四八年五月二十二日）

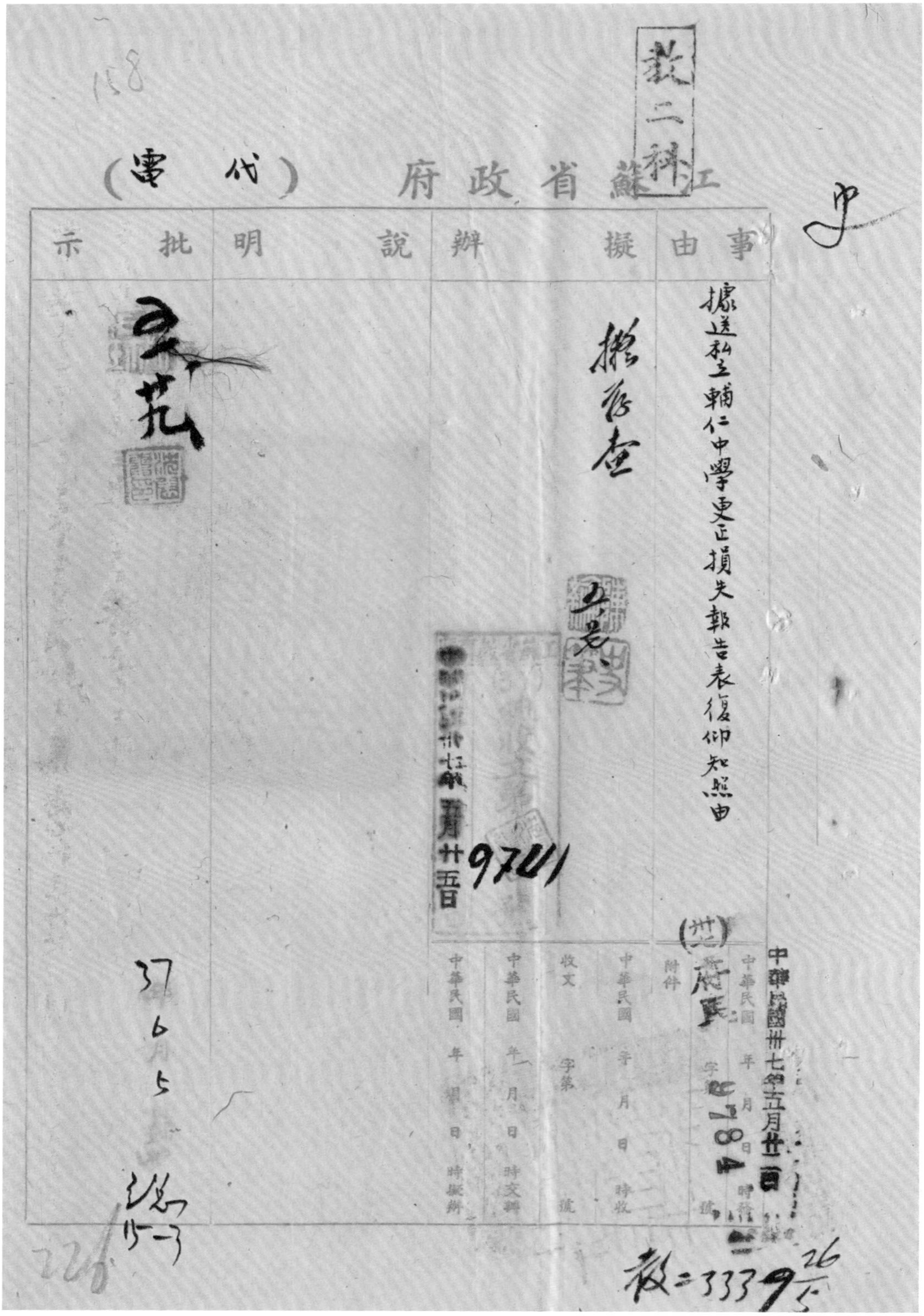
江蘇省政府（代電）

事由	擬辦	說明	批示
據送私立輔仁中學更正損失報告表復仰知照由	擬存查		

中華民國卅七年五月廿二日 府民字第9784號

教育廳本年四月二十八日教二字第4608號呈件均悉已轉送行政院賠償委員會核办矣仰即知照主席王懋功巳養府民七印

227

江阴私立征存初级中学关于重报战时财产损失并加具说明致江苏省教育厅的呈（一九四八年三月十六日）

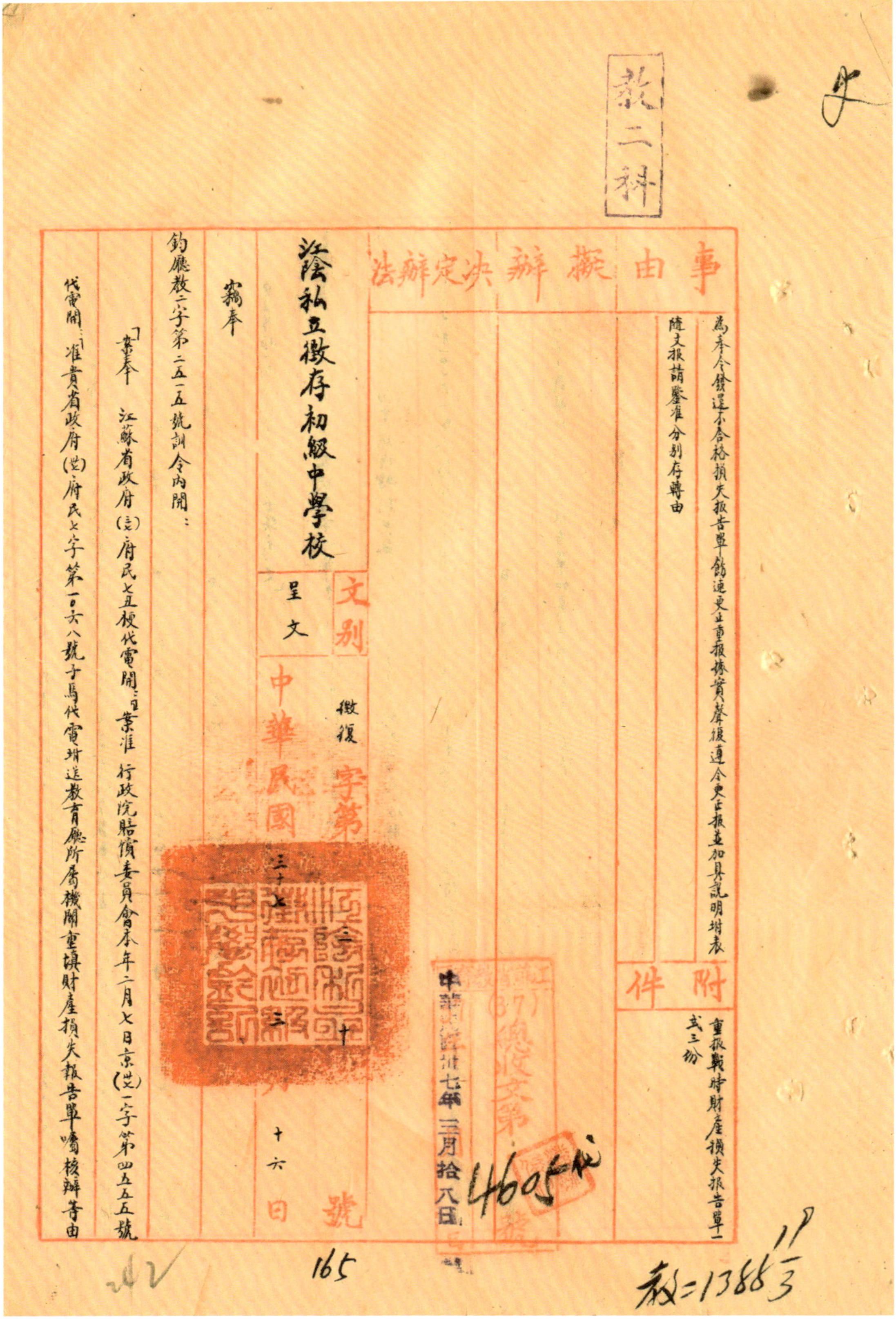
教二科

事由：拟办　拟办决定办法

为奉令发还不合格损失报告单饬速更正重报补赍，声复遵令更正报并加具说明增表随文报请鉴准分别存转由

附件：重报战时财产损失报告单一式三份

江阴私立徵存初级中学校

文别：呈文

徵复　字第　号

中华民国三十七年三月十六日

窃奉

钧厅教二字第二五一五号训令内开：

「案奉江苏省政府（三七）府民七五梗代电开：「案准行政院赔偿委员会本年二月七日京（三七）一字第四五五五号代电开：准贵省政府（三六）府民七字第一〇六八号子马代电增送教育厅所属机关重填财产损失报告单嘱核办等由

（37）总收文第　号

中华民国卅七年三月拾八日

4605

165

教二1388　11/3

茲分別核復如次（一）略（二）略徵存中學等五單位報表核與規定仍有不符相應檢還原件並附審查單二份復請查照轉知依照審查圖註各點更正重報爲荷」等由。查此案前據呈報到府，當經轉請核辦在案。茲准前由，合行檢同本合各件並附審查單，電仰該廳迅予轉飭依照審查圖註各點分別更正另繕一式二份並檢附證件呈候存轉毋誤爲要」等因，附發原表各二份、審查單二份。奉此，除分令外，合行檢發原表並附審查單一份，令仰遵照、更正另繕一式三份呈候存轉毋誤爲要」等因，附發原表一份。奉此，查本校自二十六年十二月被敵軍侵佔駐紮，至三十五年五月方始撤退離校，其間常被劫持人民無數擅入內部，器具什物究係何時損失，無從臆斷。前奉本縣教育局令轉鈞廳教二字第一〇九一號令飭依照審查圖註六、七兩點更正重報，後已照圖註指示各點分別更正重報在案。茲奉前因，仍以所報損失時價值過高及損失年月日爲不合理二點飭再更正，謹改以二十七年之一·三〇倍計算呈報。理合依據實情聲復，並檢同更正戰時財產損失報告單加具說明一式三份呈請

鑒核准予分別存轉辦理，實爲公便。

謹呈

江蘇省教育廳廳長陳

附呈江陰私立徵存初級中學重報戰時財產損失報告單一式三份

江陰私立徵存初級中學校校長祝銓壽

166

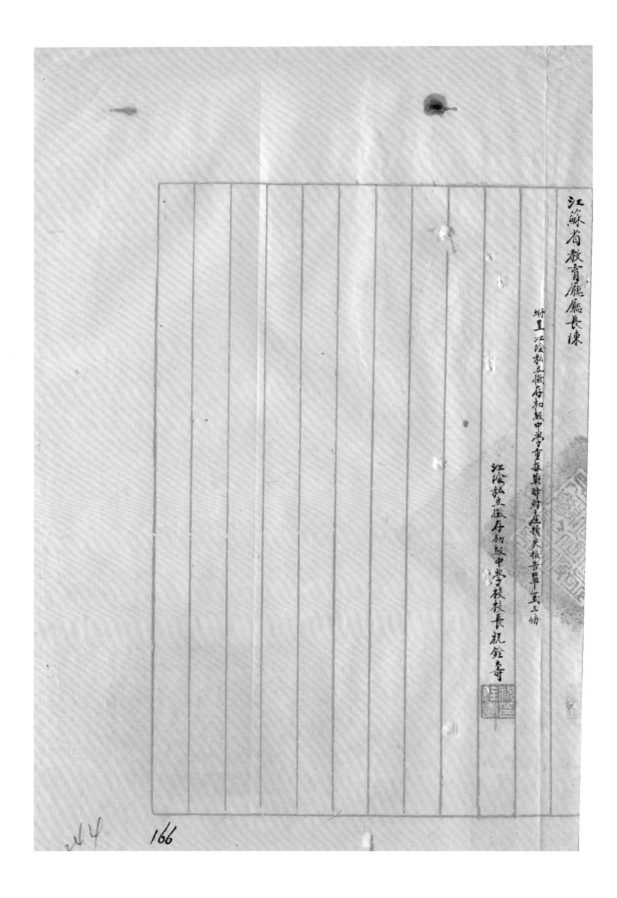

附：江阴私立征存初级中学重报战时财产损失报告单（一九四八年三月）

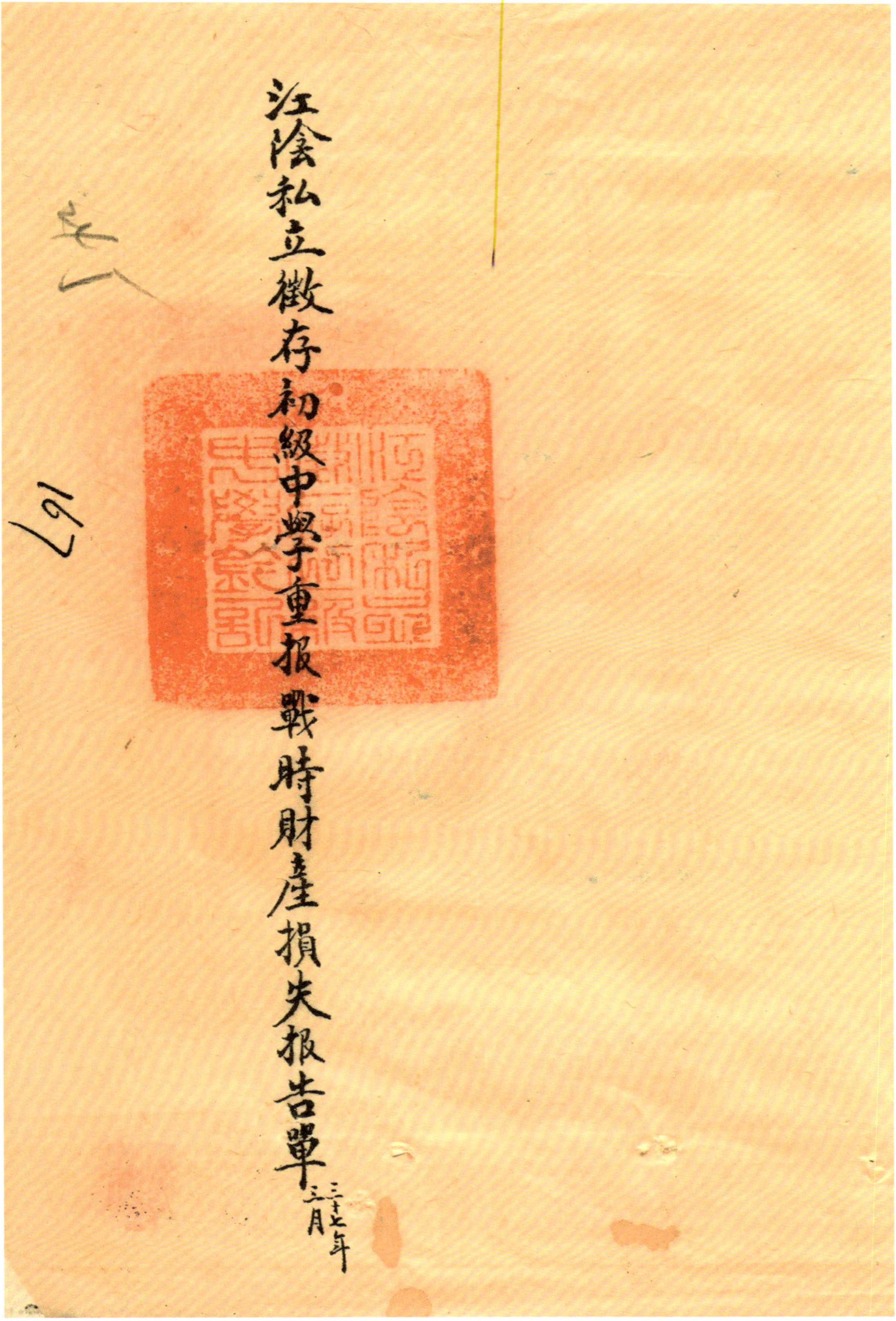

江陰私立徵存初級中學重報戰時財產損失報告單 三十七年三月

說明

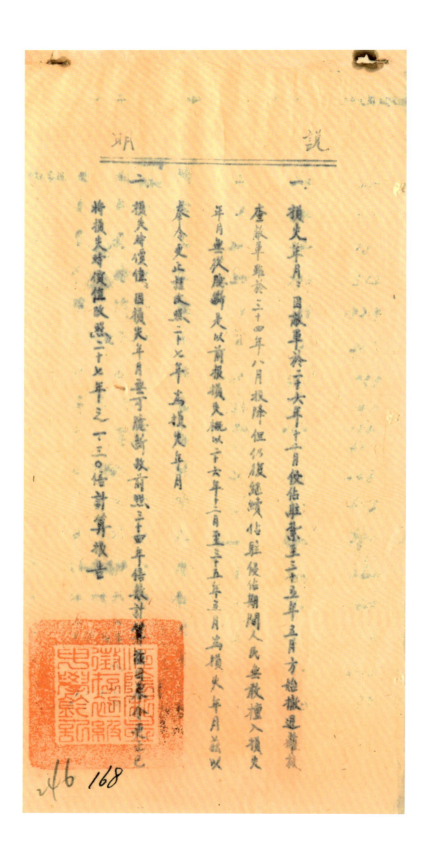

一、損失年月：因敵軍於二十六年十二月侵佔縣境至三十五年五月方始撤退，據報查敵軍雖於三十四年八月投降，但仍復繼續佔駐，侵佔期間人民無敢擅入，損失年月無從臆斷，是以前報損失概以二十六年十二月至三十五年五月爲損失年月，茲以奉令更正，謹改照二十七年爲損失年月。

二、損失時價值：因損失年月無可臆斷，致前照三十四年價值計算，業經奉令更正，已將損失時價值改照二十七年之一/三〇倍計算核報。

246 168

財產損失報告單

填送日期　二十六年　四　月　三十　日　二十七年三月十六日[illegible]

建築物類

損失年月日	事件地點	損失項目	購置年月	單位	數量	價值（國幣元）購置時價值	價值（國幣元）損失時價值	證件
二十七年	日軍佔據本校	側廂	十四年起廿六年止	間	2	200	260	
〃	〃	走廊	〃	架	34	630	819	
〃	〃	圍牆（新砌）	〃	丈	24	560	728	
〃	〃	半牆（新砌）	〃	丈	30	240	312	
〃	〃	鐵門	〃	座	1	133	172.9	
〃	〃	校門銅字	〃	斤	4	16	20.8	
〃	〃	地板	〃	間	20	660	858	
〃	〃	洋式門	〃	扇	30	150	195	
〃	〃	長窗 短窗	〃	扇	30 188	120 470	156 611	
〃	〃	樓上下欄杆	〃	間	24	160	208	
〃	〃	鐵窗柵	〃	間	12	32	41.6	
〃	〃	玻璃	〃	尺	6000	600	780	
〃	〃	大禮堂講枱	〃	座	1	200	260	
〃	〃	橋欄杆	〃	對	1	13	16.9	
〃	〃	廁所坐櫈踏板	〃	座	12	120	156	
〃	〃	水塔	〃	座	1	160	208	
〃	〃	盥洗室木架	〃	丈	12	60	78	

直轄機關學校團體或事業名稱　江陰私立徵存初級中學

通信地址　江陰城内徵存路

受損失者　江陰私立徵存初級中學

印信

填報者　祝銓壽

服務處所與所任職務　本校校長

與受損失者之關係　主管者

247

169

財產損失報告單

填送日期 三十六年 四 月 二十 日 三十七年三月十六日史公章報

器具類

損失年月日	事件地點	損失項目	購置年月	單位	數量	價值（國幣元）購置時價值	價值（國幣元）損失時價值	證件
二十七年	日軍佔據本校	教室講枱	十四年至廿六年止	座	8	80	104	
〃	〃	磚地面	〃	間	16	480	624	
〃	〃	粉牆	〃	垛	10	300	390	
〃	〃	課桌	〃	張	500	750	975	
〃	〃	課櫈	〃	張	500	500	650	
〃	〃	教桌	〃	張	41	44	57.2	
〃	〃	大礼堂長椅	〃	張	120	360	468	
〃	〃	辦公桌	〃	張	32	480	624	
〃	〃	辦公椅	〃	張	64	128	166.4	
〃	〃	自修桌	〃	張	80	480	624	
〃	〃	背脚櫈	〃	張	400	480	624	
〃	〃	大黑板	〃	塊	27	216	280.8	
〃	〃	小黑板	〃	塊	15	45	58.5	
〃	〃	八仙桌	〃	張	35	140	182	
〃	〃	長櫈	〃	張	160	160	208	
〃	〃	實驗枱	〃	張	36	540	702	
〃	〃	勞作枱	〃	張	8	40	52	

直轄機關學校團體或事業 名稱 江陰私立徵存初級中學 印信

受損失者 江陰私立徵存初級中學

填報者 祝銓壽

服務處所與所任職務 本校校長 與受損失者之關係 主管者

通信地址 江陰城內徵存路

48

170

財產損失報告單

填送日期 二十六年 四 月 二十 日 三十七年二月十六日重報

損失年月日	事件地點	損失項目	購置年月	單位	數量	價值（國幣元）購置時價值	價值（國幣元）損失時價值	證件
二十七年	日軍佔據本校	木床架	十四年起二十六年止	副	300	1200	1560	
〃	〃	双層鉄床	〃	張	50	750	975	
〃	〃	棕墊	〃	張	30	90	117	
〃	〃	鋪板	〃	副	320	480	624	
〃	〃	虫績網	〃	頂	12	120	156	
〃	〃	玻璃櫥	〃	頂	50	400	520	
〃	〃	大菜枱	〃	張	8	48	62.4	
〃	〃	單靠	〃	張	40	100	130	
〃	〃	茶几	〃	張	20	50	65	
〃	〃	檯球枱	〃	張	4	24	31.2	
〃	〃	大號油印機	〃	套	2	14	18.2	
〃	〃	複印鋼板	〃	塊	5	15	19.5	
〃	〃	中文打字機（商務）	〃	具	1	160	208	
〃	〃	西文打字機	〃	具	1	130	169	
〃	〃	大面盆	〃	只	10	7	9.1	
〃	〃	小面盆	〃	只	20	8	10.4	
〃	〃	掛鐘	〃	只	5	100	130	

直轄機關學校團體或事業名稱 江陰私立徵存初級中學　　受損失者 江陰私立徵存初級中學

印信　　填報者 祝銓壽

通信地址 江陰城內徵存路　　服務處所與所任職務 本校校長　　與受損失者之關係 主管者

219

171

財產損失報告單

填送日期 三十六年 四月 三十日 三十七年三月十六日更正重报

損失年月日	事件地點	損失項目	購置年月	單位	數量	價值（國幣元）購置時價值	價值（國幣元）損失時價值	證件
二十七年	日軍佔據本校	小掛鐘	十四年起二十六年止	只	2	20	26	
〃	〃	鬧鐘	〃	只	2	8	10.4	
〃	〃	搖鈴	〃	只	3	10	13	
〃	〃	電話機	〃	具	1	30	39	
〃	〃	10A電表	〃	只	1	10	13	
〃	〃	電燈	〃	只	20	1400	1820	
〃	〃	浴鍋	〃	只	5	20	26	
〃	〃	冰洗浴盆	〃	只	5	80	104	
〃	〃	大鍋	〃	只	6	12	15.6	
〃	〃	中鍋	〃	只	6	8	10.4	
〃	〃	小鍋	〃	只	3	3	3.9	
〃	〃	大湯罐	〃	只	7	4	5.2	
〃	〃	小湯罐	〃	只	3	1.5	1.95	
〃	〃	鍋蓋	〃	只	15	15	19.5	
〃	〃	炊具	〃	副	全副	20	26	
〃	〃	二海碗	〃	只	5	10	13	
〃	〃	三海碗	〃	只	25	37.5	48.75	

直轄機關學校團體或事業 受損失者 江陰私立徵存初級中學

名稱 江陰私立徵存初級中學 印信 填報者 祝銓壽

通信地址 江陰城內徵存路 服務處所與所任職務 本校校長 與受損失者之關係 主管者

250

178

財產損失報告單

填送日期 三十六年 四月 三十 日 三十七年三月十六日更正重報

損失年月日	事件地點	損失項目	購置年月	單位	數量	價值（國幣元）購置時價值	價值（國幣元）損失時價值	證件
二十七年	日軍佔據本校	九寸湯盆	二十六年四月	只	30	9	11.7	
〃	〃	飯碗	〃	筒	50	75	97.5	
〃	〃	五寸盆	〃	筒	25	50	65	
〃	〃	羹匙	〃	把	400	20	26	
〃	〃	鉢頭	〃	只	70	28	36.4	
〃	〃	大飯桶	〃	只	20	30	39	
〃	〃	小飯桶	〃	只	10	10	13	
〃	〃	長盤	〃	只	10	10	13	
〃	〃	手桶	〃	只	4	8	10.4	
〃	〃	大提桶	〃	只	8	16	20.8	
〃	〃	洋鉛桶	〃	只	10	12	15.6	
〃	〃	洗碗盆	〃	只	8	11	14.3	
〃	〃	大水缸	〃	只	10	30	39	
〃	〃	中水缸	〃	只	12	24	31.2	
〃	〃	大小罐頭	〃	個	50	15	19.5	
〃	〃	作檯	〃	張	4	20	26	
〃	〃	寫檯	〃	張	1	24	31.2	

直轄機關學校團體或事業　　受損失者　江陰私立徵存初級中學

名稱　江陰私立徵存初級中學　印信　填報者　祝銓壽

通信地址　江陰城內徵存路　服務處所與所任職務　本校校長　與受損失者之關係　主管者

251

173

財產損失報告單

填送日期 三十六年 四 月 三十 日 三十七年三月十六日更正呈報

損失年月日	事件地點	損失項目	購置年月	單位	數量	價值（國幣元）購置時價值	價值（國幣元）損失時價值	證件
二十七年	日軍佔據本校	桃樹	十四年起二十六年止	項	4	40	52	
〃	〃	棗樹	〃	項	4	60	78	
〃	〃	椅凳	〃	个	60	240	312	
〃	〃	大椅凳	〃	个	5	25	32.5	
〃	〃	圓檯面	〃	張	3	15	19.5	
〃	〃	蒸籠	〃	座	5	15	19.5	
〃	〃	洗脚盆	〃	只	10	20	26	
〃	〃	便桶	〃	只	20	40	52	
〃	〃	糞桶	〃	只	16	24	31.2	
〃	〃	料勺	〃	把	2	1	1.3	
〃	〃	糞缸	〃	只	20	20	26	
〃	〃	大淘籮	〃	只	6	9	11.7	
〃	〃	大銀茶壺	〃	座	2	8	10.4	
〃	〃	銅茶壺	〃	座	6	18	23.4	
〃	〃	5P熱水瓶	〃	个	5	7.5	9.75	
〃	〃	3P熱水瓶	〃	个	3	2.5	3.25	
〃	〃	茶杯	〃	只	100	10	13	

直轄機關學校團體或事業 受損失者 江陰私立徵存初級中學

名稱 江陰私立徵存初級中學 印信 填報者 祝銓壽

通信地址 江陰城內徵存路 服務處所與所任職務 本校校長 與受損失者之關係 主管者

252

174

財產損失報告單

填送日期 三十六年 四月 三十日 三十七年二月十六日更正重報

損失年月日	事件地點	損失項目	購置年月	單位	數量	價值（國幣元）購置時價值	價值（國幣元）損失時價值	證件
二十七年	日軍佔據本校	洋磁茶杯	十四年至二十六年止	只	60	12	15.6	
〃	〃	痰盂	〃	只	80	400	520	
〃	〃	字紙簍	〃	只	60	30	39	
〃	〃	储書箱	〃	只	4	16	20.8	
〃	〃	文具	〃	副	130	150	195	
〃	〃	瓦花盆	〃	只	1,000	30	39	
〃	〃	磁花盆	〃	只	40	8	10.4	
〃	〃	大噴水壺	〃	只	4	2	2.6	
〃	〃	小噴水壺	〃	只	20	8	10.4	
〃	〃	小鉛桶	〃	只	12	8	10.4	
〃	〃	紫銅[illegible]鍋	〃	只	4	60	78	
〃	〃	銅尺	〃	把	6	8	10.4	
〃	〃	號碼機	〃	只	2	16	20.8	
〃	〃	打眼機	〃	只	4	3	3.9	
〃	〃	訂書機	〃	只	4	3	3.9	
〃	〃	繪圖儀器	〃	副	2	10	13	
〃	〃	鋸片	〃	把	10	8	10.4	

直轄機關學校團體或事業 名稱 江陵私立徽存初級中學 印信

受損失者 江陵私立徽存初級中學

填報者 祝銓壽

通信地址 江陵城內徽存路

服務處所與所任職務 本校校長

與受損失者之關係 主管者

253

175

財產損失報告單

填送日期 三十六年 四月 二十日 三十七年三月十六日更正重報

體育童軍用具類

損失年月日	事件地點	損失項目	購置年月	單位	數量	價值（國幣元）		證件
						購置時價值	損失時價值	
二十七年	日軍佔據本校	大風琴	十四年起二十六年止	座	1	50	65	
〃	〃	鉄槓	〃	座	3	24	31.2	
〃	〃	浪木	〃	座	1	20	26	
〃	〃	双槓	〃	座	3	15	19.5	
〃	〃	木馬	〃	座	2	10	13	
〃	〃	籃球架	〃	副	3	30	39	
〃	〃	足球球門	〃	副	1	8	10.4	
〃	〃	跳高架	〃	副	4	12	15.6	
〃	〃	跳欄架	〃	架	100	100	130	
〃	〃	標鎗	〃	支	4	16	20.8	
〃	〃	鉄餅	〃	个	4	12	15.6	
〃	〃	鉛球	〃	个	6	12	15.6	
〃	〃	球拍	〃	根	120	36	46.8	
〃	〃	梳林	〃	副	120	36	46.8	
〃	〃	啞鈴	〃	副	120	36	46.8	
〃	〃	學生鏡	〃	服	200	300	390	
〃	〃	圖項學帖	〃	本	3	60	78	

直轄機關學校團體或事業 受損失者 江陰私立徵存初級中學

名稱 江陰私立徵存初級中學 印信 填報者 祝銓壽

通信地址 江陰城內徵存路 服務處所與所任職務 本校校長 與受損失者之關係 主管者

176

214

財產損失報告單

填送日期 三十六年 四 月 三十 日　三十七年三月十六日又已重報

損失年月日	事件地點	損失項目	購置年月	單位	數量	價值（國幣元）購置時價值	價值（國幣元）損失時價值	證件
二十七年	日軍佔據本校	[illegible]	[illegible]	座	16	160	208	
〃	〃	帆布水桶	〃	只	24	20	26	
〃	〃	[illegible]	〃	副	10	200	260	
〃	〃	[illegible]	〃	根	500	150	195	
〃	〃	小斧頭（鋸）	〃	把	400	400	520	
〃	〃	[illegible]刀	〃	柄	400	200	260	
〃	〃	[illegible]	〃	副	40	12	15.6	
〃	〃	[illegible]燈	〃	只	20	40	52	
〃	〃	[illegible]	〃	只	200	40	52	
〃	〃	短雨衣	〃	件	40	80	104	
〃	〃	[illegible]	〃	只	16	48	62.4	
〃	〃	[illegible]	〃	張	16	48	62.4	
〃	〃	帆布行軍[illegible]	〃	張	160	160	208	
〃	〃	灰色軍毯	〃	條	160	480	624	
〃	〃	[illegible]	〃	具	30	24	31.2	
〃	〃	帆布行軍床	〃	張	10	40	52	
〃	〃	[illegible]號	〃	只	20	50	65	

直轄機關學校團體或事業　受損失者　江陰私立徵存初級中學

名稱　江陰私立徵存初級中學　印信　填報者　祝銓壽

通信地址　江陰城內徵存路　服務處所與所任職務　本校校長　與受損失者之關係　主管者

251

177

財產損失報告單

填送日期 三十六年 四 月 三十 日 三十七年三月十六日更正重報

損失年月日	事件地點	損失項目	購置年月	單位	數量	價值（國幣元）購置時價值	價值（國幣元）損失時價值	證件
二十七年	日軍佔據本校	小鼓	十四年起二十六年止	面	4	60	78	
〃	〃	大鼓	〃	面	1	30	39	
〃	〃	銅鈸	〃	副	1	4	5.2	
〃	〃	二號雙式倍司	〃	只	1	167	217.1	
〃	〃	曲郎棒	〃	只	2	200	260	
〃	〃	巴黎管	〃	只	2	200	260	
〃	〃	阿尔管	〃	只	2	200	260	
〃	〃	法郎吹角	〃	只	2	167	217.1	
〃	〃	康納脫	〃	支	6	180	234	
〃	〃	克雷思脫	〃	支	2	200	260	
〃	〃	國術器具	〃	件	100	200	260	
〃	〃	童子軍團旗	〃	面	2	3	3.9	
〃	〃	童子軍隊旗	〃	面	60	30	39	
〃	〃	軍樂隊旗	〃	面	1	3	3.9	
〃	〃	大木頭	〃	根	4	200	260	
〃	〃	鏡框	〃	个	100	250	325	
〃	〃	醫藥用具	〃	件	50	150	195	

醫藥類

直轄機關學校團體或事業　受損失者　江陰私立徵存初級中學

名稱　江陰私立徵存初級中學　印信　填報者　祝銓壽

通信地址　江陰城内徵存路　服務處所與所任職務　本校校長　與受損失者之關係　主管者

256

178

財產損失報告單

填送日期 三十六年 四月 三十日 三十七年[illegible]

圖書類

理科類(儀器)

損失年月日	事件地點	損失項目	購置年月	單位	數量	價值(國幣元) 購置時價值	價值(國幣元) 損失時價值	證件
二十七年	日軍佔據本校	醫藥藥品	十四年至二十六年止	種	60	120	156	
〃	〃	古今圖書集成	〃	部	1			
〃	〃	萬有文庫正集	〃	部	1			
〃	〃	萬有文庫續編	〃	部	1			
〃	〃	二十四史	〃	部	1			
〃	〃	史通	〃	部	1	15,000	19,500	
〃	〃	皇清經解	〃	部	1			
〃	〃	通鑑	〃	部	1			
〃	〃	叢書集成	〃	部	1			
〃	〃	四部備要	〃	部	1			
〃	〃	其他藏書及參考書	〃	册	10,000	5,000	6,500	
〃	〃	圖表	〃	幅	200	500	650	
〃	〃	化學示教儀器	〃	件	1200	2400	3120	
〃	〃	化學實驗儀器	〃	組	36	3600	4680	
〃	〃	化學藥品	〃	種	180	1,800	2,340	
〃	〃	物理示教儀器	〃	件	500	25,000	32,500	
〃	〃	物理實驗儀器	〃	組	4	[illegible]	3120	

直轄機關學校團體或事業 名稱 江陰私立徵存初級中學 印信

通信地址 江陰城内徵存路

受損失者 江陰私立徵存初級中學

填報者 祝鋕壽

服務處所與所任職務 本校校長

與受損失者之關係 主管者

179

財產損失報告單

填送日期 三十六年 四月 三十 日 三十七年三月十六日更正重報

損失年月日	事件地點	損失項目	購置年月	單位	數量	價值（國幣元）購置時價值	價值（國幣元）損失時價值	證件
二十七年	日軍佔據本校	顯微鏡	十四年迄二十六年止	架	2	500	650	
〃	〃	動物剝製浸製標本	〃	件	300	6,000	7,800	
〃	〃	植物臘葉標本	〃	件	500	2,500	3,250	
〃	〃	植物組織[illegible]	〃	組	2	600	780	
〃	〃	動物組織[illegible]	〃	組	2	600	780	
〃	〃	動植物[illegible]	〃	副	60	1,200	1,560	
〃	〃	[illegible]	〃	座	2	900	1,170	
〃	〃	昆蟲標本	〃	盒	80	1600	2,080	
〃	〃	[illegible]	〃	塊	100	200	260	
〃	〃	[illegible]	〃	面	1	7	9.1	
〃	〃	[illegible]	〃	對	大號 1 中號 4	7 13	9.1 16.9	
〃	〃	[illegible]	〃	組	10	30	39	
〃	〃	[illegible]	〃	面	大號 1	7	9.1	
	〃	[illegible]	〃	面	中號 2	3	3.9	
〃	〃	[illegible]	〃	面	小號 6	4	5.2	
					共計	92015	119619.5	

其他類

全部共計十二頁

直轄機關學校團體或事業 名稱 江陰私立徵存初級中學 印信

通信地址 江陰城內徵存路

受損失者 江陰私立徵存初級中學

填報者 祝銓壽

服務處所與所任職務 本校校長

與受損失者之關係 主管者

258

180